Auxiliando a humanidade a encontrar a Verdade

A Vida Além da Sepultura

© 1957 — Hercílio Maes

A Vida Além da Sepultura

Ramatís / Atanagildo
Obra psicografada por Hercílio Maes
Todos os direitos desta edição reservados à

CONHECIMENTO EDITORIAL LTDA.
Fone: 19 34515440
www.edconhecimento.com.br
vendas@edconhecimento.com.br

Nos termos da lei que resguarda os direitos autorais, é proibida a reprodução total ou parcial, de qualquer forma ou por qualquer meio — eletrônico ou mecânico, inclusive por processos xerográficos, de fotocópia e de gravação — sem permissão, por escrito, do editor.

Colaboraram nesta edição:
• Mariléa de Castro • Paulo Gontijo de Almeida
• Sebastião de Carvalho
Projeto Gráfico: Sérgio Carvalho
Ilustração da capa: João Ático Filho
ISBN 978-85-7618-118-7
• Impresso no Brasil • Presita en Brazilo

Produzido no departamento gráfica da
CONHECIMENTO EDITORIAL LTDA
grafica@edconhecimento.com.br

Produzido no departamento editorial da
CONHECIMENTO EDITORIAL LTDA
Impresso na

a gráfica digital da **EDITORA DO CONHECIMENTO**

Dados Internacionais de Catalogação na Publicação (CIP)
(Câmara Brasileira do Livro, SP, Brasil)

Ramatís (Espírito)
    A Vida Além da Sepultura / Ramatís com a participação do Espírito Atanagildo ; obra mediúnica psicografada por Hercílio Maes, revista por B. Godoy Paiva. — 12ª ed. — Limeira, SP : Editora do Conhecimento, 2020.

    452 p.

ISBN 978-85-7618-118-7

1. Espiritismo 2. Obras psicografadas I Atanagildo II. Maes, Hercílio, 1913-1993. III Paiva, B. Godoy IV. Título.

07-0050   CDD — 133.93

Índice para catálogo sistemático:
1. Mensagens psicografadas : Espiritismo 133.93

Ramatís
com a participação do Espírito
Atanagildo

A VIDA ALÉM DA SEPULTURA

Obra mediúnica ditada pelo espírito
Ramatís ao médium Hercílio Maes
Revista por B. Godoy Paiva

13ª edição — 2020

Obras de Ramatís editadas pela **EDITORA DO CONHECIMENTO**

HERCÍLIO MAES

- A Vida no Planeta Marte e os Discos Voadores – 1955
- Mensagens do Astral – 1956
- A Vida Além da Sepultura – 1957
- A Sobrevivência do Espírito – 1958
- Fisiologia da Alma – 1959
- Mediunismo – 1960
- Mediunidade de Cura – 1963
- O Sublime Peregrino – 1964
- Elucidações do Além – 1964
- Semeando e Colhendo – 1965
- A Missão do Espiritismo – 1967
- Magia de Redenção – 1967
- A Vida Humana e o Espírito Imortal – 1970
- O Evangelho à Luz do Cosmo – 1974
- Sob a Luz do Espiritismo (Obra póstuma) – 1999

SÁVIO MENDONÇA

- O Vale dos Espíritas – 2015
- Missão Planetária – 2016
- A Derradeira Chamada – 2017
- O Sentido da Vida – 2019
- Amor: Encontros, desencontros e Reencontros – 2020
- Mediunidade sem Preconceito – 2021
- Por que Reencarnar? – 2022

MARIA MARGARIDA LIGUORI

- Jornada de Luz
- O Homem e o Planeta Terra
- O Despertar da Consciência
- Em Busca da Luz Interior

AMÉRICA PAOLIELLO MARQUES

- Mensagens do Grande Coração

OBRAS COLETÂNEAS:

- Ramatís uma Proposta de Luz
- Face a Face com Ramatís
- Um Jesus que Nunca Existiu
- Simplesmente Hercílio
- A Missão do Esperanto
- A Origem Oculta das Doenças
- O Objetivo Cósmico da Umbanda
- Do Átomo ao Arcanjo
- O Apocalipse
- Marte: O futuro da Terra
- O Além – Um guia de viagem
- Geografia do Mundo Astral
- O Homem Astral e Mental
- O Carma
- O Menino Jesus
- Homeopatia – A cura energética

Coletâneas de textos organizadas por SIDNEI CARVALHO:

- A Ascensão do Espírito de A a Z – Aprendendo com Ramatís
- Ciência Oculta de A a Z – O véu de Ísis
- Evangelho de A a Z – A caminho da angelitude
- Jesus de Nazaré – O avatar do amor
- Mecanismos Cósmicos de A a Z – O amor do Pai
- Mediunidade de A a Z – O portal da Luz
- Saúde e Alimentação de A a Z – O amor pelos animais
- Transição Planetária de A a Z – A chegada da Luz
- Universalismo de A a Z – Um só rebanho

Obs: A data após o título se refere à primeira edição.

À minha esposa Lôla, meus filhos Zeila, Mauro e Yara, cujos sentimentos selaram a nossa comunhão espiritual nesta existência, auxiliando-me a realizar esta singela tarefa no seio do lar amigo e da paz benfeitora.

Sumário

Nota de repúdio à pirataria 9
Explicações 11
Prefácio de Ramatís 20
Preâmbulo 23
1. A caminho do Além 26
2. Primeiras impressões 39
3. A metrópole do Grande Coração 54
4. Noções preliminares sobre o Além 77
5. O templo do "Grande Coração" 82
6. Noções gerais sobre o panorama astral 88
7. O "sentido" da vista no Além 105
8. Residências e edificações 114
9. Considerações sobre a desencarnação 124
10. Colônias do Astral. Aspectos gerais 156
11. Colônias astrais de costumes antiquados 169
12. Colônias do astral. Raças e nacionalismos 184
13. Colônias do astral. Migrações 202
14. Colônias do astral. Sua influência sobre o progresso 207

15. Relações entre vivos e mortos 210

16. A desencarnação e seus aspectos críticos 225

17. Influências do "velório" sobre o espírito 235

18. A eutanásia e as responsabilidades espirituais 240

19. Espíritos assistentes das desencarnações 255

20. Noções gerais sobre o Astral inferior 278

21. Noções sobre as cidades do Astral inferior 285

22. Organizações do mal 310

23. Os "charcos" de fluidos nocivos no Astral inferior 320

24. Aves e animais do Astral inferior 342

Esclarecimentos de Ramatís 351

25. A obsessão: suas causas e efeitos 351

25. A limitação de filhos e suas consequências cármicas 381

27. As relações cármicas entre pais e filhos 404

28. Como servimos de "repastos vivos" aos espíritos
    das trevas 436

Nota de repúdio à pirataria

Respeitar o sacrifício alheio para produzir uma obra espírita é o mínimo que se espera de todos que almejam alcançar a condição de "bons espíritas", conforme nos ensina *O Evangelho Segundo o Espiritismo*, no capítulo 17, intitulado "Sede perfeitos", item **Os bons espíritas**.

O capítulo 26 desta obra básica ("Dai de graça o que de graça recebestes") nos conduz a uma importante reflexão sobre o tema "mediunidade gratuita", explicando, de forma muito objetiva, o papel do médium como intérprete dos Espíritos:

> ... receberam de Deus um dom gratuito – o dom de ser intérpretes dos Espíritos –, a fim de instruir os homens, mostrar-lhes o caminho do bem e conduzi-los à fé, e não para vender-lhes palavras que não lhes pertencem, porque não são produto de suas concepções, nem de suas pesquisas, nem de seu trabalho pessoal. ...

Contudo, muitos seguidores da Codificação têm um entendimento equivocado a respeito da produção das obras espíritas e/ou espiritualistas, atribuindo a elas o ônus da gratuidade, ao confundir a produção editorial com a mediunidade gratuita, universo do qual ela não faz parte.

É fundamental separar uma coisa da outra, para que os espíritas não sejam induzidos a erros, cujos efeitos morais e éticos conflitam com os princípios espirituais.

Para que um livro de qualquer gênero literário chegue às mãos dos leitores, é preciso mais que a participação do autor (ou do médium escrevente), uma vez que o processo editorial depende de inúmeros profissionais qualificados em áreas diversas. Sem eles, as ideias e conteúdos não se materializariam em forma de livros. Portanto, tradutores, revisores, editores, digitadores, diagramadores, ilustradores, capistas, artefinalistas, impressores, distribuidores, vendedores e lojistas fazem parte desse rol de profissionais empenhados na veiculação das obras espíritas/espiritualistas. Sem citar os custos da produção gráfica com papel e insumos que influem no preço final do livro.

Como se pode perceber, para que um conteúdo, uma psicografia, chegue aos leitores, percorre-se um longo caminho que envolve uma equipe diversa, em que muitos dos profissionais não são médiuns nem voluntários e, portanto, não se inserem na máxima: "Dai de graça o que de graça recebestes".

Por isso, ao se praticar a pirataria, apropriando-se indevidamente de uma obra literária, seja através da reprodução de seu conteúdo por arquivo pdf ou digital, visando ao compartilhamento "fraterno" dos ensinamentos da Doutrina Espírita, se está na realidade infringindo a lei da Primeira Revelação: "Não roubarás!". Sim, porque apropriação indébita de bens que também fazem parte do plano material é um delito, qualquer que seja a suposta boa intenção.

Este é o alerta que a maioria das editoras, inclusive as espíritas, gostaria de fazer chegar aos leitores e que a Editora do Conhecimento inclui na conclusão desta belíssima obra, fruto de um trabalho editorial que não envolveu voluntários, mas sim profissionais remunerados que exigem respeito por suas atividades.

Deixamos aqui registrado nosso repúdio a sites, blogs, fóruns e outras mídias que pirateiam e armazenam obras literárias. Ao fazer uso ilícito desses depósitos de livros roubados, "espíritas e espiritualistas" se distanciam cada vez mais do seu aprimoramento moral.

Finalizando, lembramos que "o homem de bem respeita todos os direitos que as leis da natureza atribuem aos seus semelhantes, como gostaria que respeitassem os seus" (*O Evangelho Segundo o Espiritismo*, capítulo 17 "Sede perfeitos", item **O homem de bem**).

Conhecimento Editorial
Seus editores.

Explicações

Estimado Leitor:

Na presente obra, que se refere particularmente à vida dos espíritos desencarnados, no Mundo Astral, intervém outro espírito, além de Ramatís, que dá-se o nome de Atanagildo. Conforme promessa feita anteriormente pelo próprio Ramatís, o espírito Atanagildo não só participou desta obra, relatando minuciosamente todos os fenômenos ocorridos durante a sua desencarnação, no Brasil, como também respondeu a todas as perguntas úteis que se relacionavam com sua vida no Além.

Ramatís, entretanto, é o idealizador, o coordenador e o responsável por este livro, no qual também participa. Há algum tempo já lhe havíamos pedido que nos ditasse algum trabalho descrevendo os fenômenos geralmente verificados na ocasião da desencarnação dos terrestres, e nos relatasse alguns acontecimentos peculiares à vida dos espíritos no Mundo Astral.

Embora já existam muitas obras no gênero, recebidas por sensitivos de excelente capacidade mediúnica e elevado critério moral, convém lembrar que cada espírito significa sempre um mundo de provas completamente diferentes das de qualquer outro. Por esse motivo, julguei de interesse e importância que, por meio de minha singela mediunidade, se pudesse conhecer mais alguma coisa sobre o assunto.

De princípio, pensávamos que Ramatís iria nos relatar suas

impressões e os acontecimentos que acompanharam sua desencarnação na última existência passada na Indochina. No entanto, compreendemos logo que isso lhe seria um tanto dificultoso e de pouco proveito para nós, quer por se tratar de espírito que não vive habitualmente em qualquer colônia situada no Astral do Brasil, como porque o seu trespasse, ocorrido há quase mil anos, no Oriente, não nos oferecerá assunto apropriado aos nossos costumes e reflexões ocidentais.

Ramatís considerou inoportuna a ideia de se rememorarem os detalhes da sua longínqua desencarnação, ocorrida na Indochina e que considera despida de situações dramáticas ou dignas de menção para as nossas indagações. Escusou-se dessa tarefa, mas prometeu-nos cooperar na obra e trazer, oportunamente, outro espírito amigo, desencarnado no Brasil, que nos pudesse descrever o que desejávamos e fosse bastante capacitado para narrar-nos mais alguns esclarecimentos registrados na sua moradia astralina. Assim, quando a oportunidade se nos apresentou, recebemos a visita de Atanagildo, espírito intimamente ligado ao grupo liderado por Ramatís, e que foi seu discípulo algumas vezes, principalmente na Grécia, onde também viveram alguns dos irmãos que têm atualmente cooperado na revisão e na divulgação destas obras.

Na sua última romagem Atanagildo habitou o Brasil, em região que prefere guardar no anonimato, a fim de se evitar qualquer indiscrição em torno de sua família terrena. Atanagildo, iniciando esta obra com a narrativa de sua última desencarnação terrena, favoreceu-nos muitíssimo, pois a descrição de sua morte física deu-nos motivo para que formulássemos interessantes perguntas a ele e a Ramatís. Acreditamos que, nesta obra, o leitor conseguirá distinguir o estilo de Atanagildo, às vezes num tom de surpresa, outras vezes impregnado de certo humorismo, diferindo em relação à argumentação filosófica e o poder de síntese, próprios de Ramatís.

Há que não esquecer que não sou médium sonambúlico, mas perfeitamente consciente do que se me passa pelo cérebro durante o trabalho de recepção mediúnica; cabe-me vestir com a palavra os pensamentos dos comunicantes, coisa que nem sempre consigo realizar com êxito e fazer perfeita distinção das personalidades, assim como também me escapam certas sutilezas inerentes à psicologia espiritual de cada comunicante.

Em virtude de ambos os espíritos operarem intimamente ligados na confecção desta obra, verifiquei inúmeras vezes que, enquanto algumas respostas eram dadas por Atanagildo, fluíam-me pela mente inúmeras considerações e comparações filosóficas que ampliavam mais detalhadamente as respostas, mas traíam perfeitamente a intromissão de Ramatís, assim como o identificavam acionando-me à altura do cerebelo. Mais tarde pude realmente comprovar melhor que o trabalho era feito com ambos os espíritos operando mutuamente, pois diante de qualquer vacilação e demora na resposta de Atanagildo, na sua exposição sempre mais descritiva, verificava interferência de Ramatís, que então explicava melhor o assunto da maneira que lhe é peculiar e que já estávamos bastante familiarizados. Mas, apesar disso, as respostas de Ramatís ficavam sempre como de autoria de Atanagildo, a quem cabia o mérito de tudo. Esse fenômeno constituiu para mim um salutar aprendizado, pois pude avaliar da rapidez e da segurança do raciocínio de Ramatís, comparando suas respostas com o demorado e, às vezes, dificultoso modo com que Atanagildo chegava às suas conclusões.

Atanagildo é afeito à mesma índole universalista do seu mentor e amigo. Ligou-se a Ramatís desde antes do êxodo dos hebreus do Egito, tendo-o acompanhado em várias existências, haurindo-lhe os conhecimentos e a técnica espiritual de serviço no Além. Na sua última encarnação, no Brasil, devotava-se a vários labores espiritualistas, tendo participado de alguns movimentos esotéricos e espiritistas, visando sempre a melhoria do seu espírito e o socorro ao próximo, mas sem se deixar dominar por quaisquer exclusivismos ou segregamentos associativos. Revelou-se sempre criatura jubilosa no esforço de servir aos demais experimentos e doutrinas alheias que se devotavam ao bem do espírito humano.

Desde os primeiros contatos que tivemos com o seu espírito acomodado, mas algo jovial e às vezes buliçoso, como se nos revelou nas apreciações sobre os dogmas religiosos já envelhecidos, observamos o sentido construtivo de suas respostas e a ausência de qualquer dramaticidade ou compungimento espiritual. Além de sua propensão liberal, nunca nos fez exigências de ordem pessoal, nem pretendeu traçar fórmulas para os nossos trabalhos, evitando quaisquer constrangimentos nas indagações que lhe fizemos. O seu modo eclético é muito comum a todos

A Vida Além da Sepultura

os discípulos, admiradores e à maioria dos leitores de Ramatís que, em número de alguns milhares, permaneceram mais tempo encarnados no Oriente, sob a visão protetora da "Fraternidade do Triângulo".

É possível que, em virtude da franqueza, sem gradações psicológicas, com que Atanagildo faz as suas revelações sobre o Mundo Astral ou a respeito de algumas coisas da fantasia religiosa, possa contrariar algumas concepções restritivas do leitor. No entanto, é bem melhor que ele nos relate aquilo que pode ser rejeitado por nós, do que guardar informações que nos auxiliem a desvendar o mistério da vida do Além-túmulo. Cumpre-nos louvar o esforço dos espíritos bem-intencionados, que tentam por todos os modos e meios, descrever-nos o panorama astral que habitam, desejosos de que regulemos a nossa bússola humana para o norte da segurança espiritual.

Atanagildo recomenda, em certas respostas, que aceitemos as suas comunicações mais em consequência de sua experiência pessoal do que como postulados doutrinários definitivos, considerando que outros espíritos superiores podem descrever-nos os mesmos fatos sob perspectivas diferentes e mais lógicas, possivelmente melhor compreensíveis à nossa atual psicologia. Ele se afirma desligado de qualquer preocupação doutrinária e pede que só o interpretem como singelo noticiarista de acontecimentos que pôde vislumbrar no Espaço, sem pretender abrir debates sobre aquilo que nos pode parecer inverossímil ou que venhamos a atribuir a produto de uma imaginação fértil.

Quando Atanagildo se referiu à sua expedição de aprendizado nas regiões do Astral inferior, tornou-se-me difícil admitir a descrição de certos quadros tenebrosos, porquanto eles me pareciam exorbitar da lógica e sensatez de um plano vibratório próprio dos desencarnados. No entanto, por meio de meu desprendimento espiritual, que ocorre durante as noites de sono favorável e pouca alimentação, foi-me facultado vislumbrar certos fatos e cenas tão aviltantes, como se algum cérebro excessivamente mórbido estivesse interessado em plagiar os relatos de Dante em sua visita ao Inferno.

Nós custamos a acreditar nessas descrições tão aterrorizantes, porque ainda estamos fortemente condicionados às fantasias dos dogmas religiosos que, no decorrer dos séculos findos, e mesmo ainda nesta atual existência, exerceram pressão escravizante em nossos raciocínios imaturos. Quase todos nós temos vivido em contato demorado com as instituições sacerdotais do passado; confiávamos num céu administrado por anjos e num inferno exclusivamente dirigido pelos diabos. Sofremos, pois, desencantados, ao verificar que no Astral inferior os homens é que mantêm o inferno e, o que é pior, ainda o fizeram bem mais requintado do que o cenário imposto pela tradição religiosa. E o acontecimento ainda se torna mais grave, mesmo para as nossas concepções mais avançadas, porque também se extingue a velha ideia espiritualista de que, após a morte do corpo, nós deveremos viver apenas mergulhados num estado íntimo de completa introspecção espiritual, gozando um céu ou um inferno virtual em nossas mentes desencarnadas. Por isso, convém repetir o que já têm dito alguns espíritos superiores: "A morte do corpo é apenas mudança de apartamento por parte do espírito".

Conforme já temos explicado, Atanagildo é espírito que viveu várias vezes na Grécia e, embora não estejamos autorizados a fornecer detalhes do seu passado, ele ainda traz grande influência adquirida naquelas reencarnações entre os gregos, das quais sabemos ter sido a mais importante entre os anos de 441 e 384 a.C.

Nessa época, encontravam-se em ebulição os princípios e teses esposados por Sócrates, Platão, Diógenes, mais tarde cultuados por Antístenes, época em que também vivia Ramatís, na figura de conhecido mentor helênico, que pregava entre discípulos ligados por grande afinidade espiritual. Eis por que o leitor não deverá estranhar certo humorismo e ditos satíricos de Atanagildo, em algumas de suas respostas, e que poderiam ser levados à conta de incivilidade para com os credos dogmáticos, quando isso é ainda o produto psicológico da velha irreverência dos gregos de sua época, acostumados a ironizar as instituições demasiadamente sisudas e dramáticas. Quando ele alude ao inferno e aos prejuízos decorrentes da estreiteza religiosa oficial, intercalando suas respostas com certas conclusões humorísticas, não o faz para formular gracejos extemporâneos, mas apenas para melhor despertamento do leitor, que então refletirá quanto à improcedência e o ridículo que se ocultam em certas idéias e práticas já obsoletas e impróprias à nossa evolução mental do século **XX**.

Em nosso modo de pensar, basta-nos, às vezes, a emissão

A Vida Além da Sepultura

de um conceito divertido, mas inteligente, para ocorrer o misterioso "estalo" que expurga de nosso cérebro a poeira deixada pelos dogmas, tradições e princípios anacrônicos que nos asfixiam e reduzem a liberdade de pensar.

❊ ❊ ❊

Em vista de haver recebido muitas cartas solicitando esclarecimentos quanto ao modo por que Ramatís se comunica e, também, sobre o meu desenvolvimento mediúnico, exponho, com alguns novos detalhes, o que me parece útil para o leitor.

A fim de lograr maior êxito e fluência comunicativa com Ramatís, procuro sempre me elevar, tanto quanto possível, para uma frequência vibratória de natureza psíquica incomum, e então alcançar o plano mental ou "plano búdico" como o chamam no Oriente, no qual a consciência do meu mentor atua com todo desembaraço. Consideraria uma falta de sinceridade para com o leitor afirmar-lhe que quando me recordo daquilo que me é transmitido por Ramatís, pois fico consciente na torrente inspirativa que me flui pelo cérebro durante a recepção mediúnica. O mecanismo desse fenômeno se processa, mais ou menos, de acordo com os esclarecimentos expostos por Pietro Ubaldi na sua obra *As Noúres*, quando esse renomado espiritualista confessa que escreve de modo incomum, depois que entrar em relação com uma consciência superior, a que ele chama de "Sua Voz". A diferença particular, no caso, é que Ramatís se me apresenta em rica indumentária indu-chinesa e se identifica pessoalmente, com inesquecível olhar e fisionomia jovem, repleta de bondade e júbilo, ao passo que Pietro Ubaldi considera o seu caso como um fenômeno de "ultrafania" e alude à recepção das "correntes dos pensamentos que circundam o ambiente humano e intervêm, ativas e operosas, para guiar e iluminar". (*As Noúres*, p. 37, Edição LAKE).

De outro lado, o que acontece comigo difere um tanto do mediunismo comum porque, em lugar de sofrer uma atuação imposta pela vontade imperiosa do espírito comunicante, vejo-me induzido a sintonizar-me com a esfera mental do mesmo e participar ativamente do intercâmbio das idéias em fluxo. Então, fico na condição de um mensageiro que, depois de ouvir instruções verbais, deve transmiti-las na pobreza de sua linguagem e na precariedade do seu entendimento.

O fenômeno, por meio de minha mediunidade, consegue certo êxito graças à faculdade psicométrica que possuo um tanto desperta, e que me permite manter o cérebro em atividade simultânea e consciente com o cérebro do meu próprio perispírito, de cuja sintonia em conjunto resultam, então, muitas recordações dos quadros que entrevejo no Astral. Deste modo, e sob o auxílio de Ramatís, posso abranger diretamente alguns fenômenos do Além, e mais tarde essas identificações auxiliam-me na psicografia e na composição mais nítida destas obras.

Atendendo a conselho de Ramatís, e para melhor eficiência do meu trabalho, sempre evitei escravizar-me a fórmulas, rituais ou condicionamentos psicológicos, que pudessem me auxiliar na recepção mediúnica, mas amarrar-me a influências e condicionamentos exteriores. Assim, consigo trabalhar com bastante êxito, desde que me encontro em condições de me harmonizar com a consciência espiritual de Ramatís, dispensando quaisquer sugestões exteriores. Serve-me tanto o ambiente silencioso como o saturado de ruídos; tanto o efeito bonançoso da música eletiva à alma como o ritmo regional das melodias populares; recepciono as mensagens tanto situado no seio de correntes mediúnicas simpáticas, como fora delas, pois também consigo grafar o pensamento do meu orientador no meio contraditório de pessoas preocupadas com assuntos comuns. Por causa desse esforço hercúleo para superar o meio, que me é garantido pelas condições espirituais e não pelos recursos extemporâneos, posso recepcionar Ramatís mesmo entre as atividades do lar, junto aos meus entes familiares, enquanto eles prosseguem em suas ocupações rotineiras. Posso escrever durante a manhã, à noite ou de madrugada, alheio completamente aos rigores do inverno ou do verão, quer em noites enluaradas ou tempestuosas, quer em dias apropriados a fenômenos psíquicos, quer nos desaconselhados pela voz sentenciosa dos mais experimentados.

Submeti-me a uma heróica disciplina no sentido de me encontrar pronto para quando a vontade superior me indicasse o serviço a fazer; procurei superar sempre as vicissitudes naturais da vida humana e me sobrepor às complexidades sentimentais do mundo, objetivando apenas o propósito de vibrar intensamente em espírito, a fim de melhor poder efetuar perfeita ligação com a consciência mais ampla de Ramatís.

A Vida Além da Sepultura

O êxito da mediunidade não pode, evidentemente, ser fruto de um passe de mágica ou de uma eclosão miraculosa; exige carinhoso tratamento, muita disciplina, superação das influências do meio e absoluta renúncia a interesses pessoais. Mas, além da conduta moral exigida a todo médium bem-intencionado, o estudo se revela como um dos mais importantes fatores de sucesso da realização mediúnica, assim como um instrumento musical afinadíssimo representa metade do êxito do seu executante.

Em razão de nos encontrarmos num planeta tão heterogêneo como o é a Terra, no qual vivemos algemados a tantas vicissitudes, por entre tropelias, ruídos, decepções, desajustes e conflitos emotivos, não se pode bem servir ao Alto apenas com um programa calculado para momentos especiais, assim como nos seria dificílimo aliar o "útil" da espiritualidade ao "agradável" dos prazeres humanos. Não devemos nos esquecer de que Jesus não se deixou condicionar aos favorecimentos do meio, para salvar a humanidade terráquea; ligou-se em espírito às esferas de padrão espiritual superior e exerceu o seu mandato a distancia de qualquer limitação exterior. O médium que se torna tolerante, desinteressado e afetuoso, respeitando todas as convicções religiosas e filosóficas dos seus irmãos terrenos, sem dúvida, toma-se o intermediário da maior autoridade espiritual do planeta, que é Jesus, cuja mensagem é endereçada a todos os homens, sem distinção de crença ou de modo de pensar.

Chegando ao término destas explicações, que acredito serem indispensáveis no início desta obra, lembro aos leitores que Ramatís e Atanagildo não se entregaram a uma narrativa aventurosa e sem finalidade construtiva, no presente trabalho, mas sim tentaram demonstrar quanta compensação milita em favor daqueles que realmente seguem as pegadas de Jesus, em lugar de se atolarem nos charcos das impurezas astrais, vivendo exclusivamente em função da "porta larga" das conquistas fáceis e da ilusão dos prazeres materiais.

Peço a Jesus que inspire a todos na leitura do trabalho que temos efetivado com o sentido de contribuir com o nosso "copo d'água" para dessedentar aqueles que têm sede de conhecimentos do que seja a vida no Além e aumentar o ânimo e a esperança naqueles que se atemorizam diante da morte do corpo e duvidam da magnanimidade de nosso Pai Celestial. Oxalá possam estas mensagens mediúnicas beneficiar alguns corações abatidos pela incerteza do dia de amanhã.

Curitiba, 27 de outubro de 1957.

Hercílio Maes

Prefácio de Ramatís

Estimados leitores:
Paz e Amor.

Ao apresentar-vos o irmão Atanagildo, que deseja transmitir-vos as suas impressões colhidas no trânsito comum da vida física e espiritual, com respeito ao plano educativo, que é a Terra, e o panorama astral que a circunscreve, reconhecemos que muitos outros espíritos já vos transmitiram de suas experiências realizadas no Além. No entanto, lembramo-nos de que qualquer outro esforço bem-intencionado, nesse sentido, sempre contém lições de utilidade comum.

O turbilhão da vida — ainda ignorado da maioria dos habitantes do vosso mundo — que palpita nas esferas ocultas à visão dos olhos da carne, requer que se divulguem as diversas experiências dos espíritos desencarnados, para que sirvam de roteiro e de estímulo aos que seguem à retaguarda. Da mesma forma, é conveniente que se registrem as dores, as decepções e as desilusões das almas imprudentes, para que esses fatos sirvam de advertência severa aos incautos e despertem aqueles que ainda subestimam a pedagogia espiritual, em curso nos mundos materiais.

É conveniente saberdes que o êxito espiritual reside, acima de tudo, no bom aproveitamento das lições vividas em ambas as regiões, ou seja, no Mundo Astral e na crosta física. É óbvio que esse maior ou menor aproveitamento do espírito varia de conformidade com os inúmeros fatores que já imperam no seio de cada alma em experimentação educativa. Consequentemente, em cada experiência vivida, avaliada e descrita pelo seu próprio agente espiritual, sempre existem situações, ensejos e soluções desconhecidas que podem servir-nos de orientação e apressamento para o término do curso de nossa ascensão espiritual.

Considerando que, após a libertação do seu corpo carnal, a alma é obrigada a seguir ao encontro de si mesma e viver o conteúdo de sua própria consciência imortal, dependendo do seu modo de vida imaculada ou corrupta, na Terra, os seus gozos inefáveis ou os padecimentos infernais, acreditamos que os relatos mediúnicos feitos pelo irmão Atanagildo tornar-se-ão benéficos para muitos leitores que, assim, poderão conhecer melhor o fenômeno da morte carnal e alguns fatos ocorridos no Mundo Astral, através da experiência pessoal de mais um espírito amigo.

Normalmente, as criaturas desinteressadas dos bens eternos do espírito acreditam que após a morte os seus representantes religiosos, de todos os matizes, hão de lhes conseguir o desejoso ingresso no País da Felicidade, assim como os seus procuradores lhes regularizam as contas prosaicas do mundo profano. Infelizmente, bem diversa se lhes torna a realidade quando a sepultura lhes recebe as carnes combalidas pelo excesso de prazeres materiais e viciadas pelo conforto epicurístico. O tenebroso charco de sombras, que as espera, no reino invisível à visão física, costuma substituir o caviar dos banquetes opíparos pelo vômito insuportável e a prodigalidade do uísque pelo mau cheiro exalado das chagas dos comparsas de infortúnio.

Esses espíritos situam-se, por lei contida no Código Moral do Evangelho, na região correspondente aos seus próprios delitos, pois "a cada um será dado conforme as suas obras" e dentro do livre-arbítrio de se poder semear à vontade, criando-se, porém, o determinismo da colheita obrigatória.

É por isso que se tornam oportunas as páginas que o irmão Atanagildo vos transmite do Além, pois, assim como ele vos auxilia a vislumbrar alguns detalhes do panorama edênico, que serve de moldura esplendorosa às almas filiadas ao serviço de Jesus, também vos fará conhecer algumas impressões dolorosas daqueles que violentam os ditames da vida digna e são, por isso, atraídos para as regiões dantescas, onde vive o "espírito imundo" e se faz continuamente o "ranger de dentes".

Não duvidamos que a mordacidade humana há de querer zombar dos esforços exóticos de alguns espíritos que, à maneira do irmão Atanagildo, desejam alertar os seus irmãos ainda prisioneiros no ergástulo da carne. O homem comum não se conforma com o ser perturbado na sua faina prosaica de amontoar moedas e cobrir o corpo com quinquilharias douradas; evita pensar seriamente no assunto, temeroso de que a certeza da morte possa enfraquecer-lhe o espírito de cobiça, vaidade, avareza e luxo desmedidos. Pressente que essa demasiada insistência dos desencarnados, em advertir sobre a responsabilidade da vida espiritual, irá despertar o remorso das suas insanidades animais e revelar-lhe o exato valor dos tesouros que a "traça rói e a ferrugem consome".

Louvamos, pois, o esforço comunicativo do irmão Atanagildo, que se resume num insistente convite para o reino do Cristo e para a sonhada ventura espiritual, demonstrando, além disso, quão tenebrosa é a colheita produzida pelo abuso e pela dilapidação estulta dos bens que o Criador entrega aos seus filhos, para que os administrem provisoriamente no mundo da carne.

Curitiba, 27 de dezembro de 1957.

Ramatís

Preâmbulo

Meus irmãos:

Por meio destas páginas, desejo apenas registrar os principais acontecimentos de minha vida, desde o momento derradeiro de minha desencarnação até o ingresso no Além. Eu sei quão difícil se me torna dar-vos uma ideia nítida e mesmo sensata da esfera em que me situo presentemente e depois de desencarnado, assim como fazer um relato fiel e irrepreensível. Qual a maneira de nos fazermos compreender no ambiente da "casca" do orbe terráqueo, se devemos usar exemplos de "fora" para revelar-vos a essência que interpenetra as formas de dentro? Temos de nos socorrer, também, do expediente comum das comparações e simbolismos para compensar a deficiência de descrever-vos a moradia invisível. Mesmo para aqueles que "sentem" a realidade do mundo oculto ou gozam da vidência que lhes permite observar os espíritos em seus trajes astralinos, apresentam-se inúmeras dificuldades que deformam a realidade espiritual vivida por nós.

Em virtude da insuficiência das comparações materiais para se configurarem as formas exatas dos espíritos em liberdade, no Além, a maioria dos homens vê-se obrigada a guiar-se mais pela fé interior, aceitando uma realidade que o intelecto ainda não consegue assimilar satisfatoriamente. Não guardo a presunção de relatar-vos coisas inéditas ou revelações incomuns e que já fazem parte da vasta literatura mediúnica ditada por outros espíritos sensatos e sábios. Mas procurarei transmitir-vos um breve relato de minha visão e existência no Além, usando da maior singeleza possível para o melhor entendimento em comum. Estas páginas referem-se a uma experiência pessoal de um desencarnado e que, acredito, podem interessar bastante, porque não existem duas vidas semelhantes no mesmo gênero.

Sirvo-me da oportunidade fraterna que me é oferecida pelo compreensivo espírito Ramatís, ao colocar o seu sensitivo à minha disposição para que ele recepcione o meu pensamento e anote estas narrativas de fraternal advertência aos leitores. Descrevo-vos os meus últimos momentos vividos na Terra, desde a fase da agonia até o desligamento final, para que guardeis algumas noções aproximadas desse instante ainda atemorizante e tétrico para muitas criaturas e que varia na dependência exclusiva do vosso modo de vida e da natureza dos vossos sentimentos vividos na matéria. Todos os que têm aportado serenamente à nossa esfera espiritual são justamente os que viveram existências laboriosas, afeitos ao serviço sacrificial e amoroso para com o próximo e inspirados nos sublimes ensinamentos de Jesus.

Malgrado toda a resistência intelectual que fazemos aos ensinamentos de Jesus, aqui aprendemos e comprovamos que só a integração definitiva no "amai-vos uns aos outros" e a prática indiscutível do "fazer aos outros o que quereis que vos façam" livrar-vos-á, realmente, das terríveis consequências purgativas a que comumente se sujeitam os desencarnados torturados do Mundo Astral.

Há homens que partem da Terra para "o lado de cá" à maneira de feras chicoteadas pelas próprias paixões enraivecidas, enquanto outros se despedem de vós à semelhança do que acontece com os passarinhos; empreendem o seu vôo feliz e se libertam do ninho sem atrativos. As paixões humanas são como os cavalos selvagens; precisam ser amansadas e domesticadas para que, depois, nos sirvam como forças disciplinadas e de auxílio benéfico à marcha do espírito pela vida carnal.

Para obtermos essa importante domesticação das paixões selvagens, ainda é o exercício evangélico o recurso mais eficiente, pois consegue através da ternura, do amor e da renúncia apregoados pelo Mestre Jesus, amansar tais impulsos. O perispírito, à hora da desencarnação, é como a cavalgadura estuante de energias represadas; tanto se assemelha à montaria dócil, disciplinada e de absoluto controle do seu dono, como se iguala ao potro desenfreado que, ao arremeter desbragadamente, também pode arrastar o seu cavaleiro apavorado.

Os consagrados filósofos gregos, quando preconizavam a necessidade de "mente sã em corpo são", já expunham conceitos de excelente auxílio para o momento da desencarnação. A serenidade e a harmonia, na hora da "morte" são estados que requerem completo equilíbrio do binômio "razão e sentimento", pois aquele que "sabe o que é, de onde vem e para onde vai" também sabe o que precisa e o que quer para se tornar um espírito venturoso. O cérebro que pensa e comanda exige, também, que o coração se purifique e obedeça.

Oxalá, portanto, estas comunicações do "lado de cá", embora a muitos pareçam um punhado de fantasia descabida, possam atrair o interesse dos leitores bem-intencionados, que desejam libertar-se das ilusões próprias das formas provisórias da matéria e queiram focalizar a sua visão espiritual no curso da vida do Espaço, que muito depende da natureza da existência que for vivida na Terra.

Curitiba, 1º de janeiro de 1958.
Atanagildo

1. A caminho do Além

PERGUNTA: — Valendo-nos de vossa promessa, feita em reunião passada, desejaríamos receber impressões sobre a vossa desencarnação, bem como sobre os demais acontecimentos que se verificaram após o desligamento do vosso corpo físico. Ser-vos-ia possível atender-nos nesse propósito?

ATANAGILDO: — Eu havia completado vinte e oito anos de idade e guardava o leito, acometido de complicada inflamação nos rins, enquanto o médico da família esgotava todos os recursos para diminuir a cota de uréia que me envenenava o corpo, causando-me terrível opressão que parecia esmagar-me o peito. Em face da minha angústia, que aumentava de momento a momento, procurei explicar ao médico o que sentia, ansioso de um alívio, mesmo que fosse por breves instantes. Mas estranhava, ao mesmo tempo, que, à medida que baixava a minha temperatura, aguçavam-se-me os sentidos; algumas vezes tinha a impressão de que era o centro consciente, absoluto, de toda a agitação que se fazia em torno de meu leito, porque captava o mais sutil murmúrio dos presentes. De modo algum poderia compreender a natureza do estranho fenômeno que me dominava, pois, à medida que recrudescia a minha faculdade de ouvir e sentir, também em minha alma se fazia misterioso barulho, como se esquisita voz sem som me gritasse num tom desesperado.

Era terrível associação psicológica; algo desconhecido, que se impunha e me bradava sinal de perigo, rogando-me urgente coordenação e rápido ajuste mental. Das fibras mais íntimas de minha alma partia violento apelo, que me exigia imediata atenção, a fim de que eu providenciasse os meios necessários para eliminar um iminente perigo invisível. Subitamente, a voz do médico se fez ouvir, com inusitada veemência:

— Depressa! O óleo canforado!

Então, invisível torpor já não me deixava agir e do imo de minha alma começava a crescer o impacto invasor, que principiava a agir sobre a minha consciência em vigília; depois, num implacável crescendo, percebia que no meu ser eclodia um angustiado esforço de sobrevivência, que se produzia pelo instinto de conservação. Tentei reunir as derradeiras forças que se me esvaíam, a fim de rogar o socorro precioso do médico e avisá-lo de que carecia de sua imediata intervenção. Entretanto, sob forte emoção e instintivamente atemorizado, eis que ouvi-o dizer desalentado:

— Nada mais se pode fazer! Conformem-se, porque o senhor Atanagildo já deixou de existir!

Meu corpo já devia estar paralisado, mas, pelo choque vivíssimo que recebeu a mente, compreendi perfeitamente aquele aviso misterioso que antes se evolara do âmago de minha alma; fora o desesperado esforço que o instinto animal despendera para que eu ainda comandasse o psiquismo sustentador das células cansadas. A comunicação do médico gelou-me definitivamente as entranhas, se é que ainda existia nelas algum calor de vida animal. Embora eu sempre tivesse sido devotado estudioso do Espiritismo filosófico e científico, do mundo terreno, é inútil tentar descrever-vos o terrível sentimento de abandono e a aflição que me tomaram a alma, naquele momento. Eu não temia a morte, mas partia da Terra exatamente no momento em que mais desejava viver, porque principiava a realizar projetos amadurecidos desde a infância e, além disso, estava próximo de constituir o meu lar, que também fazia parte do meu programa de atividades futuras.

Quis abrir os olhos, mas as pálpebras pesavam-me como chumbo; envidei hercúleos esforços para efetuar qualquer movimento, por mais débil que fosse, na esperança de que os presentes descobrissem que eu ainda não "morrera", o que de modo algum podia acreditar, tal era a minha agudeza interior. Então, repercutiu-se violentamente esse esforço pela rede "psico-mental" e ainda mais se avivaram os sentidos já aguçados da alma, os quais transmitiam-me as notícias do mundo físico, por meio de exótico sistema telefônico que eu sempre ignorara possuir. Sentia-me colado à pele ou às carnes cada vez mais frígidas, como se estivesse despido e apoiado sobre geladas paredes de cimento em manhã hibernal. Apesar desse estranho frio, que eu supunha residir exclusivamente no sistema nervoso, podia ouvir todas as vozes dos "vivos", os seus soluços, clamores e descontroles emocionais junto ao meu corpo.

Por meio desse delicadíssimo sentido oculto e predominante noutro plano vibratório, pressenti quando minha mãe se debruçou sobre mim e ouvi-a pronunciar:

— Atanagildo, meu filho! Não podes morrer; tu és tão moço!...

Senti a dor imensa e atroz que lhe ia pela alma, mas eu me encontrava algemado à matéria hirta, não podendo transmitir-lhe o mais débil sinal e aliviá-la com a sedativa comunicação de que ainda me encontrava vivo. Em seguida, achegaram-se vizinhos, amigos e talvez algum curioso, pois eu os pressentia sempre e captava-lhes o diálogo, embora tudo me ocorresse sob estranhas condições psíquicas, porquanto não assinalava nenhuma vibração por intermédio dos sentidos comuns do corpo físico. Sentia-me, por vezes, suspenso entre as duas margens limítrofes de dois mundos misteriosamente conhecidos, mas terrivelmente ausentes! Às vezes, como se o olfato se me aguçasse novamente pressentia o cheiro acre do álcool que servia para a seringa hipodérmica, assim como algo parecido ao forte odor do óleo canforado. Mas tudo isso se realizava no silêncio grave de minha alma, porquanto não identificava os quadros exteriores, assim como não conseguia avaliar com exatidão o que devia estar me acontecendo; permanecia oscilando, continuamente, entre as sensações de um pesadelo mórbido. De vez em quando, por força dessa acuidade psíquica, o fenômeno se invertia; então eu me via centuplicado em todas as reflexões espirituais, no estranho paradoxo de me reconhecer muito mais vivo do que antes da enfermidade que me vitimara.

Durante a minha existência terrena, desde a idade de dezoito anos, eu desenvolvera bastante os meus poderes mentais com exercícios de natureza esotérica. Por isso, mesmo naquela hora nevrálgica da desencarnação, conseguia manter-me em atitude positiva, sem me deixar escravizar completamente pelo fenômeno da morte física; eu podia examiná-lo atentamente, porque já era espírito dominado pela ideia da imortalidade. Postado entre dois mundos tão antagônicos, sentindo-me no limiar da vida e da morte, guardava uma vaga lembrança de que aquilo já me havia ocorrido, alhures, e que esse acontecimento não me parecia suceder-se pela primeira vez. O raciocínio espiritual fluía com nitidez e a íntima sensação de existir, independentemente de passado ou de futuro, chegava a vencer as impressões agudíssimas, que por vezes me situavam em indomável turbilhão de energias que se punham em conflito na intimidade de meu perispírito.

Mas, de súbito, outro sentimento se me apresentou angustioso e também me dominou com inesperado temor e violência; foi algo apocalíptico e que, apesar de minha experiência mental positiva e controle emotivo, me fez estremecer ante a sua proverbial realidade. Reconhecia-me vivo, na plenitude de minhas faculdades psíquicas; em consequência, não estava morto, mas também nem vivo ou livre do corpo material. Sem qualquer dúvida, achava-me preso ao organismo carnal, pois que sensações tão nítidas só podiam ser transmitidas através do meu sistema nervoso. Desde que o sistema nervoso ainda estivesse cumprindo a sua admirável função de me relacionar com o ambiente exterior, obviamente eu também estaria vivo no mundo físico, embora sem poder reagir, por ter sido vitimado por qualquer acontecimento grave.

Não guardei mais ilusões; acreditei que fora vítima de violento ataque cataléptico e, se não me acordassem em tempo, eu seria enterrado vivo. Já antevia o horror do túmulo gélido, os movimentos das ratazanas, a infiltração da umidade da terra no meu corpo e o odor repugnante dos cadáveres em decomposição. Colado àquele fardo inerte, que já não atendia aos apelos aflitivos do meu comando mental e ameaçava não despertar em tempo, previa a tétrica possibilidade de assistir impassível ao meu próprio enterro.

Em seguida, nova e estranha impressão principiou a se apossar de minha alma; primeiramente se manifestava como um afrouxamento inesperado, daquela rigidez cadavérica; depois, um refluxo coordenado para dentro de mim mesmo, que me

A Vida Além da Sepultura

deixou mais inquieto e assinalava algo de acusatório. Se não exagero, ao considerar o fenômeno que ocorria, tinha a impressão de estar sendo virado pelo avesso, pois a memória recuava paulatinamente, através de minha última existência, e enchia-me de assombro pela clareza com que passava a rever todos os passos de minha existência. Os acontecimentos se desenrolavam na tela mental do meu espírito à semelhança de vivíssima projeção cinematográfica. Tratava-se de incrível fenômeno, em que eram projetados todos os movimentos mais intensos de minha vida mental; os quadros se sobrepunham, em recuo, para depois se esfumarem, como nos filmes, quando determinadas cenas são substituídas por outras mais nítidas. Eu decrescia em idade; remoçava, e os meus sonhos fluíam para trás, alcançando as suas origens e os primeiros bulícios da mente inquieta. Perdia-me naquele ondular de quadros contínuos e gozava de euforia espiritual quando entrevia atitudes e fatos dignos e podia comprovar que agira de ânimo heróico e inspirado por sentimentos benfeitores. Só então pude avaliar a grandeza do bem; espantava-me de que um simples sorriso de agradecimento, nessa evocação interior e pessoal, ou então a minúscula dádiva que havia feito em fraternal descuido, pudesse despertar em meu espírito essas alegrias tão infantis. Esquecera-me da situação funesta em que me encontrava para acompanhar com incontido júbilo os pequeninos sucessos projetados em meu cérebro etérico; identificava a moeda doada com ternura, a palavra dita com amor, a preocupação sincera para resolver o problema do próximo, ou então o esforço para suavizar a maledicência para com o irmão desajustado. Ainda pude rever, com certo êxtase, alguns atos que praticara com sacrificial renúncia, porque não só perdera na competição do mundo material, como ainda humilhara-me a favor de adversário necessitado de compreensão espiritual.

Se naquele instante me fosse dado retomar o corpo físico e levá-lo novamente ao tráfego do mundo terreno, aquelas emoções e estímulos divinos teriam exercido tal influência benéfica em minha alma, que os meus atos futuros justificariam a minha canonização depois da morte física. Mas, em contraposição, não faltaram também os atos indelicados e as estultices do moço ardendo em desejos carnais; senti, subitamente, quando as cenas se me tornavam acusatórias; referindo-se às atitudes egocêntricas da juventude avara de seus bens materiais, quando ainda me dominava a volúpia de possuir o "melhor" e superar o ambiente pela ridícula superioridade da figura humana. Também sofri pelo meu descuidismo espiritual da mocidade leviana; fui estigmatizado pelas cenas evocativas dos ambientes deletérios, quando o animal se espoja nas sensações lúbricas. Não era uma acusação endereçada propriamente a uma natureza devassa, coisa que, felizmente, não ocorrera comigo, mesmo na fase da experiência sexual, mas que comprovava, naquele momento retrospectivo, que a alma realmente interessada nos valores angélicos deve sempre repudiar o ambiente lodoso da prostituição da carne. No quadro de minha mente superexcitada, eu identificara os momentos em que a fera do sexo, como força indomável, me atraíra ao limiar do charco em que se debatem as infelizes irmãs deserdadas da ventura doméstica.

A projeção cinematográfica ainda continuava fluente em minha tela mental, quando reconheci a fase do aprendizado escolar e, depois, os folguedos da infância, cujos quadros, por serem os de menor importância na responsabilidade da consciência espiritual, tiveram fugaz duração. Espantadíssimo, creio que por causa da disciplina e dos êxitos dos meus estudos esotéricos, pude identificar um berço guarnecido de rendas, reconhecendo-me na figura de um rosado bebê, cujas mãos buliçosas e o corpo tenro eram objetos de júbilo e afagos de dois seres, que se debruçavam sobre mim — meus pais! Mas o que me deixava intrigado e confuso é que, no seio dessa figura tão diminuta, de recém-nascido, sentia-me com a consciência algo desperta e dona de impressões vividas num passado remoto. Parecia-me envidar tremendos esforços para vencer aquele corpinho delicado e romper as algemas da carne, na tentativa de transmitir palavras intelegíveis e pensamentos adultos. Detrás da figura do bebê inquieto, com profundo espanto, eu reconhecia a "outra" realidade de mim mesmo.

Atento ao fenômeno dessa evocação psíquica, tal como se vivesse o papel de principal ator em movimentado filme cinematográfico, chegava a estranhar o motivo daquelas imagens retroativas terem se interrompido e findado naquele berço enfeitado, quando "algo", em mim, teimava em dizer que eu me prolongava além, muito além daquela forma infantil.

Percebi, repentinamente, que a vontade bastante desenvolvida na prática ocultista me exauria ante o esforço de prosseguir para trás, certo de que, sob o meu desenvolvimento mental, eu

A Vida Além da Sepultura

terminaria desprendendo-me do bebê rechonchudo, que traçava o limite de minha existência, para alcançar o que deveria "existir" muito antes da consciência configurada pela personalidade de Atanagildo. Confiante nas minhas próprias energias mentais, à semelhança do piloto que deposita fé absoluta em sua aeronave, não temi os resultados posteriores, pois, ousadamente, sob poderoso esforço quase heróico, desejei ir mais além e transpor aquele berço enfeitado de rendas, que significava a barreira do meu saber, mas não o limite do meu existir. Havia um mundo desconhecido mais além daquele diminuto corpo focalizado na minha retina espiritual, mundo que tentei devassar, embora manietado em terrível transe que supunha de ordem cataléptica.

Sob poderosa concentração de minha vontade, coordenei todas as minhas forças mentais disponíveis, ativando-as num feixe altamente energético e, decididamente, como se movesse vigoroso aríete, arremeti para além do misterioso véu que deveria esconder o meu próprio prolongamento espiritual. Atirei-me, incondicionalmente, na estranha aventura de buscar a mim mesmo, conseguindo desatar os laços frágeis que ligavam a minha memória etérica à figura daquele atraente bebê rosado. Então consegui comprovar o maravilhoso poder da vontade a serviço da alma resoluta; sob esse esforço tenaz, perseverante e quase prodigioso, rompeu-se a cortina que me separava do passado. Surpreso e confuso, senti-me envolvido por festivo badalar de sinos possantes e, ao mesmo tempo, ouvia o rumor de grande algazarra a determinada distância de onde devia me encontrar.

Enquanto as ondulações sonoras do bronze inundavam o ar, senti-me envolvido pela brisa agreste, impregnada de um perfume próprio do lírio ou de flores familiares às margens dos lagos ou dos rios, ao mesmo tempo que uma nesga de um céu azul-esbranquiçado, comum aos dias hibernais, volteou exoticamente sobre mim. Ainda pude compreender que me encontrava suspenso, no ar, pois fui agitado por vigoroso balanço, enquanto forcejava para romper as cordas que me imobilizavam, contra a vontade. Sob a pressão de calejada mão suarenta, que me comprimia os lábios, estava impedido de gritar, enquanto violenta dor fazia-me arder o peito e a garganta. Pairei um pouco, acima do solo e, subitamente, num impulso mais forte, fui atirado ao seio de água pantanosa, onde o perfume dos lírios se confundia com o malcheiroso visco da lama do rio. Quando mergulhei, ouvi ainda o bimbalhar dos sinos de bronze e as vozes humanas num tom festivo; pouco a pouco, tudo se foi perdendo num eco longínquo, enquanto os meus pulmões se sufocavam com a água suja e frígida.

Esse rápido entreato da cessação de minha consciência, no mergulho das águas geladas, fez-se perder o cordel das imagens que se reproduziam na minha memória perispiritual e, como se retornasse de profundo pesadelo, senti-me novamente na personalidade de Atanagildo, vivo mentalmente, mas preso a um corpo de carne inteiriçada.

Mais tarde, quando já de posse da memória de minha última existência, pude então identificar aquela cena, ocorrida na França em meados do século XVIII, quando eu fora surpreendido, de tocaia, por meus rivais enciumados da minha afeição por determinada jovem, os quais, depois de ferirem-me na garganta e no peito, lançaram-me no rio Sena, atrás da igreja de Notre Dame, justamente na manhã em que se realizavam importantes comemorações religiosas. Por isso, no meu transe psicométrico de retorno ao passado, ocorrido durante a última desencarnação, eu sentia reviver a sensação da água frígida em que fora atirado, pois a cena se reavivou fortemente no meu perispírito, assim que se conjugaram as forças vitais, em efervescência, para evitar o meu desenlace.

Após aquela reprodução da queda no rio Sena, e quando eu ainda pensava no trágico acontecimento, recrudesceram dentro de mim as vozes e os soluços mais ardentes; a imagem do passado esfumou-se rapidamente e reconheci-me ligado de novo ao corpo hirto. Não tardei em adivinhar que Cidália, minha noiva, havia chegado à minha casa e se debruçava desesperadamente sobre o meu cadáver, deixando-se açoitar pela dor pungente da separação dolorosa. Então, avivou-se-me com mais violência a terrível ideia de que fora vitimado pelo sono cataléptico!...

Imensamente surpreso, pude notar que as minhas reminiscências cinematográficas, que haviam reproduzido no meu cérebro toda a existência transcorrida desde o berço e, além disso, revelado um detalhe da cena ocorrida na França, não haviam durado mais do que um ou dois minutos. Era o tempo exato que Cidália deveria ter gasto para vir de sua casa até o meu lar, assim que a avisaram de minha suposta morte, pois residia a uma quadra de distância. Mais tarde, pude compreender melhor esse fato, quando de posse da consciência espiritual desligada da matéria.

Em tão curto espaço de tempo, eu pude rever os principais acontecimentos de minha última existência, no Brasil, e ainda contemplar o quadro derradeiro da reencarnação anterior.

Mas em breve renovou-se-me o ânimo e eu me tornei algo indiferente à situação grave em que me encontrava, pois já havia comprovado, em mim mesmo, a imortalidade ou a sobrevivência indiscutível do espírito, o que atenuou-me o receio de sucumbir, mesmo diante da apavorante probabilidade de ser enterrado vivo. Graças ao poder de minha vontade disciplinada, impus certa tranquilidade ao meu psiquismo inquieto, controlando emoções e preparando-me para não perder o mínimo detalhe dos acontecimentos, pois mesmo ali, no limiar da "morte", o meu espírito não perdia o seu precioso tempo e tentava engrandecer a sua bagagem imortal. Mas, ainda em obediência aos fortes imperativos do instinto de conservação, reuni novamente as forças dispersas e tentei provocar um influxo de vitalidade no meu organismo inerte, a fim de despertá-lo, se possível, do seu transe cataléptico, para retornar à vida humana ainda mais enriquecido e convicto espiritualmente, graças às comprovações que obtivera na emersão da memória perispiritual.

Justamente nesse instante de afluxo vital, os sentidos se me aguçaram novamente, fazendo-me pressentir algo ainda mais grave e que me profetizava indomável violência. Não podia precisar a natureza exata do pressentimento, mas reconhecia a sua gênese oculta na minha alma e que me punha de forte sobreaviso. Longínqua tempestade se desenhava no horizonte de minha mente e o instinto de conservação lançava o temor no imo de meu espírito. Pouco a pouco, identificava o ribombo do trovão a distância, enquanto vivia a sensação de me encontrar ligado ao cadinho de energias tão poderosas, que pareciam as forças de nutrição do próprio Universo. A tempestade que tomava conta de mim não parecia vir de fora, mas sim eclodir lenta e implacavelmente no interior de minha própria alma. Acompanhei-lhe o crescendo implacável e percebi, desconcertado, que era em mim mesmo, no cenário vivo de minha morada interior, que ela se desenvolvia a caminho de tremendo "clímax" de violência.

Quase que agachado em mim mesmo, ouvi o tremendo trovão ribombar nas entranhas do meu espírito; fui sacudido em todas as fibras do meu ser, à semelhança de frágil haste de junco chicoteada pelo vento indomável. O choque foi poderoso e mergulhei num estranho turbilhão de luzes e faíscas elétricas para desaparecer tragado nesse vórtice flamante. Em seguida, perdi o comando da consciência.

O fenômeno, em verdade, identificava o temeroso momento da verdadeira desencarnação, comum a todos os seres, quando se rompe o último laço entre o espírito e o corpo físico, laço esse situado à altura do cerebelo, e pelo qual ainda se fazem as trocas de energias entre o perispírito sobrevivente e o corpo rígido. Após esse choque violento, eu ficara libertado definitivamente do corpo carnal e todo o meu perispírito pareceu recolher-se em si mesmo sob estranha modificação, dificultando-me o entendimento e a clareza psíquica, o que me fez perder a consciência de mim mesmo.

Não sei quanto tempo transcorreu até o meu despertar no Mundo Astral, depois que os meus despojos haviam sido entregues à singeleza de uma sepultura. Recordo-me tão-somente de que, embora sentisse a temperatura algo fria, o meu corpo gozava de indescrítivel sensação de leveza e bem-estar, tendo desaparecido todas as angústias mentais, mas permanecendo certa fadiga e uma ansiedade expectante. O meu esforço situava-se no problema de reunir os pensamentos dispersos e ajuizá-los no campo da memória, a fim de entender o que pudesse ter acontecido comigo, porquanto ainda alimentava a sensação física de haver retornado de violento choque ou pancada no crânio, proveniente de algum contundente instrumento de borracha. Esse torpor era perturbado por um estranho convite interior, com relação ao ambiente onde me encontrava, repleto de expectativa e de silencioso mistério. Sentia-me bem, quanto ao estado mental, gozando a sedativa sensação de haver sido submetido a uma lavagem purificadora, cujos resíduos incômodos se houvessem depositado no fundo do vasilhame mental, permanecendo à tona apenas um líquido refrescante e balsâmico. Temia tentar algum esforço de memória muito pronunciado, a fim de não misturar a escória, depositada no fundo cerebral, com a limpidez agradável e cristalina da superfície.

A sensação era de paz e de conforto espiritual; não tendia para evocações dramáticas ou assuntos dolorosos; nem me achava crivado de indagações aflitivas para recompor a situação ainda confusa, pois as idéias, que se me associavam pouco a

A Vida Além da Sepultura

35

pouco, eram sempre de natureza otimista. Em oposição ao que eu considerava antes um terrível pesadelo, no qual vivera a sensação da "morte", aquele segundo estado de espírito assemelhava-se a suave sonho, que não desejava interromper.

Após breve esforço, pude abrir os olhos e, para minha surpresa, deparei com um teto alto, azulado, com reflexos e polarizações prateadas, semelhante a uma cúpula refulgente. Apoiava-se sobre delgadas paredes impregnadas duma cor azulada, em suaves tons luminosos; parecia que compridas cortinas de seda cercavam docemente o meu leito alvo e confortável, dando-me a impressão de que repousava sobre genuína espuma do mar. Uma claridade balsâmica transformava as cores em matizes refrescantes e, às vezes, parecia que a própria luz do luar filtrava-se por delgado cristal de atraente colorido lilás. Mas eu não vislumbrava instalações nem lâmpadas com que pudesse identificar a origem daquela luz agradável. De outra feita, eram fragmentos de pétalas de flores ou espécie de confetes duma cor carmim-rosado, que pousavam sobre mim e se desvaneciam na fronte, nas mãos e nos ombros, provocando-me a sensação de um banho de magnetismo reconfortante, a nutrir-me o corpo exausto, mas contente.

Estranhando o ambiente em que despertara, completamente diferente do modesto aposento que constituía o meu quarto de enfermo resignado, acreditei que fora transportado, às pressas, para algum hospital luxuoso e de instalações moderníssimas. Consegui, então, distinguir alguns vultos confusos, que me rodeavam o leito; um deles guardava forte semelhança com minha mãe e identifiquei-o como um homem de meia-idade. Uma senhora idosa, sorridente e extremamente afável, debruçou-se sobre mim e chamou-me com insistência. Pronunciou meu nome com profundo recolhimento e ao mesmo tempo com profunda veemência, conseguindo arrancar-me uma exaustiva e balbuciante resposta de aquiescência.

Ela sorriu com visível satisfação e chamou outra pessoa, de aspecto pálido, com olheiras profundas, vestida de branco imaculado, que me fez evocar a figura de um daqueles clássicos magos do Oriente, cuja fisionomia é serena, mas enérgica. Havia certa bonomia nos seus gestos e inconfundível segurança no agir; fitou-me com tal firmeza, que um fluxo de energia estranha, e de suave calor, projetou-se do seu olhar e atingiu-me a medula, amortecendo-me pouco a pouco o bulbo e o sistema nervoso, como se poderosa substância, hipnótica, se derramasse pelos meus plexos nervosos e provocasse incontrolável relaxamento dos músculos.

Lutei — esperneei, por assim dizer — tentando contrariar aquela vontade poderosa, mas uma ordem incisiva fixou-se-me no cérebro: — durma; então afrouxaram-se-me os músculos e fui quedando-me num doce e misterioso bem-estar para ser envolvido por gradativa inconsciência e desaparecer suavemente num voluptuoso repouso compensador. Numa réstia de consciência final, ainda pude ouvir a voz cristalina daquela senhora afável, que assim se expressava:

— Não lhe havia dito, irmão Crisóstomo, que só o irmão Navarana poderia provocar o repouso compensador ao seu neto e evitar-lhe a excessiva autocrítica tão prejudicial, ainda, à sua confusão psíquica e natural da desencarnação? Convenhamos em que o seu neto Atanagildo é portador de uma mente muito vigorosa.

Já no bruxuleio final da consciência em vigília, então eu compreendera tudo; Crisóstomo era o meu avô materno, a quem só conhecera na infância. Realmente, não havia mais motivos para lutar ou temer; eu era um "morto", na acepção da palavra ou, mais propriamente, um desencarnado!

A Vida Além da Sepultura

2. Primeiras impressões

PERGUNTA: — Quais foram as vossas novas impressões após despertardes no Além, depois de haverdes sido submetido ao sono, pelo irmão Navarana?

ATANAGILDO: — De princípio, não pude compreender o ambiente em que me encontrava, pois não conseguia vislumbrar nada além daquele quarto silencioso, envolto por agradável luminosidade e balsâmico fluido. Sentia-me num estado de profunda auscultação espiritual, mas reconhecia-me impedido de tentar qualquer esforço diretivo. Ainda em suave torpor, lembraria a figura silenciosa do peregrino a fitar o horizonte escuro, aguardando o advento da madrugada, para recomeçar a longa viagem interrompida pela noite.

Mantinha-me em curiosa expectativa, mas interiormente certo de logo desvendar o mistério que me cercava. Não tardei em notar estranho fenômeno de luzes, que surgiram inesperadamente assim como se incontável número de pétalas luminosas fosse lançado pelos faróis de veículos distantes para mergulharem no seio da densa cerração. Mentalmente desperto, eu observava aquela sucessão de luzes, que iam desde um azul-claro aos tons de safira e terminavam em matizes de agradável violeta que, ao me tocarem, se transformavam em um refrigério balsâmico. Não podia precisar de onde provinham; de vez em quando, o fenômeno se tornava até audível, pois eu supunha ouvir algumas vozes distantes, cuja pronúncia era de agradável entonação e simpatia.

Não tinha mais dúvidas quanto à natureza e à força daquelas luzes que me visitavam amiúde, pois elas sempre se esvaíam em mim, após deixarem-me a voluptuosa sensação de alívio e ao mesmo tempo de nutrição espiritual. Mas houve um momento em que me senti chocado, tal como se um jato de água fria caísse sobre o meu perispírito; em seguida, fui tomado de uma sensação de tédio, de pesar, e depois de angústia, para finalmente sentir algo como se fosse o remorso ou o arrependimento pela prática de qualquer ação má ou precipitada. No imo de minha alma ainda permanecia esse brado aflitivo, provocado por imprevista emoção de amargura, quando um novo facho daquelas luzes azuis-violeta vieram ao meu encontro e dissolveram miraculosamente toda aquela ação opressiva, restaurando as minhas forças e devolvendo-me o bem-estar anterior.

Então agradeci, em profunda prece a Jesus, o inesperado alívio traduzido nas asas daqueles confetes luminosos e coloridos que me penetravam a organização perispiritual e sumiam-se deixando-me delicioso alimento energético.

PERGUNTA: — Durante essas extraordinárias emoções já vos encontráveis desperto e consciente de que havíeis desencarnado?

ATANAGILDO: — Eu já havia despertado do sono hipnótico provocado pelo irmão Navarana, que agira em companhia de meu avô Crisóstomo e da irmã Natalina, aquela senhora bondosa e afável que me atendera antes de minha imersão no repouso reparador. Quando eu me acordara, da primeira vez, fora apenas um rápido estado de vigília astral, em que ainda me sentia exausto e com o corpo dolorido, além de sentir um frio incômodo; estava cansado da travessia que deveria ter feito da crosta até a região onde pudera me situar. O repouso se fazia necessário, porque o tipo de enfermidade que me havia feito desencarnar era de molde a exaurir grandes cotas de energias espirituais, que muito são necessárias no trânsito para o Além.

PERGUNTA: — Podemos considerar que os mesmos fenômenos e o modo de vossa desencarnação podem servir de padrão para avaliarmos os acontecimentos com outros desencarnados?

ATANAGILDO: — De modo algum deveis pensar na igualdade de sensações e de acontecimentos para com todos os que desencarnam; não há, possivelmente, uma desencarnação exatamente igual a outra. A situação na hora da "morte", para cada criatura, depende fundamentalmente de sua idade sideral e dos hábitos psíquicos que tenha adquirido através dos milênios já vividos no contato com a matéria; influi para cada um a sua natureza moral e mesmo o tipo de energias que ainda predominem, em reserva, no seu perispírito; energias essas que variam de conformidade com os climas ou regiões da Terra ou de outros planetas em que o espírito tenha se reencarnado. Entretanto, existem certos fatos e acontecimentos que são comuns em quase todos os casos de desencarnação e que fazem parte do processo de desligamento do corpo, como sejam a recordação imediata e regressiva de toda a existência que se finda, a agudeza de percepção nos primeiros momentos da agonia, a suposição de se tratar de um sonho ou pesadelo e, também, o choque interior que se verifica com o rompimento do último cordão de vida carnal. Afora tais fenômenos e o tempo de sua duração, a desencarnação varia de espírito para espírito, diferindo também os demais acontecimentos que se sucedem após o despertar no Além-túmulo.

PERGUNTA: — Qual a origem dessas luzes coloridas e que se desfaziam junto ao vosso perispírito?

ATANAGILDO: — Durante minha última reencarnação eu pudera manter-me num certo nível espiritual equilibrado, conforme já vos disse, graças ao desenvolvimento de sadia vontade que havia empregado satisfatoriamente sob a inspiração do serviço de Jesus. Embora não fosse portador de credenciais santificantes, sempre fui compassivo, pacífico e tolerante, esforçando-me para viver a distância de sensações pervertidas, das conversas licenciosas ou de anedotário indecente, que ainda é muito comum à maioria da humanidade. Os exercícios esotéricos, as práticas elevadas e as reflexões superiores, a que me submetia amiúde, sublimavam-me a carga de magnetismo superexcitante no metabolismo do sexo. Mergulhei deliberadamente na leitura filosófica de alta estirpe espiritual e buscava viver de modo sensato, medindo os meus pensamentos e controlando minhas palavras. Era comunicativo e alegre, despido de preconceitos e afável para com todos; nunca me rebelava diante dos acontecimentos desagradáveis da existência humana, embora também tivesse sido provado no curso do sofrimento e nas mais íntimas fibras do ser. Também não me interessavam as gloríolas políticas nem me afligia pela posse desafogada dos tesouros que "a traça rói e a ferrugem consome".

Desde a infância sentira-me possuído de inexplicável ardor e ansiedade para saber o que eu era, donde vinha e para onde ia. Reconhecia que esse conhecimento era de capital importância para a minha vida e que tudo mais era de insignificante valor. Sob essa íntima e incessante preocupação, conseguia ser feliz com bem pouca coisa, porque eram raras as seduções do mundo que conseguiam despertar-me interesse ou atear-me o desejo de possuir riquezas. Gostava de empregar alguma parte de meus haveres em favor dos deserdados e auxiliar a pobreza do meu subúrbio. Quando me punha a solucionar os problemas alheios, nunca o fazia por exclusivo interesse pessoal e bonificava o próximo despreocupado da ideia capciosa de me candidatar aos favores do céu. De modo algum vivia a fanática preocupação de "fazer caridade", a fim de cumprir um dever espiritual; sempre agia com espontaneidade, e os problemas difíceis e aflitivos, do próximo, significavam os meus próprios problemas necessitados de urgente solução.

O meu "ativo" espiritual se apresentava com certo fundo de reserva, quando da minha desencarnação para o Além, pois aqueles que souberam da minha "morte" não só a prantearam sob ardentes votos de ventura celestial, como os mais afetivos e gratos continuaram a me dedicar preces em horas tradicionais, evocando-me com ternura e compassividade espiritual.

Essas orações e ofertas de paz, dedicadas ao meu espírito desencarnado, é que se transformavam naquelas luzes azuis, lilases e violetas e que, na figura de pétalas coloridas e luminosas, fundiam-se com o meu corpo astral e o inundavam de vibrações balsâmicas e vitalizantes.

A rogativa no sentido do bem é sempre dádiva celeste, e mal podeis avaliar quanto ela auxilia o espírito nos seus primeiros dias de desencarnação. Trata-se de energia confortante, que às vezes se assemelha à brisa suave e de outra feita se transforma em fluxos energéticos, vivos, que reanimam a atividade do perispírito. O fato de me desligar mais depressa dos despojos cadavéricos — embora essa libertação dependa fundamentalmente do estado moral do desencarnante — devo muito às orações que não cessaram de pousar afetuosamente em minha alma.

PERGUNTA: — E qual o motivo por que ficastes subitamente num estado de angústia e de arrependimento, no momento em que vos pareceu receber um jato de água fria, só vos reanimando posteriormente pelo regresso das pétalas de luzes coloridas?

ATANAGILDO: — Só depois de desencarnarmos é que realmente compreendemos o espírito da advertência constante daquela frase de Jesus, quando anunciou que a criatura deverá pagar até o "último ceitil"! Naqueles momentos abençoados, em que se depositava sobre mim o reconfortante maná trazido pelas orações nas asas daquelas fagulhas luminosas, alguém interceptava o fluxo dessas preces e perturbava-me a recepção do precioso alimento da alma. Só mais tarde vim a descobrir a razão daquelas quebras vibratórias, repentinas, embora de curta duração, mas que me angustiavam, pondo-me na situação de culpado por qualquer coisa que não sabia explicar. Indubitavelmente, era lançada contra mim alguma carga nociva, de tal vibração negativa que me percorria o corpo, à semelhança de um vento desagradável, em completa oposição ao efeito das luzes sedativas.

Tratava-se de Anastácio, um infeliz delinquente que eu conhecera na Terra, na última reencarnação, mas que a mim se ligara pelos imperativos da Lei do Carma, como consequência do meu passado descuidoso. Era a cobrança justa do "último ceitil" que lhe devia. Embora eu já tivesse envidado os maiores esforços para saldar a minha dívida cármica para com o planeta e reajustar-me na contabilidade divina com quase todos os meus credores de maior importância, Anastácio fora a criatura que ainda continuara adejando à minha sombra, pondo-me à prova o máximo de tolerância de espírito. E usando e abusando desse direito derradeiro, que ainda lhe conferia a Lei do Carma, para a cobrança justa de minha dívida, ele sempre agiu de modo implacável, apesar de todo socorro e proteção que lhe dispensara na última romagem.

Espírito imaturo e insatisfeito, demonstrando hostilidade

mesmo diante dos indiscutíveis bens que lhe proporcionara na última romagem física e, como não pudera se vingar totalmente, desforrou-se após a minha desencarnação, vibrando odiosamente contra mim e tentando macular-me a memória na Terra, a fim de desvalorizar os favores recebidos.

Mas o fato era muito natural e próprio do seu estado evolutivo, pois, enquanto o espírito elevado perdoa as maiores ofensas que lhe fazem, o involuído não perdoa sequer um esbarro em sua pessoa. As almas pequeninas e infelizes vertem tonéis de ódio contra os que mal lhe respingam algumas gotas de água.

PERGUNTA: — Para que melhor compreendamos vossa situação espiritual após a desencarnação, poderíeis nos explicar algo sobre as vossas relações aqui na Terra com esse irmão Anastácio?

ATANAGILDO: — Anastácio era um homem profundamente desajustado e ocioso no meio humano; usava de toda capciosidade para com aqueles que o socorriam, amiúde, como acontecera comigo. É evidente que, sob imperativo cármico, ele cruzou o meu caminho, na mocidade, induziu-me a ajudá-lo a casar-se com certa jovem pobre, filha de ferroviário, a qual ele abandonou após três anos de casados, deixando-a com dois filhos, ao desamparo. Compadecido de tal situação, fui em socorro dos três infelizes e normalmente os assisti, valendo-me dos proventos hauridos em trabalho honesto. Mais tarde, a esposa de Anastácio uniu-se a outro homem, laborioso, mas paupérrimo; o meu ajutório também não lhes faltou, mas Anastácio irritou-se com isso, acoimando-me de culpado pela sua infelicidade, chegando ao ponto de emitir conceitos caluniosos à minha pessoa, atribuindo-me falta de honestidade para com a sua ex-esposa.

Felizmente, dado o meu conhecimento espiritual, que em grande parte me ajudava a entender a origem enferma da maioria das perfídias humanas, desisti de formular justificações à opinião pública ou de perturbar-me no ambiente do mundo transitório. Não só perdoei a calúnia de Anastácio, a qual me causara sérios dissabores e prejuízos morais, como também preferi olvidar-lhe a própria perfídia, tratando-o bem como antes, sem que ele notasse, sequer, qualquer mudança no brilho do meu olhar.

Mais tarde, o infeliz entrou em conflito com o novo companheiro de sua esposa que, apesar de franzino, era homem curtido no serviço pesado e hábil na luta, motivo por que o massacrou à vontade, obrigando-o a ficar hospitalizado por longo tempo, com fraturas nas costelas e na fronte. Tratei logo de acudi-lo; retirei Anastácio da enfermaria de indigentes, coloquei-o num excelente hospital, com todos os recursos médicos, e ajudei-o qual irmão abnegado durante mais de quatro meses. Quando Anastácio saiu do hospital, teve a coragem de andar propalando que a minha dedicação e a cobertura das despesas de seu tratamento provinham da necessidade que eu tinha de superar o meu próprio remorso de havê-lo separado da esposa. Subestimava sempre o esforço feito a seu favor e confundia a minha humildade com o servilismo. Movido pelo seu espírito capcioso e negligente passou a me explorar de todos os modos, no mais flagrante ato de chantagismo.

Certo de que eu ficara confrangido com a sua calúnia, propalando que eu o socorria temeroso de escândalo, não esquivou-se de me procurar novamente. Como eu me encontrava decidido a superar todas as minhas paixões e a escoimar a minha alma das mazelas do passado, deliberei servir-me da vingança de Anastácio como um exercício cotidiano de renúncia, resignação e iniciação espiritual, na forma de intensiva prática superior.

É verdade que eu pressentia a minha desencarnação, mais ou menos próxima pois, dotado de grande sensibilidade psíquica, que ainda mais se firmara pela cuidadosa alimentação vegetariana e pela higiene psíquica e mental, vivia em acentuada relação interior com o mundo invisível, travando verdadeiros diálogos mentais com os meus mentores e demais amigos desencarnados.

PERGUNTA: — De acordo com a Lei do Carma, tínheis que pagar os males que também havíeis feito a Anastácio, ou então fostes vítima de um sofrimento injusto. Que nos dizeis?

ATANAGILDO: — A Lei do Carma não é bem a lei do "olho por olho e dente por dente", como geralmente a entendeis, e pela qual um fato delituoso terá que gerar outro fato idêntico e pagável pelo culpado. Aparentemente, parece que houve exagero por parte de Anastácio, em contraposição com a minha tolerância, por se tratar de alma demasiadamente capciosa e vingativa. Mas a solução do problema de cada alma é para consigo mesma e não para com a Lei, pois esta não cria acontecimentos iguais aos anteriores para se fazer cumprir a punição. Não seria justo que o delito de um homem, em certa existência, obrigasse a Lei a criar um acontecimento criminoso, no futuro, para que o culpado se ajustasse ao mesmo na próxima encarnação.

O Cristo deve servir de barômetro, a fim de podermos conhecer qual a "pressão" do nosso espírito em todos os nossos atos, à semelhança de uma agulha bussolar, que nos guie sempre para o norte da bem-aventurança eterna. Só um caminho existe para a definitiva libertação das algemas cármicas nos mundos físicos: é a renúncia e o sacrifício absoluto para com os nossos algozes e detratores. E, "se o teu adversário obrigar-te a andar uma milha, vai mais uma com ele e, se te tirar a capa, larga-lhe também a túnica", é o conceito que melhor nos indica a solução desses problemas adversos, do passado.

Na farta messe de perfídias e ingratidões recebidas de Anastácio, eu colhia os frutos da má semente plantada alhures, em momentos de imprudência espiritual. Não havia exigência absoluta da Lei para que eu pagasse a Anastácio tostão por tostão; mas teria que suportá-lo junto a mim, na última encarnação, e sofrer-lhe as reações naturais do seu espírito delinquente, porque o atraíra no passado para a órbita do meu destino espiritual. Quando minha alma ainda se aferrava brutalmente às ilusões da vida material, eu me servira dele, usando-o como fiel comparsa que sabia cumprir todas as minhas ordens imprudentes e materializava fielmente toda a minha vontade egocêntrica.

As mazelas e subversões de Anastácio foram-me um excelente recurso em remotas existências, e servi-me delas para fins desonestos e prejuízos ao próximo. Em lugar de orientar Anastácio, para que adquirisse melhores estímulos para o Bem, não só exaltei-lhe os próprios defeitos, como ainda alimentei a natureza capciosa do seu espírito vingativo, tirando dele todo o proveito possível para solucionar os meus problemas de riqueza, fama e poderio. Ele, então, se tornou o meu servidor incondicional e colocou toda a sua bagagem inferior à minha disposição, assim como o enfermo se posta diante do médico, expondo-lhe as chagas do corpo. É óbvio que um médico não se aproveita das chagas do doente para aumentar a sua renda; no entanto, eu procedi ao contrário; a minha inteligência soube aliar as minhas maquinações, habilmente, às chagas morais de Anastácio, quando devia curá-lo, como me ordenava o mais singelo dever fraterno.

Em consequência, a Lei do Carma ligou-me a ele através dos séculos, pois se o mantive falaz, capcioso e ingrato, para melhor aproveitá-lo no sucesso dos meus planos maquiavélicos, era muito justo que eu viesse a sofrer as consequências de minhas próprias imprudências quando a técnica sideral resolveu conduzi-lo à minha presença, reafirmando-se então o velho conceito evangélico: "o que o homem plantar, isso colherá". Se eu houvesse sublimado aquela alma ainda informe é claro que também poderia tê-la junto de mim, na última existência, como excelente companheiro afinado às minhas idéias e também sugestionado pelos meus novos sentimentos. Em outras existências anteriores fora o meu comparsa fiel que reproduzia no ambiente do mundo material o conteúdo subvertido que eu pensava e queria; ultimamente, apesar de minha melhoria espiritual e de distanciar-me de seu campo vibratório inferior, ele postou-se junto a mim como terrível barômetro, que eu mesmo confeccionara, para medir a temperatura emotiva do meu coração.

Em vista da grande disparidade espiritual que se fez entre mim e Anastácio — pois realmente efetuei hercúleo esforço para me elevar acima das minhas próprias mazelas morais do passado —, eu só poderia libertar-me da sua presença na forma de absoluta renúncia, devendo entregar-me de "mãos e pés atados" à sua vilania e ingratidão insuperáveis. Para isso, teria que me sujeitar às mais acerbas humilhações e infâmias, sofrendo em mim mesmo o que por meu intermédio também provocara noutros seres. E, na conformidade da lei tradicional de que "quem com ferro fere, com ferro será ferido", Anastácio significou o próprio instrumento retificador de minhas velhas atitudes, submetendo-me a terríveis testes de tolerância, paciência, perdão e humilhação. A Lei não se serviu dele para punir-me, o que seria incompatível com a bondade de Deus; mas transformou-o no recurso terapêutico para a minha alma, efetuando-se a cura através do processo "similia similibus curantur".

Eis por que ele sempre se me apresentou como um indivíduo exigente, que não tolerava as minhas negativas e subestimava os meus auxílios. Apresentava-se de modo provocante à minha frente, na figura de alguém que eu explorara, diferenciando-se ostensivamente da condição comum de pedinte necessitado; exigia com arrogância, dando-me a entender que não pedia

A Vida Além da Sepultura

favores, mas apenas requeria devolução. Era incapaz de reagir desaforadamente, mesmo diante de criaturas do seu próprio nível moral, mas para mim se transformava num verdadeiro inquisidor, cuja força devia provir da terrível acusação subjetiva que o seu espírito me formulava, verberando o progresso que eu ja havia alcançado, e por tê-lo abandonado na delinquência do mundo, depois de sua adesão incondicional a mim, no passado.

Felizmente, pressenti a força e a justiça da Lei, que me solicitava o devido reajustamento, reconheci em Anastácio a alma credora desse passado e tornei-me dócil, tolerante e mesmo jubiloso diante de suas ingratidões, convicto de que, com essa "autopunição", cancelava em público o saldo devedor das subversões espirituais.

PERGUNTA: — Mas, em face das leis divinas, o sofrimento e a humilhação que sofrestes não bastavam para evitar--vos o assalto das vibrações venenosas, provindas de Anastácio, após a vossa desencarnação? Porventura já não havíeis resgatado, na Terra, a dívida para com ele? Cremos que, sob tal disposição, o vosso sofrimento moral deveria cessar exatamente na hora de vossa desencarnação; não é assim?

ATANAGILDO: — Repito-vos: a equanimidade da Lei do Carma é que marca o resgate do "último ceitil", de que falou Jesus. Este último ceitil, no meu caso, ainda figurava em débito nas derradeiras vibrações antagônicas ou confrangedoras que eu sofrera ao desencarnar. Só então a Lei se dera por satisfeita no reajustamento, porque essa lei eu mesmo é que a havia invocado contra mim. O meu passivo, nas relações com Anastácio, montava a determinada quantidade de humilhações ou perfídias, e a certo tempo de vulnerabilidade magnética receptiva aos seus pensamentos e atos contra o meu espírito. Quando eu desencarnei, graças ao serviço fraterno e humilde prestado a ele e outros, criei alguns fatores para me auxiliarem na condição de desencarnado; mas ainda existia um pequeno saldo credor a favor de Anastácio, que assim me colocava sob a sua dependência, em matéria de vingança. E, como já disse, a sua reação foi contundente; não sofri maiores consequências da sua toxidez vibratória, porque no fundo de sua alma ele já principiava a sentir remorsos de sua atitude tão insana para comigo. Assim, ser-vos-á fácil compreender que nós mesmos aumentamos ou diminuimos as nossas desditas porque, se eu houvesse escorraçado Anastácio, sob reações antifraternas, ainda neste momento, em que vos dito esta comunicação, estaria sofrendo as consequências do seu rancor para comigo. Mas este, dias depois, logo cessou e, proveitosamente, cheguei mais tarde a recepcionar seus pensamentos de arrependimento e desejo de perdão.

A Lei do Carma exige que pagueis "ceitil por ceitil", ou seja, o total de todas as perturbações que ocasionardes aos outros com a vossa natureza animal inferior, mas a bondade divina permite que diminuais a quantidade ou a intensidade do mal praticado, desde que trabalheis em favor dos miseráveis, ou então vos sacrifiqueis heroicamente para a melhoria do mesmo mundo em que tenhais contribuído para a perturbação. Tendes oportunidade de pagamento contínuo da dívida cármica e incessante crédito provindo dos serviços espontâneos de abnegação e amor desinteressados. Há mil recursos oferecidos pela vida humana, que permitem à alma laboriosa e decidida reparar os seus delitos no pretérito.

PERGUNTA: — Então, podeis vos considerar isento de dívidas para com esse irmão, sendo-vos permitido prosseguir doravante por outros caminhos distanciados dos da evolução dele; não é assim?

ATANAGILDO: — Realmente, essa é a concepção exata perante a Lei de Causa e Efeito, a que já me submeti na liquidação do meu débito para com Anastácio. Cumpriu-se aquilo de que nos avisou Jesus, ao prevenir: "o que desligares na Terra também será desligado no céu". Assim, estou desligado carmicamente, aqui, do espírito de que me servi de modo irregular, pois o mesmo já se cobrou, em parte, do seu crédito, fazendo-me suportar a inversão dos atos do passado. A Lei, pois, permite que eu continue daqui o meu caminho evolutivo, sem que Anastácio continue a me perturbar.

PERGUNTA: — Não entendemos bem a vossa explicação. Por que motivo dizeis que Anastácio cobrou-se "em parte", do seu crédito, e nos afirmais, ao mesmo tempo, que ele já se encontra compensado pela Lei?

ATANAGILDO: — Explico: — Em virtude de minha incessante atividade benfeitora no mundo, socorrendo a muitos necessita-

A Vida Além da Sepultura   48

dos, mesmo com sérios agravos para o meu orçamento econômico e para a minha saúde, o total de minha dívida obrigatória para com Anastácio reduziu-se em grande parte, pois foi um serviço espontâneo que prestei ao próximo e que a própria Lei Sideral registrou como crédito de minha compensação cármica. O acervo de abusos que pude cometer no passado, por intermédio da precária moral de Anastácio, ficou bastante reduzido na minha última existência, em face da cooperação prestada a outros espíritos em provas dolorosas no mundo material. Daí se infere que a Lei é rigorosa, mas é justa; que o Pai é fundamentalmente Amor e não simplesmente Justiça. Compreendereis, agora, por que motivo Anastácio cobrou-se "em parte" do seu crédito, pois o que lhe devia não foi pago integralmente; uma parte foi levada à conta dos auxílios que prestei aos necessitados que de mim se acercavam, e desse modo a minha dívida total ficou cancelada.

PERGUNTA: — O espírito de Anastácio ainda se encontra encarnado na Terra?

ATANAGILDO: — Há mais de três anos regressou ao Além, pois, em face do seu drama delituoso, terminou caindo sob o punhal de um sicário, pois, em virtude de seus homicídios do pretérito, a Lei Cármica também o colocou na dependência de possibilidades de morte violenta. É óbvio que, se ele se tivesse dedicado a fundo à sua renovação interior, exercendo o amoroso serviço ao próximo ou renunciando às suas deliberações vingativas, essa mesma Lei severa não só o afastaria para zonas de maior proteção do mundo físico, como também lhe favoreceria com novos ensejos de longa vida. A Terra, como divina escola de educação espiritual, não se revolta contra o aluno que tenta reparar o curso perdido, embora, para isso, tenha que repetir novamente as lições atrasadas.

É claro que Anastácio não se reencarnara para morrer de propósito nas mãos de impiedoso assassino, pois isso nos faria supor, sem dúvida, que alguém se transformaria fatalmente em homicida para que fosse cumprido o seu destino trágico. Na verdade, a Lei Cármica o situara num meio onde havia maiores probabilidades de ser vítima de violências, quer por se encontrar entre maior número de homicidas em potencial, quer por se achar ligado a dois adversários vingativos, que haviam sido suas vítimas no pretérito.

Não defrontamos com um destino implacável a confeccionar homicidas para que se tornem instrumentos cármicos punitivos das infrações do passado; a Lei apenas aproxima adversários que se unem dentro das suas próprias afinidades e tendências espirituais e, por esse motivo, terminam punindo-se entre si, ainda sob a mesma lei de que "os semelhantes curam os semelhantes".

PERGUNTA: — Depois da desencarnação de Anastácio, já o tendes encontrado no Além?

ATANAGILDO: — Já vos disse que a Lei Cármica me desligara da contingência de me envolver nos futuros ciclos reencarnatórios de Anastácio, porque eu já resgatara a contento o total do meu débito para com ele. Mas isso não me priva de, espiritualmente, prosseguir em seu auxílio, pois o meu atual conhecimento espiritual só o identifica como o irmão ignorante e necessitado de urgente socorro.

Anastácio não significa para mim um adversário a exigir direitos compulsórios; doravante será o meu pupilo, a alma que me cumpre proteger com sincera dedicação, quer seja no Espaço, quer seja em reencarnações futuras. O grau de entendimento e o júbilo indestrutível, que a bondade do Criador já concedeu ao meu espírito, inspiram-me para que essa minha ventura seja empregada em aliviar as angústias de outros necessitados e, principalmente, em relação a Anastácio. Isso representa para mim um novo ensejo de trabalho criador, pois Anastácio é um objeto de importância a que me consagrei, por longo tempo, na senda de minha própria evolução, até consegui-lo transformar no amigo leal, afetuoso e bom.

Em verdade, esta minha norma de ação é um processo comum e extensivo a todos os espíritos bem-intencionados, pois aqueles que progridem tomados de novos ideais e propósitos superiores reconhecem que a sua libertação definitiva da carne será mais breve se também se decidirem a proteger os seus próprios algozes do passado. Não se trata de sentimentalismo de almas privilegiadas entre a humanidade sideral; são apenas condições naturais e comprovadas por aqueles que já vos antecederam na viagem para cá. Quantas vítimas de nossa incúria pretérita não se fatigam afanosamente, ainda neste momento, para nos auxiliar ao ingresso nos ambientes felizes de paz e

A Vida Além da Sepultura

amor. Na verdade, muda o diapasão de nossa ventura, quando nos tornarmos criadores de venturas alheias. É a exata comprovação do ensinamento divino de Jesus, quando aconselha que "se caminhe mais uma milha a favor do adversário" ou que, depois de "exigido o manto, também se dê a túnica".

Quando isso nos ocorre em sua divina espontaneidade, sem quaisquer laivos de vaidade ou interesse mesmo espiritual, é porque Deus então já flui por nosso intermédio; porque refletimos parte do seu Amor Incondicional.

3. A metrópole do Grande Coração

PERGUNTA: — Como se denomina a comunidade ou colônia espiritual em que vos encontrais atualmente, no Mundo Astral?

ATANAGILDO: — Em face do grande número de espíritos que habitam a região em que me encontro e da multiplicidade de labores e objetivos de educação espiritual, que também recordam certas atividades terrenas, a iluminada cidade do Mundo Astral, em que resido, bem merece ser conhecida, na pitoresca linguagem do Além, como sendo a metrópole do "Grande Coração". Quando nós a observamos à distância e recordamo-nos dos seus serviços amorosos às almas fatigadas e libertas da carne, ela significa realmente a figura de magnânimo coração; que se recorta no seio de infindável massa astral de um suave azul-esmeralda. É um dos mais encantadores "oásis", sediado na Esfera Astral e devotado ao socorro do viandante que atravessou o deserto da vida física, compondo-se de sublime comunidade de almas benfazejas, que operam na zona que envolve certa região do Brasil. Os seus misteres são sempre de paz e de progresso em relação àqueles que procuram fazer da vida um motivo de elevada educação espiritual.

PERGUNTA: — Trata-se de um agrupamento astral que faça lembrar alguma organização terrena, no gênero?

ATANAGILDO: — A metrópole em que me encontro faz lembrar algo semelhante a uma das mais belas cidades terráqueas, constituída de todas as suas edificações, ornamentos e recursos de vida em comum; porém, distingue-se de modo indescritível quanto ao seu padrão moral superior e às suas realizações exclusivamente destinadas à ventura da alma. Ali, tudo foi feito exclusivamente em favor do bem comum, sem preocupações de classes, hierarquias ou organizações de destaque. A metrópole do Grande Coração é um formoso laboratório de alquimia espiritual, no qual se formam os moldes dos futuros anjos do Senhor dos Mundos. É liderada por costumes brasileiros, mas a maior parte de sua direção e o maior número dos seus habitantes são almas que habitaram anteriormente, por longo tempo, a Grécia e a Índia, motivo pelo qual ainda conservam algumas características do espírito filosófico, artístico, devocional e um tanto irreverente dos conterrâneos buliçosos da pátria de Sócrates, Platão e Alcebíades.

PERGUNTA: — Qual a diferença dessa metrópole em relação ao modo de vida de nossas cidades terrenas?

ATANAGILDO: — Vejo-me na impossibilidade de fazer uma descrição exata e plenamente satisfatória às vossas indagações minuciosas nesse sentido, pois, embora se trate de uma cidade vagamente parecida com alguma metrópole terrena, a sua constituição foge à regra comum da Terra e ao seu sentido de vida, que se desenvolve em diferente campo vibratório, regendo-se por uma dinâmica ainda desconhecida aos reencarnados. Essas colônias ou metrópoles astrais se agrupam concentricamente em torno do globo terrestre e estão edificadas no "mundo interior". Comparando-as com as cidades terrenas, estas parecem cascas grosseiras daquelas.

Há certo sentido de transitoriedade nas edificações da região Astral em que resido, porque o principal objetivo dessas edificações não é apenas o de agrupar almas, porém, acima de tudo, o de proporcionar a desejada modificação no caráter dos seus moradores. À medida que vão se notando as transformações íntimas nos espíritos dos moradores da nossa metrópole, quer tenham sido conseguidos durante as reencarnações, quer nos períodos de liberdade astral, os administradores da metrópole substituem as coisas que estão em relação com os moradores,

A Vida Além da Sepultura

renovando os padrões familiares e modificando o ambiente, a fim de que essa modificação atenda perfeitamente às reações psíquicas mais avançadas que então começam a se manifestar.

PERGUNTA: — Poderíeis nos dar um exemplo dessas modificações nas situações da vossa metrópole, destinadas a corresponderem ao desenvolvimento espiritual dos seus habitantes?

ATANAGILDO: — Conforme o padrão espiritual já alcançado pelos espíritos da nossa metrópole, durante as suas consecutivas reencarnações, vão se processando modificações no ambiente de sua moradia astral. A transitoriedade nas edificações de nossa metrópole é explicada pela facilidade de poderem ser substituídas e adaptadas rapidamente a novos projetos, porque no Mundo Astral as configurações servem apenas de moldura e amparo estético às realizações "íntimas" de seus moradores e não para exibições públicas de direito de propriedade. À medida que o espírito vai evoluindo também se desinteressa gradativamente do imperativo draconiano das formas, despertando-se-lhe o desejo da ventura espiritual e saturando-se com facilidade do contato exterior. Por isso, as cidades astrais, de ordem mais elevada, modificam continuamente as suas paisagens e formas, que se tornam rapidamente tediosas ou impotentes para criarem novos estímulos evolutivos aos seus moradores.

PERGUNTA: — E qual a diferença fundamental dessa transitoriedade no Mundo Astral, em relação à natureza definitiva das coisas terrenas?

ATANAGILDO: — As construções terrenas — bem o dizeis — são feitas, de fato, sob a preocupação de se tornarem coisas definitivas. Como sempre existe entre vós a preocupação de as transferirdes como herança aos filhos ou aos netos, é evidente que os homens levam-nas a efeito visando à sua solidez granítica, a fim de que possam resistir por longo tempo e servir às gerações futuras. Os planos e cálculos são elaborados de modo a que o dinheiro seja aproveitado em obras da maior duração possível, porque o desejo de lucro e o medo de prejuízo é que realmente comandam a vida humana. E, como se torna dificultoso prever com êxito as transformações estéticas e psicológicas que hão de se processar futuramente nos vossos descendentes, construís, então, coisas que mais atendem ao sentido utilitarista do mundo, do que mesmo às necessidades espirituais dos seus moradores.

Por esse motivo, os padrões do mundo material estão quase sempre em desacordo com a realidade espiritual dos homens; às vezes, eles saltam séculos à frente das criaturas, nas suas construções de estilos burlescos e precipitados, ou então se mantêm graníticos, como na maioria das cidades européias. Sem dúvida, é dificílimo acomodar com exatidão o grau interior do homem com o seu prolongamento exato, exterior, porque as comunidades terrenas são compostas de almas situadas em todos os extremos da gama espiritual.

Entretanto, numa coletividade como a da metrópole do Grande Coração já existe essa harmonia seletiva de almas que tendem regularmente a um gosto e aprimoramento espiritual algo semelhante, o que possibilita efetuarem-se reformas no conjunto e elas satisfazerem a todos. É certo que na Terra já se esboça uma nova índole criadora, em que as edificações se apresentam mais leves e menos graníticas; portanto, mais fáceis de serem substituídas na conformidade incessante do progresso estético e espiritual das criaturas. Quanto a essa transitoriedade em nossa metrópole astral, melhor vos direi que se trata de admirável elasticidade do meio, que se modifica em perfeita correspondência com as alterações que se verificam na intimidade dos seus próprios moradores.

PERGUNTA: — Agradeceríamos algum exemplo que melhor nos esclarecesse quanto a essa substituição das coisas e edificações do Mundo Astral, assim que elas se tornam impotentes para criarem novos estímulos ao espírito. Podereis dá-lo?

ATANAGILDO: — Dar-vos-ei um exemplo que talvez vos sirva de paradigma para tirardes ilações mais amplas do que vos tenho dito. O belo ajardinamento que cerca os edifícios destinados ao preparo científico e artístico dos candidatos a futuras reencarnações na Terra é um dos locais onde mais se sente, "no ar", essa impressão de transitoriedade que vos tenho enunciado; é como se aquelas flores e ornamentações permanecessem incessantemente à espera do jardineiro que teria de lhes modificar as configurações comuns a todo instante. Os canteiros de flores que decoram os caminhos de entrada desses edifícios, por mais exóticos, belos e impressionantes que se apresentem

A Vida Além da Sepultura

à visão, são imediatamente substituídos por outros novos tipos desconhecidos ou aprimorados, assim que os mentores e os técnicos da metrópole verificam que os estudantes já estão se tornando indiferentes à sua cor, forma ou beleza.

Isso acontece porque as coisas que existem em nossa metrópole, sob qualquer sentido ou aspecto, servem como "propulsores" que ativam a dinâmica de pensar nos moradores; excitam, despertam reflexões novas e parecem rejuvenescê-los, sempre, porque em suas mutações contínuas não só evitam a saturação espiritual, como também apuram o sentido criador da alma. Não há dúvida de que o panorama de nossa esfera lembra algum recanto modesto do paraíso bíblico, mas não se incentiva, aqui, a exclusiva contemplatividade, que ainda é sonho de muita alma ociosa, convicta de que Deus criou o mundo e depois ficou embevecido a contemplá-lo...

PERGUNTA: — Quanto ao aspecto geral da metrópole do Grande Coração, podemos supô-la semelhante à topografia de uma cidade terrena?

ATANAGILDO: — Em tudo que se edifica em nossa comunidade, há um sentido estético muito mais aperfeiçoado do que o cultuado na Terra, mesmo quando se trata de realizações transitórias. A metrópole do Grande Coração abriga perto de três milhões de espíritos desencarnados, e todas as edificações às suas principais atividades situam-se nos extremos da comunidade, formando grupos encantadores. Se vos fosse possível ter uma visão panorâmica do conjunto metropolitano, então verificaríeis certa semelhança com alguma cidade terrena, pois ele se estende sobre imensurável planalto astralino, perfeitamente dividido por sete gigantescas avenidas, que partem do centro principal e penetram pelos subúrbios a dentro, cujas edificações, à distância, lembram encantadoras miniaturas de paisagens só entrevistas nos mais poéticos sonhos orientais.

O coração da metrópole é formado por gigantesco e magnífico logradouro, em forma de heptágono e que, baseando-me nas medidas terrenas, suponho atingir a alguns quilômetros quadrados. Trata-se de vastíssimo parque entremeado de bosque, cujos arvoredos, de pouca altura, facilitam que os raios solares iluminem todos os seus recantos e caminhos, compondo sedutoras clareiras recamadas de areia fina e de uma cor creme cintilante. A relva, de tons esmeraldinos, lembra maravilhoso tapete de grama fulgente; tudo está matizado de florinhas miúdas, semelhantes a rubis, ametistas, topázios, safiras e turmalinas, que parecem tecidos de luz liquefeita e que, emolduradas por compridos cordões vegetais, formam caprichosos desenhos e compõem longas frases de louvores ao Criador. Da galharia miúda e suavemente colorida por um tom de malva, luminoso, pendem ramos em verde-claro, cristalino, rendilhados de flores iguais às glicínias e espécies de campainhas vegetais que se movem facilmente sob o impulso leve da brisa, fazendo perpassar uma deliciosa fragrância que em mim sempre evocaram as orquídeas das matas brasileiras.

Todos os jardins, bosques, avenidas e clareiras foram edificados sob genial simetria, naturalmente prevista dentro de um plano geral, antecipado, que abrange toda a beleza geométrica e panorâmica da metrópole.

Esse logradouro, que forma o coração da verdejante cidade astral de minha moradia, apresenta o máximo de capacidade, beleza e harmonia jamais produzidos por qualquer sábio, engenheiro ou artista terreno. Pequeninos regatos, que formam cordões líquidos orlando ambos os lados das avenidas principais, depois coleiam entre as frondes perfumadas, lembrando a figura de preguiçosas serpentes prateadas, que então se despejam em sete lagos artificiais. Cinco destes lagos são rodeados por delicados e espaçosos pavilhões multicores, feitos de um elemento vítreo desconhecido para vós, e que ao longe refulgem como se houvessem sido talhados diretamente em blocos de pedras preciosas. São cobertos por vistosas cúpulas translúcidas, em tons dourados, lilases, esmeraldinos e de um verde claríssimo; circundam os lagos, lembrando cuidadosa moldura refulgente no seu colorido pitoresco. Aí, nesses atraentes pavilhões, é que se distribuem os salões de concertos, teatros educativos sobre os históricos das reencarnações, exposição de flores, casas de música, que nos períodos de comemorações especiais executam desde os temas folclóricos dos ascendentes espirituais da metrópole, até as majestosas sinfonias que fluem do Alto nas asas da inspiração angélica.

PERGUNTA: — Dissestes que cinco desses lagos são rodeados de pavilhões multicores; por que não sucede o mesmo com os outros dois lagos artificiais restantes?

ATANAGILDO: — No centro exato desse grande logradouro, que vos poderia lembrar vagamente uma gigantesca praça terrena, e que constitui o coração da nossa metrópole, encontra-se edificado magnífico templo destinado às orações coletivas, cuja entrada principal está voltada para o Oriente. Os dois lagos a que vos referi ficam em direção Suleste e Noroeste da porta principal do templo; não estão circundados pelos pavilhões de natureza refulgente, mas cada um possui no centro das próprias águas um espaçoso estrado de substância leitosa, decorado numa tonalidade esvanecente de rosa e lilás, absorventes de luz. Nesses majestosos palcos é que então se executam os mais fascinantes bailados sidéreos, em que a graça e a emotividade espiritual atingem níveis tão elevados, que todo o ambiente se sensibiliza e adquire um contato mais direto com as altas esferas. A "Festa do Céu", como é muito conhecida na tradição da metrópole, representa um espetáculo de beleza inenarrável. Em verdade, são as hostes angélicas dos planos superiores que se encarregam de transformar o ambiente feliz e a superfície das águas na mais indescritível e prodigiosa orgia de cores, perfumes, luzes e melodias.

PERGUNTA: — Extasiamo-nos ante os quadros que tentais projetar em nossas mentes presas à matéria terrena, mas somos de parecer que muitos hão de considerar as vossas descrições como, apenas, um louvável esforço literário.

ATANAGILDO: — Não desconheço o fundamento de vossas desconfianças, porquanto bem sei que estes relatos pelo exagero das descrições, como que copiam o esforço imaginativo dos vates românticos... Sem dúvida, para alguns, o que descrevo será levado à conta de ingenuidade ou de espécie de conto das "mil e uma noites" para adultos; para outros, tudo não passará de simples sofismas bem-intencionados, mas improdutivos, porquanto crêem que os espíritos desencarnados vivem exclusivamente imersos num sonho abstrato.

A verdade é que o mais vasto repertório de palavras humanas ainda é insuficiente para vos transmitir a realidade daquilo que me absorve o espírito, diante da maravilhosa visão da metrópole do Grande Coração, onde comprovo que as mais ternas histórias de fadas não passam de relatos de imaginação paupérrima e destituídas de importância sensata. Quando tento delinear-vos a natureza exata da esfera em que vivo, vem-me a ideia de que estou depositando um punhado de escamas de peixe nas mãos de um cego de nascença e, em seguida, lhe exijo que, baseando-se apenas nesse punhado de resíduos, configure a forma de uma rosa fascinante, desde a ternura aveludada de suas pétalas, à fragrância do seu perfume e à sedução de sua cor.

Resta-me a esperança, entretanto, de que chegará a oportunidade em que os descrentes também aportarão a estas plagas astrais, comprovando pessoalmente a realidade que fulge muito além da capacidade imaginativa de um cérebro humano e impossível de ser configurada através da mediunidade precária de um homem.

PERGUNTA: — Muito gostaríamos de ter uma concepção mais viva da vida no Além e, por esse motivo, desejaríamos que nos désseis mais alguns detalhes desses bosques, desses lagos, edifícios, avenidas etc. Ser-vos-ia possível isso?

ATANAGILDO: — Afora os dois lagos que possuem os espaçosos palcos circulares no centro de suas águas, os outros cinco também possuem uma pequena e formosa ilha, muito semelhante a um bloco de esmeralda polido, surpreendentemente receptivo às cores que se irradiam, à noite, tanto das sete torres do templo como das estruturas dos pavilhões à margem. Ainda no centro de cada uma dessas cinco ilhas emerge uma torre construída do mesmo material luminescente das ilhas, porém num tom de rosa-salmão. A sua base está rodeada de forte vegetação semelhante aos cedros terrenos, podados em forma de degraus, e que, além de comporem pitoresca escadaria em torno da torre, lembram perfeitamente um forte punho de vegetação verde-escura segurando-a até seu primeiro terço. Mais acima, forma-se vistoso caramanchão de flores entrelaçadas na mais inextricável rede de pétalas, ramos e corolas, cujas cores vão desde o amarelo gema de ovo até o carmíneo aureolado de um rosa-claro. Por entre os canteiros recortados na forma de corações, duma tonalidade verde-seda, situam-se grupos de flores esguias, belíssimas, parecidas com as hastes do trigo novo, lembrando os desenhos coloridos das caudas dos pavões; elas balouçam suas pontas sob reflexos róseos, lilases e azul-sidéreo, exalando um perfume que sempre me faz lembrar algo como o jasmim ou a mirta terrenos.

A Vida Além da Sepultura

Quando a brisa move com suavidade aqueles mantos de flores que flutuam em torno das torres, acima de suas escadarias verdejantes, recordam facilmente a figura das riquíssimas mantilhas das jovens sevilhanas, onde os tons coloridos se diluem como névoa de arminho, que o Sol transforma em esvoaçante poeira luminosa. Observadas à distância, essas torres que emergem das pequeninas ilhas refulgentes lembram finíssimas agulhas de um azul-esverdeado, cuja metade inferior é guarnecida pelos mais deslumbrantes caramanchões de flores, como se fossem talhados diretamente num bloco de luz colorida. No entanto, todas elas possuem espaçosas salas circulares em seus topos, com assentos circunscritos em torno dos estrados centrais, à prova de acústica.

Diretamente dessas salas é que procedem as músicas que perpassam continuamente sobre o bosque e toda a metrópole, ativando o sentimento espiritual das criaturas e reajustando emoções angélicas. Durante determinado tempo, funciona um conjunto musical, em cada ilha, completando-se todos, sinfonicamente, na execução, graças à feliz distribuição de diferentes grupos instrumentais em cada uma das cinco torres situadas nas ilhas. Em épocas festivas, como na da "Festa do Céu", as composições do Alto casam-se à orquestração da metrópole, na mais paradisíaca simbiose de sons, para revelar aos seus moradores novas combinações de melodias e criações sinfônicas tão excelsas, que são capazes de extasiar os espíritos mais rudes. Determinados aparelhos, que, na falta de vocábulo apropriado, prefiro denominar de televisores de projeção, realmente projetam na própria atmosfera astral que circunda as ilhas, e com inexplicável reflexão musical nos palcos luminescentes das ilhas restantes, os quadros emotivos e as inspirações angélicas que se afinam aos padrões melodiosos em curso.

No seio dos bosques encantadores, libertos de detritos ou perigos, inúmeras fontes de água colorida disseminam-se por entre as árvores que brotam nos prados de grama tão suave como fios de náilon refulgentes. Todas essas fontes singularizam-se pela feliz combinação dos jorros de água, mesclados de luz e sons, produzindo certas frases melodiosas, em períodos determinados. Algumas vezes a melodia recorda o vigor apaixonado que só pode ser transmitido pela harmonia e sonoridade grave do violoncelo terreno. Doutra feita, a ansiedade e a ternura espiritual que exprimem só poderiam ser transmitidas pelas cordas sensíveis do violino. Há momentos em que, pela disposição de algum mecanismo interior, sincronizam-se trechos buliçosos, lembrando a expressão melodiosa dos órgãos das catedrais em aligeiradas músicas de ritmos breves e sincopados.

PERGUNTA: — Supondo que nós pudéssemos contemplar a metrópole do Grande Coração, usando de uma aeronave terrestre, qual seria, por hipótese, o panorama que então vislumbraríamos do alto?

ATANAGILDO: — Quando eu me sirvo da volitação para ingressar na atmosfera terrestre ou, então, para me afastar em visita a outras comunidades astrais, a metrópole surge à minha visão à semelhança de precioso trabalho de ourivesaria, talhado diretamente num bloco diamantífero, pois as edificações lembram delicados enfeites de cristal e porcelana, inundados de um azul-celeste de suave luminosidade. Então eu me deixo levar pela imaginação, configurando a metrópole igual a um estojo diáfano, luminescente, como essas caixas de "celofane" que muito usam as floriculturas da Terra quando lhes vemos as flores na transparência do papel acetinado.

Apesar de os contornos geométricos serem em forma de um heptágono, tudo faz lembrar na metrópole um amoroso coração de luz evanescente e suspenso na massa astralina. Trata-se de maravilhoso espetáculo impossível de vos descrever com os recursos limitados da linguagem humana; é um cenário de fadas pendente do Espaço e atado por sete fitas de luzes coloridas, que jorram das sete torres do templo e depois se enlaçam, no Alto, em torno de um facho de luz amarelo-dourado, que se abre no céu à altura do templo religioso. O conjunto completo da cidade astral do Grande Coração, além da aura que vai do azul claríssimo até o suave lilás tem um halo luminoso que recrudesce de luz e então aviva alguns tons sobre outros, conforme a maior ou menor intensidade das correntes magnéticas, que se intercambiam em surpreendente vivacidade e descem das zonas superiores daquela região.

PERGUNTA: — A denominação de metrópole do Grande Coração foi-lhe dada por causa da semelhança com um coração, quando vista à distância?

ATANAGILDO: — A denominação proveio da ideia de se

A Vida Além da Sepultura

fundar uma colônia de socorro espiritual no seio do Astral selvático, em sentido perpendicular ao Brasil, e que significasse um coração sediado nas trevas do sofrimento espiritual. No entanto, a sua configuração geográfica, se assim posso me exprimir, fundamenta-se na forma de um heptágono, como disse atrás, ou seja um polígono de sete lados, cuja forma geométrica rege a harmonia e a edificação de toda a metrópole. O próprio templo, que é a aferição central da comunidade, foi edificado com a exigência de sete torres, que também se afinam às medidas heptagonais da cidade.

Da antiga denominação de "Pequeno Coração", que ficou popularizada entre os primeiros povoadores, passou a se tornar conhecida como a metrópole do "Grande Coração", assim que o agrupamento foi crescendo e se tornando uma coletividade de maiores responsabilidades espiritualistas. Mais tarde, graças à capacidade e ao espírito sacrificial dos seus moradores, mereceu a inspeção de elevados espíritos sediados nos planos superiores, os quais não só louvaram os trabalhos da comunidade, como ainda ligaram-na diretamente ao departamento angélico responsável pela evolução espiritual do Brasil, que se filia, consequentemente, à hierarquia diretora da América do Sul. Depois disso é que foi traçado o plano do templo augusto com as sete torres, em substituição à velha "Casa de Orações", que só podia operar enviando vibrações cordiais ao Astral inferior. Sob a inspiração direta desses elevados arquitetos do Alto, que conhecemos como "os senhores do pensamento disciplinado", os edificadores mentais de nossa metrópole submeteram a substância destinada ao templo a processos que não estou autorizado a revelar-vos, demorando-se principalmente na construção da torre principal, que se volta para o Oriente, onde se encontra o elemento divino, que representa o "canal" de união do nosso plano com a fonte dadivosa das comunidades angélicas da sétima esfera.

É por isso que à noite, quando vejo a metrópole à distância, ela me parece prodigioso mundo de fadas suspenso na região superior, como se o céu se abrisse deixando escoar encantadora pirâmide de luz, cujo ápice cintila como trêmulo fio de luz colorida, pendente das mãos de dadivoso anjo. Então, melhor se pode verificar o efeito divino do magnetismo angélico que flui do Alto, pois cada uma das torres cintila em matizes diferentes, que depois convergem para a cúpula do santuário e se polarizam num branco imaculado, que revitaliza e sublima o energismo das criaturas que se encontram presentes no interior do templo.

PERGUNTA: — Embora estejamos gratos pelos vossos esforços em descrever-nos a vossa moradia espiritual, gostaríamos que nos explicásseis melhor essa relação que existe entre os espíritos e as coisas do Mundo Astral, a que vos referistes antes.

ATANAGILDO: — Como exemplo dessa vivíssima relação entre as coisas e os seres daqui, narrar-vos-ei o que acontece num dos vastos pavilhões destinados exclusivamente às crianças, e que fica situado entre caprichosos canteiros de flores, no centro de um dos bosques refrescantes. Qual deveria ser a relação fundamental, psíquica, entre as cantigas e as danças infantis desse agrupamento de crianças e o bosque e as flores dos jardins adjacentes? Para os técnicos daqui, o que mais lhes interessava era encontrar o diapasão capaz de identificar a alegria miúda, o dinamismo festivo, a inocência e a espontaneidade dos pequerruchos. Então, para estabelecer esse laço psíquico ou diapasão espiritual, os responsáveis organizaram um cenário de acordo com as manifestações psicológicas das crianças, que não deveis confundir com os tradicionais ambientes "infantis", muito comuns na Terra, e que só lhes visam o nível mental. Tudo aqui se ajusta no diapasão emotivo, mental e espiritual dos pequeninos; as flores dos canteiros são miúdas, álacres, movem-se fácil e garridamente sob a brisa mais suave; os arbustos, em torno, também são pequenos, farfalham facilmente e exalam um perfume que lembra a fragrância das roupas da criança sadia, limpa e perfumada. Para que as crianças não se divirtam junto a um lago sereno, amplo mas impróprio, porque tem o aspecto grave das coisas adultas, não se afinando ao toque buliçoso infantil, existem em torno dos mesmos lagos pequeninos regatos que saltitam de pedra em pedra, leves e espontâneos, lançando sons agudos e cristalinos, que se casam admiravelmente às exclamações ruidosas da petizada.

Os edifícios em que vivem as crianças são pavilhões rendilhados de ornamentos inquietos e ricos de cores que parecem associar-se aos movimentos infantis, pois em face da natureza cristalina ou etérea da substância astral de nossa moradia, forma-se um amálgama policrômico que a tudo fertiliza e anima sob

A Vida Além da Sepultura

63

a mesma disposição festiva. A irradiação dos regatos casa-se ao ar de travessura dos arvoredos buliçosos e à policromia das flores; aviva-se, então, a figura central do pavilhão, e os jatos de luz colorida convergem para os bustos dos pequeninos que, na fartura dessas cores luminescentes, entregam-se à mais encantadora ciranda no mundo espiritual.

PERGUNTA: — Quereis dizer que as coisas que cercam as crianças, nesse ambiente astral, são dotadas de uma vida própria; não é assim?

ATANAGILDO: — Embora não vos seja compreensível esse fenômeno por ser próprio das nossas condições vibratórias, os cenários e as coisas que o compõem tornam-se essencialmente comunicativos aos brinquedos e ao júbilo das crianças, pois as cores se avivam ou se acautelam, os sons se aguçam ou se aquietam, refletindo na magia dos fluidos astrais as próprias emoções e a traquinagem da petizada. Eu mesmo não tardei em aprender a ler, naquela linguagem de cores, luzes e sons em admirável efervescência, toda a gama de emoções que vai pela alma infantil.

Sob essa mesma disposição vibratória, seguem-se outros tipos de relações psíquicas ou de psicologia espiritual, em perfeita sintonia com os demais setores de educação, trabalho, diversão e devoção na metrópole do Grande Coração.

Em nossa esfera, como já vos tenho relatado, todas as coisas são profundamente afetadas pelos pensamentos das criaturas, que reagem entre si como verdadeiros prolongamentos vivos das mesmas. Insisto em dizer-vos, mais uma vez, que o nosso Mundo Astral não é um cenário ilusório, porém muito mais real do que o mundo físico. É perfeitamente tangível, apesar do seu altíssimo diapasão vibratório, que vai além dos vossos sentidos físicos e dos raciocínios humanos. O meio astral sempre reage, com veemência e prontidão, a qualquer gama vibratória do nosso perispírito. Podemos ater-nos a faixas vibratórias tão altas quanto sejam o impulso de nossa vontade e a capacidade de nossa mente, já purificada pela influência benéfica do coração.

Afirma a ciência terrena que o som, a luz, a cor e o perfume são apenas modificações vibratórias de um mesmo elemento fundamental — o éter cósmico; o problema está, pois, em se captar cada tipo de modulação apropriada à capacidade receptiva do corpo humano e, por isso, as criaturas são obrigadas a sintonizar, com cada faixa vibratória, um sentido físico correspondente. Assim é que o som não será audível se faltar a perfeição dos ouvidos e a luz ou a cor não terão significação alguma se faltar a vista. É necessário que haja sempre um órgão dotado de possibilidade sensorial, para que a criatura possa dar conta do fenômeno, pois, conforme explica a vossa própria ciência, embora de posse dos ouvidos e dos olhos carnais, nem todas as criaturas ouvem e vêem com a mesma intensidade, visto que a sua receptividade varia tanto de acordo com o estado de saúde e a idade, quanto pela perfeição desses mesmos sentidos. No entanto, o som, a luz ou a cor continuam sempre na mesma modulação natural, em suas faixas vibratórias originais, embora se alterem os sentidos que os recepcionam para o conhecimento humano.

Eis, pois, a grande diferença desse fenômeno no Plano Astral, em que os desencarnados o captam diretamente no seu campo original vibratório, através da sensibilidade delicadíssima do seu perispírito, fazendo-o mergulhar diretamente no oceano das vibrações puras dos fenômenos da luz, da cor, perfume ou som.

PERGUNTA: — Quais são as qualidades exigidas para que os espíritos possam habitar colônias ou metrópoles semelhantes ao Grande Coração?

ATANAGILDO: — O tipo espiritual eletivo para agrupamentos semelhantes ao da metrópole do Grande Coração deve, em primeiro lugar, ter desenvolvido regularmente em si a característica "universalista", em todos os sentidos e relações da vida humana. É preciso, portanto, que haja ultrapassado o sentimento sectário em matéria de doutrinas ou de religiões demarcadas por fronteiras dogmáticas e isolacionistas; deve sentir na sua intimidade espiritual a essência que palpita no seio de todas as coisas e irmana o ideal de todos os seres, em lugar dos acessórios enganadores do mundo provisório da carne. O verdadeiro alicerce da ventura dos moradores de nossa metrópole está no entendimento e na serenidade espiritual, que só se podem obter a distância das preocupações com castas sociais, dos partidarismos religiosos ou preferências nacionalistas, que sempre perturbam o júbilo coletivo.

Sem dúvida, a nossa metrópole não comporta o tipo de cria-

A Vida Além da Sepultura

turas que se crêem de posse exclusiva da verdade, enquanto que os seus irmãos devem sempre se encontrar completamente equivocados nos seus postulados doutrinários. O que importa aqui é a realidade de um sentimento puro e afetuoso, unido à sincera alegria para com a felicidade do próximo, seja ele esquimó, zulu, francês ou hindu. Interessam-nos, fundamentalmente, o júbilo alheio e a manutenção de um gozo espiritual íntimo entre todos, muito antes de qualquer interesse pessoal. Essa harmonia e integração em nossa "consciência espiritual", sem barreiras emotivas e choques mentais, como ocorre permanentemente na comunidade do Grande Coração, é que nos transforma em uma só alma a representar todos os seus moradores no mesmo diapasão de ventura espiritual.

PERGUNTA: — Quando ainda vos encontráveis reencarnado, já gozáveis algo de vosso bem-estar espiritual?

ATANAGILDO: — Só após a minha desencarnação é que pude realmente comprovar os motivos exatos da felicidade da alma, que se opera lentamente, através das jornadas dolorosas pelos caminhos tortuosos da vida material. Não tenhais dúvidas; essa felicidade só se consegue pela libertação completa das formas e das paixões dos mundos transitórios. É pena que a maioria das criaturas humanas ainda não tenha conseguido, sequer, libertar-se das seitas ou dos ferozes nacionalismos pátrios.

Em minha última existência, no Brasil, sempre fui avesso aos conflitos emotivos e às discussões estéreis, que surgem por causa das diferentes crenças ou doutrinas políticas, religiosas ou mesmo filosóficas. Não me preocupava em impor os meus conhecimentos simpáticos a quem quer que fosse, considerando-os "melhores" ou "mais verdadeiros". Cuidava de servir sem interesse ou indagações susceptíveis de desconfianças; tratava de aumentar a área do meu sentimento e afinar a minha consciência para maior receptividade aos pensamentos alheios. Algumas vezes cheguei a penetrar num estado de ventura indescritível, tomado por maravilhosa sensação de Paz e de Beleza Espiritual, que alguns denominam de êxtase e os hindus costumam chamar de "samadhi", estado em que a consciência individual une-se beatificamente à Consciência Cósmica do Pai.

PERGUNTA: — Como poderíamos avaliar o estado espiritual necessário para se poder habitar a metrópole em que residis?

ATANAGILDO: — Embora os três milhões de espíritos que, sob a jurisdição de nossa comunidade, permanecem no palco astral e na Terra, não revelem o padrão espiritual estritamente exigido para a sua integração à mesma, esse estado espiritual revela-se pela tendência em se libertarem dos formalismos, dos preconceitos e das convenções ou seitas do mundo, como há pouco expliquei.

Eis a razão por que as almas terrenas demasiadamente conservadoras ou sentimentalistas, muito apaixonadas pelo melodrama das convenções humanas, que se compungem aflitivamente por uma nódoa na sua árvore genealógica, viciadas fanaticamente aos objetos e às coisas materiais, apegadas ferozmente às tradições, às etiquetas ou preconceitos tolos do mundo material, ainda não podem se manter em equilíbrio e harmonia num agrupamento de qualidade libertadora, que é a metrópole do Grande Coração. Em nossa moradia astral não conseguem permanecer aqueles que envergam "traje a rigor" até para colher os ovos de galinhas... Tais espíritos não tardariam em quebrar o ritmo, a espontaneidade, a simplicidade e o encanto espiritual que domina desafogadamente os seus moradores, em face de sua escravidão ao pretérito e ante a saudade das tradições e o brilho efêmero da vida terrena. O saudosismo doentio dessas almas, que se compungem exageradamente pelas suas próprias tricas emotivas do passado, terminaria associando ao nosso ambiente os velhos sofrimentos e as insatisfações da vida terrena, pois o espírito reflete, no meio astral em que vive, a natureza exata dos seus pensamentos otimistas ou compungidos.

Aqui na metrópole do Grande Coração, o "tom espiritual" é inimigo daqueles que rendem demasiado culto às futilidades terrenas, que passam pelo mundo devorando compêndio de etiquetas, submetidos a exaustivos rituais e regras sisudas até para palitar um dente. É infenso, também, àqueles que, em lugar de se dedicarem à leitura espiritual e se interessarem pelo problema do que somos, donde viemos e para onde vamos, preferem se entregar completamente à indigestão cerebral da leitura de volumosos romances de aventuras, que distraem e "matam o tempo", mas não solucionam os problemas fundamentais do espírito.

Enquanto as criaturas idealistas e operosas se interessam

A Vida Além da Sepultura

pela sua verdadeira felicidade, na aquisição dos bens definitivos do espírito superior, as conservadoras se afundam no classicismo do mundo provisório da matéria, fixando-se nas tradições mortas do "tempo passado" e se retardando em ajustar-se às fileiras dos famintos de luz espiritual. Então, integram-se à caravana triste e animalesca daqueles cujas realizações mais altas se resumem apenas no culto às tradições e aos bens da Terra, sentindo-se incapazes de espanejar a poeira tradicional, que ainda lhes obscurece o entendimento exato da imortalidade da alma.

PERGUNTA: — As condições de vida, nas colônias ou cidades do Além, podem ser consideradas como estados celestiais, tão desejados pelos seres humanos?

ATANAGILDO: — A mim se me afigura que existem vários céus, pois os lugares que já pude visitar, após a desencarnação, variam uns dos outros, tanto em beleza panorâmica, intensidade de luz e expressão musical, como também pela grande diferença de seus sistemas de vida. Entretanto, ainda não encontrei o tradicional paraíso bíblico, onde criaturas ociosas viveriam em eterna contemplatividade, como ensinam certas religiões oficiais da Terra. Nas altas esferas, vislumbrei sempre o trabalho incessante dos espíritos de alta hierarquia, que se movem afanosamente, com a divina intenção de melhorar as condições espirituais dos desencarnados e reencarnados. Observei-lhes um gozo santificado em tudo o que fazem por nós e notei que a sua maior ventura espiritual provém de usarem o poder criador do espírito para insuflarem energias aos planos inferiores sob a inspiração interior de Deus.

Não encontrei por aqui aquele tradicional céu das velhas oleogravuras hebraicas, em que os santos e os anjos entoavam cantochões e hosanas a Deus, glorificando-o através da música de mal-acabados instrumentos anacrônicos daquele tempo, cujos acordes desafinados perderiam para o mais singelo saxofone moderno. Esses céus que circundam os globos físicos, quanto mais se distanciam da crosta dos mundos planetários e parecem se estender interiormente em todos os sentidos, tanto mais se revelam repletos de alegria, paz e amor. Jesus realmente tinha razão quando conceituou que o céu é dos humildes e mansos de coração, pois, à medida que o espírito se eleva em sabedoria cósmica e bondade angélica, vai se tornando mais jovial, espontâneo e liberto de quaisquer formalismos; tão comunicativo e alegre como as próprias crianças, com as quais o Mestre comparou aqueles que querem gozar do reino dos céus.

PERGUNTA: — Essas colônias e metrópoles que descreveis substituem, então, a velha ideia que fazíamos do céu, a nós inculcado pelas religiões ortodoxas?

ATANAGILDO: — Até o presente momento, as religiões dogmáticas terrenas não têm passado de improfícuas fábricas de "crianças mentais", que partem da crosta terrena completamente aterrorizadas pela ideia de um inferno dantesco ou, então, suspirando por um céu onde presumem viver em eterna preguiça mental. O reino divino e o céu que tanto desejamos, nós o encontramos dentro de nossos próprios espíritos, embora as religiões formalísticas ainda insistam em perturbar os raciocínios humanos, inculcando-vos falsas concepções de Deus e da vida espiritual no Além.

Depois que entregamos o corpo carnal ao prosaico guarda-roupa do cemitério, espantamo-nos ao constatar as incessantes atividades criadoras que existem em todos os departamentos do Cosmo, sob a égide direta dos mais avançados prepostos hierárquicos de Deus, com o fim de espalhar o bem e a felicidade para o espírito humano.

Confrangem-nos demasiadamente a vaidade e o ridículo do homem ao ousar, sacerdotalmente, estabelecer dogmas e impor decisões infalíveis, pretendendo asfixiar a realidade cósmica nas acanhadas prisões dos raciocínios levianos. Não podeis avaliar os enormes prejuízos que esses dogmas sectaristas ainda causam à mente dos religiosos infantilizados e que, após a desencarnação, aqui aportam desorientados quanto à realidade da vida do espírito. Pintam-se-lhes na mente as mais tremendas decepções quando deparam com os cenários de trabalho e de responsabilidade comum dos espíritos, em lugar do paraíso das rabecas guinchantes e das ladainhas quilométricas. Muitos se afobam, pensando que já se encontram no limiar do terrível inferno, que lhes havia ensinado na Terra a voz sentenciosa e convencida dos seus sacerdotes ainda condicionados às lendas do velho paganismo. A imprudente concepção de que o panorama celestial é absolutamente diverso de qualquer coisa que lembre a vida humana, ou de que se trata de um lugar de exclu-

A Vida Além da Sepultura

siva beatitude e ociosidade espiritual, cria indescritíveis desilusões às almas recém-desencarnadas. Elas se espantam ante as figuras despretensiosas dos verdadeiros "santos", que se movem em socorro dos espíritos infelizes atolados nos pântanos do Astral inferior; desiludem-se ante a comprovação de que no Além ainda se repete o serviço costumeiro da Terra, duvidando de que os desencarnados ainda devam lutar pela sua incessante renovação espiritual. Sob a demonstração irrefutável da realidade, no Além-túmulo, extinguem-se, então, todos os falsos raciocínios trazidos do seio dos templos luxuosos da Terra, através da palavra eloquente dos instrutores religiosos, que se conservam tão ignorantes do destino da alma quanto os seus próprios fiéis.

PERGUNTA: — Diante de vossas considerações, alguém há de pensar que estais censurando os postulados religiosos do Catolicismo e do Protestantismo, embora tenhais afirmado que devemos acatar toda experiência religiosa alheia; não é verdade?

ATANAGILDO: — Evidentemente, o amor é que deve predominar acima de qualquer discussão religiosa ou crítica alheia, nas quais devemos sacrificar os nossos caprichos e vaidades, em lugar de nos considerarmos os supremos detentores da "exclusiva verdade" de nossa crença e, assim, não ferir o próximo e não despertar-lhe a mágoa no coração. No entanto, o esclarecimento sensato e libertador, para que a alma alcance mais cedo a sua própria ventura espiritual, de modo algum deve ser considerado como censura religiosa. Ademais, "do lado de cá", não estamos censurando a quem quer que seja, mas tão-somente mostrando a realidade do que se passou aqui e alentando a humanidade terrena sobre a má interpretação do que seja a vida depois da "morte". Sem dúvida, Krishna, Sócrates, Buda, Jesus e mesmo Alan Kardec, foram verdadeiros revolucionários religiosos para poderem acelerar o progresso espiritual dos homens, sem que por isso devam ser considerados intolerantes ou sectaristas. Eles não pregaram seitas nem feriram postulados religiosos, mas apenas esclareceram princípios superiores que haviam sido deturpados pelos homens. As seitas e os divisionismos são consequências diretas da ignorância humana, ainda presa à ideia doentia de que há separação na essência espiritual do Criador.

A Igreja Romana e o Protestantismo em geral, tornar-se-iam

movimentos de alta educação espiritual, nos quais poderíeis confiar incondicionalmente, bastando, para isso, que não repudiassem a Lei da Reencarnação, o processo justiceiro da Lei do Carma e a revelação progressiva dos desencarnados, em lugar de advogarem a infalibilidade da gênese bíblica, a ideia do paraíso como sucursal de religiões oficiais, o Inferno e o Diabo eternos, que tanto desmentem a finalidade inteligente da Criação Divina. Mediante esse novo acervo espiritual, que lhes garantiria a lógica doutrinária e desafiaria o sarcasmo do mundo, os postulados católico-romanos ou os protestantes nunca mais seriam perturbados ou ironizados, tornando-se invulneráveis às críticas e às censuras materialistas, como hoje acontece. Assim, esses credos poderiam satisfazer completamente aos fiéis do século atômico, expondo-lhes a realidade exata e inteligente do Além, em lugar das historietas tão precárias e atualmente rejeitadas até pelos meninos do ginásio.

É tempo de o homem terreno despertar para a realidade espiritual, a fim de assumir a responsabilidade do seu próprio destino, compreendendo que outros homens, mesmo quando representam riquíssimas hierarquias religiosas no mundo, não lhe poderão proporcionar a ventura que somente há de encontrar em sua própria intimidade.

Importa, pois, extinguir para sempre esse arremedo e caricatura da verdadeira vida que vivemos no Além, e que a teimosia sacerdotal ainda inflige às consciências imaturas dos homens terrenos, levando-os a crerem num panorama infantilizado e ridícula paródia ao bom senso do Criador. O Mundo Astral é célula de trabalho digno, onde as almas operosas e sensatas laboram na organização da sua própria ventura eterna, mas sem os privilégios religiosos que tanto desfiguram a Justiça e a Sabedoria Divinas. Sem a esperança de renovação espiritual e a certeza de que Deus concede novos ciclos reencarnatórios para a alma se lavar da nódoa do pecado, nem valeria a pena tentardes uma virtude tardia, carimbada por credos religiosos, mormente não tendo certeza se ela vos salvará após à morte física.

Na situação de desencarnados, que podem apreciar pessoalmente os efeitos daninhos dessas concepções infantis, achamos que seria culposa complacência silenciarmos a tal respeito. O conceito atual da vida humana, esposado pelo cidadão eletrônico do século XX, tornar-se-á num grande absurdo se ele se deixar

A Vida Além da Sepultura

impressionar pela crença nos argumentos infantis do "pecado original", ainda emoldurada pela figura esquizofrênica de Satanás, já bastante assoberbado com os seus caldeirões de água fervente.

A inteligência terrena já devia compreender com clareza que é mais lógico e sensato pensar na evolução do espírito, por meio de suas próprias experiências e atividades espirituais, que fazem parte de um plano criado por Deus, do que crer em absurdos e ridículos privilégios prometidos na Terra por uma corte de homens isolados da vida comum.

Os abismos e os charcos infernais que tenho visitado, nada mais são do que caldos de cultura astral, onde as almas enegrecidas purgam e decantam as suas impurezas absorvidas na invigilância da vida terrena. Ali, elas exercem a profilaxia de si mesmas para mais tarde envergarem a "túnica nupcial" da tradição evangélica, a fim de também participarem do eterno banquete presidido pelo Senhor dos Mundos.

4. Noções preliminares sobre o Além

PERGUNTA: — *Há agradável surpresa para os desencarnados ao depararem com o panorama do Mundo Astral?*

ATANAGILDO: — Usando de termos comuns para o vosso entendimento, posso dizer-vos que até as coisas mais insignificantes do Mundo Astral são motivos da mais agradável surpresa para os desencarnados que logram a ventura de ingressar no seio confortador das colônias espirituais. Entretanto, em virtude do grande prazer com que a maioria das criaturas se entrega à adoração das formas do mundo material, além do habitual descaso para com a verdadeira vida interior do espírito, mesmo as mais virtuosas ainda se demoram em adaptar-se definitivamente ao cenário do Plano Astral. A existência física, embora seja de curta duração, é suficiente para fazer a alma olvidar a realidade de sua divina moradia espiritual.

PERGUNTA: — *Todos os desencarnados são tomados de surpresa, no seu retorno ao Além?*

ATANAGILDO: — Nem todos, porque essas surpresas variam entre si; para aqueles que merecerem as esferas venturosas, porque levaram uma existência digna e de abnegação ao próximo, elas se manifestam pelo aspecto das paisagens maravilhosas do Astral superior. Há desencarnados, entretanto, que não revelam surpresa mesmo diante dos cenários mais belos do Além, porque se trata de entidades evoluidíssimas, que já cultuavam em seus espíritos os valores próprios dos panoramas celestiais, mesmo quando ainda se achavam na Terra. Entretanto, quanto aos delinquentes do vosso mundo, de modo algum podeis imaginar quão terríveis e apavorantes são as cenas que os aguardam no Astral inferior, onde os horripilantes quadros dantescos ultrapassam a tudo quanto possais imaginar de pavoroso no mundo terráqueo.

PERGUNTA: — Essas diferenças da vida, verificadas pelos recém-desencarnados, distanciam-se completamente das nossas concepções na vida terrena?

ATANAGILDO: — As diferenças são bem notáveis quando avaliamos o Mundo Astral exclusivamente pelo seu panorama exterior, algo semelhante ao cenário terreno, ou então sob o nosso julgamento espiritual exclusivo. É preciso que não vos esqueçais de que estou dando a minha opinião, que pode não ser a mais exata e que se baseia na minha visão espiritual, através daquilo que me é simpático e que suponho ser o mais certo. Sem dúvida, haverá grande diferença nas descrições que vários indivíduos, de diversas profissões, fizerem de uma mesma cidade terrena, as quais hão de variar conforme os diferentes padrões intelectuais e psicológicos dos seus relatores. É evidente que essas descrições hão de apresentar ilustrações completamente opostas entre si, variando naquilo que for dito por um engenheiro, um poeta, um desportista ou um simples aproveitador da vida mundana. Cada relato há de denunciar os gostos preferenciais do seu autor, revelando a sua simpatia pelo aspecto que mais o interessou; o engenheiro há de se preocupar com as edificações e com o aspecto urbanístico da cidade; o poeta celebrará a beleza de suas colinas, jardins, lagos ou enseadas; o desportista se deixará entusiasmar pelos estádios ou agremiações esportivas, enquanto que o homem materialista e gozador do mundo preocupar-se-á unicamente com os recantos do vício, as aventuras e os ambientes da vida noturna.

Eis o motivo por que variam os relatos mediúnicos transmitidos do "lado de cá", que enriquecem a vasta bibliografia espiritualista do mundo material; enquanto alguns desencarnados se preocupam exclusivamente com o sentido "interior" e de poesia espiritual mais contemplativa, de nossa vida no Além, outros preferem se dedicar particularmente aos aspectos das atividádes mais "exteriores", como seja a multiplicidade de serviços nos departamentos educativos e de renovação do espírito. Sob o meu modesto pensar, a Terra é um apagado prolongamento de nossas esferas astrais, para onde converge a vida como pobre imitação da realidade espiritual que usufruímos à distância do corpo carnal. Aqui, nota-se certa semelhança entre as nossas atividades sociais, artísticas, arquitetônicas ou psicológicas e as terrenas, mas não deveis considerar o que aqui se passa como sendo "cópias" melhoradas da vossa vida material. Esse é um dos motivos por que, de princípio, muitos desencarnados custam a se convencer de que já abandonaram o corpo físico, visto continuarem a manter seus costumes e tarefas num panorama algo semelhante ao que deixaram ao desencarnar.

PERGUNTA: — Embora existam essas semelhanças com a Terra, como poderemos ter uma ideia da superioridade do Mundo Astral sobre o nosso mundo físico?

ATANAGILDO: — Em confronto com a matéria que constitui o panorama do mundo terreno, a substância astral que compõe a vida em nossa esfera oferece sempre particularidades avançadas e bastante diferentes, quer quanto à sua aplicação e tratamento, quer quanto à sua mobilidade para conservação das coisas. No Mundo Astral, são os pensamentos dos seus habitantes o que mais fortemente atua nas suas criações; quanto mais elevadas forem essas regiões, no Além, tanto mais as forças mentais poderão operar com maior êxito e independência. À medida que se desce para o Astral inferior, enfraquece-se a livre aplicação dessa energia produzida pela mente do espírito e, então, é preciso lançar mão de recursos e operações que muito se assemelham aos utilizados na Terra.

PERGUNTA: — Existe, em vosso plano, alguma espécie de atmosfera, que limite a visão das coisas ou se trata de um panorama uniformemente sem limites?

ATANAGILDO: — Observo que as coisas existentes neste plano, quando vistas a longa distância, não ficam escurecidas ou ensombradas, tal como ocorre na Terra; pelo menos para mim, elas não se desfazem à visão longínqua nem se obscurecem. Outrossim, as flores não murcham, mesmo quando são cortadas pelas suas hastes, e os frutos não se tornam apodrecidos — como

A Vida Além da Sepultura

acontece na Terra —, pois as árvores se perpetuam e só deixam de existir quando vigorosas inteligências superiores intervêm com a força do seu poder mental e então as modificam ou dissolvem, por conveniência do meio ou para finalidade educativa. Quando assim acontece, as espécies destruídas não ficam lançadas em monturos, nem tampouco atravancando os caminhos, à semelhança do que sucede no mundo terráqueo, mas se desfazem na atmosfera astral, que age através do seu extraordinário magnetismo. À nossa visão astral, essa atmosfera se apresenta numa tonalidade de dourado-claro, sobre fundo esbranquiçado; às vezes, deixa-se envolver por suaves matizes de cores desconhecidas dos seres terrenos. Quando ela banha as coisas e os seres, produz então um belíssimo efeito de iluminação.

Embora reconheça a dificuldade de me compreenderdes, quero esclarecer que a vida, aqui, é singularmente mais tangível ou real do que na matéria terrestre, graças à indescritível qualidade da substância astral, que a torna plástica, móvel e sutilíssima. O fenômeno, porém, não decorre propriamente dessa matéria, mas principalmente da nossa influência espiritual e sensibilidade aguçada, que faz o ambiente reagir ao menor cintilar do nosso pensamento.

Com o tempo, nós vamos nos acostumando a dirigir nossa mente e a disciplinar nossa emotividade excessiva, pois o meio que nos cerca bem se assemelha a uma tela cinematográfica, que reflete toda a nossa atividade interior. O nosso sistema nervoso apresenta-se com tal acuidade que, às vezes, julgamo-nos portadores de um novo aparelhamento maravilhoso, cujo poder miraculoso nos tenha relacionado intimamente com as mais belas coisas criadas por Deus. Espantamo-nos muitíssimas vezes, nos primeiros dias, quando verificamos o assombroso poder da nossa vontade operando sobre a matéria astral e produzindo indescritíveis fenômenos, que plasmam à nossa visão exterior aquilo que supúnhamos irreal.

5. O templo do "Grande Coração"

PERGUNTA: — Em diversas comunicações mediúnicas, temos encontrado informações de que nas cidades astrais existem templos onde se consagra a Divindade. Porventura, em ambientes tão espiritualizados, como seja o da metrópole que nos descreveis, ainda se cogita de liturgias ou ofícios religiosos, em lugar do elevado entendimento espiritual que já deve predominar entre os seus habitantes?

ATANAGILDO: — Repito-vos: aqui ainda cultivamos o produto de nossas criações e condicionamentos na Terra, sem violentarmos o gradativo progresso espiritual, que só se efetua pela libertação lenta das formalidades dos mundos materiais. Embora em nossa esfera ainda se note a analogia com os costumes terrenos, isso já se manifesta de modo sublimado em sua substância, mais intimamente ligada ao santuário do nosso espírito. Na realidade, o nosso cenário, se o compararmos com o da Terra, mostra em sua harmonia "exterior" o exato equivalente de nossa aprimorada vontade "interior". O nosso ambiente astral resulta exatamente de nossa maior capacidade espiritual. Aqui no Além, vivemos o fruto de nossas idealizações terrenas, mas já em sentido sublimado, buscando apoio em expressões cada vez mais altas, que correspondem perfeitamente aos ideais superiores esposados na vida material. Daí o fato de os verdugos, os avaros, os egocêntricos ou os celerados situarem-se especificamente nas zonas abismais e nos pântanos fétidos do Astral inferior, pois a natureza repugnante do cenário em que se colocam também lhes afina a própria intimidade da alma subvertida. Enquanto isso acontece, outros espíritos mais evoluídos, ao se despirem do seu envoltório carnal, alçam vôo às esferas luminosas, à procura de luz, que significa o alimento apropriado à sua natureza angélica. Não vos deve ser estranha, portanto, a existência desses templos, que são verdadeiros "oásis" de luzes e bênçãos nas regiões do Astral renovado pelos pensamentos superiores. Em nossa metrópole do Grande Coração, o templo significa o envoltório emotivo do coração do próprio povo, que permanece em incessante atividade para a conquista do Supremo Bem Espiritual. A estrutura alabastrina desse templo, que se ergue como a mais bela configuração da cidade, significa a Fonte Imperecível que capta e absorve os raios de luz ofertados pelas regiões celestiais.

PERGUNTA: — Existe, porventura, semelhança entre esse templo e outros santuários edificados na Terra?

ATANAGILDO: — Embora eu esteja a repetir o que algumas vezes já tenho dito, é no "lado de cá" que realmente se planejam as formas, as edificações e demais atividades do mundo terreno, sempre em perfeita concordância com os espíritos superiores que operam no limiar do plano mental e da substância astral. A vossa pergunta sobre se há semelhança entre nossos edifícios ou templos e as mesmas construções no mundo físico, seria melhor formulada assim: "Há semelhança dos nossos edifícios e templos com as edificações originais da metrópole em que viveis?"

PERGUNTA: — O templo da vossa metrópole foi construído em alguma zona de fluidos superiores aos de outro local?

ATANAGILDO: — O magnífico santuário foi edificado exatamente no centro do gigantesco e formoso jardim já descrito anteriormente, e que forma o coração florido de nossa metrópole. Embora ele possa ser descrito à maneira das edificações religiosas terrenas, isto não quer dizer que se trate de construção absolutamente idêntica às formas e condições materiais. Mesmo que o queirais comparar à mais bela catedral da Terra, ainda assim não conseguireis formar a mais pálida ideia de sua munificente beleza e sublimidade.

A Vida Além da Sepultura

Trata-se de formoso edifício recortado na substância de nossa esfera, que lembra indescritível trabalho de ourivesaria, talhado em cristal puríssimo e luminoso, incrustado de filigranas e rendilhados, que formam admiráveis relevos no interior de suas paredes alabastrinas. Durante a noite, quando o céu se inunda de suave luz eterizada, o santuário fulge como se fora esculturado na terna claridade do luar; nenhum conto de fadas poderia vos oferecer espetáculo de maior fascínio e beleza, na sua prodigiosa tonalidade prateada, que depois se esvanece num halo de suave colorido luminoso. A sua aura termina emoldurada por formosa franja de matiz lilás que, em seguida, se polariza num rosa claro dulcíssimo, lembrando a figura de extenso manto de arminho esvoaçando na atmosfera balsâmica, que se nutre incessantemente por meio das flores do imenso jardim. De dia, o santuário é preciosa jóia de alabastro, encimada pelas sete torres que, à luz solar, resplandecem sob reflexos azul e rosa, adornadas pelos revérberos de amarelo-dourado e dum topázio faiscante.

O templo descansa no seio de esplendoroso escrínio de vegetação verde-brilhante e que, na forma de um extenso cinturão aveludado, representa amoroso abraço em torno de toda sua base. Trata-se de relva odorífera, semeada de buquês de flores azulíneas, com matizes prateados, que se constituem em delicados grupos entremeados por cordões de florinhas parecidas aos frutos maduros da amoreira, e que as enlaçam amorosamente, como se fossem rubis faiscando à luz do Sol.

PERGUNTA: — Poderíeis nos dar alguns outros detalhes desse templo?

ATANAGILDO: — Embora a sua disposição arquitetônica lembre a figura de suntuosa catedral terrena, as suas linhas majestosas identificam o poder e a sabedoria do espírito genial, em feliz combinação com a ternura e a bondade do santo. Graças à natureza elevada da essência espiritual que interpenetra todos os seres e o ambiente da nossa metrópole, esse templo além de representar uma síntese de todas as expressões arquitetônicas da cidade, significa também a fonte principal da vida emotiva dos seus habitantes. Ele vibra conosco e parece promover a combinação de todos os fluidos do ambiente com a aura de todos os seres, deixando-nos a impressão de misteriosa e divina generosidade espiritual. Sempre que observo o seu majestoso aspecto sidéreo, emergindo do seio da prodigiosa vegetação do parque central da metrópole, sinto que ali se fundem em terno amálgama os sentimentos de vários povos e raças, que muito contribuíram para o aperfeiçoamento da vestimenta carnal do atual tipo brasileiro.

Em toda a configuração do templo do Grande Coração há sempre um relevo, uma disposição estilística ou um motivo aparente que identifica gostos, preferências e tradições emotivas de raças terrenas que acederam em ofertar o seu sangue para a formação etnológica da nação brasileira.

Trata-se de um edifício extenso e agigantado, mas de um talhe agudo e polido, envolto por inexprimível poesia, como aquela aparência augusta que se observa nos pinheiros seculares e que lhes atenua o aspecto de força, que à primeira vista sempre nos desperta a sua grandiosidade vegetal. É um santuário construído também em perfeita simetria com o gigantesco heptágono que limita o centro principal da metrópole; possui sete portas espaçosas, que se abrem exatamente em direção a cada uma das sete principais avenidas que convergem para esse grandioso logradouro. A sua cúpula, de substância iridescente, formando gigantesco arco de suave inclinação, apóia-se na extremidade das paredes altas e esguias, com vaga semelhança aos tetos portentosos das modernas gares ferroviárias da Terra. No entanto, quero deixar claro, mais uma vez, que, apesar do aspecto grandioso e da forma gigantesca desse templo, ele sempre nos desperta uma sensação de leveza e ternura, porque reflete o elevado psiquismo da própria coletividade da metrópole do Grande Coração.

A entrada principal do templo é constituída por um magnífico portal recortado no velho estilo hindu, mas que, entretanto, não se degrada, sendo ladeado por diversos relevos cujo vigor e beleza logo traem a inspiração grega de algum novo Fídias desencarnado. Mas ali não se verifica a preocupação de um estilo resumido, que poderia abastardar a pureza iniciática do conjunto do santuário; nem há a falta de imaginação, muito comum na Terra, quando se pretende a ostensiva mistura que sacrifica a qualidade estilística. Observa-se um divino senso de equilíbrio e harmonia, sem nenhum extremismo arquitetônico ou predominância de um estilo qualquer sobre outro. Trata-se de genial fusão de linhas geométricas e diferentes enlaçamentos heterogêneos, mas tão sutis que se desvanecem no conjunto, como expressões representativas de todas as raças do mundo terreno,

A Vida Além da Sepultura

perfeitamente ligadas por um mesmo espírito criador.

Diante desse preciosismo arquitetônico, que é o templo da metrópole, nenhuma alma deixará de sentir e reconhecer que ele materializa, no ambiente astral, a saudosa mensagem de muitas raças que já contribuíram para a formação emotiva do povo brasileiro. Na fusão dos vários símbolos, relevos e filigranas diferentes, dilui-se uma só expressão espiritual, que permanece constante e íntegra, apesar das variedades estilísticas de suas formas externas.

A torre principal destaca-se e ergue-se da fronte do santuário, entre as outras torres existentes, volvida para o Oriente, revelando-se impressionante monumento de beleza espiritual internamente por caprichosos lavores em baixo-relevo que, durante o dia, se fazem brilhantes pela claridade astralina do Sol, enquanto à noite se transformam em crivos de fios luminescentes, adornando o alabastro eterizado das paredes transparentes. Essa torre principal cresce indefinidamente e se alonga, depois, na figura de finíssima agulha, cuja ponta se inunda de suaves fulgurações esmeraldinas e reverberações douradas, para então penetrar docemente no seio da atmosfera de arminho do Astral superior. É principalmente através dessa torre principal que as luzes descem do Alto, acentuando-se na sua própria difusão durante as orações coletivas da metrópole.

PERGUNTA: — Qual a função primordial do templo, na metrópole do Grande Coração?

ATANAGILDO: — Ali se exerce o mais elevado labor espiritual em direção à vida superior e se nos auxilia o contato com as almas angélicas, que trazem novas orientações e inspiram os administradores e os habitantes para, em conjunto, colaborarem na recuperação dos espíritos infelizes, que ainda se debatem nos círculos infernais do Astral inferior. Em determinados períodos, o templo organiza as "orações coletivas", quando então os moradores da metrópole procuram sintonizar-se às vibrações elevadas, que são presididas pelos nossos mentores espirituais, em divina conexão com as cotas de energias angélicas que descem das Esferas Superiores. Nessas noites festivas, as torres do santuário se transformam em fachos de luz fulgurante, quais antenas vivas a absorverem as sublimes energias da divina oferta do Senhor dos Mundos.

6. Noções gerais sobre o panorama astral

PERGUNTA: — *Qual seria o panorama que vislumbraríamos, se pudéssemos penetrar no Plano Astral em que viveis atualmente?*

ATANAGILDO: — Sem dúvida, chegará o instante em que devereis vislumbrar a realidade do Mundo Astral, cumprindo-se a lei que dá "a cada um conforme as suas obras" e que, no Além, vos conduzirá exatamente ao ambiente mais afim ao vosso estado espiritual. E, como a morte do corpo físico não significa violento salto sobre vasto abismo, lançando o espírito em região completamente desconhecida e exótica, segundo o modo comum de pensar e sentir, descortinareis um panorama que vos recordará a própria Terra, embora um pouco mais aperfeiçoada. A libertação da matéria dá-nos maior acuidade para o entendimento espiritual, sem que por isso se deva violentar a visão costumeira caldeada nas formas materiais.

Aqui chegando, observareis de princípio a predominante luminosidade que existe nas coisas do Mundo Astral, assim como sereis surpreendidos pelo acentuado desembaraço dos vossos próprios movimentos e pela agradável sensação de leveza interior. Quando permanecemos na Terra, guardamos impressão de que a matéria não nos pertence, pois o nosso pensamento encontra sérias dificuldades para atuar com êxito na substância tão "pesada". Entretanto, aqui no Astral, tudo aquilo que nos cerca é como um prolongamento vivo e plástico de nós mesmos, que vibra e se sintoniza vigorosamente com a natureza dos nossos pensamentos, influindo extraordinariamente na organização do nosso próprio perispírito. É evidente que vamos tomando posse gradativamente de tais sequências, mas auxiliados nesse sentido, porque aqui existem departamentos e recursos que nos exercitam para o domínio razoável do meio em que passamos a atuar.

PERGUNTA: — Poderíeis nos dar um exemplo vivo dessa sensação ao se penetrar nesse Plano Astral?

ATANAGILDO: — Aqui, o nosso ambiente parece se ofuscar ou se iluminar, conforme o estado emotivo do nosso espírito, e este se rejubila com a harmonia vibratória que possa manter habitualmente. O pensamento é assombroso potencial a intervir em todos os nossos mínimos gestos; a sua intervenção no ambiente assemelha-se às lentes dos vossos óculos, que ora se ofuscam com o vapor d'água, ora oferecem visão clara, porque as limpais imediatamente. O fato seguinte explica melhor o meu pensamento:

— Certa vez eu palestrava com o irmão Navarana, fazendo alusão a certos espíritos que se entregavam demasiadamente às paixões desordenadas, na Terra, quando, de súbito, certa melancolia me invadiu a alma, apesar de meus esforços para dominá-la. Para mim, todo o ambiente que me rodeava perdeu imediatamente a sua beleza costumeira e se envolveu num manto de tristeza. Imediatamente desapareceram-me o peculiar estado de leveza e a sensação da brisa suave, que me dominavam até aquele momento, para sentir-me atingido por um jato de fluidos constrangedores e incômodos, guardando a impressão de que eu havia sido atingido por água gelada e a roupa se tornara colada ao meu corpo. Logo descobri a causa daquele insólito; é que eu havia recordado a figura da Cidália, minha noiva, que ficava na Crosta, entre pesares e soluços, e deixara-me tomar, por isso, de certa tristeza.

Irmão Navarana, captando o meu pensamento aflitivo, advertiu-me a tempo, dizendo-me em tom afetivo: "Atanagildo, evita baixar as tuas vibrações com evocações terrenas de saudosismo indesejável e portador de tristezas que abatem o espírito. É razoável que o homem terreno se perturbe emotivamente, porquanto ainda lhe é difícil compreender que todas as criaturas são emissoras vivas, que emitem raios conforme a onda espiritual em que se situam por efeito de suas angústias ou de seus sonhos. Quando nos sintonizamos aos ideais mais altos e criadores, associamos energias que nos fortificam sob um sadio otimismo; mas, assim que vacilamos, com a evocação triste na Terra, também somos torturados pela carga energética de sua baixa vibração, que passa a nos incomodar sob igual reação aflitiva. Em face da comprovação da imortalidade, em ti mesmo, e de já compreenderes que a Lei do Carma sempre beneficia o futuro, não é razoável que ainda te deixes dominar pelas vibrações das tuas próprias evocações aflitivas. À medida que nos encaminhamos para as regiões mais altas e ingressamos num campo de matéria mais sutil, percebemos que o nosso espírito também influi com mais vigor no meio e na substância astral que o cerca. As nossas ações também produzem reações mais vivas, porque pensamos, sentimos e modificamos rapidamente o ambiente que nos rodeia. Depois da desencarnação, é que percebemos, bastante surpresos, o maravilhoso mecanismo do espírito, que então passa a criar a forma e pode também modificar, pelo pensamento, a própria natureza em que habita!"

Em face dos argumentos apresentados pelo irmão Navarana, tratei de recompor-me e limpar as lentes dos meus óculos... verificando, com espanto, que o ambiente, para mim, retornara à sua primitiva expressão encantadora e o meu perispírito novamente vibrava num enlevo de magnetismo sedativo.

Creio que assim podereis avaliar a importância dos nossos pensamentos, em relação ao meio astral em que vivemos, porque somos a própria instrumentação viva a produzir as modificações que nos inebriam a alma ou então nos abatem o ânimo.

PERGUNTA: — O mundo que vos cerca é análogo ao cenário material terreno, conforme no-lo relatam algumas literaturas mediúnicas, que se referem a colônias, cidades, casas, veículos, árvores, rios etc.? Não será isso apenas um esforço de comparação ou produto da imaginação dos médiuns que recepcionam tais comunicações?

ATANAGILDO: — Se assim pensardes, tereis de supor que o médium de que me sirvo agora pode estar compondo, também, um pitoresco relato partido de sua própria imaginação. E, se continuardes a pensar desse modo, grande será a vossa desilusão quando aqui chegardes, pois é de senso comum que "a natureza não dá saltos". Malgrado as vossas dúvidas e as dificuldades que encontramos para vos descrever, com a mais aproximada exatidão, o panorama astral do Além-túmulo, asseguro-vos que aqui existem montanhas, rios, árvores, pássaros, animais, jardins, casas, edifícios, templos, veículos e ornamentações, tudo bem ajustado às sequências e às várias formas que fundamentam a vida astral dos povos e aglomerados de espíritos desencarnados.

PERGUNTA: — Pelo que nos dizeis, parece que essas cidades ou colônias astrais copiam o panorama terrestre. Não seria decepcionante que, depois de abandonarmos o corpo físico, contando com uma espécie de paraíso celestial, tivéssemos de penetrar um cenário que pode até ser mais pobre do que o de certas metrópoles da Terra?

ATANAGILDO: — Outro equívoco se faz evidente no vosso modo de pensar, pois são os reencarnados que, de modo bastante grosseiro, plagiam aquilo que existe no Espaço. Aqui no Mundo Astral lidamos intimamente com as coisas, idéias ou projetos que podeis considerar como sendo as matrizes ou origens das acanhadas realizações que efetuais na matéria densa e pesada. Não é verdade que os vossos cientistas costumam afirmar que a matéria é energia condensada, e que não existe propriamente a matéria rígida ou absoluta, na forma de uma pasta nuclear indevassável? Então, está claro que, quanto mais livre se encontrar essa energia tão poderosa — que se acumula para constituir o mundo físico e que, em verdade, é a substância da origem das formas materiais — tanto mais há de ser mais viva e poderosa, quando manuseada diretamente no Mundo Astral, que é a sua fonte natural.

Os técnicos siderais operam primeiramente aqui, ou seja, no campo da energia livre, que depois alimenta e sustenta os aspectos exteriores da vida no mundo material, e esperam que os cientistas terrenos dêem conta desse fenômeno e o tornem tangível nas configurações visíveis aos sentidos humanos. A vossa ciência, esposando conceitos graves e sentenciosos, apenas pesquisa e depois classifica as contínuas descobertas que lhe atestam ousada incursão no plano das energias livres. Na realidade, as configurações que surgem no panorama físico são

A Vida Além da Sepultura

eventos primeiramente pensados e experimentados, aqui no Mundo Astral, por admiráveis gênios que atuam no imponderável, em cuja substância criam, elaboram e modificam os fenômenos da vida terrena.

Quantas vezes são captados ao mesmo tempo, por vários cérebros estudiosos da Terra, os mesmos projetos elaborados aqui, ou que desceram dos planos mais altos, e que então são materializados na crosta física, pelos técnicos humanos. Não vos é estranho o fato de alguns sábios ou cientistas terrenos, por meio de surpreendentes coincidências, terem feito descobertas e completado pesquisas ao mesmo tempo, em vários pontos geográficos, motivo por que têm se registrado mútuas acusações de plágios e de furtos de projetos e documentos alheios?

Na realidade, esses cérebros sensíveis — que se situam na faixa vibratória da mesma procura científica em benefício da vida humana — logram identificar fórmulas iguais e soluções idênticas porque interceptam, psiquicamente, certas coisas que se revelam na sua descida do Alto, na forma de inspirações. Quantas descobertas e soluções científicas, principalmente no campo astronômico, ainda hoje vos servem de motivo de discussão, por causa das mútuas reivindicações de paternidade, atribuída a vários sábios que lograram êxito e solução ao mesmo tempo!

É que do mundo causal descem para a Terra as respectivas idéias, que os sábios então apreendem conforme a sua capacidade técnica, o seu poder mental e a sua harmonia espiritual. Quantas vezes os artistas e os religiosos conseguem sintonizar-se com essas faixas vibratórias tão sutis, gozando dos divinos êxtases e das inspirações que muitas vezes os arrebatam da Terra!

Isto posto, não penseis que o nosso Mundo Astral plagia a estrutura do vosso orbe físico; este é para nós bastante imóvel e petrificado em sua vida lenta e rudimentar. Nós operamos na "origem", ou diretamente na "idéia", enquanto a vossa humanidade opera na Crosta, no exterior da casca, o que representa, justamente, a energia em sua última fase de degradação.

PERGUNTA: — O que nos deixa algo confusos nas comunicações dos espíritos, é a necessidade de compreender "ao pé da letra" a existência de montes, rios, casas, árvores, animais e veículos, formando o panorama do Além, mas se concretizando em matéria sutil ou substância de outra espé-

cie. Surpreendem-nos essas configurações tão terrenas, cujos relatos nos parecem insuficientes para satisfazer a nossa exigência mental, muito mais simples! Que nos dizeis sobre essa nossa dificuldade de compreensão?

ATANAGILDO: — É muito natural que assim ocorra na vossa mente, pois não levais em conta, ao raciocinardes, a diferença de plano vibratório entre os dois mundos. Ao assim procederdes, imitais um peixe qualquer que, por se basear exclusivamente no seu modo de vida aquático, de onde extrai o oxigênio, resolvesse descrer da possibilidade de que alguém pudesse viver fora d'água... Então laborariam em equívoco tanto os peixes que descressem da existência de uma vida fora d'água, que não é regida pelas mesmas leis do meio líquido em que vivem, quanto os pássaros que imaginassem a vida no oceano, baseados tão--somente nas leis habituais do ar livre! No entanto, desde que se mudem as guelras dos peixes e lhes coloquem penas e asas, ei-los logicamente a voar na atmosfera; substituam-se as penas dos pássaros por escamas e o seu aparelho respiratório pelas guelras dos peixes, e eles também se movimentarão livremente no meio aquático.

O equívoco provém, sem dúvida, de vos firmardes nas leis de um plano conhecido, para depois tentardes compreender os fenômenos correspondentes a planos completamente opostos. Seria tão absurdo tentarmos achatar o vapor d'água com um martelo de ferro, quanto batermos o ferro com um martelo de fumaça! Eis por que motivo não deveis imaginar os espíritos — que são de natureza etéreo-astral e invisíveis aos olhos humanos — a se moverem num cenário material como o da Terra, porque sempre estareis em equívoco! Na realidade, servindo-nos do perispírito, nos movemos tão logicamente no meio astral, quanto o espírito reencarnado que se movimenta com naturalidade no mundo material, porque em ambos os casos o corpo é feito da mesma substância que constitui o meio onde atua.

PERGUNTA: — Poderíeis nos oferecer ainda algum exemplo mais concreto para compreendermos assunto tão complexo?

ATANAGILDO: — Raciocinai assim: — se um homem fosse feito de fumaça, não poderia sentar-se numa cadeira de madeira; no entanto, sob a lei comum da reação igual entre substâncias

A Vida Além da Sepultura

iguais, ele sentar-se-ia facilmente em outra cadeira que fosse construída de fumaça. Portanto, desde que o solo, as coisas, os seres e tudo o que constitui o nosso mundo são feitos da mesma substância, a sua vida de relações também decorre tão logicamente como decorre a vida na Terra. E, convém, saibais que a vida astral é muito mais intensa e dinâmica do que a terrena, porque nós atuamos na matéria quintessenciada que, além de mais rica na reprodução vibratória de nossas emoções, ainda nos oferece elevado padrão de beleza, dotada como o é da pitoresca propriedade de uma encantadora luminosidade interior.

É preciso que imagineis o espírito desencarnado como a se mover num ambiente de matéria sutil, do mesmo modo como vedes o homem carnal se mover dentro do cenário pesado do mundo terreno. O homem, por ser portador de um corpo material, toca, apalpa ou manuseia perfeitamente a sua veste, o seu sapato ou o seu alimento, que são feitos de substâncias materiais. Do mesmo modo, mas sob outra modalidade vibratória, o espírito desencarnado, com o seu corpo de substância etérica, pode sentar-se numa cadeira etérica, vestir roupa etérica ou ingerir sucos de frutas etéricas.

PERGUNTA: — Custamos a crer nessa diferença de percepção após a morte carnal, porque o mundo físico é o que nos parece mais consistente e positivo, o que comprovamos pelos seus ruídos, fenômenos da natureza e mil outras coisas que, em sua agitação, formam a realidade percebida pelos sentidos humanos.

ATANAGILDO: — Depois de desencarnados, nós atuamos pelo perispírito, que é o nosso verdadeiro organismo, que tanto preexiste ao nascimento como sobrevive após a morte do corpo físico. E, como esse nosso delicado instrumento de relação com o ambiente astral é mais sensível às percepções do espírito, passamos a gozar de mais sensibilidade psíquica. Visto que a chama espiritual é na realidade o centro de nossa consciência individual, no seio do Todo, o corpo físico e o perispírito significam os seus respectivos veículos de atuação nos planos material e astral. Desses dois veículos, qual, pois, o mais valioso e importante para a nossa estrutura espiritual? Sem dúvida, há de ser o perispírito, porque, além de ser um organismo definitivo, é o que se liga mais intimamente à nossa consciência imortal.

Enquanto o corpo de carne é um organismo pesado e denso, que atende dificultosamente às intenções e necessidades do espírito reencarnado, o perispírito, em virtude de sua contextura sutilíssima e quintessenciada, é maravilhoso instrumento de ação no seio das energias vivíssimas do Mundo Astral. A sua leveza e dinâmica permitem atender, de imediato, à mais insignificante vontade do espírito desencarnado. Recordo-vos a comparação já feita, alhures, de que o corpo físico é qual um escafandro a oprimir os movimentos do mergulhador no fundo do mar, restringindo-lhe os sentidos físicos no ambiente modificado pela água. Assim que o mergulhador despe o seu escafandro à superfície da água, logo se reintegra na posse de todos os seus movimentos naturais e passa a gozar da paisagem colorida e iluminada pelo Sol, que constitui o panorama da vida ao ar livre.

PERGUNTA: — Nós, que estamos condicionados ao mundo terreno — que nos parece ser a realidade sólida e positiva da vida — sentimos grande dificuldade em conceber um outro ambiente que, possuindo moradias e as mesmas formas terráqueas, possa, no entanto, ser habitado por espíritos desprovidos de corpo carnal. Que nos dizeis sobre isso?

ATANAGILDO: — É que ainda desconheceis a verdadeira contextura do perispírito, que é o veículo mais avançado da alma, cujo grandioso potencial não só sobrevive à destruição do corpo carnal, como ainda se revigora continuamente, a fim de servir às futuras reencarnações. Ele é o instrumento para que o espírito possa descer novamente à Terra e aí viver tanto tempo quanto seja o da resistência do corpo físico. Durante as inúmeras existências reencarnatórias, ele vai colhendo experiências através da dor, do sofrimento e das vicissitudes humanas e, após a desencarnação, torna-se o precioso instrumento de que a alma se utiliza nos planos sutis do Astral, pondo-se em relação direta com todas as energias originárias do próprio meio.

À medida que o perispírito se torna mais sensível com o sofrimento — que lhe favorece contínuas expurgações da escória agregada durante as vidas materiais — também a sua alma consegue maior expansão na vida espiritual e favorecimento para um intercâmbio de realizações felizes. Só depois de desencarnados é que compreendemos a ilusória realidade da existência carnal, ao compará-la com a vida de sensações maravilhosas e

A Vida Além da Sepultura

positivas que podemos gozar depois da morte física, graças à cooperação do perispírito sobrevivente.

Bem sei que não podeis avaliar, ainda reencarnados, quais sejam os fenômenos que ocorrem com os nossos espíritos em liberdade no Plano Astral; mas é preciso que vos ajusteis mentalmente às manifestações exatas que a vida oferece em cada um dos seus planos vibratórios, lembrando-vos das leis correspondentes, que disciplinam as relações do espírito conforme o meio em que elas atuam. Se conjeturardes a vida que se manifesta no seio das águas como regida pelas mesmas leis que regem a vida no ar livre, ou considerardes a vida do Mundo Astral como regida pelas mesmas leis que regem o mundo material, é claro que, em quaisquer dos casos, sempre havereis de vos encontrar em confusão.

PERGUNTA: — Conhecemos muitos espiritualistas de renome que negam a existência de um mundo "exterior", especialmente apropriado aos espíritos desencarnados, assegurando que estes vivem num mundo "virtual", dentro de si mesmos, como um produto abstrato de suas íntimas criações. Dizem mais que o céu e o inferno estão exclusivamente patenteados na intimidade de cada ser, não constituindo uma felicidade que possa ter relação com fenômenos de um ambiente externo. Que nos podeis esclarecer a esse respeito?

ATANAGILDO: — É indubitável que nós mesmos criamos o nosso mundo interior, e isso tanto o fazemos no Plano Astral como ainda reencarnados no plano físico. Mas deveis convir em que essa criação, sendo produto de nossa vontade, tanto se revela no mundo exterior como em qualquer ambiente em que possamos viver. Sem dúvida, edificamos o céu em nós mesmos quando os nossos sentimentos superiores reagem prazenteiramente, assim como construímos o inferno em consequência das criações bárbaras que alimentamos perigosamente em nosso campo mental. Mas, embora tudo o que se processa na intimidade de nosso espírito ocorra num campo vibratório diferente do da matéria, o fenômeno sempre se relaciona com o Mundo Astral que nos cerca, num processo de relações algo semelhante ao que se registra nos mundos materiais, variando apenas quanto aos recursos para isso que, nas regiões delicadas, se obtêm fundamentalmente por meio de nossas forças mentais. Assim, não usamos martelos, foices, enxadas, britadeiras ou escavadeiras nos ambientes de fluidos sutilíssimos, pois o extraordinário poder da mente opera com êxito e se torna capaz de aglutinar a energia do meio e construir com ela as formas desejadas.

Quando alcançamos o nível do nosso atual curso educativo, lidamos com as formas e delas nos servimos para extrair ilações mais avançadas, enquanto que nas zonas inferiores, onde a substância astral é ainda agressiva, rígida, pútrida e letárgica, inúmeras vezes se anulam os mais heróicos esforços mentais dos seus edificadores. Há regiões astrais inferiores à crosta terráquea que, em decorrência de sua vigorosa densidade, obrigam-nos a construir poderosos instrumentos, confeccionados com a mesma substância repulsiva do meio onde pretendemos agir. Então, os nossos esforços centuplicam-se, exaustivamente, ultrapassando as aflições e a fadiga dos rudes operários que, no mundo terreno, operam no interior das minas de chumbo e se sufocam pelos gases opressivos. Se nós vivêssemos uma vida de exclusiva abstração mental, sem nos apoiarmos em contornos exteriores que nos servissem de sustentação pessoal, então os nossos queridos entes desencarnados também não passariam de imagens "virtuais" ou falsas criações, para serem apenas mentalizadas por nós, no amoroso colóquio íntimo de nossas almas com elas.

PERGUNTA: — Os citados espiritualistas insistem em afirmar que as formas ou figuras que nos são transmitidas mediunicamente são produtos dos condicionamentos psicológicos da Terra, assim como as colônias espirituais e seus departamentos tão disciplinados não passam de sonhos fantasistas, pois a vida do desencarnado é exclusivamente "interior". Que nos dizeis a respeito?

ATANAGILDO: — A nossa desencarnação não nos vira pelo avesso! Também não somos bandos de borboletas ou enxame de abelhas, a voar sem rumo daqui para ali, dispensando o pouso muito natural que podemos encontrar no trato com as formas. Mantemos relação de simpatia ou antipatia com as formas exteriores que produzimos e que se sintonizam às realizações alheias.

A ausência de montanhas, edificações, florestas, pássaros, flores, trabalho, divertimento e cuidados com o nosso perispírito, no Mundo Astral, implicaria em considerarmos que os nossos amigos, guias e simpatizantes que estão do lado de cá não passam de fantasmas a perambular por um mundo irreal, constituído do "éter interior" de nossa alma!... Também tereis de me considerar assim, supondo que, em lugar de um espírito que agora se comunica convosco, estais ouvindo uma produção alucinatória do médium que vos escreve, a qual não passa de uma imagem fugaz, que há de se desvanecer assim que ele deixe de pensar em mim.

PERGUNTA: — Os espíritos que vivem em planos mais elevados podem se congregar, da mesma forma, em colônias ou cidades semelhantes às que descreveis?

ATANAGILDO: — Sem dúvida! Embora eles se encontrem mais intimamente ligados às causas da vida cósmica e manuseiem energia ainda mais sutil, também se relacionam com as formas, inconcebíveis para vós, mas tão reais para eles quanto a pedra o é para vós, na Terra.

As nossas metrópoles vos parecem fantasias e ainda opondes dúvidas às suas configurações; entretanto, os espíritos mais elevados, quando nos visitam, queixam-se de que ainda estamos demasiadamente materializados e, por isso, eles sofrem a opressividade do nosso meio astral. Angustiam-se com as reminiscências subjetivas dos seus próprios moradores, quando estes se deixam envolver ainda pelo saudosismo da Terra. No entanto, os nossos agrupamentos são mais sensatos e mais dinâmicos que as comunidades terrenas, porque não estamos sujeitos às incessantes destruições causadas pelas catástrofes produzidas pelos elementos físicos e, além disso, nos distanciamos muitíssimo do espírito belicoso das guerras fratricidas.

Em lugar de nos encontrarmos num mundo virtual, sem relações exteriores, atuamos exatamente nas "causas" da vossa vida material. Esta, na verdade, é bastante ilusória, porque de segundo a segundo tudo aí se transforma e envelhece, modificando-se e perdendo a sua razão de existir. Cada coletividade espiritual que se intercala entre a Terra e as regiões superiores divinas, situando-se na coroa evanescente de fluidos, significa uma nova comporta que se abre para a verdadeira vida do espírito, a fim de libertá-lo mais facilmente das paixões animais, que separam o homem do anjo.

PERGUNTA: — No vosso modo de vida astral, há algum metabolismo que garanta a vida do perispírito no meio em que se encontra, à semelhança do que acontece conosco, cuja vida é sustentada pelo ar atmosférico, por intermédio dos nossos pulmões?

ATANAGILDO: — Sem dúvida, pois, embora estejamos situados em planos de substância quintessenciada do Astral, ainda vivemos relacionados com o mundo exterior, malgrado as vossas dúvidas. Assim como respirais o ar, que é um produto químico do oxigênio, hidrogênio e azoto, nós também respiramos um elemento nutritivo em afinidade com o nosso estado de almas desencarnadas. Vivemos em um ambiente de magnetismo aprimorado e de um vitalismo alheio à atmosfera terrestre, que flui principalmente da cota de amor e simpatia, que se intercambia entre os moradores desta região. Tudo aqui se influencia de modo recíproco; seres e coisas estão impregnados da substância em que habitamos, motivo por que tenho insistido em vos afirmar que o nosso ambiente se nos afigura um prolongamento vivo de nós mesmos.

Trata-se de uma influenciação muito vigorosa, do meio, em intercâmbio fluente conosco, muito apropriada à nossa sensibilidade espiritual e também muito fácil de ser modificada pela ação vigorosa do pensamento. Quando já nos encontramos mentalmente treinados para efetuar conclusões técnicas, no meio, podemos até avaliar a emotividade e perceber os raciocínios dos espíritos situados em esferas baixas, ou mesmo quando visitam a nossa comunidade. Quase tudo, no Astral, exala um odor áurico, característico, que se produz pelas emoções espirituais e pelas idéias das criaturas em intercâmbio constante com as emanações do magnetismo nutritivo do meio.

Aqui se nos torna muitíssimo difícil pretender esconder qualquer coisa, e até o próprio pensamento dos espíritos superiores! Essa influência magnética, reinante no nosso ambiente, assemelha-se a um poderoso revelador fotográfico, imponderável, derramado sobre o fluido mental, que expõe aos mais entendidos todos os pensamentos recônditos de nossas almas.

PERGUNTA: — Poderíeis nos dar algum exemplo terreno, a fim de que pudéssemos melhor compreender a natureza da influência que mencionastes?

A Vida Além da Sepultura

ATANAGILDO: — Quando os faróis dos automóveis incidem sobre os cartazes comerciais, pintados com tinta fosforescente e colocados ao longo das estradas de rodagem, a sua luz atua vigorosamente nessa espécie de tinta e a torna logo luminosa durante algum tempo. Essa ocorrência me vem à lembrança sempre que noto que o meio ou a atmosfera astral, em que vivemos, se alegra ou se constrange na conformidade dos nossos pensamentos e sentimentos. Eles influem nos vegetais, nos animais, nos seres, objetos e até nas edificações da cidade; algumas flores, por exemplo, ficam mais vivas, mais coloridas e buliçosas quando delas se aproximam espíritos de sentimentos elevados e particularmente afeiçoados às expressões da vida angélica. Um halo misterioso, que se alimenta de magnetismo delicado do meio astral, amplia o campo das nossas emoções e o afina imediatamente a tudo que vibra em sintonia íntima com o que pensamos.

PERGUNTA: — Creio que se justificam as nossas dificuldades para avaliarmos o panorama do Além, pois estamos habituados à visão exterior que nos proporcionam, no mundo material, os olhos da carne. Daí parecer-nos impossível conceber uma ideia desse plano "etéreo-astral", na falta de olhos que nos permitam contemplar o que se passa em outros planos da vida. Não é verdade?

ATANAGILDO: — Vós depositais toda confiança naquilo que os vossos olhos de carne vêem, mas esqueceis de que, mesmo através desses olhos, ainda está a bem grande distância o panorama entrevisto pelo míope, em relação ao homem dotado de visão perfeita. Por isso, o míope precisa socorrer-se de lentes apropriadas, que clareiem as imagens distantes, enquanto o de vista normal pode vê-las claramente em suas configurações exatas. Mesmo no vosso mundo, nenhum cientista se arriscará a afirmar que as cores e formas percebidas pelos vossos olhos sejam exatamente como as enxergais. Eles já desconfiam de que a realidade, apesar da visão oferecida pelos olhos físicos, pode ser bem diferente dos padrões comuns que têm sido consagrados pela visão humana.

Os chineses antigos pintavam o céu como de um amarelo fosco, porque a sua visão rudimentar ainda não podia perceber o azul, que hoje é de percepção comum à humanidade. Esse azul será, porventura, a cor perfeitamente exata do céu? Ou será consequente da deficiência visual do homem do século **XX**? Para o sertanejo inculto, será verdadeira provocação ou escárnio dizer-lhe que na ponta de um alfinete há uma vida microbiana tão agitada como a de alguns milhares de rebanhos de carneiros soltos pelas campinas verdejantes?

Em face da precariedade da vossa visão física, não deveis imaginar o nosso mundo como uma semelhança de vossa moradia, pois os olhos da carne só podem fotografar aquilo que se lhes situa externamente. Por isso, falhais lamentavelmente quando desejais basear-vos no que eles vêem para terdes a visão do mundo interno do espírito, que é a origem e não o efeito da vida material.

PERGUNTA: — Jesus, quando nos visitou, recomendou a necessidade de renunciarmos ao mundo das formas, quando afirmou: — "O meu reino não é deste mundo". Por isso, ficamos confusos quando os espíritos dizem que nos planos de elevação espiritual, como a Esfera Astral em que habitais, ainda se cultua o prosaísmo dos costumes e formas terrenas. Qual o motivo dessa contradição?

ATANAGILDO: — Não há contradição alguma. É que falta ao homem crescimento espiritual para que possa se libertar completamente das formas tradicionais dos mundos sub-angélicos. Esse aspecto terreno do nosso mundo, a que vos referis, é ainda resultante das necessidades psicológicas de nossas almas, pois as formas de que falais vão desaparecendo gradativamente à medida que também ascensionamos para regiões superiores. É por isso que em nossa metrópole astral, embora ela tenha alguma semelhança com a paisagem terrena, já lidamos com coisas mais elevadas e que, em sua transitoriedade, nos preparam para as regiões de exclusiva abstração mental, isto é, na esfera que os calculistas do vosso mundo denominam de "plano do mental-abstrato".

Essa libertação do mundo de formas, a que se referiu Jesus, não se entende com o mundo que habitais, mas convosco mesmos! De que modo podereis alcançar as esferas do espírito puro, onde "pensar é viver", se ainda partis da Terra para cá fortemente escravizados às vossas próprias criações materiais? Normalmente, aí no vosso mundo, quando o cortejo fúnebre conduz o defunto para o cemitério, seu espírito ainda se encontra

A Vida Além da Sepultura

terrivelmente embaraçado nos fios da teia que teceu e em que se prendeu qual a mosca invigilante! Através do seu exagerado sentimentalismo, ainda está preso vigorosamente à parentela consanguínea, saudoso dos amigos leais e desencantado com os seus detratores; em sua mente angustiada desenha-se a figura do lar que havia composto e que tem de abandonar obrigatoriamente, onde se destacam as poltronas macias, os seus livros encadernados ao "gosto pessoal", os seus trajes de padrões simpáticos, o jardim com as suas flores prediletas, o automóvel da marca e da linha preferidas, o cachimbo de espuma, importado, o caniço tradicional da pesca moderna ou a trempe elétrica em que fazia o churrasco epicurístico.

Tudo lembra um panorama amigo, dócil e servil, que era um entretenimento tão agradável ao desencarnado; ele ainda estremece à lembrança da custosa vivenda que codificara para "descansar na velhice", do panorama da cidade natal com os rostos conhecidos e lisonjeiros, os ambientes de prosa noturna, o riso farto e as mulheres gentis!... Não havia se preparado para esse "outro mundo" que lhe parecia inexistente, fantasmagórico e ingênuo; a forma ainda era o seu reino, a sua glória e o seu motivo de ser.

Achais, porventura, que um homem terreno, dos que exemplifiquei, poderá ser lançado intempestivamente num ambiente repleto do mais augusto silêncio, onde vibra uma vida puramente introspectiva e para a qual não se preparara? Deus, infinitamente bom, mesmo quando solicita a libertação das configurações materiais, ainda o faz de modo suave, terno e sensato.

Realmente, Jesus advertiu-nos de que "o seu reino não era deste mundo", mas quantos de vós já estais em condições de desencarnardes completamente desligados das formas do mundo ou das coisas prosaicas da Terra, sem que sintais falta delas ou venhais a entrar em perturbação? Se ainda não pudestes nem ao menos abandonar o corrosivo alcoólico, o fumo intoxicante, o bife com cebolas, é óbvio que ser-vos-á ainda mais difícil viverdes na essência pura do Espírito e definitivamente afastados das formas.

É certo que em nossa metrópole não habitam almas do quilate de um Buda, de um Francisco de Assis, Crisna ou Jesus, pois seria um paradoxo o fato de precisarem habitar um plano de semelhanças terrenas no tocante àquilo de que já haviam se desprendido quando ainda se encontravam no corpo carnal. É o contato gradativo com as formas planetárias, cada vez mais sublimadas, que vai desenvolvendo no espírito o senso psicológico e o entendimento mental, fazendo-o passar das formas rudimentares às mais elevadas e trocar as expressões mais grosseiras por outras superiores. Embora sejam formas, elas atendem ao senso estético, que varia de alma para alma pois, como sabeis, entre dois homens da mesma idade, um deles fica radiante de júbilo ouvindo o frevo agitado, ao passo que o outro só sente verdadeiro prazer ante a execução da "Pastoral", de Beethoven, ou dos "prelúdios", de Liszt.

7. O "sentido" da vista no Além

PERGUNTA: — Dos nossos cinco sentidos, qual o que impera no plano em que viveis?
ATANAGILDO: — No Mundo Astral modificam-se todas as medidas e terminologias terrestres. Não podemos, por exemplo, avaliar as distâncias pelo método que empregais na Terra, pois não temos qualquer apoio geográfico em que nos basearmos, visto vivermos em outras dimensões, que estão submetidas a uma ação energética inalcançável pelos mais altos padrões vibratórios do mundo físico. A nossa atuação se exerce diretamente no mundo "interno", na causa que compõe as coisas e formas conhecidas no mundo terreno. Guardamos a impressão de que fomos transportados para "dentro" do próprio mundo físico em que vivíamos.

Nós operamos na energia livre; nessa mesma energia que "desce" vibratoriamente e se transforma em matéria, ou seja, energia condensada, como a denominam os cientistas modernos. O nosso ambiente é interpenetrado por um elemento superdinâmico tão acentuado, que escapa a qualquer focalização dos cinco sentidos físicos; estamos muito além da mais alta vibração do mundo material, assim como a luz, que não pode ser agarrada pelas vossas mãos, o Sol, que não pode ser engarrafado, e os raios X, que atravessam os tecidos e até paredes espessas.

PERGUNTA: — Valendo-se desse elemento astral, qualquer espírito consegue obter esses poderes espirituais de operar na energia livre?

ATANAGILDO: — A principal faculdade propulsora na nossa vida astral é o poder mental; quando podemos aliá-lo a um sentimento crítico, bem desenvolvido, descortinamos então os mais deslumbrantes panoramas para as nossas almas e encantamo-nos com os trabalhos criadores que podemos realizar. A vontade disciplinada se nos torna o mais poderoso instrumento, que usamos como um prolongamento vivo dos nossos sentidos astrais, podendo penetrar cada vez mais nos mistérios de nossa origem e destino. Principalmente quando nos encontramos em ambientes tão gratos, como seja o da metrópole do Grande Coração, a nossa maior ou menor capacidade de visão depende fundamentalmente da maior ou menor extensão de poder de nossa própria vontade. Por isso, nem todos os espíritos de nossa moradia conseguem obter a mesma visão das coisas e dos seres. Muitas vezes, quando somos agraciados com a presença de notáveis visitantes, provindos dos planos mais altos, certa parte dos nossos companheiros recém-chegados da Terra não consegue vê-los a contento, por não poderem se situar na mesma faixa vibratória elevada. O mesmo fenômeno ocorre também nas zonas inferiores, quando descemos a elas para socorrer os espíritos sofredores; nem todos eles conseguem nos observar, embora afirmem que nos sentem a presença no momento em que os auxiliamos. Trata-se de um fato lógico e compreensível: as frequências vibratórias espirituais muito baixas não podem sintonizar-se às vibrações muito altas, do mesmo modo por que as emissões de ondas curtas, na radiofonia terrena, não podem ser captadas pelos aparelhos de ondas longas.

No momento em que estou ditando estas comunicações, não podeis também registrar em vossa visão física a minha presença, pois estais cercados de uma faixa vibratória demasiadamente baixa e letárgica, como o é a da carne. Se se tratasse de um médium vidente e não do médium de que me sirvo no momento, isto é, de alguém com o perispírito mais deslocado para o "lado de cá", ou que conseguisse elevar a sua frequência vibratória comum até o nível do plano em que atuamos, esse então poderia identificar-nos palidamente, guardando a ideia de que penetrara numa atmosfera de sonhos. E, assim como nem todos os espíritos desencarnados conseguem ver-nos nas mesmas disposições astrais — porque variam seus poderes mentais e qualidades morais — os próprios videntes terrestres não entrevêem com toda exatidão os mesmos fenômenos, porque também variam em sua capacidade vibratória, o que lhes dificulta focalizarem cenas do Plano Astral.

PERGUNTA: — A visão do espírito desencarnado, em vossa metrópole, é semelhante à visão dos nossos olhos físicos, na Terra?

ATANAGILDO: — Na crosta terrena, a visão das criaturas humanas poderia ser mais ou menos boa, se não ocorresse a redução visual proveniente de enfermidades, defeitos ou cansaço dos olhos. Mas, enquanto a visão humana é adstrita exclusivamente aos contornos das formas físicas e somente realizável sob a luz solar ou artificial, no Mundo Astral nós podemos ver as coisas, independentemente de luz, tanto no seu exterior como no interior, tendo a impressão de que as viramos pelo avesso. E o mais importante é que podemos projetar a vista em todos os sentidos, tomar conhecimento de todo e qualquer detalhe, submetendo tudo a um exame que poderíamos designar de "visão de profundidade". Acresce que, enquanto os olhos da carne exigem uma direção, dada pelos nervos oculares, para que tenhais conhecimento daquilo que eles podem ver, transmitindo ao cérebro apenas imagens focalizadas diretamente, a nossa vontade age de tal modo, no ambiente que melhor "sentimos" do que "vemos". Em certas ocasiões de hipersensibilidade, tenho observado que toda a organização do meu perispírito se transforma num maravilhoso campo visual, em que sinto as coisas provindas de todas as direções. Torno-me, assim, um centro de visão em sentido esférico, e capto todos os fenômenos situados ao meu redor, sob a estranha impressão de que vejo tudo com o poder de mil olhos. A necessidade de ver, na Terra, exige a imediata focalização dos olhos sobre os objetos desejados; além disso, para que o espírito possa ter conhecimento do que é focalizado, está na dependência das transformações vibratórias que o aparelho visual deve efetuar para a devida sensibilidade do espírito. Ademais, essas vibrações precisam atingir toda a área do perispírito para que, então, a alma tome conhecimento do que os olhos observaram, pois esses, na realidade, significam apenas

A Vida Além da Sepultura

um acessório, ou seja, um transformador da visão exterior para as vibrações de alta frequência, que são receptivas à organização etéreo-astral do perispírito.

O nosso poder visual está à superfície de todo o perispírito e, assim, torna-se um captador de imagens em todas as direções. Em lugar de precisarmos de um par de olhos para captar as imagens e as transmitir numa frequência vibratória acessível ao nosso espírito, nós, no Astral, as captamos diretamente em sua fonte natural vibratória, levando-as para a contextura do nosso perispírito e dispensando as funções complicadas da visão física.

PERGUNTA: — Suponho que a vossa metrópole seja um ponto astronômico, no Espaço, como veríeis o firmamento, ou o nosso Sol, olhando desse ponto ou local? A sensação seria a mesma que tínheis quando estáveis reencarnado em nosso planeta?

ATANAGILDO: — De nossa metrópole vemos o firmamento da mesma forma como o vedes da crosta terráquea, embora se nos apresente mais luminoso e tão repleto de vida quanto seja a possibilidade de penetração interior de nossa visão espiritual. É óbvio que a sua cor difere profundamente da cor da atmosfera física que envolve o globo terráqueo, porque estamos situados na intimidade dessa visão, limitada, para vós, pelos olhos da carne. Nós sentimos as coisas de outro modo e penetramos com mais eficiência em toda a sua realidade exterior.

PERGUNTA: — Dai-nos um exemplo, para que melhor compreendamos que as coisas vistas pelos nossos olhos físicos são abrangidas em toda a sua extensão e realidade pela visão dos espíritos desencarnados. Poderíeis fazê-lo?

ATANAGILDO: — Essa maior ou menor acuidade visual interior depende muito do tipo do espírito, pois, à medida que nos elevamos para estados mais sublimes, todo o mundo oculto se nos revela mais intenso e povoado de energias que antes haviam escapado à nossa observação de caráter inferior.

Supondo que vos encontrais observando um vaso contendo água doce, quente, perfumada e ainda eletromagnetizada. Que vedes nesse vaso, com os vossos olhos físicos? Sem dúvida, só vedes a água e apenas notais a sua forma incolor, pois se quiserdes sentir-lhe a temperatura, o perfume ou o magnetismo, ou mesmo o sabor, tereis que vos valer do tato, do olfato e do paladar. No entanto, se o meu espírito desencarnado estivesse presente no local, faria uso da faculdade que vos descrevi e poderia captar todo o seu perispírito, simultaneamente, todas as diversas sensações contidas no vaso d'água, apenas usando a sua vontade na percepção dos vários fenômenos ali existentes. Há essa diferença, porque os cinco sentidos do homem não passam de janelas vivas ou aparelhos acessórios que devem transformar os diferentes fenômenos do mundo exterior numa vibração que o espírito desencarnado pode recepcionar diretamente, ao passo que ele não o pode fazer.

É evidente, pois, que na posse do corpo físico ou mesmo liberto dele, o verdadeiro receptor de todas as sensações e fenômenos do mundo físico ou Astral ainda é o perispírito. Desse modo, aquilo que percebemos dificultosamente, quando no comando do corpo carnal, podemos captar diretamente, e sem os sentidos físicos intermediários, quando desencarnados.

PERGUNTA: — Tendes, porventura, outra concepção do Sol, por possuirdes uma visão melhor que a nossa?

ATANAGILDO: — O Sol que vedes no firmamento e que vos aquece com os seus raios caloríficos é o mesmo que banha as colônias e cidades astrais existentes em torno do globo terráqueo; no entanto, para vós, é um astro de ação mais física, enquanto que nós o sentimos interiormente, isto é, na sua plenitude astral. O nosso ambiente, por ser integralizado pela substância astral, dispensa a ação propriamente física do Sol, mas recebe toda a sua energia astralina, a fim de se poder cumprir os objetivos de renovação espiritual dos desencarnados.

PERGUNTA: — Como poderíamos compreender melhor essa diferença de ação do Sol em vossa metrópole, acima de sua expressão comum por nós conhecida?

ATANAGILDO: — Creio que não vos é estranho o fato de o Cosmo todo se encontrar interpenetrado de uma energia que se adensa em torno dos orbes, na forma de substância astral. A começar pelo próprio Sol do nosso sistema, cada planeta ou asteróide possui a sua atmosfera de fluido astral, que o envolve na conformidade do seu volume, rotação e idade sideral. Deste modo, a Terra requer também as energias físicas do Sol, que lhe nutrem

A Vida Além da Sepultura

a vida física, ao mesmo tempo que a sua Esfera Astral e invisível, sob considerável dinamismo, também exige essas energias, que devem entreter a sua vida interior.

Nos cursos educativos de nossa metrópole, tenho aprendido que os espíritos que findam as suas encarnações na Terra e terminam a sua educação no Mundo Astral passam, em seguida, para um outro plano mais interior, denominado "mundo mental concreto", onde ainda existe matéria mental, mas de tal sutileza, que lhes atende, instantaneamente, aquilo que pensam e desejam. Explicam-nos, então, que esse mundo mental concreto também está muito além da natureza vibratória do Mundo Astral, assim como a nossa Esfera Astral também se encontra muito além dos fenômenos da Terra. E o Sol, como centro de vida e sustentáculo de todo o nosso sistema, continua a alimentar todos os demais mundos "interiores" de vida espiritual, assim como nutre a crosta terrestre, embora à cada um conforme a energia correspondente ao seu meio de vida. Embora o Sol seja, pois, um só, há um Sol físico para a Terra física, um Sol astral para o Mundo Astral e um Sol mental para o mundo mental concreto.

Penso que o exemplo da água quente, perfumada e magnetizada pode dar a ideia de três estados diferentes num só corpo: calor, perfume e eletricidade, no elemento água, numa graduação cada vez mais delicada, assim como a manifestação do Sol físico é mais grosseira do que a do Sol astral e este também mais rude do que o Sol mental.

É por isso que, na metrópole do Grande Coração, nós haurimos a luz do Sol na sua manifestação mais pura e dinâmica, porque também nos movemos num mundo de energias semelhantes, como é o Mundo Astral. Acredito que a ciência terrena já não mais duvida de que o Sol é antes um foco de luz do que de calor; essa luz é que se transforma em calor, assim que encontra a resistência do "biombo" da atmosfera terrestre e, então, chega até vós na forma de raios caloríferos. Assim, a energia principal pura ou dinâmica do Sol, é a luz e não o calor, pois este já é energia degradada. Se quiserdes saber por que motivo em nosso Mundo Astral nós aproveitamos a energia mais elevada, do Sol, é só compreenderdes que, enquanto recebeis raios caloríferos, que se filtram através do "biombo" atmosférico da Terra, nós recebemos diretamente o Sol em sua dinâmica natural de luz.

PERGUNTA: — Poder-se-ia considerar que os olhos de carne estão para o mundo espiritual assim como os anteparos estão para a luz material?

ATANAGILDO: — Os vossos olhos não são propriamente anteparos da realidade espiritual e, pelo contrário, significam preciosos órgãos que vos permitem a visão grosseira no plano da matéria. Não devemos olvidar que os olhos carnais não são os redutos da verdadeira visão do espírito, nem causam prejuízos ao entendimento exato dos mundos interiores, mas são o resultado de um dos mais avançados esforços da natureza física, a fim de que pudésseis ter noções do mundo físico, tão necessário ao nosso aprendizado sideral.

Quando de posse dos olhos de carne, eu atuava no mundo material circunscrito apenas ao que devia servir de lições à alma reencarnada; só podia ver os seres e as coisas desde que meus olhos estivessem sob a iluminação da luz exterior do Sol ou da artificial da Terra. Como homem físico, não conseguia enxergar no escuro, não tendo sequer o privilégio de que gozam os gatos, alguns outros animais e diversos insetos... E isso porque os olhos do homem exigem a luminescência exterior, na medida que lhe foi dada para poder cumprir a sua função vital. Mas, depois que deixei o corpo físico, fiquei surpreendido com a precariedade dos olhos carnais e com a maravilhosa capacidade visual do espírito desencarnado, que se serve especialmente de sua vontade treinada para satisfazer aos seus anelos. Se vos utilizásseis de óculos com lentes bem escuras para contemplardes as paisagens ensolaradas e coloridas das enseadas de Nápoles, Guanabara ou Flórida, é claro que teríeis uma impressão obscura e pobre da realidade; no entanto, assim que vos desvencilhásseis das lentes escuras, ficaríeis surpreendidos diante das indescritíveis belezas que vos ofereceria a visão límpida!

Também me senti deslumbrado diante do panorama soberbo e celestial que se me deparou logo após ao desencarnar e me desvencilhar dos olhos físicos, pois, embora estes prestem excelente serviço no trânsito da vida material, não conseguem revelar as belezas do Astral superior, que se situa num campo vibratório muito sutil.

Muitas almas de boa estirpe espiritual confessam que, após a desencarnação, parecia-lhes que viviam num quarto escuro e fora-lhes acesa prodigiosa luz, que lhes descobriu munificente

A Vida Além da Sepultura

palácio principesco, repleto das mais deslumbrantes dádivas celestiais!

Nós, aqui, somos tomados de imensa piedade para com os cientistas, filósofos ou sábios terrenos que afirmam, enfaticamente, que nada mais existe depois da morte do corpo. Eles acham que a vida real é exatamente aquela que se nota nas formas passageiras do mundo terreno. Mas, quando retornarem ao Astral, muito grande lhes será a humilhação ao comprovarem a falsidade de uma concepção tão infantil.

PERGUNTA: — Como é que podeis ver o sensitivo, neste momento em que recebe o vosso pensamento e o passa para o papel? Qual a espécie de vossa visão, neste instante?

ATANAGILDO: — Repito, meus olhos não estão mais adstritos à visão limitada do mundo material, que está sujeita à luz solar ou artificial. A luz que me rodeia é muito diferente e ilumina tudo desde o seu interior, por cujo motivo posso penetrar até no recôndito de vossas almas, inclusive a do médium de que me sirvo. Quando olhais um homem, no vosso mundo físico, só podeis vê-lo na sua configuração exterior, porque a luz solar ou artificial só se derrama sobre os seus contornos. É bastante que se faça noite para que não mais o possais ver, salvo se vos utilizardes da luz artificial. Assim, enquanto os vossos olhos físicos só permitem observar aquilo que a luz do mundo material ilumina, nós tudo podemos ver, graças à luz que há no interior de todas as coisas e mesmo em nossa organização perispiritual.

Eu enxergo o médium neste momento, não como ele o é para vós, mas como o era antes de se reencarnar e como será depois de abandonar o seu corpo numa sepultura, aí na Terra. Vejo-o em sua figura propriamente espiritual, no seu veículo etéreo-astral, que serve de intermediário entre o seu espírito e o corpo de carne. A mim, que já estou desencarnado e distanciado vibratoriamente do vosso mundo material, o corpo físico não serve mais de relação, porque tenho contato com o médium através do seu perispírito, que atua no mesmo plano em que me encontro liberto.

8. Residências e edificações

PERGUNTA: — Residis em alguma casa semelhante às que temos no nosso mundo material?

ATANAGILDO: — Sim; e para mim essa casa é tão consistente quanto as que construís com alvenaria de tijolos ou com cimento armado! A extraordinária superioridade das construções do Mundo Astral sobre as edificações terrenas consiste no fato de as primeiras serem com a substância luminosa absorvida de nossa esfera, que tem invulgar capacidade de condensar os fluidos mentais dos seus moradores e depois devolvê-los num teor balsâmico ou então agressivo, na conformidade das emoções e dos pensamentos produzidos no ambiente. Logo depois que fui hospedado na metrópole astral do Grande Coração, aprendi que toda irradiação proveniente de nossas emoções descontroladas causa desarmonia no ambiente em que residimos, por cujo motivo devemos manter a nossa mente vigilante, cooperando assim para que permaneça nesse ambiente a aura de tranquilidade, que é natural das almas equilibradas. Devemos evitar a predominância das vibrações nocivas, que se formam no campo íntimo de nossa própria ventura no Mundo Astral.

Por causa dessas providências salutares, que representam uma profilaxia mental realizada prazenteiramente pelos moradores de nossa comunidade astral, adquirimos hábitos melhores que os que cultuávamos desordenadamente no mundo físico.

Nós nos adaptamos, pouco a pouco, a um padrão de vida em que só entram atividades e pensamentos elevados, que nos ajudam a dominar o psiquismo inferior e repelir as velhas sugestões das paixões animais, substituindo-as por hábitos novos, que futuramente muito nos ajudarão para conseguirmos o equilíbrio e a coesão psicofísica nas reencarnações terrenas. Esse treino de vigilância mental sobre a natureza dos nossos instintos perigosos facilita-nos a eclosão dos elevados princípios espirituais sobre a velha animalidade terrena.

PERGUNTA: — A construção da casa em que residis obedeceu a processos e padrões já conhecidos na Terra?

ATANAGILDO: — A construção de edifícios, casas ou quaisquer departamentos de nossa comunidade astral difere muito do que habitualmente se faz na Terra. Embora a substância do meio astral em que resido seja de propriedade comum, dependemos de permissão dos nossos maiores para obtê-la e com ela edificarmos o nosso lar, que deverá ficar em perfeita harmonia com a nossa própria índole psicológica e com a natureza dos sentimentos já desenvolvidos.

Isto é um direito que se adquire principalmente pela prestação de serviço útil e amoroso em favor da humanidade, quer o prestemos nas colônias e metrópoles astrais, quando desencarnados, quer o tenhamos prestado durante o período de nossas reencarnações nos mundos físicos. A autorização para nos servirmos da substância astral que é o principal elemento de relação e de vida exterior em nossa esfera pode ser até centuplicada, em face de créditos suplementares conseguidos em tarefas sacrificiais exercidas nos abismos do Astral inferior, onde gemem os infelizes delinquentes da espiritualidade. Do mesmo modo, certos labores de natureza mais importante, junto à crosta terrena, também conferem melhores credenciais para estabelecermos um programa de vida mais elevado no Astral.

PERGUNTA: — Uma vez que os moradores da vossa metrópole constituem seus lares, há por parte deles a preocupação, que os terrenos têm, de manter o asseio e promover a melhoria estética de suas habitações?

ATANAGILDO: — Em qualquer plano da vida, o espírito é o verdadeiro agente que cria as modificações do meio onde se

A Vida Além da Sepultura   107

encontra. No mundo material, cada residência revela, por meio de seu asseio, de seus objetos ou decorações, o senso estético, o grau de higiene, o capricho, o gosto e a inteligência dos seus moradores. É verdade que entre os homens detentores de grandes fortunas terrenas existem grandes diferenças na compreensão da harmonia, da utilidade e do senso prático na utilização inteligente do seu patrimônio material. Há, por exmplo, o novo rico que, não possuindo ainda o senso fidalgo da residência aristocrática, costuma atravancar o seu palácio com as mais tolas quinquilharias e dotá-lo dos enfeites mais ridículos. E, então, em lugar de se tornar uma vivenda agradável e útil, o seu palácio mais se assemelha aos históricos museus de bugigangas anacrônicas e que, de modo algum, podem vibrar com a emotividade da alma.

Raros homens sabem combinar os matizes das cores dos seus aposentos com a disposição das luzes, ou, então, o tipo dos seus móveis com a harmonia das decorações, a fim de ajustar a função útil da cada aposento ao sentido estético de sua ornamentação. Em nossa moradia astral, que é integrada por espíritos mais compreensivos e desligados dos exageros e das vaidades humanas, esse sentido de asseio e de melhoria estética, a que vos referis, é cultivado ainda com muito mais carinho e sabedoria. Eles sabem proporcionar uma harmoniosa combinação de tudo em seus lares, onde a singeleza é tão espontânea e ao mesmo tempo tão agradável, que empresta um tom afidalgado a tudo aquilo que nos rodeia.

Não se observa nelas o luxo desmedido, nem empilhamento de futilidades inexpressivas, tão comuns às vivendas terrenas; tudo aqui se opera sob um sentido de harmonia que nasce dos nossos espíritos como se as nossas emoções contagiassem as coisas a que nos afeiçoamos. Há intenso júbilo de nossa parte quando comprovamos que a nossa consciência se estende sobre tudo que nos rodeia, como se fosse delicado manto eterizado, pois está completamente liberta dos interesses egoístas ou das vaidades tolas da carne, vivendo só em razão da paz e da ternura, que fundamentam o nosso ambiente de relações.

Reconheço que não podeis ainda avaliar essa nossa alegria espiritual, em que a nossa alma se transforma num pequenino sol sustentando diversos mundículos que cria e influencia, dando-lhes de sua vida e impregnando-os com as suas emoções e pensamentos simpáticos.

PERGUNTA: — Tomando por base a nossa vida física, poderíeis nos explicar melhor essa relação entre a alma e os objetos que a cercam?

ATANAGILDO: — Na Terra, comumente baseais a vossa alegria e ventura no colecionamento indiscriminado de objetos e utilidades, cuja aquisição vos é habilmente sugerida pela propaganda comercial, que muitas vezes consegue despertar em vós desejos e insatisfações que de modo algum suspeitáveis que existissem. Então, inverteis o trabalho real do espírito, pois ele, em lugar de alimentar a vossa ventura com a aquisição dos valores definitivos, cuida de amontoar objetos materiais e coisas atrativas de um mundo provisório, esquecendo-se de que mesmo o diamante mais precioso não consegue superar o valor da bondade e do amor, que o espírito inteligente pode despertar no seu coração. Criais falsos desejos de bem-estar e vos afastais dos altos ideais do espírito, ante a descuidosa escravidão a que vos submeteis para com as coisas terrenas. Acontece, porém, que a nossa insatisfação e inconstância, muito comuns quando estamos na Terra, não tardam em fazer-nos quebrar os elos de simpatia que mantínhamos com os nossos próprios móveis, enfeites e objetos de uso, que antes nos serviam tão agradavelmente, pois logo nos vem o desejo de os substituir por outras coisas "modernas". Então, passamos a vida terrena em constante insatisfação, porque dedicamos toda a força de nossa alegria e paixão a coisas que só reagem à mediocridade dos sentidos físicos e são impotentes para desenvolver em nós os valores eternos da alma. Deixemo-nos dominar pelas emoções infantis das coisas "novas e modernas", esquecidos de que, em breve, essas coisas também hão de se tornar velhas e antipáticas.

Além disso, influi sobre nós a opinião alheia quanto aos objetos e coisas a que nos ligamos egocentricamente no mundo; quando essa opinião é agradável para nós, faz subir a coluna do nosso termômetro emotivo; se é desagradável, esfria-nos o entusiasmo e a alegria da posse. Mas, enquanto as coisas materiais são demasiadamente inertes no seu padrão vibratório, e não se relacionam diretamente com o nosso espírito, as coisas astrais estremecem à nossa simples presença, dotadas como são de uma vida que se escoa de nós mesmos. A matéria densa permanece isolada de vós mesmos, pois não reflete o vosso júbilo nem pode participar de vossa emoção espiritual, porque só

A Vida Além da Sepultura

a percebeis através da singeleza dos cinco sentidos. Na Terra, podemos nos apaixonar fortemente por um luxuoso veículo, mas isso o fazemos por sua beleza, utilidade ou conforto; no entanto, ele não participa conosco dessa emoção interior; é apenas um objeto inerte que deprecia e envelhece a cada segundo, depois que o consideraram construído. E, com o seu envelhecimento e depreciação, vai-se também a intensidade do nosso júbilo e o prazer que nos proporcionava quando novo.

Depois de desencarnados, quando passamos a entrar em contato direto com ambientes de certa superioridade espiritual, aumenta-nos a sensação de "sentir" e "viver", porque a substância astral se torna um elo entre nós e as coisas exteriores. Ela reflete com agudeza a nossa gama psicológica e a estesia de nossa alma; derrama sobre os elementos com que nos relacionamos a essência colorida que se projeta de nossas auras, aumentando-lhes a vivacidade vibratória. É certo, entretanto, que essa matéria astral, assim como é capaz de reter os mais variados matizes emotivos do nosso espírito, também costuma coagular-se na forma de matéria escura e repulsiva, quando nos descontrolamos sob o domínio das paixões inferiores.

PERGUNTA: — Malgrado as vossas explicações anteriores, pensamos que essa sensibilidade do espírito para com os meios e os objetos se refere unicamente aos reflexos dos seus estados emotivos; não é assim?

ATANAGILDO: — O nosso mundo é a reflexão do nosso próprio estado interior espiritual, não há dúvida; porém, é ele que nos reflete e não nós que o refletimos exclusivamente. Não se trata, apenas, de uma criação mental introspectiva, mas de uma criação que se reproduz fenomenicamente no ambiente, como resultante positiva daquilo que criamos na intimidade da alma. Podereis supô-la como um vivíssimo projetor cinematográfico a fixar na tela exterior do Astral a súmula dos nossos sonhos e desejos, os quais, por sua vez, se entrozam aos sonhos e desejos de outros companheiros.

PERGUNTA: — Desde que as coisas materiais do mundo terreno não podem produzir modificações interiores e fundamentais na alma, não seria ingenuidade de nossa parte supormos que coisas semelhantes possam exercer influência nos desencarnados, apenas porque são de substância astral?

ATANAGILDO: — À medida que o espírito ascenciona para regiões superiores, também ingressa num campo de energias mais sensíveis e que reagem com prodigiosa eficiência às suas mais fracas irradiações mentais. É claro que o pensamento não pode erguer uma pedra do mundo físico, quando aí vos encontrais, pois para isso requer-se o emprego das mãos ou de uma alavanca, mas, no plano onde o ambiente seja exclusivamente constituído de matéria mental, o pensamento atua diretamente nesse meio, produzindo ou criando imediatamente aquilo que deseja. É fora de dúvida que, apesar de o pensamento ser energia mental concreta, não pode agir diretamente na pedra, que é matéria, assim como, de acordo com a lei vibratória, tampouco a pedra consegue mudar a natureza essencial do pensamento.

Entretanto, como em nossa esfera ainda vivemos entre a matéria mental do plano superior e a matéria física do plano inferior, tudo aquilo que criamos, ou pensamos, encontra-se vigorosamente impregnado da própria substância mental do nosso pensamento. Assim, as nossas emoções e júbilos associam-se e refletem nas próprias coisas que criamos, porque estas possuem um pouco de nossa própria substância mental. Graças a essa vivíssima reação do ambiente ao nosso pensar e sentir — porque o meio astral que nos cerca também se encontra impregnado de nossos pensamentos, ou energia mental — gozamos a impressão de que estamos ligados às coisas que nos rodeiam e que só aparentemente estão fora de nossas almas.

PERGUNTA: — Poderíeis dar-nos um exemplo mais simples, para melhor compreendermos esse assunto, ainda tão complexo para nós?

ATANAGILDO: — Pois não! Quando as nossas almas estão dominadas pelo júbilo e pela ternura das coisas sublimes, também as coisas que nos cercam, na moradia astral, se impregnam do toque poético e emotivo de nós mesmos, ligando-se efetivamente à intimidade de nosso mundo espiritual. Aqui, a nossa ventura não depende de elogios ou de opiniões agradáveis, consequentes de admiração por aquilo que nos é simpático; também a nossa euforia espiritual não aumenta ante a comprovação de que certas coisas ou objetos a que muito nos afeiçoamos são mais úteis, mais modernos ou mais aristocráticos. Todo o nosso bem-estar se fundamenta nas realizações íntimas do nosso espírito, embora as coisas e os objetos que nos cercam sirvam para se comprovar, no seio do ambiente, a exata natureza de nossas disposições espirituais.

PERGUNTA: — Qual a superioridade das edificações e decorações dessa metrópole astral, em comparação com o tradicionalismo das edificações terrenas?

ATANAGILDO: — O que se observa de mais importante em nossa moradia astral, em relação à Terra, é a genial combinação entre as suas edificações arquitetônicas e as fascinantes decorações que lhes podem ser proporcionadas pela riqueza de cores luminescentes e pelos maravilhosos recursos fornecidos pela prodigalidade das flores.

Depois do grande logradouro, em forma de heptágono, que se situa no centro principal da metrópole, surgem os edifícios residenciais, que vão se tornando cada vez mais numerosos, à medida que se afastam do perímetro central. Eles ocupam toda a zona Norte, Sul e Leste, que constitui o principal agrupamento residencial da cidade, enquanto todos os departamentos e instituições educativas, científicas ou artísticas se situam por toda a área da zona Oeste, formando vasto triângulo que se confina com o horizonte astralino.

No entanto, esses prédios, palácios ou instituições não se agrupam sob a mesma rigidez geométrica, nem formam interminável fila de fachadas marginando compridas ruas, como só acontece na Terra, mas são construídos em blocos à parte, em grupos caprichosos e intercalados por bosques frondosos. Cada conjunto de edifícios situa-se no meio de belos jardins de alfombras floridas, entremeados de pequenos lagos e canais de água cristalina, cujos leitos são marchetados de lâminas coloridas e transparentes.

Essas fontes, semelhantes a espelhos líquidos e de reflexos policrômicos, são marginadas por delicadas faixas de pequeninos arbustos odoríferos, que embalsamam a brisa com os seus perfumes embriagadores e que sempre me fazem lembrar a fragrância do sândalo, da rosa ou do odor inebriante do jasmim. Os arvoredos, em ternos abraços de vegetação florida, intercalam-se de espaço a espaço, formando graciosos bosques de sombras refrescantes, emoldurados com um halo de suave luz solar astralina.

Há recantos maravilhosos e clareiras de sonhos principescos, onde delicados bancos, de porcelana transparente, lançam reflexos de cor eterizadas e se balouçam, suspensos entre colunas de uma substância rósea, muito inquieta, da forma mais ou menos da espuma do mar. Em torno desses bancos se engrinaldam as trepadeiras, pejadas de cachos de flores aromáticas, que se casam aos festivos banquetes da luz irisada do Plano Astral. Quando vislumbrei esses aspectos paradisíacos no Além, estava certo de que havia despertado no seio daqueles jardins formosos e coxins floridos da Grécia, onde os poetas, os filósofos, os músicos e os cantores, em festa, sublimavam na vida humana a misteriosa saudade dos mundos celestiais.

PERGUNTA: — Esses edifícios são construídos sob as mesmas linhas arquitetônicas conhecidas na Terra?

ATANAGILDO: — Os grupos de edifícios revelam, à primeira vista, as linhas arquitetônicas e os estilos próprios das raças mais civilizadas do mundo terreno; há blocos de uma pureza grega, cujos palácios, de base e capitel jônico, têm as suas extremidades em forma de coxins marmorinos, onde as volutas se enovelam na forma de adelgaçadas espirais; o gosto hindu se revela pelas indefectíveis construções rendilhadas, com telhados cônicos e cobertos de folhas douradas pela substância astral; os pagodes chineses têm seus equivalentes em nossa metrópole, embora sob um sentido de alta espiritualidade. Há edificações semelhantes ao velho estilo árabe, que lembram, por vezes, as bases quadradas, encimadas por cúpulas cercadas de altos minaretes, que eram próprias das tradicionais mesquitas de orações a Allah e de reverência a Maomé. O velho Egito é reverenciado pelos edifícios de áreas abertas e espaçosas, que se confundem com os luxuriantes plátanos e canteiros cobertos pelas cativantes margaridas que, na forma de prodigioso tapete florido, cantam as glórias do Nilo milenário.

Todos os demais prédios e edificações da metrópole astral também se cercam de vastos jardins pejados de flores, onde se destacam, principalmente, os tipos exóticos de cálices e taças da cor de um gema-ovo cintilante, enquanto no centro das corolas a cor rubi parece uma gota de sangue refulgente. O aroma que se evola dessas flores muito me faz lembrar o perfume da açucena, embora não lhe possa descrever a misteriosa fragrância, que

A Vida Além da Sepultura

invade a sensibilidade magnética do nosso perispírito, quando apenas as roçamos de leve.

Quase todas as residências são espaçosas, ligando-se os jardins com os aposentos interiores, onde a brisa se encarrega de renovar a atmosfera odorífera. Sobre os portais extensos, em sua maioria, existem relevos delicados, que em seus ternos arabescos simbolizam a comunidade do Grande Coração.

PERGUNTA: — Desde que se trata de uma metrópole astral com características predominantemente brasileiras, não deveria ela possuir edificações mais condizentes com o nosso ambiente e estilo nacional?

ATANAGILDO: — Já vos notifiquei da despreocupação de nacionalismo nas comunidades do mesmo nível espiritual da metrópole do Grande Coração. Os espíritos desencarnados que atualmente a habitam, embora provenham do Brasil, são egressos de algumas civilizações milenárias, que já existiam muito antes de ser descoberto o vosso país. A comunidade propriamente brasileira ainda não atingiu meio milênio de existência; muitos espíritos que se encontravam e ainda se encontram encarnados na vossa pátria procedem das coletividades persas, egípcias, gregas, hindus e hebraicas. A maioria dos habitantes de nossa metrópole não possui mais de duas ou três encarnações no Brasil, ao passo que já viveu dezenas de vezes noutras civilizações orientais. Isso quer dizer que o conteúdo espiritual dessa maioria propende mais para a psicologia do Oriente, em lugar de propender para a do ambiente brasileiro.

PERGUNTA: — Mas essa propensão para estilos cultuados pelas civilizações antigas não representa, porventura, certo conservantismo por parte dos espíritos desencarnados, em vossa metrópole? Isso não está em contradição com o grau evolutivo que já alcançaram no domínio dos sentimentos regionalistas terrenos?

ATANAGILDO: — É fora de dúvida que muitas das vossas edificações consideradas modernas e progressistas não passam, também, de estilos deformados ou degenerações arquitetônicas, que são levados à conta de libertação de formas. O espírito sábio e artista pode extrair das coisas do passado, aquilo que é realmente genial, estético e sensato, uma vez que o próprio tempo não consegue destruir a idéia, cujo fundamento seja o sublime e o verdadeiro. Em nossa metrópole, nunca desapareceu a preocupação básica de se unir a beleza da cor à magia da luz, atendendo-se sempre às linhas edificativas capazes de evocarem as principais características emotivas das raças terrestres que plasmaram as bases do organismo carnal brasileiro. Embora esses desencarnados não sejam saudosistas emotivos do mundo terreno, eles se fazem gratos aos climas geográficos onde aprimoraram o sentimento e desenvolveram a razão, reverenciando nos seus estilos arquitetônicos e na delicadeza das ornamentações, aquilo que, sem forma, ainda lhes fala ternamente à natureza efetiva da alma.

9. Considerações sobre a desencarnação

PERGUNTA: — Após abandonardes o corpo físico, quais foram as primeiras reflexões que vos acudiram ao espírito?
ATANAGILDO: — Não senti grande diferença ao mudar-me para o Mundo Astral por ter-me devotado profundamente, em vida, à melhoria vibratória do meu espírito, do que resultou-me uma desencarnação bastante feliz.
Mesmo quando nos encontramos ainda no corpo carnal, já podemos viver parte do ambiente astral superior ou inferior, em que iremos penetrar depois da morte corporal. Os hábitos elevados, cultuados na vida física, significam exercícios que nos desenvolvem a sensibilidade psíquica para depois nos sintonizarmos às faixas sutilíssimas das esferas do Além, assim como o cultivo das paixões denegridas também representa o treino diabólico que, depois, nos afundará implacavelmente nos charcos tenebrosos do Astral inferior. Todo impulso de ascensão espiritual é consequente do esforço de libertação da matéria escravizante, assim como a preguiça ou o desinteresse por si mesmo se transformam em perigoso convite para as regiões infernais. Os nossos desejos se rebaixam em virtude dessa habitual negligência espiritual para com o sentido educativo da vida humana, assim como também se elevam, quando acionados pelo combustível da nossa aspiração superior e mantidos heroicamente à

distância do sensualismo perigoso das formas.

Não importa que ainda permaneçamos no mundo de carne, pois, desde que sejam cultuadas as iniciativas dignas, também estaremos usufruindo o padrão vibratório do Astral superior, porque, em verdade, a entidade angélica que vive em nós, sintonizada aos mundos elevados, esforça-se para sobrepujar a organização milenária do animal instintivo. Sob esse treino mantido pelo exercício contínuo da ternura, da simplicidade, da simpatia, do estudo e da renúncia às seducões da matéria transitória, a desencarnação significa para nós um suave desafogo e mudança para melhor, que é o ingresso positivo no panorama delicado que já entrevíamos em nossa intimidade espiritual ainda reencarnada. E a vida humana, em lugar de significar o famigerado "vale de lágrimas", toma-se breve promessa de felicidade, assim como no céu plúmbeo e tempestuoso podemos entrever as nesgas de nuvens que hão de permitir a passagem dos primeiros raios do Sol da bonança.

Quando sentimos vibrar no âmago de nossa alma os primeiros reflexos do futuro cidadão celestial, modifica-se também a nossa visão da vida humana e do esforço criador da natureza; pouco a pouco, sentimo-nos unidos à florinha silvestre perdida na vastidão da campina, ao pássaro no seu vôo tranquilo sob o céu iluminado e ao próprio oceano que ruge ameaçadoramente. É a mensagem direta da vida cósmica que se expressa em nós, convidando-nos aos vôos mais altos e à libertação definitiva das formas inferiores, para nos integrarmos ao espírito imortal que alimenta todas as coisas.

Quando me senti completamente desembaraçado do corpo físico, embora no meu perispírito ainda estrugissem os desejos e as paixões do mundo que deixava, não me deixei perturbar espiritualmente, porque já havia compreendido o sentido da vida material. Os mundos planetários, como a Terra, não passam de sublimes laboratórios dotados das energias de que a alma ignorante ainda precisa para tecer a sua individualidade, na divina consciência de "existir e saber".

PERGUNTA: — E como sentistes a separação da família terrena?

ATANAGILDO: — A minha desencarnação significou-me a revelação positiva do mundo que já palpitava em mim, uma vez

A Vida Além da Sepultura

que já havia me libertado das ilusões provisórias da vida material. Embora eu ainda permanecesse operando num corpo de carne, em verdade o meu espírito participava demoradamente da vida astral do "lado de cá", porque de há muito desistira de competir nos embates aflitivos do personalismo da matéria, para apenas ser o irmão de boa vontade no serviço do bem ao próximo.

Encontrava-me no limiar dos vinte e oito anos e vivia sozinho, pois meu pai havia falecido aos quarenta e oito anos de idade, deixando-me criança, em companhia de uma irmã de quinze anos. Embora eu tivesse noivado poucas semanas antes de desencarnar, ainda não me deixara escravizar pela ideia fixa de só ser feliz constituindo um lar material. Eu considerava o casamento como grave responsabilidade espiritual, certo de que na vida prosaica do lar doméstico teria de por à prova a minha bagagem de afetos ou aversões, que ainda pudesse trazer de vidas pregressas. À medida que vamos nos libertando dos preconceitos, paixões e caprichos humanos, também desinteressamo-nos de garantir a identidade de nossa personalidade nas formas do mundo material. Compreendemos, então, que todos os seres são nossos irmãos, enquanto que o exclusivismo da família consanguínea não representa a realidade da verdadeira família, que é a espiritual. Embora os homens se diferenciem através dos seus organismos físicos e raças à parte, todos provêm de uma só essência original, que os criou e os torna irmãos entre si, mesmo que queiram protestar contra esta afirmativa.

O lar tanto pode ser tranquila oficina de trabalho para as almas afinadas desde o passado, como oportuna escola corretiva e de ensejos espirituais renovadores entre velhos adversários, que podem se encontrar algemados desde os séculos findos. Sem dúvida, o ninho doméstico é generosa oportunidade para a procriação digna de novos corpos físicos, que tanto auxiliam os espíritos desajustados do Além, aflitos para obterem o esquecimento num organismo de carne, a fim de atenuarem o remorso torturante do seu passado tenebroso.

Mas é evidente que, quando há grande capacidade do espírito para amar a todos os seres, isto lhe enfraquece a ideia fundamental de constituir família consanguínea e normalmente egocêntrica, sem que esta sua atitude represente um isolacionismo condenável. Jesus manteve-se solteiro e foi o mais sublime amigo, irmão e guia de toda a humanidade. E durante a sua desencarnação, certamente não sofreu pela separação da família carnal, porque, em vida, o seu coração já se revelara liberto da parentela física. E ele bem nos comprova esse grande amor por todos, quando formula a sibilina indagação a sua mãe: "Quem é minha mãe e quem são meus irmãos?"

Deste modo, ser-vos-á fácil compreender que não passei pelo desespero e pelas angústias perturbadoras no momento da separação de minha família consanguínea, porque em vida física já me habituara à confraternização sincera com todos os seres que cruzavam o meu caminho, resultando que a minha saudade abrangeu uma família bastante extensa e paradoxalmente desligada da ilusão consanguínea.

PERGUNTA: — Porventura não deixastes os vossos íntimos onerados por inúmeros problemas aflitivos, morais ou econômicos, que poderiam fazer-vos sofrer no Mundo Astral?

ATANAGILDO: — Minha mãe continuou a dirigir certa parte dos negócios de artefatos de madeira, deixados por meu pai, cuja fábrica vendeu, depois, para poder custear os nossos estudos. Olívia, minha irmã, obteve boas notas nos estudos de piano e terminou o ciclo ginasial, tornando-se exímia pianista e, mais tarde, competente professora. Quanto a mim, logrei terminar o curso de engenheiro agrimensor e topógrafo, em conhecida politécnica brasileira, o que serviu para garantir o meu sustento. Deixei minha progenitora na Terra, vivendo com minha irmã Olívia, já casada com abalizado médico paulista, em cuja casa ela ficou desde que falecera meu pai. Por causa das imposições da profissão, que me obrigava a percorrer o interior do país, eu já vivia muito distanciado de minha família e cheguei a ausentar-me dela por alguns meses seguidos, o que também deve ter atenuado a minha dor da separação.

PERGUNTA: — Poderíeis nos expor as conclusões filosóficas que vos auxiliaram a ter serenidade na hora amarga da separação da família, a fim de que isso nos sirva de orientação espiritual?

ATANAGIILDO: — Quando a nossa maturidade espiritual nos permite entrever todas as existências passadas, como se fossem várias contas coloridas, unidas pelo cordão da verdadeira consciência espiritual, verificamos que o nosso tradicional sentimentalismo humano está em contradição evidente com as qualidades de heroísmo e libertação do espírito divino, que nos dirige os destinos pelos caminhos do mundo planetário.

A evocação de nossas vidas pregressas, com o consequente avivamento da nossa memória espiritual, também nos surpreende, constrangidos, ante os dramas exagerados que desempenhamos diante da morte do corpo físico que nos serviu no passado, em consequência da separação rotineira das várias famílias consanguíneas que temos constituído na Terra. Verificamos, então, que a morte física é apenas o fim de um período letivo de aprendizado do espírito na carne, como acontece com a criança que termina cada ano do seu curso primário, preparando-se para as lições mais avançadas do porvir. A perda do corpo material não destrói as amizades nem os ódios milenários do espírito, porque este é sempre o eterno sobrevivente de todas as mortes.

Quando compreendemos a realidade da vida espiritual, rimo-nos sempre das tantas vezes que temos chorado sobre os vários corpos de carne de nossos familiares terrenos, verificando que foram apenas vestimentas provisórias, que tiveram de devolver periodicamente ao guarda-roupa prosaico do cemitério. E também não escapamos de sorrir, desconcertados, ante as recordações de que os nossos parentes também choraram, inconsoladamente, nas diversas vezes que tivemos de entregar o nosso traje de nervos, músculos e ossos à sepultura da terra. É um choro milenário a que as criaturas de todas as raças se entregam junto aos leitos dos enfermos e sobre os sepúlcros carcomidos, na mais crassa ignorância da realidade espiritual. A morte é libertação e o túmulo o laboratório químico que devolve à circulação as moléculas cansadas pelo uso. Quanto maior for a ignorância da alma, no tocante à morte física, que significa a renovação de oportunidades benfeitoras, tanto mais se tornará crítica e dramática a hora de a criatura devolver o corpo emprestado e então reclamado pelo armazém de fornecimento da mãe-Terra.

É por isso que os reencarnacionistas — que são conscientes da realidade espiritual — quase não choram pelos que partem para cá nem temem a morte, porque reconhecem nela uma intervenção amiga para libertação do espírito, auxiliando-o a iniciar a sua nova caminhada no seu verdadeiro mundo, que é o Além. No entanto, a maior parte dos religiosos dogmáticos e as criaturas descrentes da imortalidade da alma arrepiam-se diante da hora do "falecimento"; os primeiros, porque temem a "eternidade" do inferno, visto que nem sempre estão bem seguros de suas virtudes; os segundos, porque se defrontam com a ideia horrorosa do "nada". Sem dúvida, para essas criaturas a morte sempre lhes parecerá coisa lúgubre, indesejável e desesperadora.

A nossa parentela física, à medida que vai desencarnando, prossegue no Além as tarefas a que todos nós estamos ligados, para a ventura em comum. Assim, os que partem com antecedência preparam o ambiente feliz para aqueles que ainda se demoram na carne. Diante dessa verdade, não há justificativa alguma para os desmaios histéricos, os gritos estentóricos e as clássicas acusações escandalosas contra Deus pelo fato de roubar os nossos entes queridos e fazê-los apodrecerem em tristes covas de barro.

Eis por que necessitamos despertar em vosso mundo a verdadeira ideia da imortalidade, que é fundamento de nossa própria estrutura espiritual, trabalhando para que vos distancieis da ingênua presunção de que é preciso morrerdes no corpo físico, para só então sobreviverdes em espírito. Esse espírito está convosco a todo momento, em qualquer plano de vida; constitui o próprio "pano de fundo" de nossas individualidades, onde se encontra o Magnânimo Pai, que nos sustenta por toda a eternidade.

PERGUNTA: — Achais, então, que, por sermos excessivamente sentimentalistas, esquecemo-nos das qualidades superiores do espírito; não é assim?

ATANAGILDO. — Deveis saber que as manifestações de dor, por meio de exageros gritantes ou brados compungidos, sobre o corpo "falecido", nem sempre revelam sofrimentos mais reais e sinceros do que a serenidade e o silêncio que, muitas vezes, manifestam aqueles que sabem se dominar durante a separação do corpo do seu ente querido. Quantas vezes aqueles que se desesperam teatralmente, debruçados sobre os caixões de seus familiares, não se pejam, em breve, de os estigmatizar com censuras acres e despeitos maldosos, só porque não foram beneficiados prodigamente no reparte cobiçoso da herança. Quantos esposos que, à saída do corpo do cônjuge, chegam a exigir socorro médico ou ensaiam suicídios espetaculares, não suportam o prazo tradicional do luto terreno e se entregam imediatamente, com incontida avidez, a uma paixão violenta, seguida de apressado enlace matrimonial.

Durante o período de comemoração dos "mortos", em que o cemitério se torna buliçoso centro de atividades humanas, quantas criaturas que, no decorrer do ano, não tiveram tempo de pensar nos seus queridos, fazem então a tradicional limpeza do túmulo e, no dia de finados, iniciam ali um choro tímido, miúdo e controlado, na santa ignorância de que nós, os desencarnados, não apreciamos receber louvaminhas sobre o nosso cadáver apodrecido. Existindo em vosso mundo tantos jardins floridos e tantos recantos que convidam à meditação e à prece, por que motivo escolheis os monturos de ossos e carne podre para homenageardes nossos espíritos imortais?

Quantos de vós vos esqueceis de nós por longo tempo, em vossas preces e vibrações amigas, para um dia correrdes apressados a nos festejar sob compungido programa marcado pelo calendário humano e entremeado de choros controlados pelo cronômetro dourado....

Evidentemente, isso não passa de um sentimentalismo discordante da lógica e contrário aos sentimentos da alma imortal. Aqueles que cultuaram digna e afetuosamente as suas relações com os seus familiares, quando estes ainda se encontravam encarnados na Terra, sem dúvida, não precisarão chorá-los depois de "mortos". E quando assim procederem, ficará abolido o choro à hora certa nos cemitérios ou ao redor das eças nas igrejas, principalmente porque muitas vezes esse choro apenas encobre o remorso das velhas hostilidades terrenas, que são muito comuns no drama da família humana. E essas hostilidades se registram porque, comumente, o parentesco na Terra apenas esconde as almas adversas, que a Lei do Carma ligou pelo mesmo sangue e carne, por não terem ainda aprendido a se devocionarem mutuamente. Que vale, pois, chorar o corpo que apodrece no seio da terra, quando ainda não se aprendeu a amar em espírito?

PERGUNTA: — Mas no caso de vossa desencarnação, não podeis deixar de reconhecer que a dor dos vossos familiares constituiu sincero desespero; não é assim?

ATANAGILDO: — Sem dúvida, pois os meus familiares ainda não possuíam o esclarecimento espiritual que já me beneficiava e, com toda honestidade, deviam descrer da possibilidade de ainda me tornarem a ver. Não sucede o mesmo convosco? Embora sejais espíritas — o que quer dizer reencarnacionistas — e acompanheis o meu pensamento através dos escritos do médium, já tendes, porventura, certeza absoluta de que sois imortais e estareis vivos, no Além, assim que vos separardes da vossa família terrera? Auscultai bem a intimidade de vossa alma e chegareis à conclusão de que ainda guardais alguma sombra de incerteza sobre isso, como se algo vos cochichasse ao ouvido que tudo não passa de fantasias criadas pela imaginação de um médium e não de comunicação de um espírito que se diz desencarnado e imortal.

Quais serão as vossas reações emotivas diante do vosso ente mais querido, inerte num caixão mortuário, na dependência, apenas, dos ponteiros do relógio para que seja entregue à cova triste e derradeira da terra? Acreditareis, porventura, que ele partiu para um mundo conhecido, para onde devereis partir, também, após alguns anos, meses ou dias, para um feliz encontro com ele?

Acresce que, quando credes na imortalidade da alma e sabeis que a morte do corpo não é transformação miraculosa para o espírito, ficais na dúvida de encontrardes os vossos familiares felizes e belos, no Mundo Astral superior, pois que podereis defrontá-los horrendos e apavorados, caso tenham cultuado vida abominável na Terra. Por isso, o costume humano é de evitar pensar na morte, considerando-a como se ela não existisse. Julga-se mesmo como insensível ou sádico aquele que ousa considerar a morte como coisa rotineira e viável algum dia. No entanto, nem por isso ela será eliminada de vossos destinos, porque também tendes os vossos dias contados. O ser humano não deve copiar a estultice do avestruz que, diante do perigo, cava um buraco e enterra nele a cabeça, crente de que assim estará a salvo da ameaça perigosa.

Há, entretanto, espíritos sadios, que não temem imaginar até o seu próprio funeral e chegam mesmo a encará-lo de modo jocoso; há também os que ironizam o convencionalismo das flores e coroas, quando os cortejos fúnebres se transformam em verdadeiros jardins suspensos, fazendo esvoaçarem ao vento irreverente as fitas roxas com o sentencioso "derradeiro adeus".

No entanto, o que vos parece acontecimento tétrico e que na

A Vida Além da Sepultura

vida material provoca rios de lágrimas compungidas, é apenas benéfica libertação daquele que cumpriu na Terra o programa traçado antes do último renascimento carnal!... Indagai à libélula, que se farta da luz do Sol e do perfume das flores, se ela achou fúnebre o libertar-se do feio e escravizante casulo da lagarta? Mas vós temeis essa transformação; viveis aterrorizados diante da morte corporal, lutando para ignorardes essa probabilidade no seio da vossa família, se bem que ela vos pareça muito natural, desde que ocorra com estranhos ou com outros povos.

Entre os encarnados, a morte só é considerada à distância e, porque guardais dela um temos apavorante, contribuís para que não se consiga resolver um problema que, na realidade, vos toma de plena angústia e desespero.

Essa deliberada fuga mental, do fenômeno implacável da morte terrena, de modo algum vos auxiliará nas primeiras horas do Além-túmulo, porque o medo é ainda o maior adversário astral daqueles que não se preparam mentalmente para morrer.

PERGUNTA: — Mas, volvendo às nossas indagações, devemos crer que o sofrimento de vossos familiares também se deve a excessivo sentimentalismo?

ATANAGILDO: — Não tenho razões para atribuir aos meus familiares exagerado sentimentalismo, mas também não tenho dúvidas quanto ao seguinte: eles se lançaram desesperadamente sobre o meu caixão mortuário, porque ainda ignoravam a realidade de minha sobrevivência espiritual. Quase toda minha parentela e amigos eram muito afeiçoados à religião católica romana e, por esse motivo, ainda pensavam pela cabeça dos seus sacerdotes, faltando-lhes, pois, uma infinidade de detalhes sobre a imortalidade da alma. Guardavam ciosamente o respeitoso receio de ferir o "tabu" sagrado imposto pelo seu credo, que lhes proibia de fazerem quaisquer indagações sobre filosofias condenadas pela igreja romana.

Nada sabiam das reencarnações do espírito ou da lei cármica, ao mesmo tempo que temiam profundamente qualquer comunicação com os "mortos", obedecendo ao mal interpretado preceito de Moisés sobre o assunto, embora nenhum deles fosse hebreu. Acredito que noutras existências tivessem vivido muito tempo à sombra dos templos religiosos dogmáticos, pois, embora fossem adultos de sentimento, pareciam-me crianças de

10 anos, atemorizados com o diabo e compungindo-se com as complicações de Adão e Eva no Paraíso. Em minha casa a família atendia aos preceitos religiosos com louvável critério, mas quanto às coisas que ultrapassavam o entendimento rotineiro, os meus queridos atribuíam tudo a mistérios que não podiam ser desvendados pelo homem.

Acreditavam em Deus como sendo o tradicional velhinho de barbas brancas, descansando sobre confortável poltrona de nuvens alvejadas, a distribuir "graças" aos seus súditos tomados de boa intenção. Aceitavam submissamente o dogma dos castigos eternos, que serviam para desagravar as ofensas feitas a Deus por aqueles que ainda não haviam requerido a sua carteira de religiosidade oficial. Confiavam num céu generoso, conquistado em troca de apressadas conversões reforçadas por algumas rezas ou orações, enquanto se reserva o inferno para os teimosos que não aderiam aos seus estatutos seculares.

Deixei uma parentela consanguínea entre tios, tias, irmã, primos, mãe e avós, que por vezes se me dirigiam, sentenciosos, advertindo-me fraternalmente do grande pecado de ser um "livre pensador" ou um "renegado da verdadeira religião". Lamentavam a minha repulsa às imposições de amigos e conhecidos que à força queriam me inculcar idéias restritivas aos meus movimentos fraternos e à minha ilimitada faculdade de pensar. Eu os considerava como inofensivas crianças, ainda presas às deliciosas histórias da carochinha, que tanto me haviam embalado durante a infância tranquila.

Eis os motivos por que não poderia considerar os meus parentes dotados de sentimentalismo falso à hora de minha morte corporal, pois eles eram apenas vítimas de sua própria ociosidade mental e de ignorância espiritual, por haverem abdicado do seu raciocínio sagrado de almas livres, para só pensarem pela cabeça de sacerdotes que ainda viviam em confusão consigo mesmos.

PERGUNTA: — Por que dizeis que "os sacerdotes viviam em confusão consigo mesmos"?

ATANAGILDO: — Porque os homens que realmente chegam a conhecer a verdade nunca procuram impor seus postulados a quem quer que seja, nem restringir a liberdade de pensamento de seus irmãos. No entanto, minha família era assediada constantemente por eles, que assim tentavam criar dificuldades em torno de minhas atividades espiritualistas, realizadas, aliás, sem compromissos e sem condições de crença ou de seita. É óbvio, pois, que só uma confusão entre esses religiosos e os seus próprios postulados poderia levá-los ao absurdo de procurarem aumentar prosélitos, na pressuposição de que, aumentando a quantidade, se pudesse melhorar a qualidade!... Quando eu vivia na Índia, apreciava muito um provérbio oriental que, traduzido à vossa compreensão ocidental, deveria ser assim: "Basta-me a Paz que do Criador em mim desceu, para que os outros também bebam da Paz que neles há de descer!" Quando não temos ainda essa Paz, geralmente procuramos perturbá-la naqueles que já a possuem. Muitas vezes a preocupação aflitiva de "salvar" o próximo não passa de disfarçada decepção que se aninha na alma fracassada.

PERGUNTA: — A vossa família terrena já era um conjunto de espíritos unidos por afinidade espiritual do passado?

ATANAGILDO: — Conforme já vos esclareci, a maior parte de minha última existência terrena fora dedicada ao aprendizado espiritual, porque a exigência mais severa do meu carma resumia-se na dívida para com Anastácio. Desse modo, ligara-me a um conjunto de espíritos eletivos à minha índole afetiva, sem grandes débitos do passado, mas desprovidos de grandes dotes de inteligência ou raciocínios da alta estirpe sideral. Eu havia reencarnado em ambiente médio e de realizações comuns, que não apresentava as fulgurações próprias das almas angélicas; no entanto, tratava-se de gente incapaz das solertes maquinações diabólicas dos espíritos trevosos.

Minha mãe já me fora dedicada ama na França, quando assumira a responsabilidade de auxiliar a me criar, depois de meu pai haver realizado um segundo casamento com uma criatura ociosa, que não passava de um objeto decorativo em nosso lar. Quanto a Olívia, minha irmã, já nos havíamos encontrado na Grécia, por duas vezes, e sempre estivemos ligados afetuosamente mesmo durante os períodos de nossa libertação espiritual no Além. A amizade dos demais parentes variava em sua maior ou menor afinidade para comigo; e nunca eles me hostilizaram, salvo um primo errante, que era considerado a "ovelha negra" da família, pois vivia de chantagem e espertezas na capital paulista. Este primo deveria ser espírito de excelente memória etérica, porque, embora eu lhe dedicasse sincera afeição, não escondia certa prevenção e deliberada vigilância para comigo.

Talvez o seu subconsciente o tornasse temeroso de que eu lhe devolvesse a punhalada que, junto a outros, havia me aplicado em Paris, nos fundos da Notre-Dame, na última romagem que lá me fora dado curtir.

De todos os meus companheiros da última encarnação, resta Cidália, minha noiva, que, em verdade, é o espírito mais afim comigo em todo o grupo familiar do qual me aproximei ultimamente no Brasil, pois são muitas as reencarnações que já tivemos juntos. Infelizmente, ela se deixara seduzir demasiadamente, no passado, pelas facilidades do poder e do prestígio na Espanha de Felipe, o Católico, do que resultaram para ela três existências consecutivas de retificação espiritual, desviando-se, por isso, da rota que seguíamos para o definitivo aprendizado espiritual. Daí o fato de a nossa ligação na carne ter tido caráter muito fraterno, com mútua avidez por estudos da mesma esfera mental, pois reavivávamos os nossos experimentos esotéricos do Egito, Pérsia, Índia e da Idade Média.

PERGUNTA: — Não se poderia supor que, ao contrário do que do sucedido à vossa parentela, fostes mais beneficiado pelas oportunidades de estudos e contato com melhor estirpe espiritual no mundo? Não teria sido a pobreza passada, de vossa família, o motivo que a impediu de conquistar maiores esclarecimentos espirituais?

ATANAGILDO: — Bem sabeis que as maiores cerebrações do vosso mundo provieram de comovente pobreza, e algumas, paradoxalmente, sobreviveram mesmo no seio de enfermidades as mais daninhas. Há milênios ouço dizer, na Terra, que o principal motivo do sofrimento reside na grande ignorância espiritual e, no entanto, o que menos faz a humanidade é procurar tão precioso conhecimento. Os séculos se acumulam sobre si mesmos, mas os homens continuam a repetir as mesmas coisas que já repetiram milhares de vezes noutras existências carnais do passado; preferem expiar por meio de novas mortes corporais, tanto suas como de sua parentela terrena, a ociosidade de pensar e a indiferença de saber. Em sua maior parte, as almas terrenas apenas sobem e descem o mesmo degrau cansativo de inúmeras reencarnações, revezando-se no choro compungido sobre os

A Vida Além da Sepultura

esquifes cobertos de flores e suspirando, temerosas, diante dos túmulos marmóreos ou das covas deserdadas.

PERGUNTA: — Quereis dizer que há propositado desinteresse da humanidade pela sua felicidade espiritual; não é assim?

ATANAGILDO: — Sem dúvida, o que há é desinteresse pela própria ventura espiritual e não falta de oportunidade educativa, porquanto mesmo os teosofístas, espíritas e esoteristas, em sua maioria, raramente ultrapassam a leitura de uma dezena de livros educativos. Que se dirá, então, daqueles que ainda marcham asfixiados, dentro do rebanho humano tangido por homens travestidos de instrutores religiosos, a pregar as mais tolas fantasias como a do pecado de Adão? As almas que já podem olhar do cimo de suas realizações espirituais e abranger a longa estrada percorrida com os pés sangrando para vencer a encosta agreste, sentem-se invadidas de imensa tristeza ao verificarem como ainda sobe tão vagarosamente essa multidão humana, que se move tão preguiçosa pelos caminhos espinhosos da vida física.

Quando qualquer alma corajosa se destaca dentre essa multidão negligente, lassa e animalizada, hipnotizada ainda aos sentidos da carne, por ser uma criatura que pesquisa, estuda e desata com desassombro as algemas dogmáticas que a isolam do mundo e dos seres, é quase sempre um herói que surge da pobreza, em ambientes atrasados e até enfermos, para se tornar em uma alma caluniada, perseguida ou incompreendida. Não é estranhável que assim aconteça, pois comumente se trata de alma liberta dos dogmas, tabus sagrados ou explorações religiosas, que procura, trabalha, renuncia, estuda e sacrifica-se, certa de que "quando o discípulo está pronto, o mestre sempre aparece."

A riqueza do mundo, que podeis achar muito valiosa para auxiliar aqueles que procuram a segurança e o conforto materiais, torna-se desnecessária onde se dá valor à legítima sabedoria do espírito. Na procura da Verdade, Buda abandona os tesouros da Terra para buscar o entendimento espiritual debaixo da árvore de Bó; Paulo de Tarso troca o pergaminho acadêmico pela rudeza do trabalho de tecelão; Batista emerge do seio das matas e veste a pele rústica do animal selvagem; Francisco de

Assis ilumina o século XIII, coberto com um hábito paupérrimo e, finalmente, Jesus nasce junto à mangedoura dos animais mal cheirosos.

PERGUNTA: — *E quais foram os principais fatores que mais contribuíram para a vossa tranquilidade espiritual e ausência de medo por ocasião da vossa última desencarnação?*

ATANAGILDO: — Conforme já vos informei antes, tudo que ocorreu durante a minha desencarnação não foi além de cinco minutos, tempo em que se processou a minha completa libertação da carne e mergulhei a consciência no provisório esquecimento individual.

Na verdade, foram os meus raciocínios, confortadores e provindos do conhecimento de alta espiritualidade, que me evitaram o terror e o pessimismo, bastante comuns aos espíritos que atravessam a vida material indiferentes à sua própria sorte. É certo que durante a minha desencarnação fui alvo de atenções sublimes, mas não gozei de proteções indevidas, como é comum no mundo material, no seio da política e dos interesses humanos.

Recebi o afeto e a proteção de um grupo de almas ternas e pacíficas, que desejavam tributar-me o seu reconhecimento pelo fato espontâneo de as haver socorrido desinteressadamente quando permaneciam na carne.

PERGUNTA: — *Podemos crer que o estudo do espiritualismo pode favorecer-nos bastante por ocasião da nossa desencarnação?*

ATANAGILDO: — Acredito, pelo muito que tenho observado, que só uma incessante libertação e renúncia corajosa das ilusões da carne é que realmente nos desatam as algemas das vidas planetárias, assim como nos auxiliam muitíssimo durante as várias desencarnações próprias dos ciclos reencarnatórios.

Recordo-me de que, no heróico esforço de me ajustar à técnica e à ciência espiritualista do mundo físico, inspirado pelo código moral do sublime Evangelho de Jesus, deixei-me explorar, combater, insultar e humilhar, ao mesmo tempo que se enfraqueciam os grilhões que ainda me aprisionavam aos interesses egocêntricos e às paixões ilusórias da matéria.

À semelhança de libélula que, para se libertar, rompe o grosseiro invólucro da lagarta, eu também me esforcei para livrar-me

A Vida Além da Sepultura

129

do casulo da carne. A diferença, no meu caso, era que os laços vigorosos que me prendiam à carne eram o orgulho, o amor-próprio, a vaidade, a cobiça, a avareza, a glutoneria e a paixão sensual. Só hoje é que posso dar valor a esse esforço terrível que não só me proporcionou a paz e a alegria na vida espiritual, como ainda me inspira a quaisquer sacrifícios futuros para o bem do próximo. O amor de Deus, que é inesgotável, significa sempre uma doação espiritual para todos, conforme ainda afirmou Jesus nestas singelas palavras: "Batei e a porta se vos abrirá"!

PERGUNTA: — Embora não tenhamos a intenção de vasculhar detalhes íntimos de vossa última existência, mas apenas uma finalidade puramente educativa, gostaríamos que nos explicásseis a coincidência de haverdes ficado noivo, quando a vossa desencarnação prematura iria impedir-vos de realizar esse enlace conjugal. Esse noivado não passou de um acidente muito comum na vida humana ou representou alguma prova cármica e aflitiva para vossa noiva?

ATANAGILDO: — Tornamo-nos noivos graças à grande afinidade espiritual que já cultuávamos desde o Egito, havia mais de três mil anos! Cidália havia atingido os 25 anos e eu os 27, quando nos encontramos, sendo que nessa ocasião ela havia decidido permanecer solteira, a fim de aproveitar o seu celibato para se sublimar no incessante aproveitamento dos estudos esotéricos, teosóficos ou espiritualistas, profundamente interessada, como estava, em solucionar os mais importantes problemas de sua alma. Nesse afã, eu a encontrei num "tatwa esotérico", em cidade próxima à em que vivíamos, onde aventamos, então, a ideia de nos unir pelo casamento para um alto estudo da espiritualidade, libertando-nos de quaisquer dogmas ou compromissos associativos.

Procurei, então, transmitir-lhe grande parte de minha bagagem espiritual e combinamos que, em face das nossas convicções elevadas sobre a razão de vida humana, livrar-nos-íamos das violências passionais e dos conflitos comuns à maioria dos noivados, que se estribam essencialmente na dramaticidade das paixões humanas.

Esforçando-nos para realizar um labor caracteristicamente espiritual, procuramos fugir a inevitáveis desilusões que sempre deixam as emoções prematuramente satisfeitas. Mas, apesar de tudo isso, o nosso casamento não constava como realização indispensável ou cármica em nossa vida terrena, não existindo qualquer decisão do Além a esse respeito. Havia só o determinismo de uma necessária e afetuosa aproximação entre Cidália e eu, laços afetivos que precisavam se fortificar antes de minha breve desencarnação. Havia projetos e importantes programas que combináramos no Espaço, mas eles se referiam unicamente às existências futuras.

Realmente, a minha enfermidade começou a se acentuar à medida que se aproximava a data do casamento. Recordo-me de que muitas vezes Cidália se deixava tomar por estranha melancolia, deixando-me entrever certo pessimismo dela a nosso respeito, sem que ela pudesse lobrigar a "voz oculta" que lhe predizia a impossibilidade do nosso esponsalício naquela existência.

É certo que, em face do nosso livre-arbítrio, nós tanto podemos aumentar como podemos reduzir, na Terra, os encontros e as determinadas ligações que tenhamos projetado no Além, aliviando ou agravando o nosso destino cármico. A Administração Espiritual sempre se interessa por quaisquer acontecimentos que possam proporcionar modificações para melhor, em seus tutelados, assim como os pais se interessam pelos filhos que apresentam indícios de renovação moral. O nosso livre-arbítrio é que cria as situações boas ou más, que depois se transformam em implacável determinismo e no próprio efeito da causa que geramos alhures. Somos livres de agir e semear, mas implacavelmente obrigados a colher o resultado da semeadura.

PERGUNTA: — Quer-nos parecer que a vida humana é um ritmo inflexível de ação e reação em que, graças à severidade da Lei Cármica, não conseguimos efetuar qualquer realização individual sob impulso de nossa vontade. Estamos certos nesse modo de pensar?

ATANAGILDO: — Quando ainda nos encontramos encarnados, normalmente ignoramos o mecanismo completo dos planos seculares, e até milenários, a que muitas vezes nos ajustamos de acordo com as sugestões dos nossos mentores espirituais. Nem sempre a vida humana é uma sequência implacável de ação e reação, sob o domínio absoluto de um carma intransigente e severo; muitas vezes, os acontecimentos que no mundo material são contrários aos nossos desejos e prazeres comuns são apenas

A Vida Além da Sepultura

partes que constituem um "grande plano", que elaboramos no pretérito e ao qual nos submetemos voluntariamente.

No meu caso, por exemplo, estou ligado intimamente ao plano de apressamento cármico combinado com Ramatís, há alguns milênios, juntamente com outros milhares de espíritos exilados de outros orbes, que tudo fazem para adquirir as qualidades e o padrão vibratório que tanto precisam reajustar, a fim de poderem retornar ao seu planeta de origem. Delineamos um plano severo de trabalho, estudo e cooperação aos terrenos, quando ainda nos encontrávamos no Egito, visando a atividades sacrificiais, que poderão nos auxiliar com mais êxito a obtermos a nossa mais breve alforria espiritual. Desde que se desenvolva com sucesso a execução coletiva desse plano, acredito que ali por 2300, ou até o ano 2400, poderemos nos livrar de encarnações na Terra e retornar ao nosso mundo planetário, do qual fomos exilados assim que florescia a civilização atlântida.

Esse grande plano de aperfeiçoamento espiritual combinado por um conjunto de almas que desejam apressar a sua caminhada, também significa um plano cármico, dentro do carma do próprio planeta terráqueo. Em virtude de havermos sido enxotados doutro orbe físico, em face do nosso desequilíbrio espiritual, a Lei Cármica nos situou na Terra, que é de civilização primitiva e de clima geográfico muito mais rude do que o mundo que perdemos.

PERGUNTA: — Todos os sofrimentos, dores ou vicissitudes futuras já estão devidamente previstos nesse plano cármico de que tratais? No caso afirmativo, não poderá ocorrer exorbitância imprevista, durante a concretização desse planejamento elaborado em conjunto?

ATANAGILDO: — Não podemos prever êxitos absolutos, mas sim a esperança de uma libertação mais breve para a maioria dos exilados de nosso planeta. Trata-se do restante do conjunto de espíritos que há muito tempo emigraram obrigatoriamente para o orbe terráqueo, e que já apresentaram bom adiantamento espiritual para habitarem um mundo melhor no princípio do terceiro milênio. Presentemente eles já se desprendem e se emancipam das seitas, doutrinas ou filosofias restritivas e se tornam cada vez mais indiferentes aos preceitos e às convenções escravizantes do mundo material. Diferenciam-se dos espíritos terrenos, porque estes ainda estão agarrados ferozmente aos seus interesses materiais, aos seus postulados religiosos, espiritualistas ou filosóficos, defendendo "verdades particulares", e preocupadíssimos com o labor doutrinário alheio, mas muitíssimo esquecidos de si próprios.

Mas não se pode garantir que, nesse apressamento cármico, todos os seus componentes vençam as derradeiras seduções tolas da vida física, para então envergarem a túnica nova do "filho pródigo" e retornarem ao seu lar planetário.

O nosso plano de ação e reação não exorbita do carma terreno; quanto mais severo for, tanto mais depressa aliviaremo-nos do fardo cármico, engendrado há tantos milênios, e conseguiremos a desejada libertação do plano terrestre. Desse modo, as nossas reencarnações futuras representarão um estudo incessante e o emprego de todas as nossas energias num serviço heróico e sacrificial, em favor dos espíritos da Terra. Aumentamos a responsabilidade do aprendizado terreno e agravamos as nossas vidas carnais futuras, mas em compensação poderemos reduzir o número de reencarnações que ainda faltam para completarmos as derradeiras retificações cármicas.

Em lugar de imitarmos o peregrino, que viaja lentamente pelos caminhos do mundo terreno, admirando-lhe as clareiras, a vargem florida, as colinas polarizadas de azul-violeta, ou que se detém em descanso sob a árvore amiga, preferimos nos transformar no atleta que, em fatigante corrida, renuncia ao encanto da paisagem, a fim de alcançar o mais breve possível o ponto de chegada e receber o prêmio. E somos muitos nessa empreitada heróica, decisiva e esperançosa, à procura da nossa mais breve ventura espiritual e retorno à paisagem de nosso mundo bastante afetivo; comparamo-nos a muitos fios d'água, que tentam convergir harmonicamente para o mesmo leito, a fim de formarem o rio caudaloso e de utilidade comum.

Entre esses exilados saudosos de seu orbe, mais evoluído do que a Terra, existe um elo íntimo, desconhecido dos terrenos e que, conforme no-lo adverte Ramatís, fá-los notarem a sua verdadeira identidade extra-terrena e sentirem a estranha melancolia espiritual, que lhes é comum.

PERGUNTA: — Sempre pensamos que o carma é um determinismo absoluto, sem qualquer possibilidade de modi-

ficação em efeitos, depois de praticada uma ação má. Não é assim?

ATANAGILDO: — Há um só determinismo absoluto, criado por Deus: é o fatalismo de o animal humano se transformar em anjo. Com a Lei do Carma, que é a própria Lei do Progresso Espiritual, podem se ajustar e conciliar as deliberações boas dos próprios espíritos, os quais têm o direito de compor agradáveis destinos na sua vida terrena, porquanto o Pai é magnânimo e concede alguns bens antecipados aos seus filhos, desde que haja fidelidade em seus deveres espirituais.

A vontade de Deus não se compara a um mecanismo inquisidor de retificação espiritual; essa retificação ocorre porque os seus próprios filhos titubeam na caminhada e, por isso, precisam retornar obrigatoriamente ao ponto de partida da ascensão espiritual. Se a humanidade que se agita na superfície de todos os orbes suspensos no Cosmo realizasse movimentos absolutamente harmoniosos e vivesse o mais elevado padrão de amor e sabedoria, sem dúvida o carma ou a Lei de Causa e Efeito (ou a ação e reação) também seria um determinismo eternamente venturoso. Entretanto, não se justifica a excessiva dramaticidade com que encarais o carma, pois não passa de um processo normal e ininterrupto, que conduz a centelha espiritual a desenvolver a consciência de si mesma.

Através das peripécias dolorosas, exílios planetários e retornos felizes, os espíritos terminam se enquadrando dentro desse determinismo venturoso, porque, em verdade, é o mecanismo que nos desperta para a Felicidade Eterna. Qual é a natureza essencial do carma, esse determinismo absoluto criado por Deus, senão um meio de proporcionar a Ventura Eterna aos homens?

PERGUNTA: — Mas o certo é que ocorre de fato essa série de sofrimentos, dores e vicissitudes, que não podemos considerar como sendo "momentos venturosos", pois a Lei cármica é implacável durante o reajustamento espiritual; não é assim?

ATANAGILDO: — É certo que as purgações individuais ou coletivas assim se fazem, porque, no decorrer das mesmas, criais movimentos irregulares ou desarmônicos que não se ajustam ao abençoado determinismo do Bem ideado por Deus.

Quando nossas ações começam a gerar discórdias e a dificultar o "determinismo feliz", que é o nosso Carma Cósmico, surgem as reações retificadoras, a fim de que a engrenagem sideral prossiga na sua pulsação rítmica de Harmonia e Felicidade Angélica. Uma vez que sois vós mesmos que perturbais essa venturosa pulsação de equilíbrio espiritual, por que não podeis também intervir nele e elaborar novos planos que melhorem o vosso destino cármico no seio do carma do próprio planeta? O carma do indivíduo está submetido ao carma coletivo da família, ao de sua raça ou do seu planeta; este, por sua vez, está engrenado na pulsação do carma do sistema solar.

Desde que exorbiteis do ritmo normal, venturoso e espontâneo, estabelecido por Deus, tereis que ser retificados por outro ritmo severo e opressivo; ora, se preferis antecipar o "efeito" ou a "reação" que gerastes sobre vós mesmos, no passado, que importa isso ao determinismo absoluto de Deus, que sempre é Ventura? Importa a vós mesmos; não é assim?

PERGUNTA: — Vós sabeis que ainda temos dificuldade para distinguir com completo êxito o que é o bem e o que é o mal. Podemos ser castigados por isso?

ATANAGILDO: — As vossas vidas, apesar de serem regidas pelo mecanismo da dor e do sofrimento físicos, ainda acrescidos das vicissitudes morais e econômicas, também possuem as expressões de alegria, de paz, de ventura, e os momentos de divertimentos e gozos em comum. Decorrido o tempo necessário para que o espírito se liberte da matéria e encete o seu vôo definitivo às regiões excelsas, ele verifica que todos os seus sofrimentos e tropeços registrados na sua jornada pelos mundos físicos nada mais significam que etapas educativas do processo de crescimento angélico.

Então o próprio mal fica sendo compreendido pela alma como sendo estado de resistência espiritual à sua própria ascensão; e ela não mais o considera como castigos consequentes de pecados contra a moral divina.

Deste modo, justifica-se o velho brocardo de que "Deus escreve direito por linhas tortas"! Cada fato ou cada ato que se registra na trajetória da vida do espírito, por mais incoerente ou errado que pareça à moral humana, é sempre uma experiência salutar, que fica participando da consciência do espírito eterno.

A Vida Além da Sepultura

PERGUNTA: — Poderíamos saber qual foi o motivo fundamental da vossa aproximação com Cidália, da qual resultou vosso noivado, depois interrompido com a vossa desencarnação? Desde que havia um certo determinismo nesse encontro na Terra, é de crer que deveria existir nele algum outro objetivo secundário; não é assim?

ATANAGILDO: — Indubitavelmente, o meu encontro com Cidália, na minha última existência carnal, não foi apenas uma ocorrência fortuita. Em virtude de nos encontrarmos atuando na mesma faixa vibratória de sentimentos e ideais, embora com certas diferenças, havíamos combinado antes, no Espaço, conjugarmos os nossos destinos já enlaçados no velho Egito, a fim de realizarmos um apressamento espiritual na Terra. De acordo com o seu próprio carma, Cidália deveria se casar, na existência material, mas não comigo, tanto assim que de fato casou-se com outro homem, a quem ela impunha profunda ascendência moral desde o passado secular. Tratava-se de um antigo adversário de vidas anteriores, já agora em via de renovação espiritual, a quem Cidália, com proveito para si mesma, deveria favorecer nos seus últimos esforços de redenção.

Como os ascendentes biológicos da família de Cidália atendem muito bem às disposições orgânicas de sensibilidade nervosa e ao tipo de sistema endócrino de que muito irei precisar em futura reencarnação no Brasil, espero tornar-me seu neto até as proximidades do ano 1970. O esposo de Cidália descende de velha estirpe grega, que tanto forneceu escravos como preceptores à orgulhosa Roma dos Césares e, assim, na figura de meu futuro avô materno, ele muito me auxiliará no contato regressivo à linhagem psíquica da Grécia, que realizarei futuramente e que se evidencia como fundamento da minha atual psicologia.

Acresce, também, que a presença de acentuado ramo da linhagem romana no sangue e no psiquismo do esposo de Cidália, meu futuro avô, despertar-me-á certos impulsos de comunicabilidade, senso artístico e gosto à música, tão característicos da raça italiana. Esse plano, que deverá ser norteado pelo departamento "Bio-Psíquico" de minha metrópole astral, passou a se concretizar exatamente no momento de minha aproximação com Cidália, na última romagem terrena.

PERGUNTA: — Desde que desencarnastes em virtude

de moléstia grave, conforme nos dissestes, tendo guardado o leito por determinado tempo e se submetido a um grande sofrimento físico, não indica isso que também tivestes que liquidar algum outro débito passado, de acordo com o que preceitua a Lei do Carma?

ATANAGILDO: — A dor não deve ser encarada assim, de modo tão radical, pois nem sempre é resgate de faltas, mas sim um processo de aperfeiçoamento ou de técnica retificadora, sendo que em muitos casos é apenas o efeito da ação sobre o meio em que o espírito atua. Se considerarmos a dor exclusivamente como resgate de delitos passados, teremos de procurar a origem do sofrimento de todos os animais e mesmo de muitos missionários e instrutores religiosos, que suportam o sofrimento para nos indicar a senda da Verdade.

Embora não esteja expiando culpas do passado, é certo que o cão morre triturado sob as rodas dos veículos; o boi tanto sucumbe nos matadouros como em consequência de moléstias, enquanto os ratos morrem acossados pela peste ou caçados impiedosamente nos cantos sombrios dos velhos casarões. Desde que se admita o Carma como a lei mosaica do "olho por olho e dente por dente", é evidente que teremos de supor que Jesus, pelo fato de ter sido crucificado, deveria estar resgatando delitos do passado!

O pianista que pretende alcançar êxito na sua carreira artística, ou o cantor que deseja a glória do sucesso lírico, sem dúvida, terá que se entregar completamente ao seu treinamento e cultura musical; há de se fatigar inúmeras vezes, vivendo entre as angústias do êxito e do fracasso, sem que tudo isso queira dizer que se submeteu a um sofrimento para resgate de faltas. Há um determinismo, nesse caso, mas é apenas efeito da arte a que o indivíduo se dedicou, a qual, por ser elevada, exige sacrifício, aflições, desconforto e aproveitamento criterioso do tempo.

Qual o sentido da vida material, senão o de um disciplinado experimento, para que o animal seja domesticado em suas paixões grosseiras, dando lugar ao anjo glorioso dos planos edênicos? Através da dor, que tanto atemoriza os seres humanos, opera-se um aperfeiçoamento, pois as formas inferiores terminam adquirindo qualidades superiores. Na dor "mineral", o carbono bruto se transforma em cobiçado brilhante; na dor "vegetal", a videira podada se cobre depois de flores e frutos sazonados; na

A Vida Além da Sepultura

137

dor "animal", as espécies inferiores alcançam a figura ereta do homem e, na dor "humana", o homem se transfigura em anjo eterno. Em verdade, tudo isso não passa de um processo benéfico e sublime, disciplinado pela técnica que transforma o inferior em superior.[1]

PERGUNTA: — Já sabíeis, porventura, que na Terra iríeis sofrer consequências além das determinadas em vosso próprio compromisso cármico?

ATANAGILDO: — Conforme vim a saber no Espaço, a minha desencarnação deveria se verificar entre 28 e 30 anos de idade terrestre, para que depois eu pudesse realizar o rápido estudo que ora faço, no Mundo Astral, a fim de obter mais conhecimentos necessários para controlar o meu retorno à Terra, que provavelmente se dará entre 1965 e 1970. Em face das modificações que já se efetuaram no orbe terráqueo, determinadas pelo carma do próprio planeta, o próximo milênio dar-me-á excelente ensejo para que eu possa consolidar as últimas "retificações mentais", a fim de retornar depois ao mundo de onde fui exilado há milênios, quando de sua seleção espiritual, semelhante à que se inicia na Terra.

Enfrentei a morte física diversas vezes e ainda deverei enfrentá-la mais duas ou três vezes, em futuras reencarnações. O modo por que morreria, na minha última existência, ficara adstrito aos ascendentes biológicos da família na qual me reencarnara e, por isso, adquiri aquela enfermidade dos rins, que era mais propriamente fruto das tendências hereditárias da mesma.

Por meio de um processo desconhecido para vós, eu procurei, durante o período de minha enfermidade, drenar um resto de toxinas da minha veste perispiritual. Para isso, o leito do sofrimento me fez demorar o tempo suficiente para refletir sobre a minha vida em exaustão, auxiliando-me no reajustamento das minhas emoções, bem como favorecendo o diapasão vibratório e favorável para um retorno mais equilibrado ao lar espiritual no Além-túmulo.

Felizmente, não desencarnei por acidente ou mesmo por causa de um colapso cardíaco, pois a morte por desprendimento fulminante violenta sempre o perispírito e causa sensações muito dolorosas à alma desencarnada, em face da mudança

[1] Nota do Médium - Creio que o leitor já percebeu nessa digressão a influência do espírito de Ramatís sobre Atanagildo.

súbita para o Plano Astral. Só as almas muito elevadas, que na matéria já vivem grandemente afinadas ao Plano Astral superior, com raciocínios poderosos e vontade bastante disciplinada, é que conseguem desencarnar subitamente sem sofrer ou se atemorizar pela mudança tão brusca. Por isso, o modo como desencarnou Jesus, ou Sócrates, resultaria para muitos num acontecimento da mais penosa angústia e desespero no Plano Astral; no entanto, para Jesus, cuja consciência já vivia em contato permanente com o reino espiritual, ou para Sócrates, que aceitou a taça de cicuta como um inofensivo brinde de aniversário, é óbvio que a desencarnação significou apenas a singela operação de abandonar o vestuário denso, desafogando o espírito que já habitava os planos superiores.

PERGUNTA: — É muito comum dizer-se, na Terra, que os grandes sofrimentos ou agonias no leito de morte resultam de grandes culpas do passado. Há fundamento nessa asserção popular?

ATANAGILDO: — Durante a enfermidade demorada, o desencarnante tem tempo de ajustar melhor o seu padrão espiritual, examinando os seus feitos bons ou maus ocorridos no mundo material, enfrentando-os com calma e tempo para deles extrair as melhores ilações de culpas ou de méritos. Isto não lhe seria tão fácil de realizar logo às primeiras horas de desencarnação, em face da grande sensibilidade do perispírito, que reage violentamente ao menor pensamento de angústia ou medo. O leito do moribundo não é o detestado "leito de dor", como o denominam os materialistas e os religiosos iludidos pelos dogmas infantis; ele significa a "antecâmara" da grande viagem, que ainda oferece derradeira oportunidade para qualquer drenação antecipada do psiquismo enfermo, podendo o espírito livrar-se de muito remorso e aflição, no Espaço, por havê-lo corrigido em tempo e ainda na Terra.

Mesmo na esfera dos negócios humanos — quanto ao acerto das obrigações financeiras para com a família que fica, e à orientação espiritual para os descendentes — a alma ainda tem tempo de resolvê-los satisfatoriamente, no curso das longas enfermidades. E isso concorre para se evitar as vibrações tumultuosas que a família confusa e desprevenida emite diante de uma desencarnação prematura, projetando-as em súplica ou

A Vida Além da Sepultura

queixa àquele que partiu sem se harmonizar com as responsabilidades do mundo.

PERGUNTA: — Poderíamos saber se, em face das condições favoráveis de que gozais na metrópole do Grande Coração, já sois um dos chamados espíritos adiantados, livre dos problemas angustiosos do Além?

ATANAGILDO: — Evidentemente, a minha graduação espiritual é boa em relação às situações angustiosas de milhares de espíritos infelizes, que ainda vivem apavorados e desamparados no Astral inferior. No entanto, considero-a bastante precária quando comparada à situação das almas superiores, que vivem acima de minha presente moradia astral. A condição de espírito adiantado, para mim, é muito relativa, pois ainda estamos em degraus bem baixos se considerarmos a infinita hierarquia dos anjos e arcanjos, que nos precedem na imensurável escadaria sideral.

Represento um modesto grau de consciência nessa escalonada espiritual, assim como entre vós uns manifestam graus mais adiantados e outros mais atrasados do que o vosso padrão atual evolutivo. É certo que já pude alcançar um estado de paz e de compreensão espiritual que me coloca em posição algo venturosa, comparando-o com o da maior parte da humanidade terrena, que ainda se digladia ferozmente pela posse dos tesouros precários, dos galardões dourados ou dos poderes provisórios, que inevitavelmente terão de deixar à beira do túmulo. Na minha última existência terráquea, não me seduziam mais as quinquilharias terrenas, que pesam tanto em nossa economia angélica. Essa paz e compreensão de que vos falei é de natureza exclusivamente interior, que representa incessante sustentação vigorosa e equilibra o nosso espírito, cujo valor indiscutível não trocamos por nenhum tesouro ou prazer sedutor do mundo físico.

A comunidade astral do Grande Coração, a que me filio no momento, corresponde aos ideais e propósitos que já esposava na Terra, como preâmbulo de minha definitiva procura do mistério do espírito. O cenário exterior do agrupamento espiritual onde vivo, e as relações que se processam entre os seus moradores, são de molde a me causarem o maior contentamento e estímulo para novas jornadas evolutivas.

PERGUNTA: — Gostaríamos de saber qual foi o vosso

modo de vida na Terra, a fim de nos inspirarmos no vosso padrão de atividades, uma vez que alcançastes uma situação bastante agradável, no Além.

ATANAGILDO: — Não guardeis essa grande ilusão; não creio que o meu modo de vida, na Terra, possa vos servir de melhor roteiro do que aquele que já nos doou o insigne Mestre Jesus! Com sua vida tão simples e, ao mesmo tempo, tão grandiosa em amor e bondade, ele ofertou-nos a definitiva chave que nos abrirá as portas do céu. O nosso júbilo no Além depende exclusivamente do nosso modo de pensar, sentir e agir no mundo material; mas, sob qualquer hipótese, todo êxito decorre da maior ou menor integração viva no Evangelho de Jesus. Uma vez que a minha relativa ventura, no Espaço, dependeu exatamente da aplicação íntima dos postulados evangélicos em minha vida terráquea, o mais aconselhável e sábio não é que sigais os meus passos, mas que procureis, resoluta e incondicionalmente, a fonte original na qual me inspirei, que é esse admirável Evangelho, o verdadeiro Código Moral de nossa evolução espiritual na época em que viveis.

PERGUNTA: — Quando foi realizado o vosso funeral, sentistes alguma irradiação perniciosa, partida da mente dos vossos acompanhantes?

ATANAGILDO: — Não tive conhecimento do meu funeral, porque perdi a consciência de mim mesmo logo em seguida à minha desencarnação; quando despertei, já me encontrava naquele agradável refúgio astral, que vos descrevi antes. No trabalho sidéreo desempenhado pelos mentores espirituais, são sempre evitados quaisquer acontecimentos que não produzam mais influências ou modificações no íntimo de nossa alma. A minha presença em espírito, ao funeral do meu corpo físico, só seria proveitosa se ainda me fosse preciso avaliar a reação psíquica daqueles que me cercavam no mundo material ou, então, se necessitasse saber da posição mental para comigo, por parte de algum adversário deixado na Terra. Mas eu partia da Crosta sem mágoa ou qualquer diferença vibratória para com alguém, afora certa animosidade para comigo, por parte de Anastácio.

Eu já possuía um grande treino psicológico no contato humano, assim como resgatara com paciência a dívida cármica para com o meu derradeiro adversário do passado. Aquilo que eu

A Vida Além da Sepultura

141

poderia aquilatar e concluir durante a realização do meu enterro corporal, eu já o havia conseguido muito antes de desencarnar.

PERGUNTA: — Ainda na crença de que nos poderá ser útil conhecer o teor da vida terrena que vos proporcionou alguns benefícios no Além, gostaríamos de que, ao menos, nos désseis uma ideia dos vossos propósitos gerais cultivados na Terra. Não estaremos sendo indiscretos ou descorteses para convosco?

ATANAGILDO: — Eu sou apenas uma centelha espiritual, cuja vida está intimamente relacionada com os vossos destinos; em consequência, não há descortesia em me pedirdes que relate aquilo que é de nosso interesse e que pode servir de aprendizado educativo. Desde muito jovem, eu já era bastante devotado à filosofia ocultista, profundamente interessado em saber a origem e o destino da alma, e por esse motivo compulsava amiúde todos os ensinamentos oriundos da tradição mística hindu ou dos velhos conhecimentos egípcios. Quando se me abriram clareiras de luz espiritual, principiei a vigiar todos os meus pensamentos e a controlar os meus julgamentos alheios, assim como o domador vigia as feras que pretende domesticar.

Esforcei-me muitíssimo para destruir o germe daninho da maledicência, que nos é tão comum nas relações humanas, constituindo um mau hábito tão disfarçado, que chega a nos lograr inconscientemente. Mesmo quando havia razões lógicas para eu julgar alguém, preferia deixar de lado o assunto e não emitir pareceres antifraternos; vivia despreocupado das histórias pecaminosas e do comentário das mazelas alheias. Afastava-me também do anedotário indecente, evitando rebaixar, quer pela linguagem, quer por pensamento, essa nossa companheira de existência, que é a mulher, que passei a tratar com elevado respeito, vendo-a apenas como filha, irmã, esposa ou mãe. Esse respeito estendi-o mesmo às infelizes irmãs que descambam para as torpezas da prostituição da carne.

Era particularmente simpático e entusiasta para com tudo que propendesse para um sentido universalista e educativo, respeitando o fundo espiritual de todas as religiões e doutrinas sectaristas, embora não pudesse me furtar, de vez em quando, à necessidade de esclarecer os religiosos ainda algemados aos seus dogmas. Esforçava-me para derrubar a extensa mataria religiosa criada pela ignorância humana, sem que com isso procurasse magoar os seus fiéis adeptos. Não me preocupava a ideia de saber quem era o melhor — se o pastor protestante, o sacerdote católico, o doutrinador espírita, o instrutor esotérico ou o teosofista — e reconhecia em todos o esforço para ensinar a humanidade a se encaminhar para Deus.

Sem dúvida, não podia trair os meus novos propósitos no mundo, nem olvidar aquilo que me beneficiara tanto com a paz e a compreensão íntima, motivo por que pregava a Lei da Reencarnação e a Lei do Carma de modo positivo e insistente, transmitindo ao homem moderno novos conceitos que ainda esclareciam e valorizavam a Bondade, o Amor e a Sabedoria de Deus. Também não guardava a ingênua ilusão de me salvar espiritualmente só pelo fato de manusear compêndios de alto ensino espiritualista, na forma de conhecimentos esotéricos, teosofistas, espíritas, rosa-cruzes etc., pois considerava tudo isso apenas como lanternas que muito me poderiam auxiliar no encontro de mim mesmo.

Importava-me, antes de tudo, o estado de harmonia espiritual com todos os meus irmãos, sem me preocupar diretamente com as suas doutrinas e preferências. Nunca tive, também, pretensões ou vocação para "salvar" profitentes de credos, seitas ou religiões, ou defender princípios religiosos entre adversários, na tola vaidade de demonstrar maior conhecimento da Verdade. Acreditava que, discutindo com o meu irmão adverso, de outro credo, eu o desgostaria, o que me parecia bastante anti-evangélico; no entanto, se fosse derrotado nos argumentos aplicados para a defesa do meu sistema religioso simpático, sem dúvida, exporia ao ridículo aquilo que não soubesse defender a contento.

Entendia, como entendo, que "só o amor salva o homem" e não os credos ou filosofias geniais. Embora insaciável no conhecimento, e incessantemente à procura de novos bens do espírito, costumava efetuar íntimas consultas a Jesus toda vez que deparava com um problema de ordem fraterna, religiosa, moral ou desfavorável ao meu irmão. Para mim, foi fácil viver com todos e sentir prazer nessa afetividade incondicional, porque sempre evitei me tornar um sectarista ou intolerante, algo como o prolongamento enfermo de uma doutrina ou religião.

PERGUNTA: — Do que nos dizeis, deduzimos que pre-

feríeis ser um cristão a serdes ligado especificamente a um credo religioso; não é assim?

ATANAGILDO: — Exatamente; mas, muitas vezes, inspirando-me no Cristo, chegava a ter receio de afirmar que era um cristão e guardava o digno propósito de não me diferenciar dos meus irmãos budistas, muçulmanos, taoístas, judeus, hinduístas ou confucionistas que, por uma índole psicológica particular, e, atendendo ao seu clima emotivo, seguem doutrinas anteriores àquelas que se inspiraram nos postulados deixados por Jesus.

Desde que os ocidentalistas eram cristãos por seguirem o Cristo-Jesus, dizia-me a "voz divina" que, para eu estar com todos, deveria antes ser "crístico" e não "cristão", pois enquanto ser cristão é integrar-se com exclusivismo no conjunto dos seguidores do Rabi da Galiléia, ser "crístico" é fundir-se ao princípio do Amor, que é a essência de todos os seres criados por Deus. Sendo o Cristo a segunda manifestação cósmica e indissolúvel do próprio Amor de Deus, aquele que se diz crístico está sempre pronto a se comunicar amorosamente com todos os seres, independentemente da procedência dos postulados religiosos de cada um. Graças a essa minha incessante disposição de afeto incondicional e acentuada despreocupação pelos bens materiais ou preconceitos em moda, a minha desencarnação não produziu choques excessivos na estrutura do meu perispírito, pois já havia logrado certo "afinamento" vibratório, que muito me auxiliou na ascensão para o lugar onde obtive o repouso confortante. E foi esta uma das razões por que também me livrei das situações incômodas do cerimonial fúnebre.

PERGUNTA: — Não é melhor que sigamos o caminho religioso, doutrinário ou filosófico que mais se afine à nossa psicologia espiritual? Dizemos isto, porque ainda sentimos certa relutância para tomar parte numa fusão geral das religiões, na qual perdêssemos a nossa característica de simpatizantes de determinado credo. Que nos dizeis a esse respeito?

ATANAGILDO: — Não vos esqueçais de que apenas vos estou dando notícias de minha experimentação particular — é o caso pessoal de um espírito. Essa foi a minha índole, que me tornou psicologicamente incapaz de me isolar num círculo religioso ou doutrina particularizada, embora eu sempre guardasse maiores simpatias pelas correntes espiritualistas iogas, da Índia, em cuja região me reencarnara maior número de vezes.

De modo algum defendo a mistura de conjuntos religiosos, pois é óbvio que, com isso, ganharíeis em quantidade, enquanto perderíeis em qualidade. Dentro da ética avançada do Espiritismo, alicerçado sobre o Código Moral do Evangelho, a ordem é de amor incondicional e de respeito completo por qualquer doutrina ou seita, quer esteja aquém ou além dos postulados espiritistas. Quando me dediquei ao estudo da codificação de Kardec, o meu coeficiente de ternura, afeto, tolerância e fraternidade ainda mais se ampliou, assim como a chuva benéfica, em terreno ressequido, enseiva as plantinhas emurchecidas. Tudo depende, portanto, do sentido em que tomardes o vosso caminho, porque, se os credos são dos homens, o Amor de Jesus é doutrina de Deus.

A Vida Além da Sepultura

10. Colônias do Astral. Aspectos gerais

PERGUNTA: — Sendo certo que, em virtude das desencarnações, há uma constante emigração de espíritos da Terra para o Astral, onde terão de se agrupar conforme o seu caráter ou adiantamento espiritual, somos levados a crer que isso obrigará à criação ou fundação constante de colônias, onde esses espíritos devam ser recebidos e educados. É assim?

ATANAGILDO: — Sem dúvida, pois, assim como na Terra se multiplicam as tarefas de educação e assistência social, quer pelo crescimento contínuo de sua população, quer pelo seu progresso, também se torna necessária a fundação de novos núcleos na Esfera Astral adjacente à Terra para atender aos desencarnados que chegam. E o problema, no Astral, ainda é um tanto complexo, porque na formação das comunidades espirituais as almas devem ser congregadas tendo em vista especialmente as suas condições morais, enquanto que na Terra elas se agrupam por tipos raciais, formando países e nações irmanadas pelos mesmos costumes e tradições.

Por isso é intensa a operosidade dos espíritos nas regiões que circundam o globo terrestre, onde as condições das comunidades de espíritos desencarnados têm por fim ajustá-los ao meio a que fizerem jus, na conformidade de seus procedimentos no mundo terráqueo.

PERGUNTA: — Por que motivo se torna mais fácil resolver na Terra esse problema de fundação de novos núcleos humanos, quando, ao que nos parece, seria mais facilmente resolvido no Espaço?

ATANAGILDO: — Enquanto a metrópole do Grande Coração supervisiona perto de três milhões de espíritos, dispersos pelo Mundo Astral, precisando manter um mesmo padrão vibratório psíquico entre criaturas tão heterogêneas, só na área do Brasil pode se agrupar um bilhão de seres das mais diversas condições, bastando que estes resolvam o problema fundamental de roupa, alimento e abrigo. Entretanto, as comunidades benfeitoras do Plano Astral encontram as maiores dificuldades para a mesma organização, porque só a harmonia psíquica é garantia de equilíbrio e de êxito para a carga de desencarnados oriundos das mais contraditórias posições do orbe material. Em lugar de se atenderem a satisfações efêmeras e necessidades provisórias do homem, o problema fundamental é o de desenvolver a essência íntima dos espíritos que aqui aportam.

É justamente para atender a tanta heterogeneidade de padrões psíquicos, que os espíritos benfeitores continuam a organizar novos "oásis" de socorro, no seio do Astral inóspito em torno da Terra. Quantas vezes espíritos, provindos da mesma família consanguínea terrena, separam-se para zonas diametralmente opostas, assim que atravessam a fronteira da sepultura! Como equilibrar tantos matizes psíquicos no Além, se não forem criadas mais oportunidades de socorro e renovação espiritual?

PERGUNTA: — Essas colônias recém-fundadas desenvolvem-se naturalmente ou são frutos de planos previamente estabelecidos?

ATANAGILDO: — Na Esfera Astral, a vontade disciplinada dos espíritos superiores pode intervir periodicamente no meio, arregimentando as vontades menores dos seus moradores, para então renovar a paisagem e as instituições existentes, na conformidade do progresso das comunidades. Assim como a metrópole do Grande Coração é fruto de estudos, sugestões, planos e inspirações que os seus fundadores buscaram em coletividades das esferas mais altas, já existem entre a Crosta e a nossa moradia astral muitas outras colônias e agrupamentos intermediários, que foram edificados sob os moldes e planos de nossa própria comunidade. Assim como, à medida que aumenta o coeficiente mental, científico e artístico do homem encarnado, também se multiplicam as exigências para a "modernização" das suas cidades, também as astrais já existentes se modernizam e outras se formam para servir de novas colônias de desencarnados.

PERGUNTA: — A metrópole do Grande Coração foi fundada por espíritos que desencarnaram no Brasil?

ATANAGILDO: — Quando a fundaram eu me encontrava na Índia; assim que desencarnei, fui recolhido à colônia hindu, que superintendia aquela região. Entretanto, como a metrópole do Grande Coração está de posse de sua história, tive oportunidade de conhecer o seu passado e saber dos seus fundadores. A ideia de sua formação partiu de espíritos desencarnados no Brasil, para o qual haviam emigrado logo em seguida ao seu descobrimento por Pedro Álvares Cabral. Antes de encarnar, já haviam aceitado a missão de habitarem a terra brasileira e, em seguida à sua desencarnação, fundarem uma colônia de desencarnados na Zona Astral correspondente, a qual é hoje a metrópole do Grande Coração.

O progresso se fez incessante nessa comunidade ainda jovem, graças ao ingresso de novos espíritos que desencarnavam no Brasil. No entanto, muitos desses espíritos não eram propriamente brasileiros, mas oriundos da França, de Portugal, da Espanha e da Holanda e que, obedientes aos planos do Alto, desencarnaram por ocasião das invasões estrangeiras e de encontros belicosos. Assim, desligaram-se, em nível astral, dos seus países de origem situados na Europa, e mais tarde tornaram ainda a se encarnar na vossa pátria, como também sucedeu comigo. Esses espíritos "exilados" do seu meio geográfico eletivo renunciaram, então, ao seu velho temperamento racial europeu, para incorporar o seu patrimônio espiritual à comunidade brasileira que ainda era constituída de espíritos incipientes.

PERGUNTA: — A metrópole do Grande Coração foi fundada, também, no seio de fluidos agressivos?

ATANAGILDO: — Sim; a sua fundação lembra o que aconteceu com as grandes metrópoles terrenas, com seus edifícios modernos, sua iluminação e jardins atraentes, que também nasceram no seio das regiões selváticas e perigosas.

Hoje os moradores da metrópole e aqueles que nos visitam

deslumbram-se com a beleza do casario refulgente e o fascínio da vegetação criada por mãos de fada, mas ignoram o imenso sacrifício e abnegação despendidos pelos seus fundadores, a fim de se criar mais um núcleo de socorro e educação espiritual.

PERGUNTA: — A metrópole do Grande Coração é, então, uma comunidade mais elevada do que certas colônias de espíritos, que conhecemos por meio de obras mediúnicas, onde se recolhem almas perturbadas?

ATANAGILDO: — Em face do progresso incessante do espírito humano, as comunidades transitórias do Mundo Astral também evoluem depois que se dedicam a serviços aflitivos. É certo que a nossa metrópole, atualmente, é um agrupamento venturoso e caracteristicamente educativo, que atende mais aos espíritos selecionados vindos da Crosta do que mesmo aos problemas particulares das almas aflitas e perturbadas no Astral, após a travessia do túmulo.

Entretanto, ela possui departamentos corretivos e de socorro espiritual, que estão localizados nas zonas abismais, à distância da comunidade e sem ligações íntimas que possam perturbar o seu padrão vibratório. Inúmeras equipes de trabalhadores, encarregados da renovação desses espíritos infelizes, operam ali em dispensários e estalagens supervisionados pela metrópole, favorecendo ensejos para que se transformem em novas comunidades astrais.

A metrópole também se iniciou como um singelo núcleo de atividades socorristas aos espíritos sofredores do Astral inferior, sofrendo o terrível bombardeio mental das almas delinquentes e do desregramento dos encarnados que ali aportaram; no entanto, o serviço sacrificial de amor ao próximo foi elevando o padrão vibratório espiritual da cidade, para em seguida torná-la uma antecâmara dos panoramas angélicos das coletividades dos planos superiores. A metrópole é fruto natural de um trabalho digno e persistente, inspirado sempre pelo amor ao próximo, pois nunca faltaram elevadas e incessantes sugestões dos mentores siderais para que tanto encarnados como desencarnados transformem para melhor o lugar em que habitam. Sob a disciplina heróica e a vontade disciplinada, os monturos do vosso mundo podem ser transformados em roseiras e as rochas maciças em confortáveis habitações de repouso ao corpo e alegria à alma.

A Vida Além da Sepultura

PERGUNTA: — Existem equipes de espíritos especializa-dos em proceder a fundação de colônias no Mundo Astral?

ATANAGILDO: — Nem sempre há o determinismo de se fundar uma cidade astral; esta pode nascer naturalmente em torno de uma estalagem, de um posto de socorro ou de institui-ção avançada no seio de fluidos densos. As fundações delibera-das obedecem a uma orientação mais ou menos igual à Terra; elas progridem e evoluem à medida que aumenta a sua popu-lação. Também não são precisas equipes adestradas para tais realizações; contamos com abnegados pioneiros que enfrentam heroicamente os fluidos nocivos, exalados pelos charcos pesti-lenciais e pelos coágulos de substância mental deletéria, que se produzem no desregramento da própria humanidade ali existen-te. Esses espíritos abnegados e destemidos não recuam diante das exigências mais sacrificiais, que terminariam desanimando os mais intrépidos homens terrenos.

PERGUNTA: — E não ocorrem acidentes ou surgem enfermidades decorrentes desses trabalhos sacrificiais e dos fluidos tão agressivos do Astral inferior?

ATANAGILDO: — Sem dúvida, ocorrem fracassos, enfermi-dades, esgotamentos e lesões perispirituais nos mais ousados; no entanto, assim como conheceis heróis, que se sacrificam prazenteiramente pelo bem da comunidade, aqui também os conhecemos. Muitas almas corajosas, que se devotam a fundar núcleos de atividades espirituais no seio da substância adversa e ainda agravada pelo teor magnético produzido pela humanida-de desregrada, retardam a sua ventura espiritual e restringem o seu vôo mais alto, preferindo aceitar o sofrimento decorrente desses pântanos, a fim de servir aos espíritos infelizes. Depois de cumprir as suas abnegadas tarefas, também precisam de tratamentos especiais, a fim de drenar os tóxicos que lhes gol-peiam a organização delicada do perispírito, assim como teríeis necessidade de extirpar do vosso traje alvíssimo as nódoas de substâncias deletérias.

PERGUNTA: — Pensamos que o espírito, quanto mais evoluído, mais poderá se imunizar contra as agressões do meio ambiente. Porventura, esses heróis desencarnados também não poderiam operar nesses charcos agressivos, sem que ocorresse qualquer lesão nos seus envoltórios superiores?

ATANAGILDO: — A imunidade contra o meio, decorrente do maior aprimoramento espiritual, deve ser entendida na esfera moral, pois na material não se pode eliminar as reações naturais e disciplinadas por leis correspondentes a cada plano de manifestação de vida. Deveis saber que as almas superiores, que operam nessas regiões tão agressivas, "descem" vibratoriamente até o nível das reações energéticas do meio inferior e, por esse motivo, ficam sujeitas aos impactos das forças que manuseiam. Assim como não podeis aprisionar o raio de luar num pote de barro, nenhum espírito superior poderá agir diretamente sobre os planos Astral e material, mais abaixo de si, se não se submeter à necessária redução vibratória e então atuar no meio escolhido.

É evidente que, depois dessa "descida" vibratória, o espírito há de ficar à mercê do meio em que passa a operar, à semelhança daquele que "cai" magneticamente em plano inferior, por efeito do seu peso específico e simpático ao ambiente vibratório. Sem dúvida, por mais delicado que seja o traje finíssimo do fidalgo, ele não se livrará dos rasgões provocados pelos espinhos da mata virgem, o que a veste de couro do campônio pode evitar com facilidade. Não é a borboleta uma expressão viva mais delicada do que o sapo? No entanto, que poderia fazer mergulhada no gás de metano dos pântanos em que o batráquio vive tão alegremente?[2]

PERGUNTA: — Como é que essas colônias podem se tornar agradáveis, depois de edificadas na mesma substância deletéria e tão agressiva? Não deveria predominar nelas o efeito do meio corrompido, assim como uma cidade edificada nos pólos não se livra do frio, ou qualquer metrópole, no equador, não escapa ao calor?

ATANAGILDO: — Entrais em confusão quando tomais o mundo terreno, com sua matéria grosseira, para por meio dele avaliardes a natureza sutilíssima do mundo espiritual, que é regido por outras leis ainda desconhecidas no mundo físico. É o caso de alguém querer escovar o raio do Sol, só porque também pode escovar a poeira das vidraças por onde ele atravessa.

Uma cidade terrena edificada sobre o deserto do Saara poderá muito bem modificar o seu clima e transformar-se num

[2] Nota do Médium — Ainda se verifica, aqui, o pensamento de Ramatís compondo o período junto a Atanagildo.

A Vida Além da Sepultura

151

"oásis", desde que a ciência humana canalize para ali a água, fertilize o solo, crie sistemas de chuvas artificiais e irrigações e construa refratores de eletricidade que possam atenuar o clima cáustico. E nos pólos podereis introduzir muitas modificações louváveis no seu clima regelado, graças aos abençoados recursos da eletricidade, que muito breve lá empregareis.

Mas em nosso caso o processo é outro; encontramo-nos no mundo interior do espírito, onde a força motriz principal é de outra natureza e dinâmica de ação, predominando a força dos sentimentos e dos pensamentos. Estas se constituem nas principais ferramentas e instrumentos de nosso uso, embora nas regiões mais densas do Astral inferior se requeiram outras energias e processos rudes, que às vezes se assemelham bastante aos dos terrenos. Os espíritos lidam com fluidos densos, viscosos e enfermiços, que lhes aderem vigorosamente aos poros do perispírito, assim como a graxa se infiltra no linho alvo.

Não podeis avaliar os extensos lagos de substância repugnante e agressiva, que pairam ao nível de certas regiões da Crosta, fazendo lembrar vastos desertos sufocantes ou então regiões pantanosas e assustadoras do orbe terráqueo!

PERGUNTA: — Como se pode compreender esse heroísmo dos espíritos que operam nessas regiões astrais?

ATANAGILDO: — Há pronunciado espírito de renúncia pessoal nos que vão trabalhar em tais ambientes repulsivos, porquanto nenhum interesse monetário ou vaidade os impulsiona em suas tarefas, a não ser um grande amor por aqueles que se debatem pela falta de "oásis" benfeitores.

No mundo material, é fácil construírem-se povoações sobre os charcos, várzeas ou regiões inóspitas, graças à gigantesca maquinaria moderna, de que os homens se utilizam para a drenagem satisfatória dos pântanos. Mas o processo aqui difere muitíssimo — e se torna quase indescritível para o vosso entendimento — quando se pretende realizar tarefas superiores na substância opressiva do Astral inferior. Na Terra faz-se a drenagem dos pântanos pelo processo de decantação do lodo, até resultar a matéria sólida; no entanto, o processo aqui é por substituição penosa dos fluidos do meio. É uma tarefa que exige o máximo de heroísmo desses espíritos edificadores, muito semelhantes a verdadeiros transformadores vivos substituindo fluidos deletérios do meio-

-ambiente e ainda superando as emanações da mente desequilibrada dos desencarnados para ali transferidos da Terra.

PERGUNTA: — Gostaríamos que nos explicásseis a natureza do processo de "substituição" de fluidos, capaz de melhorar o Astral selvático, durante a fundação de novas colônias, em lugar de se fazer a "drenagem" dos pântanos, como é comum na Terra.

ATANAGILDO: — Já expliquei, alhures, que nos agrupamentos humanos de moral subvertida registra-se um verdadeiro acúmulo de fluidos desregrados, que são produzidos pelos pensamentos desordenados no trato das paixões animais. O mesmo acontece nas colônias ou cidades trevosas que existem no seio do Astral inferior, povoadas só por espíritos desregrados, que se convertem em verdadeiros depósitos de substâncias mentais subvertidas. Mas o fenômeno se inverte quando se trata de agrupamentos já integrados por almas benfeitoras e de alto poder vibratório energético; então os fluidos nocivos do meio se substituem por outros benéficos, atraídos pelos bons pensamentos, num processo que também se poderia chamar de "decantação fluídica".

Assim, esses núcleos, embora fundados em região Astral inóspita, integram-se por espíritos cujo psiquismo é superior ao meio em que passam a habitar, funcionando como verdadeiros "filtros espirituais", que purificam o ambiente com salutar substituição fluídica. O seu energismo sublime termina dissociando e purificando o ambiente nefasto; pouco a pouco a região se transforma em abençoada clareira, situada no deserto das forças astrais que eram originalmente agressivas. E, então, os fluidos danosos tendem a se afastar para suas zonas eletivas, situadas nos charcos sob a crosta terráquea.

Assim como a higienização e iluminação das cidades terrenas força a mudança das feras e dos répteis para a mataria, também a substituição dos fluidos deletérios, nas regiões astrais, força a mudança das entidades que ali se sentiam bem, até então, por estarem em afinidade com o ambiente.

PERGUNTA: — Poderíeis nos dar uma ideia dessa "afinidade com o ambiente", a que vos referistes?

ATANAGILDO: — Como os fluidos astrais são de assombrosa plastia, quer sob a atuação do pensamento, quer pelas emoções do espírito, essas regiões inferiores, onde se criam novas

A Vida Além da Sepultura
153

povoações, e que são impróprias ainda a uma vida mais evoluída, costumam estar repletas de edificações infantis, grosseiras e, por vezes, repulsivas, porque foram delineadas pelas mentes incultas de espíritos primitivos ou pelas dos selvagens que ali viviam o seu mundo rudimentar nos seus "campos de caça". De vez em quando ainda se nota na atmosfera reinante nesses locais o odor enjoativo da vida primitiva e das práticas impuras de seus antigos habitantes; os seus costumes repugnantes e os seus condicionamentos, trazidos da antropofagia do mundo físico, fortalecem a formação de certos panoramas que são desagradabilíssimos às almas de natureza mais elevada.

Os espíritos nômades, dos selvagens, ficam impregnados dos seus estigmas inferiores e de elementos nocivos, que imprimem no Astral um cenário perfeitamente decalcado de sua tosca vida terrena. Eles vivem desencarnados, no Além, mas na ignorância de se encontrarem fora do corpo carnal, porque ainda são incapazes de perceber que mudaram de plano vibratório. Visto que, ao desencarnar, se encontram em um mundo selvagem adrede preparado pelas mentes dos outros companheiros que os precederam na viagem ao Além, confundem os panoramas do Astral com os cenários que deixaram em suas vidas terrenas.

Como desconhecem o calendário do civilizado e são fracos de raciocínio, não têm noção do tempo e não sabem se desencarnaram ou quando isso aconteceu. E assim prosseguem alegremente em suas relações comuns, convictos de que ainda se encontram atuando na vastidão das florestas do mundo material.

Pela lei de que "os semelhantes atraem os semelhantes", os selvagens são atraídos para as zonas inóspitas do Astral, onde se ajustam perfeitamente e casam a rudeza do seu perispírito com a ação das energias inferiores do meio. Daí a lenda que os silvícolas terrenos transmitem de geração para geração, de que seus mortos passam a viver nos "campos de caça", e as suas sepulturas devem ser guarnecidas com armas e utensílios de que hão de precisar na outra vida.

Muitos agrupamentos, colônias e cidades socorristas de desencarnados, que foram codificadas em antigas zonas repletas de estigmas silvícolas, já lograram se constituir em sublimes clareiras de luz, como a metrópole do Grande Coração, cujo padrão vibratório superior dissolveu a substância deprimente, que ainda existia acumulada pela rudeza psíquica dos selvagens.

PERGUNTA: — Não conviria higienizar o Astral de tal modo que todas essas colônias ou florestas silvícolas se transformassem em agrupamentos civilizados, para melhor influírem nas almas primitivas e conduzi-las a um melhor entendimento espiritual?

ATANAGILDO: — Não seria conveniente que se extinguissem, no Astral, as "florestas de caça" dos silvícolas, porque elas ainda lhes servem de verdadeiro "caldo de cultura" psíquica e de ambiente adequado à expansão de suas consciências ainda imaturas. Mesmo na Terra, apesar do considerável progresso já conseguido pelas suas metrópoles, ainda existem agrupamentos selvagens, que não podem se situar na faixa do homem civilizado. Esses seres primitivos não devem ser violentados em sua linha psicológica, nem expulsos do cenário de formas familiares, que lhes constituem um "ponto de apoio" bastante necessário para amadurecer o seu entendimento rudimentar e os elevar até a ética convencionada pelos civilizados. Eles também são alvo de atenção dos preceptores mais altos, que lhes proporcionam recursos gradativos para melhor ajudá-los na compreensão da espiritualidade.

Deus tanto assiste aos seus Arcanjos Constelatórios, que comandam e alimentam os sistemas solares, como atende às consciências ainda embrionárias dos seus filhos primitivos, das florestas, cuja razão ainda não pode se desenvolver a distância da ruidosidade belicosa das tabas primitivas. Mas é óbvio que esse tratamento e assistência espiritual devem se fazer de modo suave, sem violentar o entendimento rudimentar do silvícola. Enquanto os "campos de caça" do Mundo Astral ainda servem aos imperativos da razão selvagem, as altas esferas auxiliam o espírito do homem evoluído a se libertar das formas ilusórias dos mundos planetários.

PERGUNTA: — Isso quer dizer que é de suma importância a existência dessas colônias astrais, de vários aspectos e condições evolutivas, a fim de poderem se processar com êxito as reencarnações desses espíritos na Terra; não é assim?

ATANAGILDO: — Pela lei de correspondência vibratória, no Cosmo, os bugres também requerem o seu prévio ajuste energético no seio de suas florestas astrais, a fim de mais facilmente se encaminharem para a reencarnação nas matas terrenas. Esses

A Vida Além da Sepultura

155

agrupamentos, colônias e metrópoles astrais, que se situam no interior da aura que circunda o globo terráqueo, tanto servem para controlar as reencarnações e desencarnações dos espíritos, como ainda atendem à multipicidade de novas consciências que ascensionam continuamente para a razão mais alta.

PERGUNTA: — Por que motivo esses selvagens não dão conta dessa grande diferença de leis entre o mundo físico e o Astral, e continuam crentes de que ainda permanecem na matéria?

ATANAGILDO: — As leis que regulam as relações do Cosmo são sempre as mesmas, mas a sua aplicação varia em conformidade com o plano de atividade espiritual. O homem que puxar a sua orelha de "carne", com sua mão de "carne", certamente há de sentir uma reação tão dolorosa quanto for a força que empregar nesse ato; mas o espírito desencarnado, que puxar a sua orelha "etérica", com sua mão "etérica", há de sentir a sensação dolorosa de modo mais intenso e bem mais vivo. E isso acontece por causa da lei de correspondência vibratória, pois um ato etérico torna-se mais sensível porque se realiza num plano mais sutil.

Isto é lógico e sensato! Ilógico e insensato seria o caso de o espírito encarnado resolver puxar com sua mão de "carne" a sua orelha "etérica", ou então pretender mover a sua orelha de "carne" com sua mão "etérica", pois entraria em conflito com as próprias leis que regulam a "ação" e a "reação" em cada plano vibratório. Não há ilogismo no caso do raio de luar se refletir num frasco de cristal; a insensatez seria pretender-se aprisioná-lo no referido frasco, pois isto contradiaria a lógica da Lei que regula a produção de cada fenômeno no seu campo vibratório simpático. Eis por que nada há que estranhar no fato de os silvícolas desencarnados continuarem a sua vida turbulenta nos campos etéricos de "caça", que também existem no Além-túmulo. Já que existe perfeita correspondência vibratória entre os seus corpos etéricos e as florestas também etéricas, não ocorre qualquer contradição entre os atos dos silvícolas e as leis do meio-ambiente e, por isso, eles não podem dar conta da diferença de leis a que vos referis.

Acontece, também, que as suas reações são muito mais vivas e positivas do "lado de cá", porque se registram no plano vibratório mais eletivo e receptivo à sensibilidade aguçada do espírito livre do corpo carnal. Ademais, embora esses selvagens desencarnados atuem por meio de um corpo mais leve, como é o perispírito, a sua imaturidade espiritual ainda não lhes permite efetuarem raciocínios e comparações que lhes possam fazer compreender o fenômeno de sua morte no plano físico.

Para eles, a vida continua da mesma forma como ocorria na matéria, porque, tanto na Terra como no Astral, eram e continuam a ser orientados pela "mente instintiva", principal responsável pelas suas consciências infantis. O que eles pensam é que foram transferidos para outras tabas ou tribos, sem poder concluir inteligentemente a respeito das mutações da vida espiritual. É certo que, algumas vezes, eles se sentem surpresos e, doutra feita, até melancólicos, quando tentam intervir na vida dos seus descendentes ainda encarnados, sem poder compreender os motivos por que a parentela silvícola não lhes atende às gesticulações e aos apelos guerreiros.

A Vida Além da Sepultura

11. Colônias astrais de costumes antiquados

PERGUNTA: — Dissestes-nos, certa vez, existirem no Astral algumas colônias cujos habitantes ainda conservam seus costumes antiquados, por serem espíritos demasiadamente conservadores. Que ideia poderemos ter dessas colônias?

ATANAGILDO: — Recordo-vos que se trata de comunidades de existência transitória em tais colônias, destinadas somente ao aperfeiçoamento de seus habitantes desencarnados quando excessivamente tradicionalistas, motivo por que tudo ali está disposto de modo a ser alcançada a sua finalidade educativa. Entre as suas populações encontram-se caracteres espirituais de todos os matizes, principalmente os espíritos bisonhos, os acostumados aos conventos e os conservadores, ainda presos às tradições antiquadas, mas que merecem o ingresso nas comunidades astrais ordeiras, porque são pacíficos e espiritualmente inofensivos. A fim de ativar-lhes o progresso estagnado pelas tradições do passado, os espíritos de maior capacidade intelectual e dinâmica misturam-se com esses letárgicos moradores do Além e os auxiliam na ascensão sideral.

A arquitetura dessas colônias é arcaica e semelhante à de certas civilizações já extintas. Há ocasiões em que os próprios mentores espirituais providenciam certas edificações de molde antigo, às pressas, a fim de atender a grupos desencarnados tão apegados ao conservantismo das coisas materiais, que se sentiriam deslocados num ambiente modernizado. Já tenho reparado, outrossim, que em algumas regiões situadas entre a nossa metrópole e a crosta terráquea, edificam-se grandes estalagens e hospitais de emergência nas vésperas de se registrar alguma tragédia coletiva naquelas zonas geográficas da Terra, tais como guerras, revoluções ou catástrofes causadas por convulsões da Natureza.

PERGUNTA: — Já assististes, do Plano Astral, ao desenrolar de alguma dessas catástrofes coletivas?

ATANAGILDO: — Pude apreciar os efeitos dantescos de certa revolução ocorrida na América do Sul, entre homens do mesmo país; os trucidados chegavam aos magotes e em desesperada situação de desconforto espiritual. Ainda se lhes viam as auras de cor escarlate brilhante e enodoadas, de onde se desprendiam chamas de fogo geradas pelo ódio, que ainda lhes tomava o coração. Relâmpagos fulgurantes, duma cor sanguínea, sulcavam-lhes o envoltório da aura conturbada; depois podiam se ver filetes formados pelas repulsivas toxinas, que escorriam pelo perispírito agitado parecidos a fios de lama deslizando sobre tecido vítreo.

De vez em quando, no meio daqueles espíritos alucinados — que eram recolhidos às pressas pelos espíritos enfermeiros e encarregados dessas tarefas desencarnatórias — percebia-se em alguns certa clareza espiritual. Então eu podia descobrir que se tratava de espíritos caridosos, que haviam desencarnado no fragor da metralha em decorrência do seu extremado serviço de socorro aos infelizes beligerantes e não por interesse partidarista. De outra feita, também vislumbrei alguns grupos de almas tranquilas, que se uniam, à parte, sob a lei de afinidade espiritual. Eram seres que haviam sido obrigados a compartilhar da luta fratricida, mas que estavam isentos de ódio, porque preferiram morrer a matar o seu adversário.

Estes, pouco a pouco, se engalanavam de luz suave e eram sustentados por outros grupos de espíritos socorristas; em breve, sob um mesmo diapasão de júbilo, ergueram-se como pluma ao vento e as suas figuras, sem angústias nem pesares, fundiram-se nas massas esvanecentes em direção aos seus núcleos venturosos.

PERGUNTA: — Pensamos que, após a morte do corpo físico, os espíritos deviam modificar a sua visão psíquica, compreendendo que as formas do mundo terreno significam estágios provisórios e de rápido aprendizado espiritual. Se assim fosse, não se justificaria a existência dessas comunidades antiquadas, no Astral; não é assim?

ATANAGILDO: — Assim não pode ser, visto que a morte do corpo não é fonte de onisciência, nem diploma de santidade; o espírito desencarnado tem de fazer jus às suas próprias criações mentais, na conformidade do contato que haja tido com os elementos bons ou maus da vida educativa do mundo terreno. É por isso que existem agrupamentos astrais que ainda permanecem jungidos aos sistemas medievais, onde os castelos, as pontes rústicas, o transporte por muares, camelos, bovinos e as moradias pitorescas lembram o cenário das narrativas românticas e as aventuras de capa e espada, do passado.

E assim essas colônias servem perfeitamente para determinada camada de espíritos excessivamente conservadores, que ali se instalam e se aferram vigorosamente ao seu passado, sentindo-se incapazes de se equilibrar em ambientes modernos e de cultuar relações que são por demais dinâmicas para o seu psiquismo retardado. Bem sei que estas descrições parecer--vos-ão incongruentes e produto de um cérebro fantasioso; no entanto, mesmo no vosso mundo material, podeis comprovar que num mesmo local e ambiente ainda vivem espíritos em completo antagonismo mental. O avarento, por exemplo, não é um deslocado do progresso cotidiano? Sim, pois ele vive completamente aferrado ao anacronismo de uma vida primitiva, a esconder a sua fortuna e a se isolar de todas as inovações ou coisas que possam forçá-lo a gastos inesperados. É certo pois que, ao desencarnar, esse avarento não conseguirá se equilibrar num cenário de aspecto avançado e para o qual não se preparou nem faria jus, tão preso ele está aos seus receios de perdas e às preocupações exclusivamente utilitaristas. Quando desencarna, o avaro transfere para o Além o seu mundo íntimo, repleto de desconfianças e de usura. Por isso, fica impedido de viver tão ampla e desafogadamente como vivem os outros espíritos que não guardam restrições para com o meio.

PERGUNTA: — Com essa comparação, quereis dizer que

A Vida Além da Sepultura

as criaturas virtuosas, embora mentalmente atrasadas, sempre se ajustarão nas comunidades avançadas. É isso mesmo?

ATANAGILDO: — As virtudes superiores, como a bondade, a humildade, a tolerância, que encaminham almas para comunidades como a do Grande Coração, nem sempre conseguem libertar o indivíduo das formas arcaicas, que podem ainda dominar a mente de certos desencarnados. Quantas mulheres terrenas há, boníssimas e serviçais, que ainda resistem vigorosamente às inovações da cozinha moderna, preferindo a função de foguistas domésticas, junto ao fogão a lenha, a se utilizarem do que funciona a gás ou eletricidade! Em verdade, o que ainda lhes vai na alma é o medo das coisas novas, pois a sua índole é escrava da tradição e das coisas velhas, as únicas que lhes são familiares, porque viveram muito tempo em contato com elas. Dói-lhes na alma essa mudança de simpatia para com as coisas novas e "estranhas", e falta-lhes o ânimo para vencer o condicionamento psicológico, produzido pelo trato demorado com os objetos familiares.

Não há certo tipo de criatura, na Terra, que vive reclamando continuamente contra quaisquer inovações e descobertas científicas, augurando-lhes as piores consequências, só porque não se afina a esses eventos, que perturbam a rotina comum e quebram a tranquilidade epicurística dos espíritos conservadores? É fora de dúvida que, no Mundo Astral, tais seres também serão atraídos para cenários e panoramas que vibrem em perfeita sintonia com as suas caturrices e comodidades.

PERGUNTA. — Através do nosso raciocínio, pensávamos até aqui que bastaria desenvolvermos certas virtudes, para dispensarmos quaisquer preocupações com o tipo formalístico dos ambientes astrais. Poderíeis nós dar melhores detalhes dessa situação, que nos livrassem desse embaraço de compreensão?

ATANAGILDO: — Para o conseguirdes é preciso não esquecerdes a idade mental das criaturas, fator que ainda mais prepondera no caso de espíritos desencarnados. Porventura costumais dar os mesmos entretenimentos ao velho e ao menino e lhes exigis as mesmas restrições psicológicas, apenas porque ambos possuem as mesmas virtudes? Se pudésseis examinar todos os tipos de espíritos que se movem através da imensurável "escada de Jacob" da evolução sideral, haveríeis de encontrar almas que, embora dignas de habitar um céu, ainda estão presas fanaticamente às tradições dos mundos materiais. É justamente em correspondência à própria Bondade de Deus que os mentores espirituais ainda atendem essas almas em suas preferências antiquadas, mas inofensivas, até que elas se sintam fortalecidas e se enquadrem no ritmo evolutivo, libertando-se das realizações decrépitas.

Essas almas só por pouco tempo poderiam permanecer nas zonas de avançada dinâmica espiritual, pois em breve se esgotariam, impossibilitadas de se harmonizarem com as criações progressistas dos seus companheiros mais evolvidos. O fenômeno ser-vos-ia compreensível se imaginásseis o sertanejo pacato, arrancado de sua aldeia e guindado subitamente ao turbilhão de ruidosa metrópole, para cuja vida ainda não estivesse preparado. Em breve ele se sentiria deslocado no meio e profundamente exausto.

Como a substância etéreo-astral é facilmente amoldável à ação dos pensamentos dos espíritos desencarnados, essas colônias antiquadas também concretizam o produto do pensamento antiquado dos seus próprios habitantes. Eles renovam continuamente, entre si, a paisagem exterior, mas ignoram que a rigidez e o conservantivismo de suas construções devem ser combatidos e substituídos por novos padrões mais progressistas e de mais leveza astral.

PERGUNTA: — Os mentores siderais não poderiam ensiná-los a modificarem a mentalidade para então se ajustarem a comunidades superiores?

ATANAGILDO: — Esses espíritos se beneficiam com a composição arcaica de sua morada astral, porque lhes atende aos gostos e aos caprichos conservadores, constituindo o seu verdadeiro mundo, alimentado pela energia resultante do seu próprio pensamento. Na figura de crianças espirituais, ainda ignoram e subestimam o glorioso poder da mente, deixando-se influenciar, emotivamente, pela natureza de uma paisagem que ainda permanece "fora de si". Embora os técnicos os eduquem com insistência para que despertem da letargia mental e renovem o meio em que vivem, queixam-se de incapacidade para desenvolver o dinamismo próprio das almas decididas. Em

A Vida Além da Sepultura

consequência, permanecem por muito tempo no seu panorama medieval e primitivo, formando colônias de aspecto antiquíssimo e se revelando almas estacionadas no tempo. Algumas delas se deixam vencer pela apatia e letargia mental, mas a maioria é vítima de sua própria decepção, pois estava certa de encontrar ali a sonhada beatitude e o eterno repouso celestial. Então, essas almas ficam reduzidas no seu impulso criador e na renovação dos seus raciocínios, deixando de lutar pelo progresso, convictas de que merecem mesmo um ambiente de inextinguível ociosidade espiritual.

Embora possam ser dotadas de tendências boas e inofensivas, ainda são almas espiritualmente imaturas, ou indiferentes; como não se encontram no paraíso que lhes prometeram os sacerdotes do mundo terreno, sentem-se acabrunhadas e ficam presas às evocações saudosistas do passado e algemadas aos preconceitos e às formas do mundo que deixaram. Ainda estimam as futilidades aristocráticas e as tradições tolas da matéria e, por isso, ajustam-se perfeitamente a um ambiente astral que corresponde vibratoriamente ao seu psiquismo atrasado, como cópia fiel do mundo que lhes domina o pensamento retardado.

Mas os mestres corrigem sabiamente essas situações, disciplinando esses espíritos, gradativamente, em departamentos educativos, embora tolerando as suas criações infantis e sem lhes violentar as configurações pitorescas.

Sabeis que nos "Jardins de Infância" terrenos, embora queirais esclarecer as crianças mais progressistas, tereis que primeiramente vos ajustar ao seu entendimento ainda povoado de fantasias e canduras. Compreendestes agora a situação?

PERGUNTA: — Naturalmente, ainda encontramos certa dificuldade para avaliar com êxito e bom senso esse modo de vida astral tão primitivo. No nosso entender, o Além deveria ser apenas um ensejo de vida intimamente espiritual ou, em última hipótese, um panorama sempre mais avançado que o da Terra. Custa-nos compreender que os desencarnados no século XX ainda tenham de conviver num panorama astral que é cópia fiel do século XV!... Estamos equivocados?

ATANAGILDO. — Não deveis generalizar o assunto, pois, circundando o Astral do globo terráqueo, existem muitas coletividades espirituais, cujo padrão de vida se adianta de alguns milênios sobre o vosso estado atual. Tudo é uma questão de equilíbrio vibratório e, quanto mais os espíritos se sutilizam e se espiritualizam, tanto mais se afastam "interiormente" da substância material. Assim como no Astral ainda se agrupam almas de raciocínios medievais, na Terra ainda existem criaturas que, embora se integrem ao padrão social, artístico e científico ou técnico, do século atual, já são mentalmente adiantadas de algumas dezenas de anos terrestres, pois na sua intimidade espiritual conseguem abranger um padrão vibratório que só pulsa nas metrópoles astrais mais avançadas. Elas sentem, com bastante antecedência, um conceito de vida que só futuramente será transferido ou "descido" do Alto para o plano da matéria.

Temos o exemplo em Jesus, que é justamente a entidade que abrangeu o mais alto padrão estético de vida, no planeta, e que se possa conceber na paisagem terrena. Embora ainda existam colônias astrais que refletem fielmente os padrões graníticos e arquitetônicos da Idade Média, habitadas por espíritos que se revestem até de armaduras e se movem numa atmosfera de recordações sombrias, nas altas esferas palpitam outras coletividades, que se movem no seio de edificações recortadas no éter refulgente, onde as cores, os perfumes e as luzes, em divina simbiose, compõem os mais surpreendentes efeitos sinfônicos e formam indescritíveis bordados vivos e melódicos, que não só embelezam o ambiente, como predispõem a alma a ingressar nas "correntes cósmicas" e sentir a pulsação criadora da vida eterna.

Enquanto no ambiente astral das edificações anacrônicas as almas tradicionalistas e conservadoras ainda se arrastam escravizadas ao passado, chegando até a exigir alimárias para os seus transportes, nos agrupamentos mais altos basta a volição, ou seja, a força mental, para impulsionar os perispíritos repletos de diáfana luminosidade, que se movem qual paina de seda ao impulso da brisa.

O mesmo poder mental que, em desuso, cristaliza ambientes antiquados entre as almas letárgicas, quando é utilizado pelos espíritos superiores atende à mais alta imaginação e cria panoramas que ainda levareis alguns milênios para os alcançar.

PERGUNTA: — Mas, com a desencarnação, não seria mais lógico que se fizessem desaparecer imediatamente as idéias envelhecidas do passado, substituindo-as por concep-

ções mais adiantadas? Achamos esquisita essa estratificação de idéias em espíritos desencarnados, que teimam em conservar agrupamentos tão retardados, quando na Terra já deviam ter conhecido o automóvel, o avião e a leveza dos edifícios modernos. Isso tudo não vos parece algo contraditório?

ATANAGILDO: — Exagerais nas vossas cogitações e dúvidas, pois, embora exista em vossa pátria essa "leveza" de edificações e se faça uso de veículos rápidos, aviões a jato, radiofonia, televisão, cozinhas elétricas, geladeiras, roupa confortável, leve e funcional, ainda subsistem países onde vicejam os reis coroados, os cortesões seculares e os fidalgos conservadores, aferados a brasões de latas, condecorações de metal, insígnias e galardões dourados, que as traças continuam a roer nos baús envelhecidos e a ferrugem a comer nas panóplias medievais.

A própria Igreja Romana, que tanto trabalhou para divulgar a mensagem do Cristianismo, como sendo a doutrina libertadora de todos os tabus e preconceitos terrenos, não se exaure, porventura, em fatigante e complicado ritual, enquanto o próprio Vaticano se cerca de pomposa guarda ainda revestida de armaduras bélicas?

Não é essa guarda ostensiva uma demonstração cabal de que certos homens que aceitaram o encargo de exemplificar um alto teor espiritual, liberto de fórmulas mundanas, ainda não puderam se livrar das tradições anacrônicas dos séculos empoeirados?

É bastante que certas criaturas sejam convocadas, em vosso mundo para servir em postos de destaque da administração pública ou no selo das igrejas religiosas ao que logo se assemelhem a velhos museus ambulantes, repletos de jóias caríssimas, cobertas de mantos luxuosos, movendo-se com exagerada afetação pelos palácios seculares ou pelos templos suntuosos, assemelhando-se aos autômatos que se empertigam nas vitrines de exposições de modas.

PERGUNTA: — Mas, depois que esses espíritos ingressam no Mundo Astral, não podem se reajustar à realidade do meio e se desligar das tradições, que só se justificam como obrigações decorrentes das responsabilidades oficiais da Terra?

ATANAGILDO: — Bem sabeis que a Terra não deixa de ser também um mundo em incessante progresso, extensível a todos os seus campos de ação e trabalho. Assim sendo, bem poderia despertar também essas criaturas. No entanto, elas nunca passam de almas deliberadamente conservadoras e estratificadas nos seus costumes tradicionais; vivem mentalmente algemadas aos atavismos tolos e aos preconceitos envelhecidos, porque a sua índole psicológica impõe-lhes essa resistência decidida contra o dinamismo comum da vida. Há as que cruzam as ruas, em capitais modernas, soterradas sob o veludo bordado e as sedas rendadas, assim como há as que exaurem os cofres públicos, em carros puxados por fogosos corcéis, com vistosos cocheiros agaloados, não notando que dessas viaturas rescende um bolor secular. E enquanto essas criaturas reproduzem ao vivo as velhas oleogravuras aristocráticas do passado, nas mesmas ruas em que elas se movem circulam velozmente automóveis de fabricação aerodinâmica, homens em manga de camisa, que gozam a delícia do Sol benfeitor ou mulheres cujas vestes é um convite primaveril do século **XX**.

Enquanto milhares de criaturas do vosso mundo se entregam ao dinamismo avançado da vida humana, dominadas pelo júbilo, afeitas à risada feliz e desapegadas de convenções sisudas, outras se escravizam ao orgulho dos brasões, das condecorações e paramentos sufocantes, quais velhos atores da tragédia shakespeariana. Elas não vivem; vegetam sob exaustiva disciplina protocolar até o bucólico instante em que a morte do corpo as chame para a realidade espiritual.

Por isso mesmo, depois que ingressam nas coletividades astrais, já afastadas desses convencionalismos ridículos e aristocráticos da Terra, ainda não se equilibram nas esferas avançadas, porque lhes falta a espontaneidade dos carinhos e, portanto, a facilidade de conquistar relações amigas que, no Além, não se conseguem por meio de cerimoniais fatigantes ou então na troca de fingidas etiquetas sociais.

PERGUNTA: — Não será de crer que essas almas se escravizam tanto às convenções sociais e ao protocolo exaustivo porque realmente provêm de alguma alta estirpe espiritual?

ATANAGILDO: — Quantas vezes as injunções da vida humana se encarregam de desmentir a pretensa descendência aristocrática espiritual de muita gente, que não passa de acidente de nascimento em ambiente requintado. Quantas vezes as revoluções populares, as quedas de regimes políticos, o fracasso financeiro e o desastre econômico atiram criaturas demasiadamente empertigadas aos desvãos tristes da pobreza angustiada, onde indivíduos de "alta estirpe" terminam enxugando louças, vendendo quinquilharias ou se entregando febrilmente à corretagem e às profissões modestíssimas. Quantas vezes transformações violentas revolucionam países já carcomidos pelo vampirismo da aristocracia ociosa. E então, os condes, os duques, os barões e as princesas vêm-se obrigados a trabalhar no banco modesto do engraxate, na vida úmida do cavoqueiro, na direção de veículos de transportes ou como costureirinhas pobres, como já aconteceu no faustoso império russo.

PERGUNTA: — E qual o meio de se fazer com que esses espíritos conservadores e tradicionalistas se modifiquem, a fim de que também se transforme o seu ambiente medieval, no Mundo Astral?

ATANAGILDO: — É a Bondade do Criador que estatui essas transformações de classe, fortuna e poderes, de que vos falei, quando as almas empertigadas, escravas da tradição e sem adiantamento espiritual, são lançadas dos seus pedestais dourados ou expulsas de sua aristocracia vaidosa. Graças ao novo rumo que violentamente lhes é imposto na corrente comum da vida humana, ou então por voltarem a se reencarnar no seio de extrema pobreza, esses espíritos demasiadamente rotineiros perdem o excessivo orgulho de casta e a obstinada ideia de superioridade social, para então se congregarem aos demais irmãos de jornadas espirituais, abandonando em definitivo o protocolo exaustivo das existências artificiais.

E como as cidades e povoações astrais são apenas comunidades de caráter provisório, que servem para atender às várias gradações de espíritos em progressiva ascensão, não será o ambiente medieval de certas colônias que há de se modificar, em consequência da modificação dos seus moradores, mas estes é que se transferem definitivamente para outras paisagens mais evoluídas e afins às suas renovações íntimas. Na longa esteira de evolução, muitos outros espíritos, que os seguem à retaguarda, ainda irão precisar de tais ambientes anacrônicos para os seus estágios astrais.

PERGUNTA: — O atual padrão evolutivo da Terra dis-

tancia-se muito do tipo dessas colônias antigas, que ainda existem no Plano Astral?

ATANAGILDO: — O orbe terráqueo, na verdade, ainda se situa entre dois tipos espirituais extremos; dum lado o tipo tradicionalista, conservador e apegado drasticamente ao passado e às formas envelhecidas, sempre se angustiando ao deixar o mundo físico; doutro lado, o tipo idealista, corajoso, heróico, censurado e mesmo combatido em sua faina avançada, mas o responsável pelos novos padrões evolutivos do mundo, pois rasga os horizontes sombrios e abre novas clareiras para o avanço do rebanho humano. Ele sempre se move à frente da massa retardada, que em melancólica marcha ainda requer o aguilhão constante da dor e das vicissitudes humanas, para então sacudir a poeira que lhe oprime a mente conservadora. Os idealistas constituem o grupo menor e se dispersam, solitários, pelas estradas da vida terrena, porque não conseguem se adaptar às fórmulas estratificadas da sociedade, nem mesmo se satisfazem com os chavões e os conceitos demasiadamente sisudos. Eles procuram a Verdade como o ideal da Ciência; o Bem como o ideal da Moral; a Beleza como o ideal da Arte e o Amor como o ideal da Religião. São conhecidos na Música como um Beethoven, Wagner, Mozart ou Verdi; na Pintura como Ticiano, Da Vinci ou Cézanne; na Literatura como Flaubert, Cervantes, Dickens ou Zola e, na Fé e na Verdade, como Krishna, Buda ou Jesus. Eles marcham à frente da caravana dominada pelas superstições do passado, pelos preconceitos sociais ou pelas tradições da vaidosa aristocracia do mundo.

PERGUNTA: — Do que nos dizeis, deduzimos que no Mundo Astral as raças terrenas passam a se reunir de novo. É assim?

ATANAGILDO: — No Além, os espíritos não só se reúnem sob a mesma tendência de natureza espiritual, como ainda se agrupam pela afinidade de raça, senso psicológico e concepção filosófica, do que resulta um padrão harmonioso e familiar, que muito favorece o êxito do trabalho em conjunto. Assim é que, no Mundo Astral, ainda se podem encontrar colônias constituídas fundamentalmente por latinos, eslavos, germânicos, saxões, árabes, hindus ou chineses, os quais conservam os seus costumes tradicionais e preferidos da Terra.

Mas, embora as almas desencarnadas possam se unir pelos

A Vida Além da Sepultura

vínculos de raças terrenas, tanto podem constituir civilizações muito avançadas para os vossos dias, como podem constituir também agrupamentos escravos das tradições do passado. A Esfera Astral, em torno do globo físico, significa a região onde se agrupam todos os desencarnados terrenos; é natural, portanto, que nessa região se reproduzam atividades como se se tratasse de outra Terra semelhante, embora muito mais rica de oportunidades espirituais, em face de sua essência sutilíssima, que amplia os recursos de seus habitantes. Por isso mesmo, também podereis encontrar, no Além, todas as diferenças pitorescas e as contradições que ainda são muito comuns no mundo material.

PERGUNTA: — Perdura ainda em nossa mente a ideia de que a desencarnação deverá ser suficiente para abolir a maior parte dessas ilusões que os espíritos ainda cultivam e que são próprias das coletividades do mundo terreno. Quer-nos parecer que, assim como os ateus terão que se convencer de sua imortalidade, depois de desencarnados, essas almas rotineiras e tradicionalistas também hão de se ajustar à espontaneidade da confraternização universal, extinguindo o espírito racial. Que nos dizeis a respeito?

ATANAGILDO: — É preciso ter em vista as condições mentais dos espíritos desencarnados, assim como levais em conta, na pedagogia infantil, as criações fantasiosas que ainda povoam o cérebro das crianças. Não se pode exigir da menina imaginativa, que se finge de mãe a embalar a boneca, a mesma responsabilidade grave, de criação dos filhos, que só compete à mulher adulta. Seria absurdidade, outrossim, que exigísseis do menino, que se distrai com o seu "jogo" de armar casas com pedacinhos de madeira, a mesma responsabilidade que se atribui ao engenheiro na construção de um "arranha-céu".

Mesmo no vosso orbe material, e na mesma área geográfica, tendes um exemplo de como podem divergir os estados de alma dos indivíduos, pois, enquanto Einstein preleciona sobre a lei da relatividade, Toscanini rege magnífica orquestra sinfônica, e culto orador magnetiza o público pela genialidade de sua palavra, a poucos metros de distância alguns espíritos se debatem no cenário doentio dos cubículos infectos dos hospícios. Sem dúvida, pouco adiantaria colocardes esses loucos no ambiente festivo de luxuoso hotel ou levá-los a gozarem a poesia da paisagem compestre, pois eles prosseguiriam infelizes em sua intimidade enferma e perturbada pelo vácuo da razão.

Enquanto certas criaturas se afeiçoam ao dinamismo da vida moderna e derrubam paredes encasteladas, asseiam vetustos salões, modificam o estilo petrificado das residências faraônicas, edificam ambientes modernos, fartos de luz e de ar, outros seres preferem criar a atmosfera sisuda do castelo medieval, onde as traças e os parasitas sobrevivem protegidos pelos móveis seculares e pelos tapetes espessos.

É fora de dúvida que estes espíritos não precisariam desencarnar para comprovarem a existência de outras criaturas avessas a tais costumes tradicionais; as suas simpatias para com o que quer que seja os acompanham após à morte corporal e lhes atearão invencíveis saudosismos da vida terrena, que passarão a copiar doentiamente.

PERGUNTA: — O advento da máquina não operou, porventura, extraordinária revolução nos costumes humanos? Acreditamos que, nessas colônias antigas, existentes no Astral, poder-se-iam efetuar grandes transformações mentais, desde que se realizasse nelas algum progresso, como aconteceu com o advento dessa mecanização admirável na vida física! Que nos dizeis?

ATANAGILDO: — Malgrado as vossas justas considerações, alguns povos europeus e asiáticos, na Terra, ainda são visceralmente afeitos ao tradicionalismo do passado, por cujo motivo resistem deliberadamente à infiltração avançada da máquina moderna. Nas margens do Ganges, do Nilo e do Eufrates, camponeses e pescadores teimam em usar utensílios, instrumentos agrícolas e embarcações que fariam corar de espanto os vossos bisavós!...

Certos principados, sultões ou chefes de tribos emancipadas repelem os trajes simples da vida moderna, porque apreciam a pompa, o cerimonial e as etiquetas reais, sentindo-se voluptuosamente felizes quando podem ostentar debruns, galardões, vestuários cintilantes de pedrarias e condecorações do tempo de impérios dos quais o passado mal guarda o pó e a lembrança. O mundo moderno, repleto de atividades renovadoras e dum cientificismo que vai demolindo superficialidades e aproximando todos os extremos da vida humana, ainda não conseguiu modifi-

A Vida Além da Sepultura

car a intimidade dessas criaturas repletas de idéias antiquadas e de convicção de genial sapiência!...

É óbvio, portanto, que após a desencarnação, elas também se deixarão dominar pelas suas imagens mentais regressivas, submetendo-se unicamente às regras conhecidas e às tradições simpáticas. Como a vida após o túmulo depende fundamentalmente da força mental do espírito desencarnado, funcionando o pensamento como o seu potencial de relações e progresso, nenhum advento progressista, semelhante ao que ocorreu com a máquina, na Terra, poderá romper as cristalizações mentais dessas almas escravas das regras envelhecidas.

12. Colônias do astral. Raças e nacionalismos

PERGUNTA: — As colônias, agrupamentos ou cidades astrais que existem em torno da Terra conservam sempre as características das raças ou das cidades terrenas situadas em suas proximidades?

ATANAGILDO: — Em torno do Brasil, por exemplo, existe grande quantidade de postos, departamentos, comunidades, colônias, organizações e metrópoles astrais de todos os matizes evolutivos e com denominações de certa poesia sideral; suas populações variam de acordo com a maior ou menor aproximação dos seus núcleos junto à superfície do globo terráqueo. São comunidades laboriosas, em incessantes atividades e intercâmbio convosco, que assistem e protegem todos os labores evolutivos e as relações entre os "mortos" e "vivos" do Brasil.

No entanto, sobre cada país da Europa, Ásia, África e Américas, também existem outras comunidades astrais, que conservam as características peculiares a cada povo ou raça das zonas geográficas que elas supervisionam do mundo invisível, de conformidade com as diretrizes que lhes são traçadas pela administração mais alta e responsável pelo globo terráqueo. Dentre a quantidade de espíritos situados no Astral da Terra, acredito que dez bilhões ainda carecem de encarnações na crosta planetária do vosso orbe ou de outros inferiores, que ocorrerão principalmente após a grande seleção profética, que já se processa neste século.

PERGUNTA: — E junto a esses vários países ou cidades terrenas também existem colônias de espíritos diabólicos, que seguem os costumes da região física com que se simpatizam?

ATANAGILDO: — Nas regiões situadas no Astral inferior de cada país terreno vivem coletividades sombrias, dirigidas por entidades trevosas, que ainda conservam costumes parecidos aos da matéria, as quais lutam para o domínio do mundo físico e são adestradíssimas na prática da vingança e da prepotência diabólica. Elas é que incentivam nos encarnados a cupidez, a luxúria ou a crueldade, ao mesmo tempo que se desforram nos infelizes espíritos que ainda se encontram onerados de culpas, remorsos e aviltamentos. Mas, indiretamente, essas comunidades negras auxiliam as almas delinquentes que para ali partem endividadas com o mundo terreno, pois embora exerçam a vingança e imponham atrozes sofrimentos às suas vítimas, também lhes proporcionam o resgate de suas dívidas e as condições vibratórias para retornarem à pratica do Bem.

Nessas regiões dantescas, onde não se conhece a piedade ou a tolerância para com os que deformam o caráter nos pecados do mundo, o padecimento é obrigatório, à semelhança de operações cirúrgicas destinadas à extração de tumores malignos refratários ao tratamento clínico. Esses espíritos, entregues às paixões animais, só nessas colônias poderão se corrigir, o que não seria possível entre as vibrações sutilíssimas das esferas superiores; além disso, essas almas precipitam-se nos abismos trevosos do Astral inferior, forçadas pelo próprio peso específico dos fluidos lodosos que lhes aderem à superfície do perispírito e perturbam a circulação livre do magnetismo benfeitor.

PERGUNTA: — Há quem afirme, baseado em comunicações mediúnicas, que as raças só se reúnem, no Espaço, quando afinadas pelo mesmo sentimento patriótico-racial. No entanto, já tivestes ocasião de dizer que esses agrupamentos astrais são produtos das qualidades morais dos espíritos e não de sua disposição afetiva de raça. Poderíeis esclarecer esse ponto?

A Vida Além da Sepultura

ATANAGILDO: — O problema é mais complexo do que imaginais; por exemplo: as almas que, de modo absoluto, já tenham consolidado em si a virtude da sinceridade, podem formar no Astral uma só coletividade à parte, constituindo então a colônia de espíritos sinceros, pouco importando que provenham da África, da Europa, da Ásia ou das Américas, pois a virtude da sinceridade é que realmente servirá de diapasão para indicar o direito de moradia na comunidade. Mas é óbvio que tal confraternização só será realizável em esferas elevadas, onde haja desaparecido o sentimento racial, pelo reconhecimento da existência da família universal.

Sob orientação semelhante, a metrópole do Grande Coração realiza um trabalho especial sobre determinada região geográfica e Astral do Brasil, selecionando ali os espíritos desencarnados que apresentam o padrão espiritual exigido pelo ambiente.

PERGUNTA: — Poderíamos conhecer detalhes desse padrão espiritual exigido pela metrópole do Grande Coração aos encarnados brasileiros?

ATANAGILDO: — Os candidatos à vida em nossa metrópole são os que comprovam, quando encarnados, a posse das virtudes que marcam o padrão de nossa vida astral, tais como grande devotamento ao estudo da espiritualidade, desapego às formas ilusórias da matéria e libertação completa dos exclusivismos religiosos e doutrinários. O que mais dificulta o livre ingresso na metrópole do Grande Coração é o espírito de seita divisionária, que ainda é motivo de grande desentendimento e separação entre os homens.

PERGUNTA: — Do que nos dizeis, deduzimos que a metrópole do Grande Coração é também uma coletividade com característica racial, pois só atende aos brasileiros desencarnados...

ATANAGILDO: — É razoável que vos surpreendais com esse aparente "nacionalismo" de nossa comunidade astral, porquanto até os brasileiros que desencarnarem em outros países também são encaminhados para as colônias astrais que circundam o Brasil. Mas isso acontece, não por questão de nacionalismo, porém obedecendo a planos organizados muito antes de suas encarnações no vosso país e porque se trata de espíritos já filiados à nossa metrópole, cuja proteção e educação na Crosta ficaram a cargo de nossos departamentos astrais. Assim também quando espíritos provindos de outras raças tenham, por determinação superior, de fazer estágio em nossa metrópole, a fim de nascerem no Brasil, também ficam sob a dependência desta, uma vez que ela é a responsável pelos programas e aprendizados espirituais na zona brasileira de sua jurisdição espiritual.

Quer esses espíritos desencarnem no Brasil ou em qualquer outro país onde tenham ido residir ou visitar, são encaminhados para a nossa comunidade, desde que apresentem condições vibratórias favoráveis ao ambiente a que são filiados.

PERGUNTA: — Acreditávamos até agora que a separação de raças e os nacionalismos pátrios eram exclusividade da Terra!

ATANAGILDO: — Aqui não se cultua nenhum nacionalismo pátrio, no sentido de separação de raças a que pertenceram os espíritos desencarnantes; isso é secundário, pois os nossos atuais conhecimentos são mais que suficientes para reconhecermos que os países, na Terra, nada mais significam do que agrupamentos de almas criadas pelo mesmo Deus e destinadas à mesma ventura espiritual. A situação racial é coisa provisória e de somenos importância para a eternidade da alma, quer ela se encontre no mundo físico ou em nosso Plano Astral. Os agrupamentos raciais são precisos em vosso mundo porque, de início, auxiliam a educação e o progresso dos espíritos ainda imaturos de consciência, que são favorecidos com as preliminares do conhecimento, graças à formação de grupos simpáticos e à facilidade de relações, pelo intercâmbio natural entre os mesmos costumes e tradições pátrias.

Muito pior seria o caso, se esse espírito, conservador ou defensivo, fosse mantido exclusivamente no seio de cada família, entre a parentela consanguínea, como já aconteceu no passado, quando os mais sangrentos conflitos se geravam entre as tribos originárias da mesma região pátria.

PERGUNTA: — Não seria mais prático que o espírito fizesse sua ascensão espiritual no seio sempre de uma só raça, o que talvez pudesse apressar os seus conhecimentos, pela familiaridade constante no meio em que voltasse a reencarnar?

A Vida Além da Sepultura

ATANAGILDO: — Em cada país existem fatores tradicionais e clima psicológico diferente, que muito auxiliam os espíritos, em suas várias encarnações, a desenvolverem certas qualidades, que depois modelam, pouco a pouco, a configuração de sua consciência no Tempo e no Espaço. Como singelo exemplo, lembro-vos que, enquanto o clima festivo e iluminado da Itália favorece a inclinação das criaturas para o canto ou a música, em alguns outros países europeus — cuja atmosfera é melancólica e a sua natureza se mostra severa — se desenvolve melhor o espírito científico da pesquisa e da organização. Enquanto o ambiente tumultuoso e fatigantemente objetivo, do Ocidente, leva os seus habitantes à neurose pelo excessivo dinamismo psíquico, em certas regiões do Oriente a encarnação significa a dádiva da "pausa mística", que permite à alma cansada prosseguir no seu aprendizado espiritual, sob o conforto do repouso contemplativo.

Assim, embora as colônias astrais que se encontram mais próximas da Crosta coordenem suas atividades de modo aparentemente racial, não é este o seu objetivo fundamental e nem o fazem por questões de nacionalismos ou separação, mas apenas para o melhor supervisionamento e administração dos seus filiados, que se congregam em um povo ou país terreno.

PERGUNTA: — Ao se encarnarem, esses espíritos interrompem alguma tarefa em suas colônias astrais para depois reassumi-la quando de volta da matéria?

ATANAGILDO: — Algumas tarefas começadas nas metrópoles astrais podem ficar temporariamente interrompidas, quando os seus responsáveis precisam se reencarnar para saldar os seus débitos passados com a Terra.

Mas é certo que, após a desencarnação, por mais distantes que se encontrem, esses espíritos devem retornar à sua moradia astral, onde tanto podem ter deixado tarefas pessoais a terminar como podem encontrar facilidades para prestar socorro e assistência aos seus descendentes e familiares ainda encarnados.

Estes serviços são comuns em todas as coletividades espirituais que se situam sobre cada país ou povo terráqueo e que aceitaram a responsabilidade de assistir e proteger os "nascidos" e "falecidos" na região ou território de sua jurisdição.

PERGUNTA: — Supúnhamos que o fato dessas cidades astrais serem habitadas exclusivamente por espíritos provin-

dos de uma só raça terrena; poderia estimular entre eles um novo senso pátrio ou nacionalismo separatista, embora de uma ordem espiritual mais elevada?

ATANAGILDO: — Esse acontecimento só seria possível no clima psíquico das regiões inferiores, onde ainda dominam o egoísmo feroz e o orgulho insano. O espírito que merece habitar a nossa metrópole é sempre escolhido por suas elevadas qualidades espirituais e não pela sua nacionalidade. Mesmo no orbe terráqueo e no seio das raças mais egocêntricas, podereis encontrar homens completamente desapegados do fanatismo pátrio, havendo muitos, entre eles, que ainda trabalham energicamente pela confraternização de todos os povos e de todas as raças. Atualmente já se agasalha na Terra a ideia do "cidadão do mundo" e fundam-se "fraternidades", num trabalho quase de equipe, em que se procura a fusão de todas as nações num só todo regido por um governo de Paz e Justiça.

O homem que já se libertou do círculo de ferro das reivindicações de direitos de raça e pátria, pouco se importa que o situem nesta ou naquela comunidade astral, pois é imune a essa paixão doentia, que ainda divide tanto os homens terrenos e os conduz ao massacre inglório, nas guerras fratricidas.

PERGUNTA: — Refletindo sobre a existência desses agrupamentos astrais, constituídos por espíritos provindos de um mesmo país (como no caso da metrópole do Grande Coração formando um agrupamento de brasileiros), lembramo-nos de que, sendo assim, em planos mais elevados devem existir outras comunidades superiores, responsáveis pela administração e o progresso das cidades de desencarnados situadas abaixo. Estamos certos?

ATANAGILDO: — À medida que os espíritos se elevam para regiões mais "puras" ou mais "altas", como melhor quiserdes conceituá-las, é óbvio que ingressam em coletividades de maior responsabilidade administrativa do planeta terráqueo; a sua supervisão abrange países inteiros, raças e mesmo continentes. Assim, na mesma faixa vibratória do Astral em que se situa a metrópole do Grande Coração, também vivem outras comunidades astrais, com igual responsabilidade, mas controlando certas zonas geográficas de países europeus, africanos, asiáticos e americanos.

A Vida Além da Sepultura

Igualmente, acima ainda dessa região superior, encontram-se as "nações astrais" de cada raça ou povo terreno, governadas por espíritos responsáveis pela coesão e progresso das cinco principais raças que povoam os cinco continentes mais notáveis da Terra. Explicam-nos os espíritos sábios que a esfera "mais alta" ou "mais íntima", de todo o Astral terráqueo, já é tão quintessenciada ou tão sutilíssima, que se desvanece como franja luminosa em torno do globo terrestre e a sua aura alcança mais da metade da distância entre o vosso planeta e a Lua. Através da essência dessa alta região Astral, que mais se assemelha a eterizada cabeleira de luz em torno da Terra, também se processa a intercomunicação com as esferas astrais dos demais planetas do sistema solar. Justamente nessa última esfera tão quintessenciada é que opera a comunidade angélica diretora do planeta Terra, onde se encontra sediado o sublime reino do Magnânimo Jesus.

PERGUNTA: — Já que é essa a organização administrativa do Astral, pensamos que a nossa pátria deve também ser administrada por uma comunidade especial. Que nos dizeis?

ATANAGILDO: — Enquanto na metrópole do Grande Coração alguns milhares de almas, de índole universalista, auxiliam o desenvolvimento artístico, a reforma dos costumes e as atividades de determinada zona geográfica brasileira, a nossa cidade é também administrada por outra comunidade astral, mais elevada e mais vasta que, se o quiserdes, podereis denominar também de "Brasil". Esta, por sua vez, está sob a jurisdição do continente astral "Sul-Americano" e assim sucessivamente até se findar a hierarquia responsável por todo o planeta Terra. Conforme fui informado pela direção de nossa metrópole, além da Esfera Astral onde se situa o governo de Jesus acha-se a administração espiritual, que é responsável pela vida e o progresso do nosso sistema solar.

PERGUNTA: — Quais são os tipos de espíritos que podem habitar essa comunidade mais alta, que denominaremos então de "Nação Astral do Brasil"?

ATANAGILDO:— Apesar dessa aparência de nacionalismo ou racismo que atribuís à nossa metrópole espiritual, o que realmente confere ao espírito o direito de habitá-la é sempre o seu tom vibratório sideral e não a raça ou nacionalidade terrena a que pertença. Abaixo de nossa metrópole, em planos inferiores ao dela, encontram-se outras colônias e agrupamentos de espíritos também brasileiros, cujo padrão espiritual, entretanto, é mais baixo porque vivem seriamente preocupados com o tradicionalismo de raça e diferenças emotivas de pátria. Por isso, é de lamentar que entre os próprios brasileiros encarnados ainda se criem novas subdivisões de ordem política, econômica, religiosa e social. Durante os períodos de grandes transformações políticas, eleições para cargos legislativos, nomeações administrativas ou substituição de governos, acirram-se então os ódios entre filhos do mesmo Brasil e assacam-se mútuas infâmias, grassando de modo assustador a cobiça pelas situações fáceis ou privilégios públicos. No campo religioso, outra classe de brasileiros também se hostiliza, pelas naturais divergências em matéria de crenças e doutrinas; jornalistas espíritas e católicos, sacerdotes e doutrinadores, atacam seus irmãos que divergem de seus pontos de vista ou de suas crenças, usando os púlpitos ou as tribunas, ou criando para isso revistas, jornais e panfletos infelizes. Mesmo durante algumas tradicionais confraternizações desportivas, ainda sobe o ódio aos corações dos brasileiros, ocasião em que criaturas ignorantes se insultam e se agridem publicamente, pelas preferências por esta ou aquela de suas agremiações prediletas.

É claro, pois, que tais brasileiros, ao desencarnarem, não estarão em condições de alcançar a metrópole do Grande Coração e muito menos a "Nação Astral do Brasil", para cuja conquista não fazem jus, uma vez que não conseguem se acomodar nem mesmo no seu próprio território pátrio. Ali não se admitem espíritos que trabalham isolados e cercados pelos seus exclusivos interesses, egoísmos e cobiças, estranhos ao Bem comum, quais quistos que apenas vicejam na sociedade. Os encarnados que, quer no Brasil, na França, China, no Egito ou na Groenlândia, ainda se prendem fanaticamente aos seus interesses partidaristas, credos exclusivistas ou regimes à parte, alimentando separações e formando grupos adversos — não se opõe dúvida! — tanto contrariam a harmonia do todo nacional como contrariarão a dos mundos superiores.

PERGUNTA: — Porventura será condenável que cultivemos certas simpatias ou preferências pessoais em nossas relações humanas, quer nas lides políticas, quer em nossos juízos sobre os nossos semelhantes?

A Vida Além da Sepultura

ATANAGILDO: — Onde existem preferências pessoais há conflito do todo, pois, quando grupos de indivíduos se digladiam e entram em competição pelas simpatias preferências ou interesses políticos particulares — mesmo que se julgue isso como um direito humano, de pensar e agir — não resta dúvida de que está mantendo a separação! Os espíritos que se desencarnam em conflito ainda com a sua própria pátria podem não merecer censuras pelas suas simpatias ou preferências pessoais, mas é evidente que ainda não merecem habitar comunidades espirituais onde já se extinguiram os conflitos de raças, quanto mais os de pátria! De acordo com a "lei dos semelhantes", eles serão imediatamente atraídos para os grupos de espíritos que vibram nas mesmas disposições egocêntricas e separatistas. Aqui no Além não faltam grupelhos de brasileiros "separados" e compatriotas viciados nas discussões estéreis, devotados à cupidez e à politicagem.

Muitos deles, que abusaram do admirável dom da palavra, desperdiçando-a no excesso de promessas não cumpridas e discussões infecundas, quando puderem se reencarnar novamente terão que fazê-lo mudos, ficando assim impedidos de conturbar a coletividade nacional que tanto ludibriaram.

PERGUNTA: — Com essas considerações, quereis dizer que só os grandes brasileiros é que poderão habitar a alta comunidade espiritual do "Brasil"; não é assim?

ATANAGILDO: — A colônia Astral, ou a comunidade responsável por toda a vida física e espiritual no Brasil, não é habitada exclusivamente por "grandes brasileiros", se os classificais assim unicamente no sentido de exaltar o seu alto prestígio público. Ali se encontram brasileiros que, num serviço de renúncia pessoal, muito deram de si em favor da Paz e do Bem coletivo de sua pátria. Eles não foram prepotentes políticos, nem alimentaram separações religiosas; quando chamados à administração pública, não se locupletaram com os bens da Nação, para o gozo e o luxo de sua tribo familiar e dos amigos privilegiados. Foram honestos, pacíficos e cooperadores de todas as instituições assistenciais, insuflando vida e ânimo a todo serviço que beneficiasse a comunidade; esqueceram os seus próprios interesses a favor de seu país, e muitos deles atravessaram a vida humana sob o mais severo anonimato.

A esses cabe o direito de supervisionarem e até corrigirem certos brasileiros astutos e interesseiros, tais como os políticos venais, que se locupletam com o patrimônio alheio, e certos sacerdotes furibundos que esbravejam dentro dos seus templos ou por meio de publicações, procurando separar os cidadãos com o ódio pregado em nome de Deus. Esses grandes brasileiros, a que me refiro, consideram os seus compatriotas encarnados como um todo eletivo e acima dos seus caprichos, interesses ou opiniões pessoais. Eles podem participar da grande comunidade astral que dirige o Brasil, porque esta não diferencia indivíduos, classes ou posições políticas, mas só admite em seu seio os cidadãos brasileiros que, ao partirem da Terra, já conduzam na alma a insígnia de "cidadão do mundo".

Interessa-lhe abrigar homens libertos de doutrinas filosóficas separatistas, sem interesse de proselitismos religiosos e distanciados da astúcia política, imunes à corrupção administrativa e que, em lugar das noções rígidas de pátria ou de raça, possuem em seus corações as qualidades fraternas do cidadão que reconhece o seu país como um pedaço do próprio Universo.

PERGUNTA: — Quer isso dizer que a moradia nas comunidades situadas além da Nação Astral "Brasil" também exige um padrão de sentimentos que ultrapasse as fronteiras efetivas do sentimento pátrio; não é assim?

ATANAGILDO: — Evidentemente, os espíritos que já residem nas comunidades astrais sul-americana, européia, norte-americana, asiática e africana também são entidades cujo afeto e entendimento se estendem além das fronteiras convencionais de pátrias, para abranger o conteúdo afetivo de um continente. Simpatizam-se com todos os povos e raças, e a sua capacidade de amor é tão profunda, que não possuem mais noções de nacionalidade. Quando eles se encarnam na Terra, ou mesmo em outros orbes físicos, o sentido de pátria se lhes parece um acidente sem importância, porquanto sempre exerceram a sua atividade em obras de natureza e objetivos universalistas. No seu afeto, abragem toda a coletividade humana do globo terráqueo, assim como são completamente libertos de credos, doutrinas ou filosofias, além de fortemente inspirados pelo amor de Jesus, que é o Governador Espiritual do orbe e se acha sediado na mais elevada Esfera Astral.

A Vida Além da Sepultura

PERGUNTA: — *Por que motivo não reconhecemos, na Terra, essa unidade espiritual ou unificação universal de todos os seres, o que muito nos ajudaria a extinguir as nossas noções separativistas de pátria e de raças humanas?*

ATANAGILDO: — Essa unidade espiritual é tão notável na sua ação de aproximar as criaturas, que mesmo na Terra ela se faz sentir apesar da separatividade causada pelos princípios políticos, religiosos, sociais ou filosóficos. Notai que, diante do perigo da guerra ou de uma catástrofe que ameaça a coletividade separada por essas tolas preferências e caprichos antogônicos, unem-se amigos e adversários, suspendendo-se hostilidades particulares, a fim de que seja conseguida a força protetora do ambiente. Supondo que a Terra está ameaçada de invasão por forças belicosas de um outro planeta! Que acontecerá? Sem dúvida, pretos, brancos, vermelhos e amarelos, católicos, espíritas, protestantes e muçulmanos, homens de qualquer latitude geográfica e teimosia política, religiosa ou doutrinária, unir-se-ão, apressadamente, a fim de formar o potencial defensivo do vosso planeta. É o sentido de unificação, que desperta!

PERGUNTA: — *Não poderíamos supor que, no caso dessa união de adversários para oporem defensiva contra tal invasão interplanetária, tudo seria devido mais ao interesse e à angústia de sobrevivência do que à compreensão da unidade espiritual?*

ATANAGILDO: — Assim mesmo, ficaria comprovado que há em nossa intimidade um "elo divino", indestrutível e permanente, capaz de extinguir situações de vaidade, orgulho, utilitarismo e desconfiança entre os homens e irmaná-los num só objetivo comum. Não importa se o fizeram por interesse ou instinto de conservação; o que interessa é saber que a unidade espiritual interior nivela todas as personalidades egocêntricas e divididas pelos mais contraditórios motivos, para se afirmar existente no âmago de todas as criaturas.

PERGUNTA: — *Um espírito que desencarnar na França, depois na Itália, na Índia ou na Colômbia, porventura não retornará às colônias astrais respectivas, apegado sempre ao seu nacionalismo pátrio? Não representaria isto um círculo vicioso, em que se muda de ambiente, mas nunca se extin-*

gue o sentimento racista? Como se abranda esse senso de nacionalidade terrena?

ATANAGILDO: — O sentimento de amor à pátria muda a cada nova reencarnação, à medida que o espírito muda de raça ou de país e, por isso, se registram acontecimentos até engraçados entre vós. Quantos alemães odeiam a França, mal sabendo que na última encarnação foram franceses que odiavam a Alemanha! Ou então, quantos homens brancos, da América do Norte, odeiam os negros, ignorando que no passado faziam parte da mesma raça que ora perseguem! Em verdade, tudo não passa de uma tola transferência de ódio de um lugar para outro, por parte do espírito e não da raça ou país. Essas almas, depois da morte do corpo físico, sofrem as mais pavorosas dores e remorsos, envergonhadas de si mesmas, ao se lembrarem de seu ódio racial.

O mesmo pode acontecer com as almas exageradamente patriotas, quando regressam de uma existência terrena fanatizadas pela última pátria em que reencarnaram. Mas a força do espírito imortal opera no seu interior, pois, de tanto mudarem de trajes carnais, vestindo a roupagem do judeu, do polonês, do egípcio, do peruano, alemão, brasileiro ou groenlandês, essas almas terminam incorporando em si mesmas um pouco de cada raça e compondo uma simpática dosagem de fraternidade, já a caminho de se tornarem "cidadãos do mundo". E, como terão de se submeter também às regras das comunidades astrais em que estagiam, entre cada encarnação terrena, enfraquecem-se as suas tradições nacionalistas e o orgulho de raça do mundo terráqueo.

E, se assim não fora, resultaria que os desencarnados prosseguiriam aqui em seus conflitos emotivos de raça e de pátria, e certamente teríamos de enfrentar também os terríveis problemas das guerras, lutas e revoluções fratricidas com outros agrupamentos da nossa mesma morada espiritual.

PERGUNTA: — Poderíeis nos dar um exemplo para compreendermos melhor esse espírito de nacionalidade que cultuamos na Terra, para com o qual somos indiferentes no Além?

ATANAGILDO: — Podeis ter uma ideia do que acontece nas coletividades astrais, onde se unem espíritos provindos de várias nações para exercer um trabalho em comum, se vos lem-

A Vida Além da Sepultura

brardes do que acontece na Terra quando diversos indivíduos se congregam para conseguir um mesmo objetivo, sem no entanto se perturbarem pelas diferenças sociais, hierárquicas ou profissionais.

Basta-lhes que se irmanem por um princípio, uma doutrina ou objetivo filantrópico, para se efetuar a desejada confraternização entre todos. Se quereis um exemplo, lembro-vos o que ocorre no espiritismo: médicos, pedreiros, professores, barbeiros, generais, praças, mulheres, moços, velhos, ricos, pobres, sábios e analfabetos não se congregam para prestar um mesmo serviço desinteressado, para o benefício coletivo? É evidente que existe entre eles um elo indisfarçável que os une fraternalmente, assim como o cimento une as pedras do alicerce. No exemplo que vos dei, o devotamento de todos à doutrina espírita transforma esta num denominador comum que derruba os paredões do personalismo humano e afasta os interesses pessoais para que surjam um só bloco humano unido pelo mesmo ideal.

As colônias e metrópoles astrais que se interessam por objetivos superiores, embora possam ser constituídas por almas ainda influenciadas pelas tradições de pátria e de raça terrena, harmonizam-se permanentemente para o serviço do Bem e a procura da Felicidade. Sob tal aspecto, o nacionalismo cultuado na Terra torna-se um sentimento sem importância no Além, porque os interesses espirituais, que em definitivo ligam todos os espíritos à sua comunidade, sobrepujam em importância os conceitos antiquados de pátria terrena. É óbvio, pois, que um hindu, um brasileiro, um russo, um árabe ou um africano que possua as credenciais de bondade e tolerância, só por isso vale muito mais, na hierarquia espiritual superior, do que mesmo pela sua capacidade intelectual ou prestígio de que gozava no país onde desencarnou.

PERGUNTA: — Uma vez que na última encarnação fostes brasileiro e agora vos encontrais ainda numa metrópole habitada principalmente por brasileiros, não servirá isso de incentivo para que ainda mantenhais viva a vossa última nacionalidade?

ATANAGILDO: — Acredito que não, por uma razão muito simples: quando eu estava encarnado no Brasil, já cultuava sentimentos universalistas, pois, em virtude de meus estudos e meditações espirituais, já estava capacitado de que viver na Terra nada mais era do que um acidente na vida do espírito, sem força para prejudicar a sua identidade universal. A Terra significava para mim admirável alfaiataria, com o grave encargo de atender às encomendas de trajes carnais, que lhe faziam os espíritos necessitados de excursionar pela matéria. Não me interessava discutir os motivos dessas encarnações nesse ou em outro país, se bem me parecesse que alguns espíritos baixavam por mero turismo à paisagem física e outros atendiam à necessidade urgente de cura purgatorial, lavando-se no tanque das lágrimas e enxugando-se com a toalha do sofrimento.

Detrás de todas as fisionomias, tipos carnais e personalidades humanas, eu sempre identificava o espírito imortal dentro do seu vestuário de ossos, nervos e músculos. Para mim, ele era sempre um companheiro eterno que, pela janela carnal, viera participar das tricas do mundo terreno. Não me preocupava em inventariar as raças de acordo com seus costumes e tradições; também não emprestava maior valor às criaturas oriundas de nações privilegiadas, assim como não subestimava aqueles que provinham de raças "inferiores". Considerava a todos como espíritos que tentavam encontrar a mesma ventura que eu também me propusera encontrar. Uma grande tolerância se me fazia sentir mesmo para com aqueles que ainda se deixavam dominar pela avareza, a cupidez, o ciúme e a inveja, ou então se afligiam pela posse dos ouropéis e privilégios dum mundo transitório. Achava-os, por vezes, iguais às crianças que brigam por causa de um brinquedo ou se angustiam pela posse de um cavalinho de pau...

Mesmo diante do procedimento de Anastácio, que fora o meu credor hostil do passado, esforcei-me para não ser dominado pela expressão dramática e humilhante do acontecimento; via-o, às vezes, afastar-se de mim, após ter-me afrontado publicamente e dado vazão ao seu ódio para comigo, mas meu coração, num ar de censura travessa, dizia-me que eu devia reconhecer naquele homem não um adversário indesejável, mas um irmão em espírito, com a estultice de pisar sobre a sua própria felicidade.

PERGUNTA: — Isso quer dizer, então, que o vosso ingresso na comunidade do Grande Coração dependeu muito do modo como encaráveis as raças e nacionalidades terrenas; não é assim?

A Vida Além da Sepultura

ATANAGILDO: — Sempre considerei a Terra como um vasto lar, onde o habitante de cada país significava um parente próximo, mantido por um mesmo orçamento do Criador, por cujo motivo queria bem a todas as criaturas que ela abrigava. As pátrias, as famílias e os lares de todos os homens, eu os considerava como um prolongamento do meu próprio lar, como se eu vivesse ao mesmo tempo em vários climas sentimentais, compartilhando dos sonhos de todas as raças.

Há de chegar o tempo em que essa grande família espiritual terrena, cujos membros se encontram dispersos pelos vários climas geográficos do planeta, se congregará num só núcleo de trabalho e alegria, para então usufruir a Paz imortal, que vive à distância dos condenáveis sentimentos muito comuns entre os homens separativistas. Esse sentimento de fraternidade que eu mantinha para com todos os seres, sem lhes diferenciar as raças ou condições sociais e morais, tornou-se ainda mais desenvolvido aqui no Mundo Astral, e agora me é dado verificar, sem qualquer equívoco, que eu agira absolutamente certo ao manter aquela minha atitude incondicional de afeto, que é a base fundamental para o ingresso de espíritos na metrópole do Grande Coração.

PERGUNTA: — Não vos sentis, por vezes, dominado por certa nostalgia ao evocardes a vossa vida no Brasil, tal como acontece aos estrangeiros que são obrigados a se transferir para aqui, quando evocam o cenário, costumes e tradições da pátria distante?

ATANAGILDO: — Se eu fosse tomado de nostalgia pelo fato de haver vivido no Brasil, muito maior nostalgia me perturbaria ao evocar a vida que passei em outros países onde me reencarnei maior número de vezes. Nesse caso, muito antes de evocar a vida no Brasil e tornar-me de nostalgia por isso, evocaria a cidadania de Marte, que é o planeta de origem de minha consciência individual e do qual fui exilado para a Terra. E se eu me preocupasse em evocar a pátria em que viveu o meu espírito, então, antes de pensar no Brasil, deveria lembrar a Atlântida, o Egito, a Arábia, a Hebréia, e principalmente a Grécia ou a Índia, onde o meu espírito se demorou mais tempo encarnado. Eis a grande ilusão dos homens terrenos que, mal informados pelos seus sacerdotes, instrutores religiosos, filósofos puramente intelectivos, restringem a sua felicidade presente e futura na tentativa tola de traçar fronteiras sobre o solo de um mundo provisório, buscando separarem-se pela diferença acidental de cor, raça, pátria e religião.

Na intimidade de minha alma, bastante fortalecido pela convivência com todas as raças, tanto vibra a paixão do atlante, como vibram a vontade do egípcio faraônico, a força indomável do árabe nômade, o misticismo do hindu contemplativo, a cautela do hebreu desconfiado ou a irreverência do grego atilado! E, por certo, também já palpita em mim algo da índole inquieta e brejeira dos brasileiros, entre os quais sofri o caldeamento psicológico de minha última encarnação aí na Terra.

PERGUNTA: — Na metrópole do Grande Coração, só podem ingressar espíritos provindos exclusivamente do Brasil?

ATANAGILDO: — Não estamos sitiados por fronteiras raciais ou segregamentos nacionalistas, peculiares aos países terrenos, e sim agrupados pela sintonia de certas qualidades espirituais, embora existam algumas diferenças pessoais ou intelectuais entre os seus componentes. O ingresso de desencarnados em nossa moradia astral não depende de que sejam propriamente brasileiros, mas sim de já serem filiados à mesma e possuírem o tom vibratório sideral exigido pelo ambiente ou, então, de determinação do Alto, quando se trata de estágio de aclimatação, para futuras encarnações no Brasil.

É certo que a metrópole do Grande Coração exerce suas atividades exclusivamente em relação a espíritos encarnados no Brasil e, por esse motivo, necessita cultivar certos costumes brasileiros para melhor êxito na acomodação emotiva de seus habitantes e ficar favorecido o intercâmbio espiritual com eles, pela afinidade de pátria.

PERGUNTA: — Por que motivo a metrópole do Grande Coração não estende a sua jurisdição a outros povos, do que poderia resultar uma compreensão espiritual melhor, em virtude da maior aproximação de raças?

ATANAGILDO: — Os mentores da metrópole do Grande Coração não podem estender a sua área de trabalho e proteção a maior número de almas que o das que já estão classificadas na previsão feita em sua comunidade; para isso, precisariam criar e educar novas equipes de trabalhadores destinados a tarefas sacrificiais junto à Terra e às regiões do Astral inferior, e assim

A Vida Além da Sepultura

187

tornariam a tarefa assistencial e educativa tão vultosa e exaustiva, para o seu conjunto atual, que em breve imperaria nele a desorganização, pela insuficiência técnica do serviço e a impossibilidade de renovação panorâmica e educativa da metrópole. Eis o motivo de suas atividades serem circunscritas aos brasileiros que desencarnam em progressista região do vosso país.

13. Colônias do astral. Migrações

PERGUNTA: — A transmigração de espíritos de uma comunidade astral para outra pode ser feita sem prejuízo da unidade afetiva das colônias para as quais forem transferidos?

ATANAGILDO: — Um espírito que haja desencarnado na Europa e tenha de se reencarnar no Brasil, na região supervisionada pela nossa metrópole, muito lucrará com um estágio preparatório em nosso ambiente astral, desde que apresente o padrão vibratório espiritual exigido. Em sentido inverso, para o espírito de brasileiro que futuramente tenha de se encarnar na Europa, também haverá muita conveniência em que se submeta a um preparo na comunidade astral que dirige o país em que deverá renascer, a fim de melhor se ajustar às energias psíquicas do seu novo clima geográfico.

Essa salutar providência ajuda o futuro reencarnante a conhecer melhor os seus ascendentes biológicos e na integração dos costumes e temperamentos do povo que lhe servirá de compatriota físico. É de senso comum que cada raça revela um condicionamento psicológico e um temperamento especial, desenvolvidos no passado.

Notai que o alemão é de índole marcadamente científica, o francês mais afeto ao estudo especulativo da filosofia, os italianos profundamente ligados à arte lírica e o hindu essencialmente contemplativo. Essas características, que são produtos de experimentações milenárias e do magnetismo peculiar a cada ambiente, quando podem ser estudadas antecipadamente pelos futuros reencarnantes reduzem bastante as prováveis e futuras perturbações psíquicas, que em alguns espíritos se traduzem pela misantropia, desencanto, melancolia e indiferença, assim como no saudosismo inexplicável quando certas almas se sentem completamente estranhas ao meio em que se encarnam pela primeira vez.

PERGUNTA: — Podemos supor que possam ocorrer verdadeiras inadaptações nessas encarnações migratórias de uma raça para outra, a ponto de se enquadrarem no rol das enfermidades psíquicas?

ATANAGILDO: — Alguns complexos freudianos têm suas origens nessas "inadaptações" por parte de espíritos que mudam para ambiente psíquico oposto à sua índole e condicionamento milenário. Não seria preciso vos recordar quão diferentes são o clima geográfico e o meio psicológico em que vive o hindu místico, se os comparardes aos de determinadas metrópoles ocidentais, com o ar saturado de combustível malcheiroso dos veículos e repletas de mil vicissitudes cotidianas, que torturam os homens e os tornam neuróticos, aflitos e turbulentos. A alma introspectiva, habituada à singela e tranquila filosofia da Natureza, sente-se profundamente aturdida ao se encarnar no seio da vida tumultuosa e excessivamente mecanizada, que lhe exige toda espécie de fórmulas e regulamentos draconianos e a envolvem num círculo de atividades onde só predominam os interesses materiais e se descuida da glória do espírito imortal.

PERGUNTA: — Por meio da experiência humana, temos verificado que a maioria dos imigrantes que atravessam o oceano e vêm residir em nosso país não só consegue se adaptar imediatamente ao meio brasileiro, como em breve se funde à comunidade que antes lhe era completamente estranha! Porventura, existe mais dificuldade quando se trata de migração espiritual?

ATANAGILDO: — Convém que não generalizeis tudo aquilo que vos exponho, pois a Lei, sem qualquer exceção à regra, só existe essencialmente no Todo, que é Deus! É mais fácil vos adaptardes a um meio inóspito ou estranho quando estais encarnado, porque os vossos principais meios de subsistência se resumem no pão, na veste, no abrigo. Resta apenas solucionar o problema sentimental, porque o saudosismo da pátria pode dificultar o completo reajustamento ao novo ambiente. Mas o grau desse sentimento nacionalista depende de vossa natureza espiritual, mais ou menos exclusivista, pois a alma de pendores universalistas e devota à fraternidade humana muito cedo se integra aos costumes das pátrias estranhas.

A migração física de um país para outro sempre oferece melhores probabilidades de adaptação aos encarnados, quer pela certa semelhança entre os costumes e objetivos humanos, que são comuns entre todos os povos, quer porque o imigrado se reúne a outras almas compatriotas, que ainda cultuam determinadas tradições pátrias, que lhe aliviam a saudade da pátria distante. No entanto, o espírito, quando se encarna e muda de ambiente geográfico e de linhagem carnal, com que se acostumara, enfrenta o grave problema de se adaptar a um povo físico, que pode ser de ascendentes e tradições bio-psíquicas bem opostas à sua costumeira índole espiritual. Embora ele conduza consigo a sua bagagem psíquica milenária, há de enfrentar um novo campo de forças específicas, com que ainda não está essencialmente habituado, assemelhando-se ao peixe que encontra sérias dificuldades quando é retirado do lago tranquilo e lançado ao leito do rio tumultuoso.

PERGUNTA: — Poderíeis nos dar algum exemplo para melhor refletirmos sobre tais diferenças de natureza reencarnatória?

ATANAGILDO: — Um espírito que, por ter cultuado muitas existências místicas, seja fundamentalmente contemplativo, sempre há de encontrar dificuldades de adaptação e ajuste a qualquer organismo que descenda de linhagem carnal turbulenta e natural de um clima psíquico e dinâmico como o do Ocidente. Conquanto o perispírito — que sobrevive sempre a cada encarnação — seja a sede do psiquismo, enquanto cada corpo é um aglutinado de moléculas submetidas a um princípio diretor, o encarnante terá que se sobrepor à atmosfera hereditária e ao psiquismo dos novos ancestrais, a que se submete. Essa atmosfera psíquica, que provém de continuidade secular de toda linhagem humana, apresenta fortes diferenças de uma família para outra, assim como há profunda diferença entre o ambiente psíquico de uma igreja e o de um prostíbulo.

Na minha opinião particular, a linhagem carnal de cada família exala um "odor psíquico" particular, assim como, depois de retirado um frasco de perfume de uma sala, ainda ficam ali as emanações do mesmo, ou quando cessado o fogo da fornalha, ainda permanece ativo o calor do ambiente. A minha própria experiência revestiu-se de significativa dificuldade, quando me desliguei definitivamente das romagens reencarnatórias do Oriente para renascer nos organismos de carne do Ocidente.

No primeiro caso, o clima oriental concorria para me predispor a alma à procura de minha identidade eterna espiritual, num permanente influxo à minha sensibilidade intuitiva; no segundo, a atmosfera ocidental, sobrecarregada de exagerado cientificismo objetivo e desconfiada das coisas do espírito, além do mórbido sectarismo dos núcleos religiosos conservadores, impunha-me um campo de magnetismo opressivo e me fazia retrair a expansividade natural do passado.

PERGUNTA: — De onde provém o constante aumento da população da Terra?

ATANAGILDO: — Em torno da Terra, no Plano Astral, ainda existe elevado número de espíritos candidatos à reencarnação e que povoariam satisfatoriamente todo o globo terráqueo. À medida que se forem gerando novos corpos, eles também irão se ajustando às providências de seu renascimento. Acresce, também, que no Espaço se processa a migração de espíritos de um agrupamento astral para outro, assim como incessante intercâmbio entre as comunidades desencarnadas de outros planetas.

Muitos espíritos que desencarnam na Terra emigram para outros mundos, enquanto novos contingentes de almas provindas de outros orbes também se encaminham para a reencarnação no globo terrestre. A fim de se evitar a sobrecarga asfixiante e a saturação de espíritos rebeldes, que dificultam nos mundos a ascensão moral dos bem intencionados, ocorrem então as chamadas fases de "Juízos finais", quando nos planetas de imaturidade espiritual, como a Terra, certas catástrofes reduzem a carga de encarnados, fazendo emigrar os perturbadores para os mundos inferiores, onde terão de reiniciar a curso evolutivo, por meio de novos sofrimentos disciplinadores.

A Vida Além da Sepultura

14. Colônias do astral. Sua influência sobre o progresso

PERGUNTA: — Qual seria um exemplo de que o atual trabalho de vossa metrópole poderá modificar futuramente o padrão de nossa vida material, já que aí viveis sistemas adiantados e levais a cabo realizações mais avançadas do que as que mal se esboçam na Terra?

ATANAGILDO: — Acredito que, a exemplo do que já aconteceu na esfera da música, ser-vos-á demonstrado, mais uma vez, que no Mundo Astral podemos criar com bastante antecedência tudo aquilo que só muito tempo depois o vosso mundo "descobre" sob o veemente entusiasmo científico. Só há pouco tempo é que a ciência terrena reconheceu na música um recurso que tanto pode ser aplicado, com excelente êxito, na cura de certas enfermidades nervosas e mentais, assim como pode também se transformar em valioso estímulo para o trabalho. No entanto, desde o século XVIII essa terapia já era empregada nas cidades astrais situadas próximas da Terra, as quais se serviam da melodia para ativar as energias do perispírito, e como recurso sedativo sobre os desencarnados vítimas de conturbação do psiquismo.

Ao passo que só em meados do século XX os cientistas e educadores terrenos aceitavam "oficialmente" a influência da música na terapêutica humana, introduzindo-a lentamente nos seus estabelecimentos de trabalho, hospitais, instituições educativas e correcionais, a metrópole do Grande Coração já a usava, havia quase dois séculos, como auxílio corriqueiro para a cura de necessitados, em sua comunidade astral. E, assim, o que tem sucedido na esfera da música também se sucede noutros campos de atividade espiritual, em que as comunidades do mundo invisível já se utilizam, com muita antecedência, de conquistas científicas e artísticas que mal se esboçam na Terra.

PERGUNTA: — E, quando essas realizações antecipadas do Mundo Astral passam a ser conhecidas da humanidade terrena, nós também as aproveitamos com a mesma inteligência com que as aproveita o Mundo Astral?

ATANAGILDO: — Infelizmente, todas as mensagens e inspirações de ordem superior, transmitidas das comunidades astrais para a crosta, sofrem primeiramente o impacto do interesse, do sofisma ou da violência, ainda tão comuns ao cidadão terreno. A eletricidade, a pólvora, o avião, a energia atômica, enfim, todas as descobertas e invenções que "descem" do Além, para desafogar a vida humana, têm sido primeiramente utilizadas para fins destrutivos ou sob execrável espírito mercantilista. Só depois que os homens se mostram exaustos, decepcionados e maltratados pelo próprio abuso das realizacões que o Alto lhes inspira para fins pacíficos, é que então se devotam ao seu aproveitamento útil para finalidade construtiva.

Assim ocorrerá com a própria música, apesar dos excelentes resultados que ela já produz em aplicação benfeitora. O cidadão terreno, sempre sedento de ganho — é fora de dúvida — há de querer extrair o máximo de proveito pessoal na descoberta da "meloterapia", pouco lhe importando os sacrifícios ou os prejuízos que venham a sofrer outros seres menos aquinhoados pela inteligência.

PERGUNTA: — Poderíeis nos dar um exemplo bem objetivo, desse espírito interesseiro do homem quanto àquilo que lhe inspiram do Espaço?

ATANAGILDO: — Cingindo-me ainda à esfera da música, exemplifico: logo que surgirem na Terra notícias científicas quanto à excelente influência da música na prosperidade da produção terrena, com excelente aproveitamento, principalmente no reino animal, os homens mais afoitos hão de organizar tabelas musicais utilitaristas, por meio das quais se pousa intensificar o rendimento do leite nas vacas, o crescimento de lã nos carneiros ou o aumento da banha nos porcos. Sem dúvida, andarão à cata de ritmos e melodias que se ajustem a cada objetivo desejado. Acredito mesmo que muitos não tardarão em se servir do samba ou do frevo, bem brasileiros, para que as vacas produzam admirável manteiga durante a agitação do leite; enquanto isso, os gansos serão criados sob incessante audição da "Sinfonia Patética", de Tchaikovski, a fim de se tornarem melancólicos e hipocondríacos, com o fígado anormalmente desenvolvido para que melhor se possa preparar o famoso "Pâté de foie gras", enlatado, obtido graças a essa música tão mórbida e tão introspectiva...

Quanto às demais aplicações de sentido utilitarista, não deveis guardar mais dúvidas: inúmeros industriais, comerciantes e empreiteiros já não escondem o seu júbilo mercantilista afirmando que o efeito da música é notável, pois os homens produzem mais sob a influência das melodias psicologicamente ajustadas ao seu mister. Assim é que, muito breve, o gênio humano terá criado os seguintes e hábeis recursos inspirados na "meloterapia": os carteiros abreviarão a entrega da correspondência, graças ao incentivo de festivas marchas militares que lhes acompanharão os passos; as mulheres poderão tricotar velozmente, sob o ritmo sincopado dos "chorinhos" brasileiros; os componeses hão de superar a safra costumeira, espalhando as sementes de cereais controlados pelos movimentos alegres das valsas européias.

Depois de tanta utilidade encontrada na aplicação da música aos seus interesses, que importará ao homem a mensagem angélica da melodia, que influi na disposição afetiva da alma?

A Vida Além da Sepultura

15. Relações entre vivos e mortos

PERGUNTA: — Que pensais do modo por que encaramos a morte do corpo físico; e que dizeis do intercâmbio que mantemos com os desencarnados?

ATANAGILDO: — Na Terra ainda são muito comuns os julgamentos extremistas com referência ao "falecimento" da criatura, assim como há uma grande confusão quanto à nossa verdadeira situação após a travessia do túmulo. Segundo ensinam os teólogos sentenciosos do Catolicismo Romano, a alma desencarnada ou deve obter uma excelente cadeira cativa no Paraíso, ou então, se não sair do Purgatório, há de se transformar em apetitoso assado no braseiro satânico do Inferno. O Protestantismo ainda é mais severo, afirmando que não há Purgatório; a alma ou vai diretamente para o céu ou diretamente para o inferno, onde permanecerá por toda eternidade. Não faltam, também, as correntes espiritualistas demasiadamente complexas, que extinguem o nosso aspecto humano e desorientam os estudiosos, quando apresentam o "Plano Astral" como um cenário povoado por autômatos a viverem entre sombras e imagens virtuais.

No entanto, embora sejam verídicas as situações aterradoras de muitos espíritos lançados nas trevas dos abismos dantescos, mas não eternamente, aqui no Além vivemos de modo racional e rapidamente assimilável pelos desencarnados. Mas é certo que só usufruímos o resultado exato de nossas ações já concretizadas na intimidade de nossa própria alma; gozamos de alegrias e atrativos ou então passamos por vicissitudes e retificações dolorosas, conforme a boa ou má aplicação que na Terra tenhamos dado aos dons da vida espiritual. E por isso somos ainda criaturas acalentando sonhos ou topando com decepções; encontrando alegrias ou curtindo tristezas, mas profundamente humanas e distantes dos extremismos das opiniões que comumente se formulam sobre aqueles que "morreram". Aliás, mesmo entre os espíritas — que formam ideia mais sensata a nosso respeito — ainda há os que nos recebem compungidamente, em suas sessões, entre suspiros e temores, convictos de que baixamos dos "páramos celestiais" ou, como dizem, "dos pés de Deus", enquanto nos cobrem de "graças" sobre "graças".

Outros mais pessimistas, consideram-nos terrivelmente sisudos e severos, certos de que só nos preocupamos em excomungar os pecados dos homens e desejamos toda sorte de castigos para a Terra diabólica, apesar de haver sido criada por Deus.

PERGUNTA: — Temos a impressão de que a morte do corpo físico extingue nas almas o gosto pelos divertimentos e pelo humorismo, tão comuns na Terra. Estamos certos?

ATANAGILDO: — Creio que a convicção da imortalidade do espírito e a certeza de que o futuro é abençoada oportunidade de recuperação espiritual seriam o bastante para que até as almas mais degradadas pudessem se rejubilar mesmo diante das maiores vicissitudes da vida. No entanto, muitos espiritualistas, e até espíritas já convencidos da imortalidade da alma, ainda vivem no mundo com a fisionomia carrancuda e ar solene, espalhando em torno de si injustificável e doentio pessimismo.

É que eles nos imaginam espíritos destituídos da graça comum e natural à vida prazenteira, crentes de que, pelo fato de havermos perdido o esqueleto, estamos transformados em sábios apologéticos ou santos sentenciosos, cujos dignos pendores requerem um ambiente de sisudez. No entanto, que somos nós, os desencarnados? Apenas almas recém-vindas da Terra, que ainda conservam os últimos reflexos de suas vidas atribuladas e entremeadas de tristezas e alegrias, baixeza e sublimidade, loucura e sensatez, irascibilidade e ternura, pecado e santidade, inteligência e ignorância.

A Vida Além da Sepultura

E não é raro que o fenômeno se inverta, quando homens e mulheres que, durante o dia, se divertiram a valer com "piadas" maliciosas, anedotário irreverente, conceitos ferinos e pensamentos insinceros e mordazes contra o próximo, reúnam-se à noite, em "concentração especial", visando ao intercâmbio mediúnico conosco? Sob a implacável marcação do relógio, ouvem-nos durante uma hora, de olhos fechados, com profundos vincos de sensatez e reverência na testa franzida, enquanto o pensamento é elevado às pressas, a fim de se garantir um ambiente severo e respeitoso, com um punhado de vibrações contraditórias... Ignoram que de modo algum os homens poderão "erguer" o seu pensamento à última hora, se o mantiveram manietado durante o dia às coisas fúteis e aos objetivos avaros e ignóbeis do mundo; da mesma forma, não sabem que as fisionomias lúgubres e fechadas, durante alguns minutos de espasmódica concentração, nunca poderão compensar a irreverência para com as leis de Deus, praticadas durante o dia.

PERGUNTA: — Quais as vossas sensações como desencarnado, comparando-as às emoções que tínheis no mundo físico?

ATANAGILDO: — Quereis saber como me sinto, neste momento, em relação ao que sentia no mundo que ainda habitais; não é assim? Neste momento, em que o médium traduz o meu pensamento em letras de forma, não me considero um fantasma pingando gotículas de gelo, nem me apercebo das tradicionais e pesadas correntes algemando meus pés, assim como os excêntricos fantasmas londrinos, que ainda têm o péssimo hábito de arrastá-las pelos salões dos castelos medievais da Inglaterra. Ausculto-me, atenciosa e corajosamente; apalpo-me, e que sinto? Sinto-me mais vivo; mais sutilizado nos meus pensamentos e completamente desafogado das minhas aflições físicas.

Comprovo, outrossim, que se me ampliou o coeficiente de ternura, de alegria, de paz e de espontaneidade, que já possuía na Terra; distancio-me do péssimo sistema da hipocrisia humana e me despreocupo da opinião pública a meu respeito. Acredito que esse gozo inefável, que às vezes me arrebata a alma, como em um "êxtase" ou algo do tradicional "samadhi" dos místicos hindus, deve fazer parte daquele estado sublime que Jesus revelou aos homens, dizendo que só veríamos o Reino dos Céus depois que nos transformássemos em criancinhas.

Pelo menos, na esfera em que me encontro, o júbilo toma-nos a alma e sentir-nos-íamos grandemente culpados perante a nossa própria consciência espiritual se pretendêssemos esconder dos demais companheiros a menor partícula de nossos pensamentos e intenções. Vivemos às claras e expomos sem rebuços tudo o que sentimos e pensamos, sem qualquer premeditação ou intenção oculta. Esse nosso estado eufórico e desprovido de dissimulações, que aqui cultuamos, lembra de fato algo de criança instintiva, travessa, mas sincera e espontânea, que age exatamente como pensa.

PERGUNTA: — É evidente, entretanto, que esse comportamento distinto, que nos relatais, decorre do meio em que vos encontrais atualmente; não é verdade?

ATANAGILDO: — Oh! Não! Ele é o resultado exato daquilo que realizei em mim mesmo, através dos milênios já transcorridos, no treinamento de minha consciência; eu sou o edificador deste júbilo e desta paz que me dominam a intimidade, embora deva reverenciar a magnanimidade de Deus, que tanto me doou a vida como o entendimento. Não vos equivoqueis quanto à implacável transitoriedade dos ambientes que vos cercam tanto na Terra como no Além, pois, em verdade, a nossa ventura ou desgraça decorre mais propriamente de nossas realizações íntimas do que dos panoramas exteriores ou da influência do meio.

As "salvações" e as "graças" de última hora, sem o mérito espiritual, só podem ser concebíveis entre os religiosos ainda imaturos de espírito, que ainda se deixam governar por sacerdotes ou instrutores que ainda crêem também nas mesmas absurdidades. É evidente que esses religiosos não podem abandonar ainda essa crença insensata, visto que são portadores, ainda, de consciências infantis, por cujo motivo acreditam piamente nas historietas sagradas, não cogitando de saber se há lógica em seus fundamentos.

PERGUNTA: — Quais os fatores que mais contribuíram para conquistardes essa libertação espiritual e esse júbilo que usufruís agora, no Além?

ATANAGILDO: — Na minha última encarnação, empreendi hercúleos esforços para me libertar definitivamente das fórmulas, vícios, preconceitos e convenções que não só oprimem e dramatizam a vida humana, como ainda algemam o espírito mesmo

A Vida Além da Sepultura

depois de desencarnado.

Assim, quando me desembaracei do corpo físico, fui atraído para o ambiente vibratório em que atualmente vivo, no qual passei a manifestar, em sua plenitude natural, os sentimentos que já cultivava quando ainda encarnado.

Atravessei a vida física atento e desperto, muitíssimo interessado em empreender mais a minha libertação da forma terrena do que usufruir os prazeres medíocres das sensações provisórias da carne. Mas é evidente que, para nos libertarmos da escravidão do mundo ilusório da matéria, não basta apenas que a criatura se isole num falso puritanismo ou se transforme em monge de qualquer ermida secular; em verdade, pode-se viver na plenitude da existência humana e participar de todas as lutas e sofrimentos alheios, vivendo entre os ambiciosos, os egoístas e os avaros, porém sem ser ambicioso, sem ser egoísta e sem ser avaro. É participar da batalha, mas "não ser guerreiro", como ensinam os aforismos orientais; é viver tanto quanto vivem os outros, mas sem competir, sem desejar e sem se escravizar às seduções da forma.

É ter vida espontânea, por amor à obra; é fazer doação incessante de sua própria luz, para dar lugar a maior cota da Luz Eterna, do Criador!

PERGUNTA: — E como vos sentis, atualmente, quando comparais o vosso corpo ao corpo material que deixastes no túmulo terrestre?

ATANAGILDO: — Quando encarnado, eu carregava 65 quilos de carne, nervos e ossos pelas ruas barulhentas da capital paulista, fardo esse que constituía o meu corpo físico, sempre repleto de exigências e vulnerabilidades para com o meio. Quase todos os dias precisava ensaboá-lo e vesti-lo, arranjando-lhe o necessário combustível, que ele sempre consumia com visível insatisfação animal, desejando sempre coisa melhor... Mas é preciso, apesar disso, sermos gratos para com a matéria, pois ela sempre se demonstra benévola em qualquer circunstância de vida humana, operando para a mais breve liquidação do fardo cármico que costumamos trazer do passado.

Os meus pecadinhos menores, que ainda sobejavam, acredito que os paguei carmicamente na cadeira do dentista; os que ainda restavam, eliminei-os suando por todos os poros nos dias equatorianos, ou então batendo os queixos e tiritando de frio sob a garoa paulista. Durante o dia, era obrigado a fazer entrar o meu corpo em toda espécie de veículos circulantes, a fim de levá-lo às zonas de trabalho profissional, fechando os ouvidos aos desaforos dos condutores e cobradores irascíveis; à noite, tinha de trazê-lo de volta para o necessário repouso no leito modesto do lar suburbano.

Normalmente, era candidato ao suicídio por entre as ruas da turbulenta São Paulo, realizando as mais perigosas acrobacias entre ônibus e bondes, automóveis e bicicletas, afobando-me para atingir os passeios protetores, imitando alguém que tivesse de atravessar a selva bruta sob a perseguição de um bando de animais ferozes.

No entanto, de que modo vivo agora? Basta pensar vigorosamente num dado ponto do vosso globo, ou mesmo em qualquer zona do Astral que circunda a Terra, para então me transportar para ali com a velocidade do pensamento, como costumais dizer aí na matéria. E esse trajeto eu faço mais rapidamente do que o faz o último avião a jato produzido pela ciência terrestre, pois atinjo o objetivo desejado imediatamente após a minha vigorosa intenção. E tudo isso posso realizar sem os suores do calor terrestre e sem os afogamentos respiratórios do corpo físico, assim como não estou sujeito aos desastres comuns e aos perigos assustadores dos transportes terrenos.

PERGUNTA: — Gostamos do modo franco e sem malabarismo de palavras, com que nos dizeis as coisas; isso nos auxilia a compreendermos melhor as próprias relações entre "vivos" e "mortos".

ATANAGILDO: — É indubitável ser culpa ainda dos encarnados essa deficiência nas relações espirituais conosco, porquanto, de nossa parte, tudo temos feito para remover os obstáculos tradicionais no intercâmbio proveitoso com o nosso lado. Já tive ocasião de vos dizer que não somos fantasmas de amedrontar crianças, nem santos de olhares estáticos para as nuvens, para não estremecerem, aterrados, ao olharem o ambiente "impuro" do mundo material.

É evidente que, se Deus vive imanente em tudo aquilo que criou, há de palpitar no próprio ambiente "impuro" da matéria, salvo se existe outro Deus, que eu não conheço. O desregramento e a impureza não passam de estágios evolutivos para a formação de consciência individual do espírito, ainda imaturo em suas faculdades racionais. Eis por que acho bem melhor evitardes tantas mesuras e pragmáticas nas vossas relações com o Além-túmulo, eliminando-se a ideia de castas siderais, para nos prestarmos socorro mútuo, a favor de nossa felicidade futura.

Há um provérbio popular que diz: "Tanto aqui como lá, muitas coisas se sucedem", e que pode se aplicar à nossa vida astral, quando certos fenômenos parecem se inverter e situar-se dentro do prosaísmo da vida humana. Quando vos sentis sobrecarregados de fluidos maus, dos espíritos atrasados, mal sabeis que aqui ocorre a mesma coisa quando alguns espíritos rogam-nos a esmola de um "passe" benfeitor, a fim de poderem exterminar os fluidos pesados que lhes aderiram à epiderme etérica, em virtude da imprudência de escutarem ou se intrometerem em certas conversas dos encarnados....

Daí, pois, a franqueza e espontaneidade com que vos digo as coisas, pois os nossos defeitos e virtudes cultivados no mundo também podem vicejar em torno de nós, embora estejamos aureolados pelas luzes do entendimento espiritual.

PERGUNTA: — Supomos que a crença na imortalidade da alma e a familiaridade das comunicações mediúnicas com os espíritos desencarnados têm contribuído bastante para a melhoria das relações entre "vivos" e "mortos"; não é assim?

ATANAGILDO: — Pelo que tenho observado do lado de cá, essas relações ainda parecem bem precárias e distantes da espontaneidade, compreensão e lógica tão desejadas pelos desencarnados sensatos. Na Terra, ainda persiste o tabu de que espírito desencarnado é fantasma de histéricos ou, então, um indivíduo verdadeiramente sádico, ardendo em desejos de atormentar a família terrena. Tenho ouvido reclamações de bondosos velhinhos desencarnados, que lamentam o fato de, ao serem vistos ou percebidos pelos seus filhos ou netos encarnados, terem o desprazer de os ver botarem a boca ao mundo clamando que lhes saiam de casa e voltem para as suas sepulturas silenciosas.

Claudionor, amigo meu e paulista quatrocentão, muito custou a se conformar com o que lhe aconteceu dentro do próprio lar terráqueo, quando pretendeu visitá-lo e matar a saudade de sua parentela terrena. A sua família remanescente é ainda visceralmente católica e não acredita em sobrevivência de almas à "moda espírita", em que o espírito desencarnado continua com as suas maneiras e inclinações humanas. Ela só admite uma idéia: ou o visitante é santo, apresentando-se em divino êxtase, nimbado de luz, voz melíflua e faces angélicas ou, então, só pode ser o próprio diabo fingindo-se de parente! Ardendo em saudades, Claudionor abraçou efusivamente sua filha menor, mas esta — que, embora ainda ignore a sua faculdade, é médium em potencial e de futuro desabrochamento — quando foi tomada pela grande emoção de ver o pai desencarnado, instintivamente exsudou algo de ectoplasma que, sendo força nervosa, foi atingir descontroladamente um rico vaso de porcelana, que se espatifou no soalho, quase desintegrado. A esposa de Claudionor, num relance intuitivo, lobrigou-o e bradou aos demais que ali estava o espírito do marido, a fazer estrepolias, o que pôs a família toda em polvorosa para espanto e angústia do meu querido amigo paulista! ... E ele ainda se mantinha lacrimoso e abatido pelo acontecimento, quando entrou afobadamente na casa o vigário local para enxotá-lo do lar a força de água benta e de excomungações intempestivas! ...

Eis o grande melodrama da morte: os nossos parentes gritam, enlouquecidos, sobre o nosso caixão mortuário mas, depois, fogem espavoridos quando tentamos comprovar-lhes que, além de estarmos vivos, ainda os amamos como sempre. Jesus tinha muita razão, quando se queixava amargamente: "Vim para o que era meu, e os meus não me receberam!"

PERGUNTA: — Acontece, entretanto, que, quando nos comunicamos com espíritos sábios ou de certa elevação, tememos desrespeitá-los, assim como ficamos em dúvida quanto às suas verdadeiras simpatias para conosco.

ATANAGILDO: — Mas é tempo de enfrentardes a realidade espiritual, cujo desconhecimento sempre lamentamos do lado de cá, depois que deixamos o fardo carnal. Uma vez que somos oriundos da mesma Fonte Criadora e estamos à procura da mesma Verdade — assim como percorremos a mesma estrada sonhando com a Ventura Eterna — convém que mutuamente nos informemos da natureza do caminho, ou da existência de algum atalho proveitoso, assim como raciocinemos, em conjunto, sobre as recomendações e advertências que nos fazem os amigos que seguem à frente da caravana. Além de se dispensarem as exigências de muitas cortesias para conosco, porque somos peregrinos ligados pelos mesmos interesses, é mister que evitemos semear urtigas no caminho, que nos ferem na competição coletiva pelo mesmo objetivo que é de todos.

Embora estejamos desencarnados, a nossa vida tem algo de parecido com muitas perspectivas da Terra, pois ainda não decantamos todo o lodo do nosso perispírito, nem podemos abandonar de pronto o cortejo comum de nossas aquisições humanas. Desde que nos mantenhamos ligados pelos elos eternos do coração, poderemos dispensar as convenções provisórias, as quais se constituem em paredões pesados, que impedem o fluxo natural de nossa bondade e do amor latente no âmago de nossas almas.

PERGUNTA: — Entretanto, sob o nosso fraco entendimento, ainda pensamos que a maturidade espiritual também traz a sisudez, a circunspeção ou as atitudes ponderadas e severas dos homens de valor; não é assim?

ATANAGILDO: — Tomai por exemplo o que acontece convosco: porventura, apreciais mais o ambiente pesado, as vozes sentenciosas, o constrangimento e a desconfiança da etiqueta convencional do mundo? Ou preferis a alegria espontânea, o riso leal, sincero e despretensioso? Em nossas comunidades espirituais, o riso e a alegria são sinais de uma vida sem remorsos e desafogada de quaisquer preconceitos sisudos do mundo pessimista.

Rimo-nos bastante e fazemos humorismo acerca de nossas próprias existências pretéritas, assim como aí na Terra chegais a fazer piada de vossos sustos e das situações perigosas por que já tendes passado. Muitos desencarnados que, mesmo no Além, ainda não perderam a sua vaidadezinha, são alvo de caçoadas fraternas, por terem sido marqueses, ministros de estado ou imperadores, precisando voltar à Terra como lixeiros, lavadores de pratos ou zeladores de sanitários... Já imaginastes qual a surpresa da mulher que passou pelo vosso mundo temendo enfrentar até o olhar da infeliz decaída e que, ao retornar para o Astral, vem a saber que o seu passado também foi um rosário de prostituições?

PERGUNTA: — Poderíeis nos relatar alguns outros casos do vosso conhecimento pessoal, que nos sirvam de lições de utilidade espiritual?

ATANAGILDO: — Está reservada para vós, oportunamente, uma série de comunicações e de contos da "vida real", baseados em fatos reais e que vos darão excelentes motivos para reflexões, auxiliando-vos, outrossim, a solucionardes alguns problemas de ordem espiritual e terrena. Não posso alongar-me nesta obra, além do espaço marcado pelos mentores e, além disso, devo ceder lugar ao irmão Ramatís, que deverá completar a segunda parte deste trabalho e que é de cogitações mais filosóficas. Nestas comunicações foi intercalado muito ditado direto de irmão Ramatís pois, confesso, socorri-me prodigamente de sua experiência, para poder desenvolver os temas sobre os quais formulastes perguntas.

PERGUNTA: — Sem desejarmos interromper a sequência natural de vossos relatos e, como tudo nos serve de aprendizado espiritual, queremos indagar-vos o seguinte: Por que motivo dizeis irmão Ramatís e não "Sri Swami Rama-tys", que sabemos ser o tratamento que lhe dão na hierarquia a que pertence?

ATANAGILDO: — O tratamento de "sri" relaciona-se mais com o ambiente hindu, quando se procura distinguir o "guru", ou seja, o guia que é capaz de conduzir o discípulo à realização do seu ideal espiritual; quanto ao vocábulo "swami", na realidade, diz respeito à conhecida "Ordem dos Swamis", tipo de monges que fazem votos de pobreza, castidade e obediência incondicional a determinados instrutores espirituais. Na Índia, quando se deseja atribuir um tratamento ainda mais respeitoso e afetivo ao próprio Swami, é muito comum acrescentar-se a esse nome o sufixo "ji", de onde nasce a designação "swamiji". Mas, em verdade, trata-se de designações que dizem respeito mais aos labores do mundo terráqueo de que aos do espiritual, dos quais espíritos cientes da realidade espiritual, como Ramatís, costumam se desinteressar após à desencarnação.

As vossas preocupações com tais tratamentos no Mundo Astral decorrem do grande valor que atribuís ainda às louvaminhas ou consagrações humanas, pois o nosso nome ou os títulos tão consagrados na Terra significam, no mundo espiritual, apenas etiquetas sem importância, pois aqui só valemos pelo nosso conteúdo moral e integridade espiritual. Nós nos despreocupamos da significação de títulos nobiliárquicos, referências lisonjeiras, deferências acadêmicas, distinções hierárquicas militares, sociais ou religiosas. Qual é o nosso verdadeiro nome espiritual? Nas "fichas cármicas", sob o controle do Arcanjo que deu início ao despertamento da nossa consciência individual, nada mais significamos do que apenas um número sideral.

Distinguimo-nos por um cunho, uma vibração-mater e original, que permanece inalterável e fundamenta a incessante transformação do nosso caráter e consciência em constante progresso. A decepção, aqui, é muito grande para os desencarnados que ainda se agarram com unhas e dentes às tradições terrenas e aos títulos nobiliárquicos, que sempre os distinguiram nas competições humanas. Diante da realidade espiritual eterna que se entreabre para nós, somos obrigados a subestimar os salamaleques e as cerimônias infantis com que os homens se rejubilam na Terra, quando colocam pedaços de ferro polido e fitas coloridas no peito empertigado. Todas essas coisas, que nós cultuávamos tão reverentemente no mundo carnal, despertam-nos, à sua lembrança, motivos de humorismo, pois nos certificamos de que, enquanto os homens tolamente se reverenciam em excesso e endeusam demais o corpo de carne perecível, esquecem de que o verdadeiro tributo é o entendimento na intimidade do espírito eterno.

PERGUNTA: — Parece-nos, porém, que esses tributos de gratidão e certas homenagens servem de estímulo para a manutenção de uma ética mais fidalga entre os homens; não é assim?

ATANAGILDO: — Aí na Terra, por "dá cá aquela palha", erige-se uma estátua, oferta-se um ramalhete de flores, entrega-se vistosa comenda ou então organiza-se ruidoso banquete regado a champanha e uísque caríssimos, enquanto protocolarmente se devoram os retalhos cadavéricos de animais inocentes. E essa reunião solene, sujeita a regras protocolares tão severas, quantas vezes perde o seu aprumo tradicional! É suficiente um descuido na bebericagem da alta-roda, para que os comensais afidalgados terminem retornando aos seus lares com a cartola amassada e o fraque engordurado, enquanto as luvas de pelica tresandam a vinagre e cebola. Quando não, o rigorismo dos primeiros momentos, tão exigível nas reuniões da alta estirpe social, rompe-se de forma humilhante, o mordomo, sonolento, é obrigado a violentar o protocolo, pegando pela gola da casaca e jogando à rua o borracho elegantemente vestido pelo último figurino moderno.

PERGUNTA: — Essas contradições sociais não serão provenientes de outras contradições espirituais?

ATANAGILDO: — Elas provêm do excessivo artificialismo nas relações entre as criaturas humanas e também se fundamentam nas contradições já existentes no âmago do espírito artificializado, pois, enquanto o sábio e o santo são simples, ternos e desapegados de brasões ou tratamentos protocolares, o homem comum é cerimonioso, exigente e repleto de preconceitos descabidos.

O cidadão terreno, comumente, é ainda uma pobre vítima de suas próprias contradições, sejam sociais ou espirituais, por ser profundamente ignorante de si mesmo e da realidade de sua imortalidade. Instável em suas emoções e inseguro em suas amizades, oscila entre dois extremos perigosos: às vezes, deixa-se dominar pela emotividade dramática e irrefletida, enfeitando estátuas, ornamentando ruas, praças e edifícios, a fim de receber a visita de um governante ou de um diplomata vizinho, em evidência; no entanto, meses depois, não lhe custa muito romper suas relações com eles, resultando daí que os agrados se transformam em balas de canhões ou bombas incendiárias.

Em tempo de guerra, então, essas contradições ainda se tornam mais flagrantes: num país, uma porção de homens exigentes, em uniformes agaloados, selecionam rigorosamente outros homens que sejam absolutamente sadios e fortes, fazendo-os treinarem, com baionetas e armas modernas, para depois estraçalharem outras criaturas, que também foram classificadas rigorosamente entre as mais sadias e perfeitas de sua pátria. Dias depois, outros homens, envergando alvos aventais cheirando a formol, e munidos de instrumentos cirúrgicos, deverão lutar desesperadamente para salvar os sadios que se invalidaram na primeira refrega belicosa. Neste caso, a contradição e a ironia do mundo são chocantes, pois, enquanto o poder militar do mundo escolhe exclusivamente homens sadios para os atirar aos matadores das guerras fratricidas, a ciência, num esforço heróico, mobiliza outros

A Vida Além da Sepultura

homens para salvar da morte os mesmos indivíduos que eram perfeitos.

Que valem, pois, a condecoração, a insígnia, a posição, o título acadêmico ou a petulância empertigada aí no vosso mundo? Nós preferimos ficar com o singelo e suave reino apregoado pelo meigo Nazareno, onde a obtenção de condecorações valiosas e a seleção de guerreiros os mais perfeitos dependem sempre do ouro puro do coração magnânimo.

Felizmente, a morte do corpo se encarrega, depois, de acabar definitivamente com as etiquetas e os protocolos do mundo material, porque arranca dos seus portadores os títulos honoríficos e os privilégios efêmeros, para só lhes permitir a derradeira homenagem das coroas de flores e as condecorações de fitas roxas, que então constituem o tributo social que ainda pode ser oferecido por aqueles que ficam entretidos entre os salamaleques cerimoniais e o acompanhamento pomposo de um montão de carne em vias de apodrecimento.

PERGUNTA: — Cremos que o Espiritismo tem sido de bastante utilidade nesse esclarecimento espiritual, pois tem desfeito muito mito e tabu "sagrado", que tanto desfiguravam a realidade espiritual; não é assim?

ATANAGILDO: — Sem dúvida, o Espiritismo tem rompido muitos grilhões da escravidão religiosa, esclarecendo sensatamente a humanidade terrena sobre os dogmas infantis e superstições absurdas, que tanto têm anuviado a figura heróica e espiritual de Jesus. Mas é preciso, além disso, que os espíritas se esforcem, continuamente, para abandonar a preocupação doentia de quererem "salvar" a doutrina, ao mesmo tempo que permanecem tão distantes das práticas cotidianas dos seus postulados evangélicos. Há que também libertar os "centros" da sua herança idólatra: sem dúvida, devem se entregar a trabalhos e relações espirituais de alto nível, mas sempre fugindo à perigosa tentação de endeusamento de espíritos e fabricação de "santos sem coroas", pela qual se deixam dominar muitos adeptos escravos do "guiísmo" (ou seja, submissão a espíritos atrasados que se arvoram em "guias") esquecidos de que a experimentação individual é lição necessária à vida de todos os homens.

A história religiosa vos conta dos grandes fracassos ocorridos quando a ideia espiritual, transmitida do Alto, fica demasiadamente sujeita às interpretações contraditórias dos homens. O cristianismo singelo, de Jesus, transformou-se, por isso, na organização faustosa de hoje, de pouco proveito para o homem-espírito, pois foram criadas distinções hierárquicas, demasiadamente humanas, entre os seus trabalhadores até então ligados pela mesma responsabilidade à ideia central crística. Em seguida, estabeleceram-se cerimônias de adoração aos "santos", que nada mais fizeram do que cumprir os seus deveres particulares e se livrarem das responsabilidades para com as suas próprias consciências, assumidas no pretérito. Finalmente, firmaram-se contratos interesseiros com os poderes públicos e acordos políticos com o mundo profano, os quais, por si sós, bastam para matar qualquer ideia de paz, dignidade e renúncia espiritual. Depois, então, criaram-se rituais e liturgias para impressionar os "fiéis" e ergueram-se templos, que absorvem as economias da comunidade pública e religiosa, entronizando-se o Jesus pobre, com as características de um rico milionário, em um recinto luxuoso, bem diferente da humilde casinha em que ele nasceu e da modesta vivenda de Betânia, onde ele costumava descansar de suas fadigas.

16. A desencarnação e seus aspectos críticos

PERGUNTA: — *No momento em que desencarnamos, aparecem junto de nós espíritos amigos ou de parentes, que nos amparam e nos assistem nessa hora aflitiva?*

ATANAGILDO: — Sem dúvida! Pondo o caso em vós mesmos: que faríeis, se já estivésseis desencarnados, ao saberdes que determinado filho, amigo ou ente muito querido se encontra no limiar da porta do Astral?

Quando aqui chegardes, haveis de notar como são muitos os tropeços e as dificuldades que se antepõem à maioria dos desencarnados, principalmente as perigosas ciladas e as influências maléficas que os espíritos diabólicos semeiam no caminho do Além, e que ameaçam os recém-vindos da Terra. Como não podemos prever, com exatidão, quais serão as reações psíquicas de nossos parentes na hora delicada em que tiverem de abandonar o corpo físico, somos obrigados, às vezes, a solicitar a presença das entidades mais elevadas, a fim de que nos ajudem a proteger os nossos entes queridos na travessia do túmulo.

PERGUNTA: — *Então, ficam sempre asseguradas a proteção e a segurança daqueles que partem da Terra, por meio dessa assistência benfeitora que os parentes e amigos, do Além, prestam aos seus familiares desencarnados?*

ATANAGILDO: — Isso depende muito do cabedal de virtudes do espírito desencarnante e do modo como ele haja vivido na matéria, porquanto, em geral, os encarnados obedecem mais ao instinto das paixões animais do que tuas à razão espiritual; pouco a pouco se deixam envolver pelas sugestões melífluas dos malfeitores das sombras, que do Além lhes preparam antecipadamente o perispírito, de modo a que melhor se sintonize com as suas vibrações maléficas, após a morte do corpo de carne. São poucas, ainda, as almas que na existência física se esforçam por viver os ensinamentos salvadores do Evangelho, já crentes de que os sacrifícios e as vicissitudes, suportadas na matéria, hão de lhes garantir a libertação espiritual no reino do Além-túmulo.

Bem sabeis que, mesmo quando vos encontrais na Terra, a vossa segurança e proteção muito dependem dos tipos de amizades que escolheis. Sem dúvida, não podereis contar com uma amizade sincera por parte de um grupo de malfeitores a que vos ligardes, pois é óbvio que, em se tratando de homens egoístas e rancorosos, que ainda não puderam conseguir nem ao menos a sua própria segurança, de modo algum poderão dispensá-la a outrem. Os encarnados que se descuidam de sua responsabilidade moral também cultivam afeições menos dignas, no lado de cá, impermeabilizando-se para com os incessantes apelos dos seus "guias" ou "anjos de guarda". É indubitável, pois, que tais criaturas, em seguida à morte corporal, terão que ser recebidas no Astral por sombria comissão das trevas, que há de exigir os direitos de propriedade que já exerciam em tais espíritos, quando estes ainda habitavam o mundo material.

Assim sendo, a proteção tão necessária e desejada, à saída do túmulo, dependerá fundamentalmente do padrão espiritual que tiverdes cultivado em vós mesmos; cada ser se eleva acionado pelo seu próprio dinamismo angélico, embora não deixe de receber o amparo justo dos amigos e parentes, que muito o auxiliam a encontrar o seu ambiente eletivo do Além.

PERGUNTA: — Consegue o espírito abandonar com facilidade o seu corpo físico, logo em seguida ao ser considerado "morto" aqui na Terra?

ATANAGILDO: — Há dois fatores muito importantes que, não só perturbam os encarnados na hora derradeira, como ainda lhes impõem sérias dificuldades, para retê-los por mais tempo junto ao cadáver, mesmo depois de considerados "mortos" pelo atestado de óbito. Um deles é o proverbial "medo da morte", ainda muito comum entre os povos ocidentais, infelizmente bastante ignorantes da realidade espiritual e da imortalidade da alma; o outro advém dos clamores dos parentes que, em seu desespero e ignorância, terminam por imantar o moribundo mais fortemente ao seu leito de dor, dificultando a libertação do seu espírito.

Não basta que os homens tenham sido brilhantemente educados em famosas academias, ou que possuam aprimorada cultura científica acumulada em muitos anos de estudo, pois, apesar disso, eles geralmente valorizam demais o cenário do mundo material e confundem o verdadeiro sentido da vida do espírito imortal com os efeitos transitórios da existência física. Assim, quando defrontam com o terrível momento da "morte", em que a vida corporal se esvai sem qualquer possibilidade de ser retida pelos recursos humanos, o medo lhes toma o cérebro e então eles se apegam, desesperados, aos últimos resquícios de vitalidade, demandando mais tempo para serem desatados os derradeiros laços da existência terrena.

PERGUNTA: — E isso não pode também suceder com as próprias almas benfeitoras, que tenham sido devotadas às práticas religiosas?

ATANAGILDO: — Mesmo algumas almas benfeitoras — embora não tenham se escravizado completamente às sensações da carne — ainda podem prolongar o tempo necessário para a morte do corpo físico, pois o seu tremendo pavor da morte e a inconformação com a cessação da vida carnal terminam por encarcerá-las no vaso em agonia.

Em sentido oposto, há as que, embora não sendo benfeitoras, não temem a morte e chegam mesmo a enfrentá-la com desdém; no entanto, demoram em se libertar do corpo, porque, se conseguem romper as algemas do medo, não conseguem, entretanto, lograr o mesmo com os grilhões vigorosos das sensações e paixões inferiores, a que tanto se algemaram na matéria.

E com esse medo da morte e apego condenável às satisfações provisórias da carne, a criatura copia a figura do molusco encolhido de medo em sua concha, pois não quer abandonar o corpo já em estado lastimável, enquanto se impermeabiliza às vibrações da vida superior e deixa de auxiliar àqueles que

A Vida Além da Sepultura

devem lhe desatar os laços que a prendem à matéria. Quando se reconhece no soar da hora derradeira da vida física, ao invés de firmar a mente ao convite libertador do espírito, prefere atender ao apelo incisivo do instinto animal, que luta encarniçadamente para impedir que a centelha espiritual lhe fuja à ação vigorosa e dominadora.

PERGUNTA: — Como poderíamos entender essa pressão exercida pelos parentes do moribundo, na hora de sua desencarnação, obrigando-o a lutar contra a morte do corpo?

ATANAGILDO: — O confrangimento, o desespero e a inconformação dos familiares e amigos, em torno do agonizante, produzem filamentos de magnetismo denso, que imantam o espírito desencarnante ao seu corpo material, como se se tratasse de vigorosas cordas vivas a susterem a alma em agonia. Conforme podereis comprovar pela extensa literatura espírita, há casos em que os espíritos assistentes dos desencarnantes procuram neutralizar esses efeitos perniciosos, lançando mão do estratagema de restaurarem as forças magnéticas do agonizante e fazendo o seu organismo físico obter visível recuperação de vida. Ante a melhoria súbita — que é muito comum nos fenômenos da agonia — acalmam-se os temores dos familiares e cessa a angústia que retinha o espírito no corpo carnal; abrandam-se ou extinguem--se, então, os fios magnéticos que imantam o moribundo à carne, porque as mentes dos presentes também deixam de produzir essas forças magnéticas negativas e agrilhoantes, que resultam de grande ignorância espiritual dos encarnados a respeito do fenômeno da morte corporal e da imortalidade do espírito. Essa súbita convalescença na hora da agonia, muito comentada na Terra, é que deu lugar ao velho rifão: "Melhora do moribundo, visita da morte!"

PERGUNTA: — Mas não é justo, então, que os parentes e amigos do enfermo se angustiem ante a partida definitiva daquele que lhes era tão caro ao coração? Há, porventura, deslize espiritual nessa imantação da família ao seu ente querido nas vascas da agonia?

ATANAGILDO: — Tudo depende do modo como encaramos essas coisas da vida em comum, ou seja, do ponto de vista em que nos colocamos. Convém refletirdes que, enquanto para os encarnados a morte do seu familiar significa tragédia insuperável e drama pungente, o mesmo acontecimento, para os seus parentes já desencarnados do lado de cá, transforma-se num fato jubiloso, pois, em verdade, trata-se de um ente querido que retorna ao seu verdadeiro lar, no Além. Então, invertem-se os papéis, pois o confrangimento do mundo físico passa a ser motivo de alegrias no Mundo Astral. Enquanto os moradores do vosso orbe ignorarem a verdadeira finalidade da vida humana e a imortalidade do espírito, ainda hão de chorar inúmeras vezes, assim como já têm chorado noutras existências.

Quantas vezes já choraram por vossa causa em outras encarnações, cada vez que o vosso espírito teve de abandonar o seu corpo físico. Já fostes pranteado sob as vestes egípcias, hebréias, gregas, hindus ou européias; alhures para se obedecerem a determinados ritos fúnebres usados por certas raças exóticas, colocaram alimentos e objetos dentro de vossos caixões mortuários ou sobre as lápides tumulares do vosso cadáver; doutra feita, apenas algumas flores singelas ornamentaram as cruzes solitárias de vossas sepulturas. Algumas vezes, em vidas mais ricas, o vosso cadáver transitou pelas ruas no caixão luxuoso, forrado com sedas riquíssimas e ornado de franjas douradas, submerso no fausto das flores raras, hospedando-se definitivamente no mausoléu suntuoso; no entanto, em outras vezes, algumas almas amigas tiveram que carregar o vosso corpo hirto, seminu, coberto com repulsivos trapos que mal cobriam vossas carnes frias. Enquanto em certas existências a terra fria vos deu sepultura amiga, também vezes houve em que os animais ferozes ou os urubus famintos se encarregaram de vos devorar o corpo tombado só, na mata virgem.

Há quantos milênios, no círculo de vossa família espiritual, composta às vezes dos vossos próprios adversários de outras encarnações, obrigados a fazerem parte de vossa parentela consanguínea, não tendes cultivado o choro e o sofrimento angustioso, pelo paradoxo de uma morte que é imortal?

PERGUNTA: — Em nossa atual compreensão espiritual, a morte ainda significa para nós um acontecimento tétrico e desesperador, pois, não sabendo seguramente que destino tomarão os nossos entes queridos que partem daqui, é muito justo que nos desesperemos. Essa nossa dúvida e angústia não serão produtos naturais de nosso estado evolutivo, ainda tão precário?

A Vida Além da Sepultura

ATANAGILDO: — Sim, pois nos planetas mais avançados a morte corporal de seus familiares é considerada um acontecimento mais feliz do que o próprio nascimento de um filho ou neto. E isso porque a alma que se encarna tem de se defrontar com a grave responsabilidade da sua retificação espiritual, sem que ninguém possa predizer, com segurança, de que modo ela irá se portar na nova e severa experimentação física. Quantas vezes o bebê querido, que sorri no berço material, não passa do envoltório disfarçado de um futuro Nero, Torquemada, Lampião ou Calígula. Quem poderá negar que naquele corpo tenro e rosado, que inunda o lar de novas alegrias, pode se encontrar a alma perjura do futuro, ou então o vosso algoz implacável, que no passado já vos destroçou a ventura humana.

Quais os pais que poderão confiar, sem receio, em que, após o crescimento do organismo tenro e adorado do seu rebento querido, ele há de retribuir o carinho e os cuidados que lhe foram dispensados, como um tributo sagrado, do filho amoroso para com os seus progenitores que tanto se sacrificaram por ele. Quem poderá adivinhar, de início, que num berço infantil repousa uma entidade degenerada, cruel ou prostituída, em lugar do espírito angelical tão desejado para fazer parte do lar.

Entretanto, na hora da desencarnação, embora se despeça um espírito amigo e deixe inconsolável mágoa nos corações afetivos, já podeis conhecer o seu caráter e avaliar os frutos de sua existência terrena, porquanto ele retorna após uma tarefa boa ou má, porém terminada. Sem dúvida, o mais sensato não é chorar o ente querido que parte, mas sim tomar-se de sérias preocupações por aquele que chega... As lágrimas humanas só deveriam ser derramadas pelo morto em virtude da conduta desregrada com que houvesse vivido, pois a morte, em sua feição material, é coisa bem secundária na eternidade da vida do espírito.

PERGUNTA: — Não discordamos de vossas considerações, mas achamos dificílimo dominarmos a dor nessa hora cruciante em que nos separamos definitivamente daquele que já se integrara aos nossos momentos felizes e às nossas angústias no mundo físico.

ATANAGILDO: — Esse vocábulo, "definitivamente", bem diz do quanto vos encontrais ainda distantes da realidade espiritual da morte do corpo físico. Não há separação absoluta; o que há é que o espírito devolve à terra a sua vestimenta carnal usada e imprestável, que lhe fora cedida para o rápido aprendizado de alguns lustros terrenos. É fora de dúvida que, apesar dos clamores, por maiores que sejam, dos familiares desesperados, é impossível reterdes o espírito desencarnante por meio desse violento recurso aflitivo. Pelo que me foi dado observar durante a minha própria desencarnação, os gritos, as angústias e os sofrimentos atrozes de meus parentes, debruçados sobre o meu corpo hirto, não puderam salvar-me da morte, nem conseguiram, sequer, aliviar-me da aflição da agonia. Em verdade, só serviram para agravar as minhas aflições desencarnatórias.

Retornando ao Além, comprovei que esse drama desesperado, desenrolado ante o agonizante, só lhe dificulta a libertação do espírito, assim como o confrange e animaliza na captação mórbida das cenas dramáticas em torno de si. Tenho visto alguns moribundos se conservarem num estado de angústia inenarrável, visto que, quando já se encontram a caminho da libertação definitiva, satisfeitos com o alívio dos atrozes sofrimentos físicos, eis que os familiares novamente os enlaçam pelos invencíveis filamentos magnéticos de imantação, produzidos pelos clamores e súplicas arrebatadas.

Então, ainda presos às malhas escravizantes da vigorosa rede magnética, vêem-se obrigados a assistir às lamúrias, aos gritos e aos desesperos que eclodem em torno de si, na mais cruciante imobilidade de seus corpos hirtos e indesejável aguçamento da audição psíquica. Pela maneira com que os ocidentais ainda encaram o fenômeno "nascer" e o acontecimento "morrer", compara-se que eles perdem consideravelmente para os chineses e para certos silvícolas ignorantes e sem os requintes da cultura civilizada. Estes se mostram bem mais esclarecidos que os civilizados, pois choram compungidamente quando lhes nascem os filhos e festejam ruidosamente a morte dos seus entes queridos. Embora isso vos pareça bastante chocante, há um profundo senso de sabedoria instintiva nesse acontecimento, em que o chinês e o bugre, instintivamente, reconhecem que nascer é mais trágico do que morrer.

PERGUNTA: — Sob qualquer hipótese, então, o desespero da parentela é sempre prejudicial ao espírito na hora da "morte"; não é assim?

ATANAGILDO: — É tão prejudicial ao desencarnante essa ligação afetiva, que se estabelece através dos laços do magnetismo confrangedor dos seus familiares, que, em certos casos, alguns espíritos de reconhecida estirpe espiritual chegam a combinar que algumas desencarnações se verifiquem durante o sono ou então longe da família, a fim de que os indivíduos possam morrer "sossegados". Daí as grandes surpresas, de última hora, com os desenlaces súbitos à distância do lar, ou notados quando a família acorda, em que o desespero da parentela só eclode depois que o espírito já se encontra livre dos laços da vida física.

PERGUNTA: — Porventura, quando verificarmos que um amigo ou parente já se encontra moribundo, devemos nos desinteressar de quaisquer providências para não o retermos mais tempo entre nós? Devemos deixar o enfermo sem a intervenção socorrista da própria medicina terrena?

ATANAGILDO: — Não há que censurar a continuação da intervenção médica, que providencia todos os recursos viáveis para salvar o moribundo, pois geralmente é ele mesmo quem mais deseja sobreviver. O que é censurável é o fato de que nem sempre o melodrama da morte identifica um conteúdo emocional, sincero, para com o doente. Não raro, os parentes que demonstram mais aflição na tentativa de curar a moléstia "incurável" do seu familiar são os que mais o bombardeiam com raios de hostilidade durante a sua última chama de vida, mal podendo esconder a esperança de fazê-lo descer à tumba o mais depressa possível. Assim como alguns parentes e amigos emitem esses fios de magnetismo aflitivo, dificultando o desligamento definitivo do corpo, ao desencarnante, outros há que lhe atiram setas envenenadas, embora suas faces estejam lavadas por lágrimas e seus gritos sejam os mais estridentes. O homem que possui vastos patrimônios materiais raramente consegue partir da Terra sob o unânime sentimento de pesar e choro sincero de sua parentela carnal. E os motivos são bem razoáveis para essa contradição, pois a família terrena é geralmente constituída por espíritos adversos, que mal se suportam sob as mesmas algemas consanguíneas. Daí, pois, justificarem-se as variadas atitudes mentais e os sentimentos divergentes que eclodem junto ao leito do moribundo, quando os seus patrimônios materiais podem acender os mais condenáveis desejos e cobiça entre os seus familiares, ao entreverem a divisão da herança.

De modo algum me cumpre dar-vos conselho para que abandoneis os vossos doentes sem o socorro médico, apenas porque já percebeis a sua morte irremediável. Longe de mim assumir essa responsabilidade para convosco ou mesmo interferir simples ou draconianamente nos vossos sentimentos. Embora um copo d'água, cedido de boa vontade, já tenha ressuscitado muito moribundo desenganado, quantas vezes a sala cirúrgica, aparelhada com os melhores instrumentos do mundo, tem fracassado diante de um singelo surto de apendicite. Indubitavelmente, podeis continuar a socorrer os vossos enfermos familiares, mesmo que os considerem desenganados; mas é óbvio que isso não vos fará ganhar o céu, nem vos levará ao inferno, assim como também não salvará o enfermo, se a Lei do Carma já o tiver assinalado para a morte...

Em suma: a desencarnação tem caráter muitíssimo particular; cada um colhe exatamente aquilo que semeia no tempo exato e previsto pela Lei, embora a tenha subestimado.

PERGUNTA: — Quereis dizer, também, que, independentemente de nossa intervenção, o doente pode salvar-se, se isso for determinado pelo Alto; não é assim?

ATANAGILDO: — Desde que o moribundo deva continuar a sua existência terrena, e que o susto da morte lhe sirva de lição para que abandone certos desregramentos no mundo material — não tenhais dúvida — ele há de se salvar, mesmo que só por meio de um modesto chá de camomila. Mas, se houver chegado o momento em que deve abandonar o vestuário de carne no almoxarifado da Terra, ele desencarnará, mesmo que o transformeis num paliteiro de agulhas hipodérmicas, num excelente caldo de cultura de antibióticos, ou o espeteis continuamente para receber soros ou transfusões de sangue alheio. Embora o coloqueis numa tenda de oxigênio ou o façais engolir caroços de vitaminas concentradas, se lhe houver soado a hora cármica, há de deixar de respirar, malgrado a força da vossa fé e a esperança nas providências divinas. E isso porque a providência divina, que durante longos milênios disciplina e fiscaliza a consciência do ser, vem a ser a própria Lei Cármica, que nunca pode ser subestimada ou perturbada.

Só depois de terminado o serviço dos espíritos desencarnadores — que o mundo terreno simboliza na figura da temida "Parca" que corta o fio da vida — é que vos lembrais da providência divina e dizeis: "Deus quis assim!" A Lei do Carma não toma conhecimento de pedidos ou de apelos que contrariam o programa aqui estabelecido antes da encarnação. Só aqueles que fogem da vida pela porta do suicídio, ou então são expulsos da carne pelos excessos pantagruélicos ou abuso das sensações inferiores, é que aportam por aqui antes do tempo marcado pelo serviço espiritual de recrutamento, causando justificadas surpresas e preocupações à parentela desencarnada.

17. Influências do "velório" sobre o espírito

PERGUNTA: — Há fundamento na afirmação de que o caráter das conversações mantidas durante o "velório", por amigos ou visitantes do "morto", pode influir favorável ou desfavoravelmente sobre o seu espírito?

ATANAGILDO: — Após a minha desencarnação — o que já tive ocasião de vos contar —, mesmo depois de já haver alcançado o repouso espiritual na metrópole do Grande Coração, ainda fui vítima das vibrações agressivas partidas dos comentários insidiosos que Anastácio emitia a meu respeito. Imaginai, agora, o terrível efeito de vossas palestras junto a um espírito desencarnante que, geralmente, ainda se encontra ligado de certo modo ao corpo, num estado de semiconsciência, mas em condições de se afligir em consequência de vibrações psíquicas que o perturbem a todo momento.

Como ainda são raras as criaturas que desencarnam suficientemente fortalecidas para se imunizarem contra as ondas da maledicência e das vibrações adversas, imaginai também o confrangimento que, durante o velório, podereis causar mesmo àqueles que vos foram tão caros no mundo físico, se não controlardes o vosso pensamento junto a eles.

Em face da proverbial maledicência humana, o velório terráqueo muito se assemelha à sala do anatomista, pois os mais contraditórios interesses, opiniões e sentimentos se transformam em ferramentas aguçadas, com as quais se autopsia a moral do defunto. Evocam-se imprudências de sua vida, relembram-se várias aventuras amorosas em que se envolvera, embora nada ficasse provado; expõem-se as suas dificuldades financeiras ou então se discutem as possibilidades da partilha de seus bens entre a parentela do mundo. Normalmente, faz-se um levantamento de todas as adversidades por que passou o falecido, e dos atos desairosos pouco conhecidos, por ele praticados. E isso devido, quase sempre, à imprudência do amigo confidente, que lidera a conversa na noite do falecimento e resolve ser o ponto de atração dos presentes.

Há indisfarçável humor ao se relembrarem os equívocos do irmão que se ausenta do mundo físico, pois, assim como evocam as suas fraquezas e canduras, também lembram as suas prováveis astúcias nos negócios materiais. Discutem-se os seus pontos de vista religiosos, mas também se anotam as suas contradições e preferências doutrinárias. Há, mesmo, suposições desairosas sobre o que lhe pode acontecer no Além, em face dos seus deslizes, embora os mais afoitos também lhe confiram moradia prematura no céu, mas intimamente descrentes de suas próprias afirmativas e louvores ao morto.

Junto ao cadáver quase sempre se reúne o grupo de amigos compungidos que, à meia voz, discretamente e sem demonstrar malícia ou curiosidade, exumam toda a vida íntima do morto. Breves alusões ao defunto, fragmentos de palavras, perguntas a esmo, sob o poder de estranha magia, vão se encadeando até degenerarem em inconveniente conversação para um momento como esse.

PERGUNTA: — Quais as causas de tais conversações mortificarem tanto os espíritos desencarnantes, durante o velório?

ATANAGILDO: — Poucos seres sabem que todos os quadros mentais que se formam nessas palestras projetam-se na mente do desencarnado, causando-lhe perturbações tão fortes e confrangedoras, tanto quanto sejam as intenções e os propósitos dos que os produzem. Enquanto vos encontrais protegidos pelo biombo do corpo físico, ainda podeis neutralizar os impactos vibratórios das imagens adversas que se chocam contra a organização delicada do perispírito; mas, durante a desencarnação, o espírito se assemelha ao convalescente, que mal pode ensaiar os primeiros passos e atender à sua respiração dificultosa. É óbvio que o espírito, em idênticas condições, há de ser imensamente sacrificado, se ainda o obrigam a evocar mentalmente todas as tricas, equívocos, emoções e mazelas do seu passado já esquecido.

Qual seria o vosso estado mental se, depois de vos encontrardes exaustos por gigantesco e fatigante exame intelectual, que vos arrasasse a reserva de fosfato, ainda vos obrigassem a recapitular todos os problemas e lições recebidas desde o curso primário até a graduação acadêmica? Entretanto, é assim que procede a maioria dos "vivos" na câmara mortuária do "falecido", quando obrigam este a evocar todo o seu passado, exumar invigilâncias e reviver tanto os motivos agradáveis quanto os assuntos nevrálgicos que lhe despertam os ressentimentos naturais do mundo que abandona. Já não lhe basta a memorização cinematográfica e retroativa, que é comum a todo espírito que abandona o seu corpo, para que os presentes ainda o supliciem com a lembrança póstuma dos seus equívocos e produtos naturais da ignorância espiritual de todos os homens?

PERGUNTA: — Que nos aconselhais para o momento do velório, quando cumprimos o piedoso dever de comparecer junto ao cadáver do amigo ou do parente falecido?

ATANAGILDO: — Acredito ser desnecessário qualquer conselho nesse sentido, pois o próprio relato de minha desencarnação e as muitas comunicações mediúnicas de outros espíritos, sobre o assunto, devem ser bastante suficientes para vos ensinar qual seja a melhor conduta espiritual nessa hora. Entretanto, não posso me furtar ao dever de vos dizer que a melhor atitude que deveis adotar no velório é lembrar-vos da sublime recomendação de Jesus: "Fazei aos outros o que quereis que vos façam".

PERGUNTA: — Mas desejaríamos merecer o vosso parecer pessoal sobre como devemos nos portar durante o velório. Poderíeis atender-nos?

ATANAGILDO: — Uma vez que, por ocasião de vossa futura desencarnação, desejareis provavelmente a paz e a presença de eflúvios balsâmicos junto ao vosso corpo, se ainda estiverdes a ele ligado, é indubitável que também sabereis qual deve ser a

A Vida Além da Sepultura

vossa atitude junto a qualquer cadáver ou em qualquer velório, isto é, guardar para com o falecido todo sentimento de ternura e tolerância, sublimado ainda pela oração afetiva em favor do espírito desencarnado. Então, procurareis reajustar as palavras tolas ou prejudiciais, coordenando os pensamentos imprudentes e formando um clima de serenidade espiritual, através do intercâmbio de assuntos elevados. Assim prestareis grande socorro mental e moral ao irmão que ainda irá lutar pela sua definitiva libertação das garras da armadura física. Fareis o possível para não permitir que sejam evocados fatos ou cenas desairosas ou os equívocos humanos do vosso amigo ou parente, evitando, também, que invada o ambiente o anedotário inconveniente, tão explorado pela maioria dos especialistas em enredos ignóbeis. O velório deve ser um ambiente digno do sacrifício de todos os amigos e parentes do "morto"; é a última homenagem que ainda podem lhe prestar, procurando sintonia com a faixa de alta vibração espiritual, que então pode atrair as forças angélicas, para a sua libertação definitiva da carne. Não se pode ajudar o espírito exumando ocorrências depreciativas, nem associando lembranças dolorosas e confrangedoras à alma ainda desfalecida pelo fenômeno da morte corporal, assim como o respeito e a cortesia social sempre exigem que certos assuntos indiscretos não sejam tratados diante do culpado. A morte do corpo físico sempre pede o socorro das almas amigas; no entanto, o espírito que parte quase sempre é colhido na rede tecida pela ignorância dos que ficam. De um lado, é o sentimentalismo prejudicial da família, que encarcera o perispírito do desencarnante no seu organismo físico, já sem vida; de outro lado, são os componentes do velório, que fazem-no balouçar em todas as cristas das ondas que se formaram na tempestade de sua vida.

Quereis saber qual deve ser o comportamento humano em um velório? Sob a minha opinião de espírito desencarnado, considero-o uma reunião de caráter muitíssimo delicado, que exige silêncio afetivo e a meditação de alta espiritualidade, assim como requer a súplica, a oração piedosa que balsamiza a alma em despedida. Por isso, o velório não deve ser oportunidade para animadas palestras ou malicioso humorismo, e muito menos ponto convergente para se tratar da vida particular do "morto".

18. A eutanásia e as responsabilidades espirituais

PERGUNTA: — Aconselhais a prática da eutanásia, no caso de doenças incuráveis? Alguns afirmam que se deve extinguir a vida daquele que sofre atrozmente, sem possibilidade alguma de cura, outros defendem calorosamente o respeito à agonia do moribundo até o seu último espasmo de vida, mesmo que se apresente do modo o mais cruciante.

ATANAGILDO: — Para mim, a questão de se liquidar o enfermo algumas horas antes de ser ele liquidado pela "morte" ou, então, de deixá-lo entregue ao seu sofrimento para purificar o seu perispírito até o derradeiro segundo, está subordinada à necessidade de se saber, primeiramente, a quem pertence o corpo que se extingue, e a quem cabe o direito da Vida... É óbvio que o corpo físico não passa de empréstimo a prazo limitado, feito pelo "atelier" da Terra ao espírito encarnante e que fatalmente deverá ser devolvido após o prazo combinado. Quanto à vida, pertence a Deus, que no-la oferece para que possamos adquirir a noção de existir e nos reconheçamos como consciência individual, à parte, mas sem nos desligarmos do Todo. Através do fluxo abençoado das existências físicas, terminamos aprendendo que não somos árvores, estrelas, pedras ou regatos, embora essas coisas, com o tempo, também se afinem de tal modo conosco que, futuramente, poderemos incorporá-las na área de nossa consciência espiritual.

Deste modo, não somos nós que construímos "pessoalmente" o nosso corpo físico, mas é a Lei da Evolução que, durante milênios, vem se encarregando carinhosamente de construí-lo para o nosso uso provisório. Não chegamos a criar, sequer, os minerais que compõem as nossas unhas, as vitaminas, a nossa nutrição, os líquidos para as correntes sanguíneas e linfáticas; furtamos até o magnetismo solar e a radiação lunar para ativar o nosso sistema vital nas relações energéticas com o meio. Deste modo, muito graves reflexões se impõem às nossas responsabilidades antes que, a nosso "bel-prazer", pretendamos intervir na Lei e praticar a eutanásia, decidindo sobre a vida corporal do próximo ou mesmo do nosso corpo esfrangalhado.

É muito importante lembrarmo-nos de que não precisamos intervir para que o bebê recém-nascido cumpra a sua tarefa de crescer; para isso só lhe ofertamos leite líquido ou em pó, e apenas isso o transforma em um adulto de olhos azuis ou pardos, de cabelos negros como o azeviche ou louros como os reflexos matutinos do Sol. Desenvolvem-se os lábios carminados, as mãos e os pezinhos plenos de vida misteriosa; plasmam-se os movimentos graciosos e despontam os ares inteligentes, emoldurados pelo riso cristalino que embevece e fascina os pais envaidecidos. É óbvio, pois, que não temos o direito de intervir discricionariamente na vida desse corpo e apressar-lhe a morte, pois a Lei reza e claramente nos comprova que isso só pertence a Deus — o Divino Doador da Vida.

PERGUNTA: — Mas é sabido que o nosso espírito, durante as encarnações em que se serve do corpo físico, também o aperfeiçoa gradativamente conforme se comprova pelo progresso orgânico desde o homem pré-histórico até o atual cidadão do século XX; não é assim? Isto não lhe confere certo direito para praticar a eutanásia?

ATANAGILDO: — Que tem a ver uma coisa com outra? Se examinarmos com isenção de ânimo o que alegais, comprovaremos que quereis a melhor parte dos negócios que fazeis com a Divindade, pois o aprimoramento do corpo, durante os milênios decorridos, se realiza graças aos cuidados incessantes da Evolução. Deus nos fornece a substância carnal e o fluido vital, que se agrupam genial e dinamicamente para então constituírem o

A Vida Além da Sepultura

organismo que permite colhermos as abençoadas experiências da vida planetária. Em troca de tão grande concessão, feita em milhares de séculos, apenas ficamos obrigados a servir, no futuro, a outros irmãos menores, assim que estivermos de posse dos bens que atualmente desejamos. No entanto, raramente respeitamos esse acordo com a Divindade porquanto, além de lesarmos o patrimônio carnal, que nos oferece de graça, e o usarmos para fins brutais e nas sensações corrompidas, quase sempre nos rebelamos quando a Lei nos impõe a multa decorrente de nossa infração contratual. Abusamos desatinadamente dessa doação feita para nossa ventura espiritual, mas é evidente que, posteriormente, deveremos atender às necessárias retificações, sob o processo doloroso do sofrimento, no mesmo cenário do mundo que subestimamos.

Embora a alma consciente do ajuste possa se demorar na rebeldia ou nos desatinos, por longo tempo, sempre chegará o dia em que terá de aceitar o programa sacrificial de sua recuperação e se entregar ao cumprimento integral das cláusulas do contrato sideral que subestimou. Então, vê-se obrigada a aceitar uma nova encarnação na vida física, para sensibilizar o psiquismo e depurar o espírito no crisol do sofrimento benfeitor. E que acontece, então? Eis que a parentela do mundo, ou a ciência dos homens, crente de que esse sofrimento atroz e de recuperação espiritual deriva de algum equívoco do Criador, resolve intervir no caso particular do espírito em débito para com o contrato sideral e liquida-o pela eutanásia. E isso é feito antes do prazo determinado pela técnica sideral, a fim de se atender aos "bondosos sentimentos" do coração humano e se corrigirem, ainda em tempo, os descuidos e as contradições de Deus.

No entanto, essa gloriosa sabedoria humana ignora que apenas transfere para outra vida futura a mesma soma de dores e sofrimentos que foram reduzidos pela eutanásia, ato discutível até pela razão humana e que de nenhum modo soluciona os problemas delicadíssimos do espírito, que é eterno.

PERGUNTA: — Advirão consequências prejudiciais para aqueles que matam "por piedade"? Conviria lembrar que é algo impiedoso deixar uma criatura sofrer atrozes padecimentos sem cura, que chegariam a comover até o coração de uma hiena.

ATANAGILDO: — Toda intervenção indébita sempre implica em punição; isso, ao que penso, é lei atuante mesmo no vosso mundo material. É perigoso adotar a eutanásia, pois quantas vezes esse matar "por piedade", no subjetivismo da alma, e pela sinceridade de Freud, não poderá se confundir com a exaltação de matar "por comodismo". O conteúdo subjetivo de nossa alma, além de complexo em sua riqueza de valores acumulados no tempo, obedece a diretrizes sumamente sábias, estabelecidas pelo plano mais alto, que escapam aos vossos julgamentos de superfície e aos vossos raciocínios na vida física.

Não convém deixarmo-nos tomar pelo primeiro impulso emotivo, que erradamente consideramos ditado por um sentimento piedoso, mas que nas profundezas do nosso ser pode ter outra origem desconhecida. A meu ver, nós não conhecemos com clareza e confiança aquilo que o nosso próprio espírito pretende realizar quando ainda se encontra no corpo de carne. Ignoramos quais as razões subjetivas que nos ditam as ações e as aparências que surgem à luz de nossa consciência em vigília. E, se assim não fora, é óbvio que há muito tempo já estaríeis desobrigados das encarnações físicas, em face de já haverdes resolvido o milenário desafio do "Conhece-te a ti mesmo".

São bem raros os espíritos encarnados que se recordam completamente do passado, podendo comprovar as verdadeiras causas que originam os efeitos que sofrem no presente. É por isso que estais repletos de impulsos e sugestões ocultas, boas e más, que vos provam a força de uma consciência que estais desenvolvendo há muitos milênios em vossas vidas através das formas do mundo físico. Uma vez que desconhecemos ainda os intuitos do nosso psiquismo milenário — pois ignoramos até os objetivos que nos ditam certos impulsos inconscientes —, há o perigo de praticarmos a eutanásia na suposição de cumprirmos um ato "piedoso", como dizeis, quando pode se tratar apenas de um ato "cômodo", mais interessante a nós do que ao próprio doente.

Não é difícil que esteja invertido esse sentimento de piedade de nossa íntima concepção particular, pois o nosso próprio sentimentalismo pode se sentir num estado desagradável ao vermos alguém sofrer sem possibilidade de alívio e salvação, o que nos força a afastar de nossa visão o quadro atroz da dor alheia, visto que nos está perturbando o sossego... Da mesma forma como nos angustiamos profundamente ao vermos o sofrimento

A Vida Além da Sepultura

acerbo do nosso ente querido, é possível que nos mantenhamos calmos, se isso estiver acontecendo com o nosso pior inimigo... Daí não conhecermos, em absoluto, qual a realidade do impulso interior que nos aconselha a eutanásia nos casos atrozes, pois tanto podemos executá-la como um ato "piedoso", em favor do moribundo, como também um ato "cômodo" sob a hipnose de uma piedade que disfarça uma solução sentimental de nosso próprio interesse.

PERGUNTA: — Poderíeis dar-nos um exemplo mais objetivo para compreendermos essas vossas asserções?

ATANAGILDO: — Há famílias que, por ignorarem as finalidades retificadoras da Lei do Carma, quando se vêem presas por alguns anos junto ao leito do parente ou do amigo sofredor, impossibilitado de salvação, sublimam esse acontecimento tão incomodativo, e sem solução prática, com a ingênua concepção de que "seria melhor a sua morte do que sofrer tanto". E, como são incapazes de um exame de autocrítica, ainda se gabam de que assim procedem obedecendo a um impulso nobre de caridade para com os outros...

Fatigadas pela excessiva escravidão junto ao leito do doente incurável, além da impressão má que lhes causam a sua enfermidade e aflições confrangedoras, muitas vezes agravando o orçamento da família, pode nascer no subjetivismo de certas almas a ideia "piedosa" de que será melhor que Deus "leve o doente" do que fazê-lo sofrer tanto. Entretanto, ignoram que, como disse Jesus, nem ao menos um simples passarinho morre sem que seja da vontade de Deus, assim como tudo que acontece em nossas vidas sempre obedece a um senso de sabedoria e justiça superiores.

Examinando-se certos enfermos incuráveis à luz de sua responsabilidade cármica, verifica-se que muitos deles não passam de antigos promovedores de estrepolias, rapinagens ou planos maquiavélicos em encarnações anteriores, acontecimentos com os quais também devem ter se beneficiado aqueles mesmos familiares que a Lei juntou pelo mesmo sangue terreno e, agora, cercam aflitos e desesperados o leito de padecimentos atrozes do seu parente.

Sob o meu fraco entendimento, matar por "piedade" não passa de matar por "ignorância", delito que o seu "piedoso" autor não escapará de retificar no futuro. Em face do coeficiente moral do atual cidadão terreno, só as dores muito acerbas poderão garantir-lhe a compreensão do valor da vida humana, porque o auxiliam a proceder à sua mais eficiente recuperação dos bens desperdiçados no pretérito.

PERGUNTA: — Os médicos que praticam a eutanásia, visando exclusivamente a acabar com o sofrimento atroz do cliente incurável, também ficarão comprometidos perante a Lei Cármica?

ATANAGILDO: — Cortar o fio da vida não é atribuição dos médicos, nem de "piedosos" que se arvorem no direito de interrompê-lo no curso da enfermidade benfeitora. Sem dúvida, todo aquele que extingue a vida coloca-se em débito com a Lei Cármica, que é o divino processo de vigilância e regulamentação do melhor aproveitamento da "onda da vida" através das coisas e dos seres. Os médicos não têm o direito de agir discricionariamente contra desígnios divinos que ainda desconhecem; não lhes cabe praticar a eutanásia em caso algum, embora ignorem que as longas agonias significam oportunidades retificadoras do espírito. Mesmo a pedido do enfermo, a eutanásia sempre significa uma violência contra o patrimônio espiritual, seja qual for o motivo invocado por parte daquele que a solicita ou pratica. Que sabe a ciência dos homens sobre os objetivos insondáveis de Deus?

PERGUNTA: — Poderíeis nos esclarecer melhor sobre essa necessidade da agonia atroz até o derradeiro segundo da vida?

ATANAGILDO: — Algumas vezes há espíritos que se decidem a expiar de uma só vez todas as suas mazelas acumuladas no perispírito; então, em lugar de se submeterem a duas ou três encarnações terrenas para sofrer a expurgação gradativa dos tóxicos, em "prestações" suaves, preferem tentar a prova decisiva numa só existência, esgotando esses tóxicos, definitivamente, de sua organização perispiritual através do processo cáustico das horas de sofrimentos atrozes.

Durante prova tão acerba, o espírito fica obrigatoriamente dominado e entregue à sua própria dor, voltado para dentro de si mesmo e centralizando toda sua força dinâmica, a fim de poder suportar o sofrimento nas suas entranhas orgânicas. Submete-se, assim, a intensa "concentração psíquica" e vigorosa

A Vida Além da Sepultura

introspecção mental, desinteressando-se e se desligando da fenomenologia do cenário do mundo material. Nessa fase aguda de convergência espiritual obrigatória sobre si mesmo, as toxinas das culpas passadas tendem a se desagregar pela energia do psiquismo dinamizado no interior do enfermo. À medida que se sutiliza o seu envoltório perispiritual, a luz interior, que há em toda alma, projetando-se cada vez com mais expansividade, carboniza e desintegra as toxinas, miasmas e os vírus atraídos do Astral inferior.

PERGUNTA: — Como poderíamos imaginar esse fenômeno de concentração de energias que aumenta, para o espírito, o poder desintegrador das toxinas?

ATANAGILDO: — Podeis imaginar o fenômeno comparando-o à lente, que faz convergir os raios solares para determinado ponto, centuplicando-lhes o poder desintegratório na matéria. É preciso que a alma, quando submetida a sofrimentos atrozes, aproveite toda a sua concentração psíquica até o derradeiro segundo, pois, durante esse fenômeno doloroso, ocorre a drenação tóxica do perispírito e, então, o corpo físico se transforma numa espécie de "mata-borrão" absorvente do veneno vertido pelo psiquismo doentio. Quanto mais tempo perdurar a enfermidade, tanto maior será a quantidade de toxinas que se materializam no organismo carnal, para depois se dissolverem no seio da sepultura terrena. Se for cortado o fio da vida, antes de se ultimar o processo drenatório, já previsto bem antes da encarnação do espírito, este terá de retornar ao Astral impregnado ainda de resíduos tóxicos, que hão de lhe exigir nova experiência carnal futura, embora a realizar em menor prazo, a fim de completar a expurgação interrompida pela imprudência da eutanásia.

Daí, pois, a grande responsabilidade daquele que pratica a eutanásia, porquanto, além de se comprometer com a Lei Cármica, que não autoriza a redução da vida antes do tempo previsto pela técnica desencarnatória, o homicida "piedoso" ainda ficará comprometido, futuramente, com o próprio espírito que ajudou a se libertar antes do prazo determinado pelo seu programa de retificação cármica.

PERGUNTA: — Supondo que tivésseis de reencarnar na Terra para resgate de faltas, por meio de sofrimento atroz, mas sabendo que a vossa família terrena seria levada a conseguir a eutanásia para vos livrar da agonia, justamente quando mais necessitásseis desse sofrimento, que providências poderíeis tomar?

ATANAGILDO: — Narrar-vos-ei o que aconteceu comigo, ali pelo século XIV, quando resolvi me libertar definitivamente de um fardo cármico aflitivo, fruto de minhas faltas passadas. Corajosamente, aceitei uma nova reencarnação de atrozes sofrimentos para os últimos dias de vida terrena, a fim de purgar em uma só existência o tóxico psíquico do perispírito, em lugar de passar duas ou mais existências sob um resgate cármico de horas menos cruciantes. Optei por uma encarnação mais dolorosa e aflitiva, mas que sabia ser a mais eficiente para a cura ou ajuste das minhas impurezas passadas.

Entretanto, após os testes mentais para se conhecer a natureza psíquica dos membros que constituiriam a minha família carnal, verificou-se que eles seriam francamente favoráveis à eutanásia, caso eu tivesse de enfrentar terríveis padecimentos incuráveis. Tratava-se de espíritos pacíficos, mas ainda ignorantes da verdadeira realidade da vida espiritual e, portanto, facilmente vulneráveis às insidiosas sugestões dos espertalhões das sombras, que tudo fariam para me prejudicar na hora da purgação dolorosa, como realmente o fizeram, tentando desencarnar-me pela eutanásia.

No entanto, os mentores do meu destino haviam garantido o êxito de minha purgação cármica conforme planejada, assegurando-me que disporiam de recursos eficientes na hora dolorosa para que eu pudesse sobreviver até o prazo marcado. Reencarnei no seio de uma família que, em virtude de sentimentos piedosos exagerados, era francamente simpática à eutanásia, e ali vivi até os 41 anos de idade, como um dos mais ricos proprietários do lugar. Gozava de relativa saúde, mas, no âmago da alma, bem que sentia a eclosão de uma enfermidade insidiosa a se alastrar continuadamente pelas minhas entranhas, prenunciando grande sofrimento. Naquele tempo, os recursos médicos eram mínimos; três anos depois, eu atingia a fase atroz, que fora prevista antes de me reencarnar e que fazia parte do meu plano de provas terrenas.

Na inconsciência da carne, e ignorando o bem trazido pela enfermidade, tentei o alívio e a cura com as tisanas e poções sedativas, que eram insuficientes produtos da medicina da época. Terrível inflamação tomara conta de meus intestinos e do

A Vida Além da Sepultura

231

fígado, sem esperanças de cura, agravando-se o meu sofrimento por uma forte compressão que sentia na região do duodeno, o que me dificultava a nutrição, que tanto se fazia necessária para atender-me ao corpo, em contínua decadência.

Houve momentos em que de bom grado teria ingerido algum tóxico violento que alguma alma piedosa quisesse me oferecer. O meu rosto ficou macilento; a circulação periclitava e os meus pulmões arfavam dia e noite, enquanto eu sufocava os gemidos colocando entre os dentes uma almofadinha de seda, que os meus familiares mergulhavam incessantemente em uma vasilha cheia de um líquido amargoso e de pouco alívio. Olhos esbugalhados, fitos no forro do aposento luxuoso, dedos crispados, tentando se agarrar aos relevos do rico leito de mogno, eu lutava com os primeiros espasmos biliosos, pelos quais a medicina moderna teria reconhecido alguns fragmentos do tecido hepático em lenta decomposição. Vivia um quadro mórbido desesperador, capaz de confranger os corações mais empedernidos. Não tardei em comprovar, pelos olhares angustiosos de minha esposa, filhos, nora, genro e outros parentes, o grande sofrimento e a imensa piedade que lhes tomavam a alma.

E, quando meus padecimentos atingiram o "climax" da tolerância humana, ocasião em que o curandeiro da época sentenciou achar-me irremediavelmente perdido, percebi que entre todos os meus familiares já se havia entabulado um entendimento firme e decisivo para a extinção das minhas dores pungentes. Compreendi que fôra condenado à morte, graças à piedade excessiva dos meus parentes, que não podiam lobrigar a razão de tanto sofrimento, que consideravam injusto para com quem fôra um amoroso chefe de família. Preferiam, então, libertar-me daquela angústia e de uma vida inútil e declarada perdida. Intimamente, não escondi certa satisfação mórbida ao pressentir-lhes a decisão da eutanásia, pois os meus gemidos já atravessavam a espessura das paredes e ecoavam lá fora, inquietando os próprios empregados da jardinagem. Sem poder recordar o programa que eu mesmo aceitara no Espaço, desejava livrar-me daquele inferno de dores; então fraquejei em minhas energias e deixei-me abandonar completamente às angústias acerbas do sofrimento cruciante.

Mas os meus amigos do Além velavam pelo êxito completo da prova dolorosa, em meu exclusivo benefício espiritual. Só depois de desencarnado é que pude então avaliar a eficiência da assistência que me fôra proporcionada por esses espíritos amigos que, passo a passo, observavam a minha "via-crucis", tudo fazendo para neutralizar as sugestões das trevas e ajudarem-me a completar o escoamento das toxinas agressivas, com a consequente purificação do meu perispírito.

Quando os meus apiedados parentes decidiram ministrar-me uma forte dose de arsênico, ainda faltavam cinquenta e seis horas de dores cruciantes para eu encerrar a purgação dolorosa, sem qualquer alívio, prevista no meu programa reencarnatório. Então, o Alto, por meio de recursos indiretos, entrou em ação a tempo e a contento: um dos meus filhos chegara com a alviçareira notícia de que, nas colinas de San Martini, perto das florestas de Slovena, havia um monge curandeiro, que praticara os mais espantosos milagres, entre os quais haver curado um certo conde da região, que sofrera de enfermidade parecida à que me liquidava. Embora fosse sabido que tal região era infestada de muitos foragidos da Justiça e bandos de malfeitores que assaltavam os viajeiros desprevenidos, meu filho mais velho, em companhia de apenas dois criados e o cocheiro, colocou-me sobre macios colchões e, em cômoda carruagem, seguimos caminho, para depois de algumas horas podermos alcançar o local onde morava o monge.

Chegados às imediações do local, a carruagem precisou ficar, com o cocheiro, ao sopé de uma colina, por não ser possível fazê-la subir o caminho íngreme e, por isso, meu filho e os dois criados, improvisando uma maca com paus e cipós colhidos no mato, transportaram-me para o cimo do outeiro.

Poucos minutos depois, ao atravessarmos uma selva, caiu de improviso sobre nós um bando de maltrapilhos armados de paus e pistolas, imobilizando-nos em rápidos minutos. Foi-nos proposto, então, o pagamento de certa quantia para que nos deixassem livres e pudéssemos prosseguir o caminho. Meu filho mais velho teve de retornar velozmente à casa, a fim de providenciar o vultoso resgate, enquanto eu e os dois criados éramos conservados como reféns, que deveriam ser trucidados ante a primeira comprovação de que houvesse sido dado aviso do caso à Justiça local.

Os assaltantes eram obrigados a mudar de local por várias vezes, receando as batidas costumeiras das forças legais que

A Vida Além da Sepultura

233

andavam ao seu encalço, para o que os seus espiões avançados davam aviso no devido tempo. Quando tal acontecia, eu e os dois criados éramos levados para lugar distante, em companhia dos assaltantes, para que os criados pudessem indicar ao meu filho, quando este regressasse com o dinheiro, o local em que nos achávamos escondidos.

Mas a polícia estava apertando o cerco aos bandidos, apesar de nenhum aviso ter sido dado por meu filho, o que estava obrigando os assaltantes a uma fuga rápida do local. Então, deliberaram trucidar-me antes de me abandonarem na floresta, pois já estavam cansados de tanto me transportarem de maca, de um lado para outro, durante as apressadas fugas anteriores, as quais, além de me sacudirem o corpo, causando-me dores horríveis, ainda me obrigavam a vômitos incoercíveis, mesclados de retalhos amarelecidos do fígado.

Eu já estava algo inconsciente do mundo exterior, embora com os sentidos psíquicos muitíssimo aguçados, absorvendo sem alívio todo o conteúdo da dor que me corroía as estranhas. Sem dúvida, os salteadores adivinharam que eu teria poucas horas de vida ou, então, um surto de medo os demoveu das intenções homicidas, pois, após despojarem-me de tudo, até das roupas externas, de veludo, ali me abandonaram impiedosamente, fugindo pela mata.

Então senti como que uma terna voz a me falar aos ouvidos, sugerindo-me coragem e resignação e garantindo-me o benefício da prova final, que se manifestava cada vez mais lancinante. E a Lei Cármica se cumpriu, ao mesmo tempo que o meu programa doloroso também se efetivava em toda a sua planificação espiritual. Sofri fome, sede e frio, vertendo suores biliosos, enquanto expelia fibras duodenais e pedaços do fígado.

Guardava a perfeita sensação de que um gênio do mal amarrava-me o corpo com arame farpado, fazendo sangrarem as carnes, e depois enfiava aguçado punhal no meu ventre, fazendo a arma subir lenta e sadicamente por todo o trajeto intestinal, até romper o duodeno, para dilacerar o fígado e depois escavá-lo e extrair pequenas porções, que depunha no meu estômago e eu as lançava fora.

Já havia perdido as esperanças de que alguém me socorresse, quando, de súbito, senti inexplicável alívio em todo o meu organismo e clareou-me a vista; então vi à minha frente as figuras de meus filhos e dos criados, curvados sobre mim e com os olhos rasos de lágrimas, tentando erguer-me a cabeça afogada nos detritos da própria carne. Nada lhes pude dizer; apenas esboçado um sorriso, esvaiu-se-me o último alento de vida e me desprendi definitivamente para o Além. Mais tarde, vim a saber que haviam decorrido exatamente as cinquenta e seis horas de padecimentos atrozes, que ainda faltavam para completar a minha prova cármica, quando as forças do Bem interviram para evitar a eutanásia e demolir os projetos sombrios do Astral inferior. E ali, no mesmo local onde desencarnei pelo sofrimento escolhido antes de nascer, meu filho atirou fora a porção de arsênico que deveria libertar-me antes dos padecimentos atrozes.

Devo à incessante assistência espiritual dos meus amigos desencarnados o benefício de haver completado essa existência e esgotado, no século XIV da Terra, uma das mais fortes cargas de tóxico nocivo à minha indumentária espiritual.

PERGUNTA: — Conheceis algum caso em que o paciente fugiu das provações e continuou a viver, sem cumprir até o fim o seu destino cármico?

ATANAGILDO: — De modo algum pode isso acontecer. São várias as formas e os recursos de que os espíritos encarregados podem lançar mão a fim de evitar que os encarnados fujam ao cumprimento integral de suas provas cármicas, mesmo que alguém pretenda sujeitá-las, a contragosto, à eutanásia; e, mesmo que o encarnado se suicide, não escapará à Lei.

Há casos em que os pacientes são afastados subitamente do lar, para se sujeitarem às suas provas atrozes em lugares inacessíveis acidentes difíceis de ser localizados, tais como desastres de trens ou de aviões, em zonas inóspitas, sem recursos médicos ou quaisquer possibilidades de salvação. Outros desencarnam após terríveis queimaduras, infecções ou rompimento de tecidos, que os fazem viver padecimentos indescritíveis. E, para espanto de muitos, há casos em que, no seio de terríveis catástrofes sobrevive alguma criatura que se salva à última hora, sem um arranhão sequer, porque a sua "morte" não fazia parte do programa de sofrimento conjunto, que conheceis sob a designação de "carma coletivo", em que diversas almas estão ligadas por dívidas semelhantes e, portanto, incluídas em um mesmo plano de resgate doloroso final.

A Vida Além da Sepultura

Por vezes, a luxuosa aeronave que despenca do ar, destruindo todos os seus tripulantes e passageiros, não passa de uma cópia moderna do antigo e temido barco de piratas, a conduzir as mesmas personagens do passado, que se encaminham agora ao resgate doloroso, determinado pela Lei do Carma.

PERGUNTA: — Qual a melhor atitude que devemos manter diante daqueles que se encontram tomados por padecimentos cruciantes e incuráveis, quando nos sentimos sinceramente comovidos, mas não podemos aliviá-los?

ATANAGILDO: — A prece em favor do moribundo é para ele o melhor recurso balsâmico e benfeitor, pois, além de colocá-lo sob um manto de vibração sedativa ao psiquismo perturbado, ainda serve para aquietar o desespero e a emotividade daqueles que clamam socorro em torno do leito de morte. Durante a prece, processa-se divina absorção das energias partidas de quem ora, que são dinamizadas pelas dulcíssimas projeções partidas das entidades angélicas das esferas mais altas, que então irmanam todos os sentimentos na mesma frequência amorosa. É generoso banho refrescante ao agonizante e alivia o perispírito cansado, ajudando-o a partir da Terra e a encontrar o repouso amigo.

Diante da morte do corpo, ajudai o espírito a se libertar mansamente; não desespereis diante dessa separação inevitável, mas não definitiva; os vossos gritos e revoltas íntimas não podem evitar um desenlace que é decisão irrevogável tomada pela Lei Cármica. Por isso, recorrei à prece e não aos clamores desesperados, auxiliando o mais breve desligamento do espírito que está preso ao casulo da carne.

Acima dos vossos dramas terrenos, permanecem a Sabedoria e a Bondade de Deus, que sempre sabe o que faz.

PERGUNTA: — A oração dos encarnados pode ajudar os técnicos da desencarnação junto ao moribundo?

ATANAGILDO: — Sem dúvida! Os espíritos assistentes das desencarnações sempre logram melhor êxito e podem reduzir grandemente a cota de sofrimentos do agonizante quando não existem no recinto os fluidos imantadores dos parentes desesperados e o ambiente se encontra harmonizado pelas vibrações da prece proferida pelos presentes, mesmo em pensamento. É fora de dúvida que, se for conveniente prolongar a vida do moribundo, isso ainda se tornará muito mais fácil num ambiente calmo e envolto pela ternura das orações, do que entre as forças negativas e perturbadoras da angústia e da inconformação.

A oração aquieta a alma e eleva o seu padrão vibratório, porquanto o instinto animal é superado pela sintonia do espírito aos planos mais elevados. Promove um estado de serenidade íntima, que ainda mais se engrandece quando conjugado ao de outras almas, sinceramente ligadas pelos mesmos propósitos espirituais. Embalada pela prece, a alma do moribundo se recompõe e se desvencilha mais facilmente dos centros vitais do corpo físico, para então ingressar no Plano Astral sob tranquila emotividade espiritual.

Depois de desencarnados, é muito comum lamentarmos os dramas assistidos junto ao leito de morte; então sentimo-nos vexados pela nossa grande ignorância espiritual em face desse acontecimento, ainda tão mal interpretado pelos encarnados. É indubitável que só testemunharemos confiança nos propósitos insondáveis de Deus, ante o modo pacífico, humilde e respeitoso com que aceitarmos tanto as dores do corpo como a separação provisória dos nossos familiares.

A Vida Além da Sepultura

19. Espíritos assistentes das desencarnações

PERGUNTA: — Gostaríamos de saber se, em virtude da nossa ignorância espiritual no mundo físico, ficamos sujeitos sempre a prejuízos em todas as desencarnações. Outrossim, se desencarnar ainda é mais difícil do que reencarnar. Poderíeis dar-nos explicações a respeito?

ATANAGILDO: — De acordo com as minhas observações e baseando-me na minha própria desencarnação, creio que é muito mais fácil "falecer" do que "nascer" na carne. Durante o tempo da gestação física, sempre se registra enorme dispêndio de forças valiosas, que precisam ser aglutinadas para compor o corpo da alma que desce à matéria; também surgem muitas dificuldades e problemas imprevistos, que requerem intervenção dos técnicos responsáveis pelo espírito que reencarna, mesmo quando este já possua discernimento tal que lhe facilite operar conscientemente ao emergir nos fluidos densos da matéria. Demais, certas dificuldades de ordem técnica e interferências inesperadas de energias ocultas podem prejudicar o processo final da gestação; há que se considerar, também, a ignorância de certas mães, que não atendem ao processo gestativo em sua integridade "psicofísica", ou que, então, se expõem perigosamente aos bombardeios psíquicos de ambientes e acontecimentos emotivos e perturbadores.

Nascer, pois, significa exaustivo labor para reduzir e aprisionar o perispírito na matriz da carne, obrigando o espírito a incessante "fuga vibratória" do seu verdadeiro ambiente eletivo; morrer, no entanto, significa justamente o oposto, pois a alma se liberta assim da complexidade da matéria e retorna ao seu plano familiar donde partira anteriormente. Sob rude exemplo comparativo, lembro-vos que a fase mais incômoda, para o mergulhador, consiste na tarefa de vestir o pesado escafandro de borracha e suportá-lo no fundo do mar, ao passo que tudo se lhe torna mais fácil quando deve abandonar o meio líquido e libertar-se da vestimenta asfixiante.

Quanto aos prejuízos que podem resultar para a alma durante a sua desencarnação, é fora de dúvida que tudo depende principalmente do seu caráter espiritual, mesmo se ficar retida por mais tempo nas malhas das forças magnéticas, que costumam ser lançadas pelo desespero melodramático da parentela do mundo.

PERGUNTA: — Todas as desencarnações são demoradas, por causa desse desconhecimento espiritual, quase comum a todos os terrenos?

ATANAGILDO: — Assim como alguns se retardam sob imensas dificuldades, ficando algemados por longo tempo aos espasmos vitais do corpo físico, há espíritos que, à simples premonição de sua desencarnação, vêm-nos ao encontro no Mundo Astral, à noite, mostrando-se bastante despreocupados com o terem de abandonar o mundo material, porque nada já os prende à vida humana. Tendo se esmerado em servir ao próximo e envidado esforços para se libertarem dos vícios e das paixões escravizantes, quando alcançam o limiar da morte já se encontram desprendidos das algemas das sensações inferiores da carne. É evidente que almas como estas, que embora ainda se conservem aprisionadas pelos grilhões da matéria, já vivem a vida do céu, não se impressionam com a morte do corpo e atendem, confiantes, à convocação espiritual do Senhor.

São criaturas que, mesmo na vida física, já trabalham para desatar os elos sentimentais exagerados e egoístas que os prendem à parentela do mundo, reconhecendo que a verdadeira família é a comunidade de espíritos do Universo, provindos todos do mesmo Pai. Elas se desprendem das atrações prosaicas da vida humana, assim como as crianças abandonam os seus brinquedos logo que atingem a juventude.

Já tive oportunidade de presenciar algumas desencarnações em que o próprio espírito desencarnante era o mais atarefado em libertar-se dos laços vitais que o prendiam ao corpo físico. Doutra feita, comprovei que as almas corajosas chegam até a fazer "blague" em torno de sua própria morte física, ante a certeza de que se submetem a processo já conhecido muitas vezes em vidas pretéritas. Não creio que a mais vigorosa rede de fios magnéticos — que durante o fenômeno da morte possa ser tecida pelas aflições dos parentes desesperados — possa perturbar espíritos assim tão emancipados das ilusões do mundo e que já se encontram antecipadamente libertos das peias da vida material. A maioria das almas terrenas ainda se embaraça de tal forma nas teias hipnotizadoras e instintivas da vida humana que, na hora da morte, mais se assemelha a moscas cansadas que não conseguem desprender as asas dos fios da vigorosa rede tecida pelas aranhas.

PERGUNTA: — Em face das vossas diversas referências a espíritos que têm prestado socorro a pessoas em vias de desencarnação, poderíamos saber se existe uma organização disciplinada, no Além, que se dedica exclusivamente a prestar esse socorro?

ATANAGILDO: — Sem dúvida! Em nossa metrópole, pelo menos, existem cursos disciplinadores, dirigidos por espíritos elevados que, não só ensinam a ciência a que está subordinada a morte corporal, como também a técnica aplicável para o melhor êxito nas operações desencarnatórias terrenas. A complexidade e delicadeza das operações que se processam ou se originam no Mundo Astral, sob a responsabilidade das organizações do Bem, exigem ainda mais conhecimentos e cuidados do que as operações rotineiras da Terra. Enquanto, no mundo material, as formas que o compõem vivem em contínua exaustão de energias, essas mesmas energias estão passando para o lado de cá, onde se revitalizam na sua fonte natural, para a qual foram novamente atraídas.

Da mesma forma, enquanto para os encarnados a morte física representa extinção de vida, aqui o fenômeno se inverte, pois que o espírito se liberta da matéria densa para ingressar no seu verdadeiro mundo, que é a energia sutilíssima.

A Vida Além da Sepultura

Daí a necessidade de formação e adestramento de equipes de espíritos que devam atender às desencarnações, sempre que os cuidados do Alto reconheçam o merecimento de assistência e proteção de alguém, na hora delicada do falecimento. Em virtude das diferenças de evolução e dissemelhanças de situações particulares, que se verificam comumente nas diversas desencarnações, ser-vos-á possível avaliar a necessidade e importância de conhecimentos especiais por parte dos espíritos assistentes das desencarnações, de modo a poderem cumprir com êxito tarefas tão delicadas. Esses espíritos "técnicos" em desencarnação são responsáveis pela existência da velha lenda, em que a morte é representada na figura de uma megera de foice em punho, cuja tarefa tenebrosa é a de cortar o "fio" da vida humana...

Mas nada existe de lúgubre neste acontecimento tão comum, que é a desencarnação; normalmente, esses espíritos assistentes são de fisionomias afáveis, dotados de boníssimos corações e sadio otimismo, nada justificando o fato de sua existência provocar entre vós tantos arrepios de frio nas epidermes demasiadamente sensíveis.

PERGUNTA: — Os espíritos assistentes das desencarnações operam exclusivamente na hora exata do acontecimento ou precisam agir com certa antecedência, a fim de desligarem gradativamente os laços que prendem as almas aos seus corpos físicos?

ATANAGILDO: — Quando considerardes o processo da encarnação ou da desencarnação, é conveniente evitardes qualquer generalização do assunto, pois não se pode ajustar com exatidão um caso paralelamente a outro. Cada alma é um mundo à parte, apresentando reações psíquicas ou psicológicas bastante diferentes entre si. A bagagem milenária de cada ser espiritual, como um todo específico e isolado, também oferece consideráveis diferenças de um para outro desencarnante. Há certos casos em que os espíritos assistentes só se apresentam nos derradeiros momentos para ultimar as operações de desligamento. Isso acontece quando se trata de alma evoluída e ligada a familiares já conhecedores da vida espiritual que, em lugar de colocarem algemas emotivas no espírito que parte, ainda se tornam em eficientes cooperadores na hora da desencarnação.

No entanto, quando o desencarnante pode ficar preso à parentela, por se prever que esta se entregará a emoções contraditórias e desesperadas, torna-se conveniente preparar o ambiente vibratório com a devida antecedência, assim como estabelecer-se um bom círculo de magnetismo protetor ao redor do leito do moribundo. Por isso, as operações desencarnatórias terão de se realizar gradativamente; os espíritos assistentes auscultam as emoções dos presentes, experimentam-lhes as reações psíquicas, ao mesmo tempo que observam as condições vitais e orgânicas do enfermo.

Variam, pois, os métodos desencarnatórios e as medidas preliminares em cada caso, as quais dependem, também, do tipo de enfermidade que vai provocar o desenlace, pois é evidente que o espírito em via de desencarnar por uma trombose ou síncope cardíaca exige um tratamento preliminar, de urgência, e bastante diferente do aplicado àquele que se encontra enfermo há muito tempo, cuja doença lhe exaure as forças de modo quase milimétrico.

PERGUNTA: — Esses espíritos assistentes possuem algum aspecto diferente ou vestimenta especial, que os destaquem dos demais e os distingam como responsáveis pelos processos desencarnatórios? Apresentam algum sinal que os destaque na comunidade espiritual?

ATANAGILDO: — Não vos preocupeis com insígnias ou emblemas, que são de suma importância no mundo terreno, mas desnecessários para criar distinção entre desencarnados, no Mundo Astral, cujo valor é conhecido pela espécie de luz que flui de seus espíritos evoluídos e pela sua ternura e sabedoria. Na metrópole do Grande Coração compreende-se melhor aquele velho conceito de Sócrates de que, à medida que o homem mais sabe, mais verifica que nada sabe. Por isso, nenhum espírito de nossa comunidade, por mais evoluído que seja, agasalha presunções de sabedoria e faz exibições de avanço espiritual. A singeleza e a ternura ainda significam as qualidades mais destacadas dos espíritos devotados ao Bem, inspirados no exemplo do Sublime Guia Espiritual do orbe, o Mestre Jesus, que demonstrou a sua grandeza na humildade em lavar os pés dos apóstolos.

E eis o motivo por que os espíritos que assistem aos desencarnantes também não se diferenciam de outros laboriosos servos do Senhor; pelo menos não lhes tenho notado outras condecorações ou símbolos que não sejam o sorriso benevolente e o devotamento completo ao serviço de auxílio ao próximo.

A Vida Além da Sepultura

PERGUNTA: — Em virtude de já havermos vivido outras vidas e desencarnado tantas vezes, não seria razoável que já tivéssemos nos libertado dessa angústia diante da "morte", que a lenda tem pintado tão tenebrosa?

ATANAGILDO: — Bem sei que ainda é difícil exterminar do subconsciente humano a velha ideia da "morte", essa mulher cadavérica envergando lúgubre mortalha, enquanto aciona afiado podão sob gestos histéricos e atitudes assustadoras. No entanto, que é a vida senão a própria morte em prestações? Todas as vezes que o corpo envelhece e se consome de minuto a minuto, não caminhais, porventura, implacavelmente, mais uma vez, para a cova do cemitério? Do primeiro vagido emitido no berço até o último suspiro na agonia, o homem nada mais é do que um viandante em obrigatória caminhada para a sepultura. Por que temê-la, se a morte corporal é apenas um "ato" ou um "fato" comuníssimo, que representa inefável bênção destinada a libertar o espírito da carne e conduzi-lo ao seu destino venturoso.

Quando logrei despertar no Além, tive a grata surpresa de ser apresentado a dois boníssimos espíritos que, apesar de o tentarem fazer, não logravam reduzir a irradiação de luz safírico--azulada que lhes fluía pelo tórax, chegando a formar um suave halo luminoso em torno de suas cabeças jovens. Certo de que se tratava de excelsos enviados da hierarquia superior para salvar a minha alma pecadora, surpreendi-me extraordinariamente com a revelação de que eram os dois espíritos técnicos que me haviam ajudado a desligar-me do corpo físico. Indubitavelmente, quando tal acontecera, eu me achava diante da lendária "morte", entidade tão temida, e que na Terra causa arrepios à mais singela enunciação. No entanto, aqueles dois espíritos, à minha frente, desmentiam claramente a existência tétrica da megera esquelética embuçada na sua fúnebre mortalha e tendo nas mãos a sinistra foice... Felizmente, eu podia vislumbrar aquelas fisionomias iluminadas, afáveis e sorridentes, que se encontravam junto ao meu leito, num formal desmentido à lenda mitológica da "Parca" que, na Terra, tem inspirado histórias as mais assustadoras.

Eles leram, então, o meu pensamento, com certo ar travesso, enquanto meu cérebro se povoava de espanto; depois, fitaram--me com profunda bonomia e interesse e, sem que eu também pudesse me conter, rimos francamente; um riso farto e sonoro, que inundou o ambiente de vibrações alegres e festivas. Ríamos diante da farsa da "morte" tão lúgubre e aterrorizante para o cidadão terreno, que vive tão agarrado aos seus tesouros efêmeros e às suas paixões avassalantes. Justamente por inverter o exato sentido da vida, é que o homem terráqueo tanto teme a morte do corpo.

PERGUNTA: — Por que motivo, em certos casos, tem sido possível identificarem-se alguns sinais da proximidade da morte do corpo físico? São os próprios espíritos assistentes das desencarnações que previnem, por vezes, do desenlace a se verificar?

ATANAGILDO: — Sabeis que, em virtude de a criatura terrena considerar a morte do corpo como acontecimento lúgubre e inevitável, empresta um sentido fúnebre a tudo aquilo que possa lembrá-la. Mas, apesar disso, em certas ocasiões ocorrem fatos que bem podem denunciar a presença daqueles assistentes ao se aproximarem para o desempenho de suas tarefas caridosas. Mas a ignorância humana faz com que eles sejam considerados como visitantes indesejáveis, confundindo com mau presságio os seus sinais benfeitores, que indicam a feliz libertação da alma enclausurada na matéria densa.

PERGUNTA: — Dai-nos um exemplo de como pode ser percebida, por certas pessoas, a aproximação desses espíritos, pois muitas há que vaticinam a morte de parentes ou vizinhos por terem ouvido o uivo contínuo de um cão. Há algum fundamento nisso?

ATANAGILDO: — Algumas vezes, há fundamento. Como a visão dos animais pode se situar numa faixa vibratória mais penetrante, do Astral, inacessível à visão ou percepção comum humana, certos cães podem pressentir quando os técnicos espirituais se encontram em tarefas desencarnatórias nas circunvizinhanças e, por esse motivo, se põem a uivar. Por isso, o povo, costuma dizer que "uivo de cachorro é mau agouro".

Quando, para ser "queimado" um carma coletivo, ocasião em que, por exemplo, devam perecer em naufrágio os tripulantes e passageiros de alguma embarcação, em cujos corpos carnais se escondam espíritos de velhos criminosos, piratas ou antigos invasores bárbaros, as grandes equipes de espíritos protetores e assistentes das desencarnações situam-se na embarcação com alguma antecedência à catástrofe determinada pela Lei Cármica, a fim de providenciar quanto ao controle e à proteção que se farão necessários nas operações desencarnatórias. E nessas ocasiões não raro ocorre um fato interessante: como a visão dos ratos é bastante sensível no plano da substância astral muito densa, eles pressentem que se avizinha um desastre. E, como nesses animais ainda é mais poderosa a sabedoria milenária instintiva, de sobrevivência, os ratos em certos casos se atiram ao mar, buscando salvação prematura. Esse o fundamento da lenda de que os ratos costumam abandonar os navios em véspera de naufrágio.

As aves, os répteis e diversos animais, em sua linguagem ininteligível e na sua inquietação não compreendida pelo homem, quase sempre assinalam fenômenos insólitos que percebem em torno e à vizinhança do Mundo Astral mais denso.

PERGUNTA: — Cremos que o motivo principal do nosso temor à "morte" não é o seu aspecto trágico, mas sim a expectativa de enfrentarmos o desconhecido, pois que, permanecendo no mundo físico, estamos amparados pela paisagem familiar que nos rodeia e pelo afeto da parentela consanguínea, da qual teremos de nos separar sem uma prova cabal de que iremos gozar da felicidade com que nos acenam. Que dizeis a isso?

ATANAGILDO: — A verdade não é essa; se o homem teme a morte do corpo físico, é porque deposita toda a sua fé e ventura nos tesouros efêmeros da matéria e se dedica ao culto exagerado às paixões animais, que o tornam cada vez mais insatisfeito e o escravizam definitivamente ao gozo animal. Como ignora o amor excelso e a paz sublime das esferas espirituais superiores, que poderia alcançar pela renúncia definitiva aos bens provisórios da Terra, mal sabe que a desencarnação significa uma generosa dádiva de Deus para a verdadeira vida.

Enquanto alguns cientistas, inquietos, tentam prolongar a vida física dos homens, afobados na procura do "elixir da vida" ou na descoberta de hormônios que lhes garantam mais êxito nas sensações animais transitórias, os espíritos benfazejos tentam inspirar a criatura terrena para que não corra atrás da morte, mas também não a tema nem se atrofie no culto desbragado dos sentidos físicos. Por isso, muitas criaturas sentem arrepios gélidos na espinha dorsal, quando ouvem falar do fenômeno da morte, como se já não a tivessem enfrentado tantas vezes, no decorrer dos milênios findos. Quantas vezes a morte amiga vos foi proporcionada pela técnica desses espíritos especializados, que vos cortaram o "fio da vida" para que pudésseis vos libertar dos grilhões do sofrimento humano.

Na Atlântida, no Egito, na Gália, na Hitítia, na Grécia, na Índia ou na Europa, quantos corpos de carne já haveis abandonado para a retificação do vosso espírito. Graças a essa contínua interrupção da vida física, através da morte do corpo, é que tendes podido realizar sucessivas experiências humanas e ativar o progresso dos vossos espíritos.

PERGUNTA: — Quais as primeiras providências tomadas pelos espíritos assistentes das desencarnações, na tarefa de libertação dos moribundos?

ATANAGILDO: — Já vos disse, alhures, que não se registra uma só reencarnação ou desencarnação, sequer, absolutamente idêntica a outras; comumente, os técnicos desenvolvem os seus trabalhos e coordenam o processo desencarnatório à medida que também se apresentam as reações e os acontecimentos inerentes à natureza "psicofísica" do desencarnante. Quando se trata de alma filiada a qualquer comunidade superior, ou que tenha se devotado ao serviço do amor ao próximo, as primeiras providências dos técnicos se circunscrevem à defesa em torno do seu leito de dor. Eles criam uma rede de fluidos magnéticos que dissolvem as vibrações mentais e os impactos emotivos causados pelos parentes em desespero, assim como também protegem o desencarnante contra qualquer intervenção indébita do Astral inferior.

Embora nem sempre se obtenha o completo êxito desejado, pela vigorosa imantação de angústia da parentela encarnada, pelo menos esse círculo de magnetismo defensivo ainda neutraliza grande parte da carga nociva, que sempre perturba o trabalho desencarnatório. Mesmo quando não se trata de purgação cármica há enfermos que agonizam horas e horas a fio, porque ficam retidos na carne pelos laços vigorosos do magnetismo afetivo dos seus familiares desesperados e que pretendem salvá-lo a qualquer preço, embora já o reconheçam incurável e moribundo.

Visto que os encarnados muito se desorientam diante da morte do corpo, quer promovendo desesperada gritaria, quer blafesmando contra Deus, é comum a presença de amigos desen-

A Vida Além da Sepultura

carnados que se apresentam junto ao agonizante e formam ali um círculo de orações, que então o auxiliam para o melhor êxito no seu trespasse. Normalmente, são essas as primeiras providências que se tomam junto ao desencarnante, quando é digno de boa assistência, tais como a fluidificação sedativa do ambiente, a criação de uma rede de magnetismo protetor em torno do seu leito e o carinho espiritual através da prece proferida por espíritos amigos.

PERGUNTA: — Supomos que, logo a seguir, se processa o desatamento dos laços da vida física; não é assim?

ATANAGILDO: — A operação do desligamento final depende muito da própria psicologia do desencarnante, pois, embora ele mereça ser digno de assistência espiritual, por vezes é imaturo de razão ou psiquicamente inseguro da felicidade no limiar da morte física. Neste caso, os espíritos assistentes promovem o adormecimento do seu cérebro, para que ele se desligue da carne inconsciente do processo desencarnatório, permanecendo, assim, sob a ação de um incontrolável sono que o impede de interferir diretamente no processo com a sua força mental, dificultando a operação liberatória.

Mas há também outros espíritos que, pela sua emancipação e elevado grau de consciência desperta, durante a desencarnação, merecem outra espécie de operação preliminar para a libertação do corpo físico, a qual consiste em ativar-lhes a consciência espiritual e sugerir-lhes a oração afetiva, porque lhes é chegada a hora final.

Eis o motivo por que trabalhadores do Senhor e certas criaturas bem espiritualizadas desencarnam perfeitamente lúcidas e calmas, a ponto de convidarem os presentes à oração, chegando mesmo a determinar providências relativas ao seu trespasse. Os seus corpos são abandonados com invejável tranquilidade espiritual, em lugar do desespero que se apossa daqueles que não vivem preparados para saber morrer. No processo desencarnatório dessas almas emancipadas e conscientes, quase sempre os técnicos fazem convergir todas as forças vitais e magnéticas para a região intracraniana, à altura do cerebelo, onde se acumulam, então, forças regeneradas que ativam o espírito e aguçam-lhe a percepção mental do fenômeno desencarnatório.

PERGUNTA: — Poderíeis nos descrever melhor o processo

gradativo da desencarnação, de modo a que pudéssemos conhecê-lo sob um aspecto científico?

ATANAGILDO: — Nas desencarnações comuns, quase sempre é solicitada, de início, a presença de um espírito que possua magnetismo semelhante ao do agonizante, a fim de auxiliar a desencarnação. Ele coloca as mãos sobre a fronte deste, num serviço de incessante revigoramento magnético nos lobos frontais e aceleração do "chakra coronário", onde está o verdadeiro comando do sistema de forças do duplo etérico, que relaciona o perispírito com o corpo físico. Em seguida, o técnico desencarnador inicia sobre a organização etérica do perispírito um trabalho de magnetização ao longo do corpo carnal; é operação muitíssimo complexa, visto que o operador deve se deter, com perfeito conhecimento da técnica, à altura de cada "chakra etérico" ou centro de forças, ajustando-lhes as funções e os movimentos num tom harmônico em toda a extensão do perispírito. Cumpre-lhe regular o "chakra esplênico", que recepciona a vitalidade do meio-ambiente, para que se equilibre no funcionamento correto do centro cardíaco, que é a sede dos sentimentos, e se exerça o controle do "chakra laríngeo", para que se evite dispêndio de palavras.[3]

O chamado "duplo etérico", que serve de intermediário entre o corpo físico e o próprio perispírito, e que mais tarde se dissolverá no éter-ambiente, torna-se muito sensível durante essa operação num incessante intercâmbio de energias com o meio, assim como as "manda de retorno", na forma de combustível gasto e que deve ser eliminado.

A distribuição do magnetismo é feita sobre todo o tecido perispiritual, ajustando-o e fortalecendo num admirável labor de captação e aproveitamento de todo o energismo disponível do desencarnante. Nesse momento tão delicado, em que o espírito deve abandonar o seu casulo de carne para alçar-se às esferas edênicas ou então — pelo peso de seu magnetismo inferior — cair ou precipitar-se nas regiões trevosas, é que realmente se comprova o valor do grande ensinamento de Jesus: "Os humildes serão exaltados e os que se exaltam serão humilhados".

A vida humilde e benevolente, aí na Terra, produz um contínuo refinamento e acúmulo de energias superiores, enquanto que a exaltação pelo orgulho, pela cólera ou por quaisquer outras

---

[3] Vide a obra *Os Chakras* de Leadbeater, da Editora Pensamento.

A Vida Além da Sepultura

paixões e violências, representa perigoso dispêndio energético que fortifica o campo das forças inferiores do perispírito, fazendo com que a alma penetre bastante debilitada no Plano Astral.

Essa distribuição de energias que os técnicos fazem ao longo do corpo do moribundo — que em terapêutica magnética é muito conhecida como "passes longitudinais"— tem por função isolar todo o sistema nervoso simpático, enquanto outras aplicações condensativas, de magnetismo, insensibilizam o vago e desentranham das vísceras as suas respectivas contrapartes etéricas. Essa operação que insensibiliza e vai suprimindo gradativamente a ação do sistema nervoso, também faz convergir e escoar o magnetismo dos "chakras" que atuam à altura de cada "plexo nervoso", motivo pelo qual extingue-se a possibilidade de movimentos físicos por parte do agonizante, embora os técnicos possam aumentar-lhe a percepção mental e a auscultação psíquica, se for de interesse mantê-lo deliberadamente desperto.

Eis por que os espíritos assistentes das desencarnações costumam propositadamente frenar o "centro laríngeo" e controlador da voz, para se evitar um verbalismo debilitante ao desencarnante e contraproducente aos familiares que o cercam, decorrente de sua memória demasiadamente aguçada. É o que também me aconteceu na última desencarnação, pois se me aguçou de tal modo o psiquismo, que eu podia pressentir, por via telepática ou intuitiva, todas as emissões de pensamentos daqueles que me cercavam. A inibição do sistema nervoso, que me paralisara os movimentos físicos, fazia refluir a pujança da vida interior do meu espírito, ativando-me energicamente a audição psíquica e me colocando em angústia, pois desejava dizer aos presentes que eu estava vivo e ameaçado da lúgubre possibilidade de ser enterrado vivo.

PERGUNTA: — Depois dessa intervenção que descreveis, o espírito abandona, então, o corpo físico?

ATANAGILDO: — A desencarnação demanda ainda outras operações complexas, pois a intimidade que se estabeleceu entre o perispírito e o corpo físico, durante alguns anos de vida humana, não pode ser desfeita em poucos minutos de intervenções técnicas do lado de cá. Salvo nos casos de desastres ou mortes violentas, em que a intervenção dos técnicos assistentes se registra só depois da morte do corpo, as demais desencarnações devem se subordinar gradativamente a várias operações liberatórias, em diversas etapas, como tenho observado nas oportunidades que me foram dadas para apreciar o fenômeno.

O homem apresenta, fisiologicamente, três centros orgânicos que devem merecer a maior atenção durante a desencarnação, quando se trata dos que merecem a assistência espiritual: o centro "físico", pelo qual se manifesta o instinto como reação, prazer, dor ou movimento, situado no ventre, a zona da sensação que é o campo das manifestações fisiológicas; o centro "astral", pelo qual se manifesta a intuição, em harmonia com o sentimento, conhecido como a zona dos desejos e emoções, situado no tórax, e, finalmente, o centro "psíquico mental", localizado no cérebro, que é o mais importante dos três, porque revela a ideia e também tem ligação com o sentimento. É a organização principal pela qual a alma afere os valores da verdade e do erro, assim como pode avaliar o grau de sua própria consciência espiritual em relação com o meio físico. Conforme a natureza favorável ou desfavorável, da utilização, por parte da alma, de cada um desses centros "etéreo-astrais", que servem à integração do espírito à carne, também variam o tempo do seu desligamento e a intensidade de certas operações que os assistentes presentes realizam à parte. O corpo humano representa apenas a materialização carnal dos sentimentos, idéias e desejos do espírito que, ao se desligar dele, revela qual foi a sua maior ou menor preferência pelo campo de ação física, emotiva ou mental, no mundo de formas, qual o músico que se afeiçoa particularmente a um determinado tipo de instrumento. E isso exige que os espíritos assistentes das desencarnações se devotem com mais cuidado e atenção às zonas vitais do corpo por meio das quais o espírito tenha se demorado mais tempo no intercâmbio com o mundo exterior.

A desencarnação tem, pois, íntima relação com os objetivos elevados ou prejudiciais que foram acalentados em cada um desses três centros principais de atividade do espírito na matéria, do que resulta o êxito ou a dificuldade na libertação do moribundo. Assim, para que o espírito possa partir livremente para o espaço, não basta que apenas cessem as funções fisiológicas do corpo físico, tais como os movimentos ou as reações da sensibilidade orgânica, mas é preciso que os laços vitais sejam desatados lenta e gradativamente, para o que se exige uma técnica tão melindrosa, que me faz lembrar os cuidados, preocupações e exigências da alta cirurgia do vosso mundo. Logo após ao processo magnético que já vos descrevi, os técnicos espirituais costumam operar sobre a zona do "plexo solar" ou plexo abdominal, como é mais conhecido na técnica médica; ali é que realmente se localizam as últimas algemas do espírito, constituídas pelas forças físicas, pois, assim que são desatados esses ligamentos finais, extravasa deles um conteúdo leitoso, visível a nós, à altura do umbigo e que, passando para fora do corpo físico, é em seguida aproveitado automaticamente pelo perispírito, que já se encontra agora na fase final de sua desencarnação. Noto sempre que, em seguida ao fenômeno curioso do extravasamento daquela substância gasosa, de aparência leitosa, dá-se o esfriamento do corpo de carne, a começar mais rapidamente pelos membros inferiores. É o momento em que a família do moribundo muito se aflige, saindo em busca de bolsas de água quente para colocar em seus pés gelados. Desde que os técnicos ativem, então, a sua intervenção desencarnatória, será bastante que apliquem alguns passes magnéticos no centro astral, à altura da região cordial do corpo físico, para que diminua o ritmo funcional do coração e se precipite a agonia.

PERGUNTA: — Qual o quadro clínico que, para nós encarnados, apresentará o agonizante no momento em que se liberta aquele conteúdo leitoso a que vos referistes há pouco?

ATANAGILDO: — Não vos esqueçais de que descrevi essa substância leitosa, invisível aos olhos da carne, conforme ela se apresenta à minha visão espiritual, pois, embora seja um conteúdo fluídico, a mim se afigura bastante parecido a um gás pastoso e de aspecto leitoso. Alguns médiuns videntes, da Terra, quando podem vê-la na sua exsudação durante a desencarnação talvez possam descrevê-la como semelhante a um cone franjado, muito parecido a uma diminuta árvore, principalmente ao tradicional pinheiro de Natal, tão festejado no Brasil. É uma substância que emerge acima do umbigo e que, ao nível do perispírito, tende a alcançar a garganta, num esforço de projeção triangular, e que, depois de exsudada, tira qualquer possibilidade de se prolongar a vida do moribundo. Existem, mesmo, alguns tipos de médiuns que, ao verem o conteúdo leitoso à altura do ventre do enfermo, sabem perfeitamente que desapareceram quaisquer probabilidades de salvá-lo.

Em seguida ao extravasamento da substância a que me

referi, é ela absorvida por uma chama que se situa no centro craniano, cuja luminosidade não encontra analogia na luz física; é composta de um quimismo muito alto, produto da condensação da energia do plano mental superior; a sua cor oscila entre o lilás e o violeta, variando em seus matizes e fulgurações douradas. Essa chama admirável representa o mais importante e derradeiro trabalho do "centro psíquico", ou "mental", na fase desencarnatória, quando absorve a energia intermediária, fornecida pelo "centro físico", sediado no ventre, para em seguida compor e sustentar a configuração definitiva do perispírito, que então já se manifesta com vigor no Mundo Astral. O momento em que extravasa o conteúdo leitoso da zona abdominal e se eleva até o comando mental, para nutrir o perispírito desencarnado, é justamente a fase aflitiva em que, para a visão física, o agonizante apresenta às vezes o sintoma conhecido da grande falta de ar, ou a chamada "grande dispnéia", da terminologia médica, despendendo desesperado esforço para sobreviver no mundo físico. Então, se trava desesperado embate entre o espírito, que luta para se desprender do casulo da carne, e este, que tenta sobreviver por meio de todos os recursos fornecidos pela sabedoria instintiva do animal milenário.

Recrudescendo os efeitos das medidas liberatórias, surge então a tradicional "sororoca", do conhecimento popular, quando já se apagam todas as esperanças de salvação corporal, e o enfermo caminha para o estado de coma. O desencarnante tenta heróicos esforços para poder falar, enquanto a sua mente, bastante aguçada, luta para manter o comando físico, que lhe foge desesperadamente. Mas a imobilidade do centro etérico da laringe, neutralizado em sua função intermediária entre o perispírito e o corpo físico, só lhe permite produzir estertores, que confrangem os presentes.

É certo que o desespero e a maior aflição na hora da morte dependem fundamentalmente do grau de evolução espiritual do paciente; há almas que desencarnam com tal serenidade espiritual, que comparais a sua morte à dos passarinhos, enquanto outras atravessam esse momento na mais cruciante luta para coordenar o raciocínio e fazer apelos verbais, tentando ainda sustentar coeso o organismo que se exaure da sua vitalidade costumeira. O corpo físico, no entanto, batalha heroicamente e arregimenta todas as suas energias instintivas, antes de se ren-

A Vida Além da Sepultura

der definitivamente às forças que lhe paralisam a vida no mundo material. A motricidade orgânica vibra e pulsa, numa tentativa derradeira de superar a ausência dos estímulos cardíacos, que se põem a diminuir gradativamente. Os dois mundos se digladiam num esforço hercúleo, mas a vitória pertence aos técnicos do Além, pois, em seguida à libertação do conteúdo leitoso, a que já me referi, nenhuma força humana conseguirá fazer o desencarnante retornar ao seu centro de vitalidade animal.

PERGUNTA: — Então é essa a ocasião em que, segundo alguns compêndios espiritualistas, se corta o último fio da vida?

ATANAGILDO: — O processo de desencarnação, como vo-lo tenho descrito, caminha por etapas que vão se substituindo gradativamente; inicia-se, normalmente, com a ação magnética à altura do sistema nervoso, atuando sobre todos os seus gânglios e plexos nervosos; acentua-se, depois, no ventre, onde se localiza o centro vegetativo ou da sensação instintiva; prossegue, depois, na região torácica e provoca a disfunção cardíaca, com intervenção no centro do sentimento, para então findar-se no campo da idéia, no centro psíquico ou mental, que fica sediado no cérebro. Como é neste último órgão que realmente reside a direção do espírito no comando do seu organismo físico, é também ali que se encontram todas as energias depois de serem libertadas das outras regiões do corpo, lembrando um exército disciplinado que, diante da derrota implacável, concentra-se em torno do seu comando e aguarda, na mais dolorosa expectativa, as últimas ordens de viver ou morrer.

Assim como o grande simpático é o nervo que serve de verdadeiro apoio físico ao corpo astral, o cérebro é o alicerce do veículo mental; e, como tal, deve ser o último a se libertar da vestimenta que comandou durante a vida material. O mesmo poder criador da mente, que sabe aglutinar a substância física para compor o corpo carnal e fazê-lo renascer na Terra, logo que fica de posse daquele conteúdo leitoso de que temos falado — prenhe de vitalidade e usado como sustentação da vida humana — desata também a configuração definitiva do perispírito liberto do organismo físico, e aquele se torna, então, o novo centro coeso da coletividade atômica do Mundo Astral.

PERGUNTA: — É então na zona cerebral que os técnicos cortam o último laço de união do espírito com o corpo físico?

ATANAGILDO: — Quando falei de minha desencarnação, disse-vos que, no momento exato em que os técnicos deviam estar operando na minha região craniana, para me desligarem definitivamente dos últimos contatos com o corpo físico, fui tomado pela terrível sensação de haver mergulhado no centro de violento trovão, que fez estremecer toda a minha individualidade espiritual. Na realidade, me haviam cortado o chamado "cordão prateado", cuja citação muitas vezes encontrara nas obras esotéricas terrenas[4] e que significa o último laço a ser rompido pela técnica sideral, a fim de que o espírito se liberte definitivamente do corpo carnal. Mas o momento exato de se romper esse último laço varia de espírito para espírito, pois tenho observado, em muitos casos, que essa operação só é realizada no momento da saída do féretro para o cemitério. Entretanto, existem infelizes almas pecadoras que, pelo seu desequilíbrio psíquico, não favorecem a intervenção da assistência espiritual na sua desencarnação e, por isso, têm que suportar a fragmentação natural desse "cordão prateado", que só se rompe algum tempo depois, no túmulo, fazendo-as sentir todos os fenômenos horrendos da sua própria decomposição cadavérica.

PERGUNTA: — Essa demora em se romper o "cordão prateado", no corpo gelado, pode prestar algum benefício ao desencarnado? Não se trata de uma inútil ligação entre a alma e o corpo já cadavérico?

ATANAGILDO: — Às vezes, não convém a brusca libertação para a alma passar a atuar imediatamente no Mundo Astral, pois esse mundo é demasiadamente sutil e plástico às emissões do pensamento, que amplifica e superexcita todos os quadros mentais que ainda se mantêm desordenadamente no perispírito do desencarnado. A permanência mais demorada junto ao corpo físico, embora este se encontre em estado cadavérico, ainda favorece o perispírito no seu intercâmbio energético com o vitalismo do meio físico, que flui da própria carne densa e se dissocia no conhecido fenômeno de radiação dispersiva, tão comum a certos minerais, embora suas moléculas de ferro, sódio, magnésio, flúor, cálcio e outras, sejam aglutinadas no sangue por processos diferentes.

Visto que a matéria é energia condensada — o que já é do <u>conceito científi</u>co do vosso mundo —, assim que começa a dis-

[4] Nota do Editor — Citado também na Bíblia: Eclesiastes, 12-6.

A Vida Além da Sepultura

solução do corpo físico, essa energia até então acumulada tende a se libertar o mais rapidamente possível; então, o perispírito — centro energético que atua em plano vibratório mais sutil — faz o aproveitamento automático do magnetismo energético que se irradia do cadáver que foi o seu instrumento vivo no mundo físico. Essa irradiação energética é produto natural do campo mineral do corpo físico, em vias de dissolução no meio terrestre, e pode ser habilmente aproveitada através do sutil "cordão prateado", que ainda obriga o espírito à sua focalização mental no mundo físico, ativando e vitalizando as imagens que se lhe sucedem na tela da memória etérica, mas sem conduzi-lo a desatinos, e tornando-o apenas um espectador de si mesmo.

De modo contrário, a liberdade imediata do espírito, no Astral, faria recrudescerem vigorosamente as suas evocações mentais, sem o auxílio do corpo físico para atenuá-las no aguçamento psíquico. É óbvio que o espírito benfeitor e a alma cristianizada podem dispensar esses cuidados e as fases de adaptações gradativas ao Mundo Astral, porque, mesmo encarnados, já estão ligados às regiões superiores de Paz e Ventura, das quais tomam posse definitiva após a morte física. São almas que, por se constituírem em abençoados núcleos de luz e energia superiores, dissolvem os mantos das trevas por onde transitam.

PERGUNTA: — Só o perispírito aproveita as emanações radiativas que absorve do corpo físico? Ou este também recebe alguma coisa do organismo perispiritual?

ATANAGILDO: — Na verdade, o perispírito usufrui das energias magnéticas que se exsudam do corpo físico, mas também sustenta ainda este último, pela devolução rítmica das forças do mundo inferior: são duas organizações disciplinadas, que se auxiliam mutuamente até a separação definitiva. Comumente, existem no perispírito certas aderências nocivas e produtos de substâncias astrais que, posteriormente, pesam durante a libertação definitiva do desencarnante, as quais convém que ainda sejam absorvidas pelo cadáver, que neste caso funciona como um condensador ou condutor de impurezas, que depois se dissolverão no seio da terra. Só não ocorre esse processo profilático com as almas mergulhadas nas trevas da rebeldia ou ligadas ainda ao turbilhão das paixões degradantes e que, na figura de repulsivos condensadores vivos, carregam para o Astral toda a escória que lhes aderiu ao perispírito.

Logo que é cortado o último laço fluídico que liga o perispírito à matéria densa do corpo físico, principia a sua definitiva decomposição. Quantas vezes temeis o sepultamento de alguém, na hora de sua condução ao cemitério, porque ainda notais no cadáver um halo de vitalidade ou de calor. Mas não sabeis que, mal fechais o caixão, as coletividades famélicas dos germes destruidores já se revelam, iniciando a decomposição do cadáver, comprovando que o "cordão prateado" havia sido seccionado no último momento, por conveniência técnica dos desencarnadores.

PERGUNTA: — Mas já nos dissestes que certas almas só se libertam do seu cadáver depois que esse "cordão prateado" se rompe no túmulo, motivo por que elas sentem toda a decomposição do corpo. Não existirá contradição, neste caso, com o fato de o corpo só iniciar a sua decomposição após o corte do último cordão fluídico?

ATANAGILDO: — É evidente que, em caso de incêndio ou de explosão — supondo-se que o corpo do acidentado se desintegre por força de gases ou chamas —, a libertação do perispírito se faz de modo súbito e, consequentemente, o "cordão prateado" se rompe ao expelir os resíduos vitais que se intercambiavam do perispírito para o corpo físico. Mas existe um prazo limitado para se manter essa relação vital entre o perispírito e o cadáver, depois do que principia a desintegração natural, pela falta de coesão molecular e, também, pela fauna microbiana que — à maneira de exércitos famélicos, que rompem o cerco de uma cidade e se entregam a toda sorte de torpezas e destruições — ataca o cadáver para devorá-lo. Mas, quando o último cordão não se rompe, pela intervenção dos espíritos assistentes das desencarnações ou, no caso de acidentes, explosões ou incinerações que venham desintegrar o corpo imediatamente, o espírito passa a assistir e a viver os horrores da sua decomposição carnal e a se sentir devorado pela insaciabilidade dos vermes vorazes, até a dissolução completa do cadáver.

PERGUNTA: — Por que motivo têm se registrado casos em que os corpos de certas criaturas ficam dias e até meses ou anos sem se decompor?

ATANAGILDO: — Certas criaturas realmente santificadas libertam-se com tal naturalidade e rapidez dos seus corpos físicos, que as energias poderosas que ainda lhes circulam pelo

A Vida Além da Sepultura

"duplo etérico" são absorvidas em sua plenitude vital pelo corpo cadavérico e, assim, o mantêm por longo prazo intacto e coeso em sua rede atômica, até se esgotar a vitalidade em reserva, que só flui muito lentamente. Alguns iniciados e iogues conseguem realizar essa operação de modo consciente, ajustando o seu esforço mental, poderoso, à dinâmica de sua própria elevação espiritual, e assim certos espíritos transferem em um só impacto as suas reservas de forças do seu "duplo etérico", em dissolução, para o cadáver ainda sensível.

O fenômeno a que aludis se explica com facilidade, pois a alma, quanto mais distanciada das paixões e dos interesses mundanos, tanto mais se encontra liberta da carne, vivendo antecipadamente grande parte do clima espiritual superior, em que há de se integrar após a morte do corpo físico. Quando chega a hora do "falecimento", ela abandona o vestuário carnal rapidamente e deixa ao corpo a poderosa energia que deveria utilizar no retardamento desencarnatório, muito comum aos demais espíritos. E o seu corpo, lembrando a figura de um poderoso "mata-borrão", absorve a vitalidade que sobeja do perispírito, com a qual se manterá coeso por algum tempo.

PERGUNTA: — Há conveniência em que se prolongue assim a coesão do cadáver, depois que o espírito já se libertou dele? Não é o corpo físico coisa de somenos importância para o espírito que parte?

ATANAGILDO: — Não é o espírito quem prolonga a coesão do cadáver que abandonou. Isso se dá para que fique demonstrado aos encarnados que a santidade da alma é energia criadora de vida, pois consegue manter estável até o próprio cadáver. Para o espírito purificado pouco importa que o corpo se desintegre ou não; é a própria lei de correspondência vibratória e de aproveitamento cósmico que age, fazendo com que as energias puras, daqueles que viveram integrados à Vida e à Verdade, sejam resguardadas no cofre do seu organismo de carne e purifiquem até o próprio meio onde são depositadas. Sob um campo magnético elevado, as coletividades microbianas inferiores não podem progredir, pois ainda não passam de forças de vida que só se apuram sob o energismo da luz criadora.

PERGUNTA: — No caso desse prolongamento de vitalidade do corpo cadavérico, o espírito desencarnado não sofrerá

um dia os efeitos da chegada da decomposição do mesmo?
ATANAGILDO: — Oh! Não! Se assim fora, todos os cadáveres embalsamados tenderiam a aprisionar o espírito desencarnado. No caso de que tratamos, o cadáver não se mantém íntegro porque o espírito ali se ache algemado pelo último cordão fluídico, mas sim pela grande concentração de energias etéricas que lhe foram transferidas do próprio duplo etérico daquele que partiu, quer por efeito de sua vontade altamente purificada, quer sob a imposição da própria lei de compensação sideral. A desencarnação entre seres muito evoluídos é instantânea, porque as forças purificadas que os envolvem já são intrínsecas do próprio plano espiritual que passarão a habitar após a libertação completa. Não costumais dizer que certas criaturas, depois de "mortas", apresentam fisionomia muito serena e sob estranha iluminação, que deixa a impressão de se encontrarem dormindo? É que os seus cadáveres se encontram cercados dessas forças superiores, que deles se irradiam num energismo poderoso, como um centro profilático de proteção e coesão atômica.

PERGUNTA: — E por que, em outros casos, os espíritos ficam algemados ao corpo físico e devem sofrer toda a sensação do seu apodrecimento?
ATANAGILDO: — É porque se trata de almas pervertidas pelo emprego de energias degradantes; que viveram apenas o reinado das paixões aviltantes e dos crimes contra a integridade espiritual. Seus corpos se transformam em cadáveres chumbados às energias do Astral inferior que, em sua reciprocidade circulatória, adensam e fortificam o "cordão prateado", que liga o perispírito ao corpo saturado de magnetismo repulsivo. Em vez de se colocarem em um campo de energias sutis, delicadas e libertadoras, como no caso das almas santificadas, centralizam-se num poderoso núcleo de forças primárias, escravizantes e profundamente atrativas para o mundo animal. O perispírito, então, fica agrilhoado ao cadáver e, então, a alma vê-se obrigada a presenciar o quadro pavoroso dos vermes que devoram o corpo que ela mesma degradou, pois este não passava de um condensador de forças deletérias, que se dissociam em detestável frequência vibratória do Astral inferior.
O santo, o iogue, ou mesmo o homem evangelizado, desencarnam mergulhados numa aura de fluidos balsâmicos e para-

disíacos, qual a criatura que abandona um ambiente de maus odores para ingressar subitamente num jardim de perfumadas flores primaveris; mas o espírito delinquente, a alma perversa ou viciada, lembra o homem que, respirando gases mefíticos, deva aspirá-los até a sua completa extinção na própria fonte produtora.

20. Noções gerais sobre o Astral inferior

PERGUNTA: — Que são as regiões abismais, ou mais conhecidas como o "Astral inferior", de cuja existência temos sido informados por algumas comunicações mediúnicas?

ATANAGILDO: — Trata-se de regiões ou zonas onde se acumulam fluidos deletérios bastante densos e mórbidos, na forma de vastos depósitos de substâncias produzidas pela escória de tudo o que a humanidade terrena produz pela sua mente desregrada, assim como são monturos de detritos resultantes das trocas energéticas do metabolismo natural dos seres e da vida planetária.

Sob a lei de correspondência vibratória, os fluidos límpidos e diáfanos sempre tendem a se expandir e a se disseminar nas regiões mais altas do Astral, onde se fixam na forma de energia sublimada. No entanto, de acordo com a mesma lei, o magnetismo confrangedor e vil propende a baixar para os níveis inferiores que circundam o orbe terráqueo, constituindo-se na carga residual, densa e letárgica, que bem merece a denominação de "zonas abismais" ou "Astral inferior".

É conveniente lembrar-vos de que no Além se modificam todas as escalas e os padrões de medidas conhecidas no mundo físico; assim, quando nos referimos a zonas "altas" ou zonas "baixas", queremos aludir, com mais justeza, às zonas interiores ou exteriores, que se distinguem, entre si, conforme a natureza dos seus fluidos. Algumas regiões astrais se assemelham à emulsão sensível das chapas fotográficas, com a propriedade de fixar todas as emanações perturbadas da mente humana, como sejam o medo, a tristeza, a cólera, a inveja, a angústia, o ciúme, a luxúria, a avareza e todas as demais consequências da insatisfeita e contraditória conduta da humanidade. Os densos lençóis fluídicos, que ali se acumulam, lembram espessa e monstruosa tela de magnetismo, refletindo um turbilhão de imagens deformadas.

PERGUNTA: — Temos lido obras mediúnicas onde os espíritos falam de tempestades nas regiões do Astral inferior. Como entendê-las?

ATANAGILDO: — Ali existem espessas sombras que se movem constantemente, sob fantástica dinamização, em consequência dos impulsos degradantes e agressivos das almas culposas situadas em seu seio. Certas vezes, quando a agitação dos desencarnados é excessiva, dando lugar a repercussões mentais, que se congregam às dos encarnados, formando terríveis surtos de ódio e crueldade, quais avalanchas projetadas pelas paixões desordenadas, formam no Astral inferior verdadeiros tufões e redemoinhos de substância trevosa, que se projetam em torvelinhos sufocantes, como se fora violenta tempestade de areia negra e viscosa. Essas regiões perturbadas ficam bem próximas da crosta terráquea e, por esse motivo, os espíritos benfeitores que as visitam em serviço assistencial são, por vezes, prejudicados, pois durante os surtos de violência, a matéria denegrida agride-lhes o delicado perispírito.

PERGUNTA: — Podem-se registrar, no meio astral inferior, acidentes geográficos em condições semelhantes às que costumam se verificar no solo terráqueo? Não se tratará apenas de situações virtuais criadas pelo vigor da mente desencarnada?

ATANAGILDO: — Por que não? Embora estejamos em plano vibratório diferente do da matéria sólida, a relatividade entre o meio e o agente é semelhante ao que ocorre convosco na Crosta. Assim como na Terra se formam sulcos, vales, oceanos, campinas, montanhas e vegetação variada, também no Astral se configuram as formas com os seus contrastes e pontos de apoio, necessários

A Vida Além da Sepultura

às mútuas relações da alma com o meio, embora reguladas por leis diferentes das do plano físico.

As regiões inferiores, do Astral, se nos apresentam de uma solidez quase impenetrável e formadas de abismos, desfiladeiros, mataria inóspita, rios, lagos e caminhos agressivos, tudo de natureza atemorizante e deformada, sem a graça da paisagem terrena. Enquanto na metrópole do Grande Coração os rios e os riachos que banham a cidade são fontes de água cristalina e de fragrância inesquecível, nas regiões inferiores as correntes d'água são escuras, cálidas e sujas, tresandando um odor de detritos e emitindo vapores sulfurosos.

Daí o motivo do sofrimento dantesco a que se sujeitam as almas que são atraídas e "caem" nessas zonas sem poder se orientar para delas saírem, sendo vítimas dos mais enganadores fenômenos nas suas relações com o meio. Mergulham nas sombras aterradoras e sufocam-se em imundos detritos aeriformes, vendo-se traídas nas mais comezinhas necessidades fisiológicas do seu perispírito. Então clamam por alimento, água, sono, repouso e abrigo, enquanto os seus impiedosos adversários, treinados nas sombras, esgotam-lhes todas as reservas de coragem, esperança e alívio, vampirizando-se sob o mais humilhante estado de sofrimento moral e periespiritual.

PERGUNTA: — Não seria bom que os espíritos que vivem no Astral inferior pudessem visitar as comunidades mais elevadas, a fim de conhecerem o júbilo da vida superior e se incentivarem para a renovação espiritual?

ATANAGILDO: — Apesar dos grandes sacrifícios a que nos submetemos, quando em tarefas de socorro ou de treinamento espiritual, costumamos descer às furnas do Astral inferior, mas assim mesmo nos é muito mais fácil baixar ao seio das sombras, do que os espíritos trevosos ou sofredores poderem subir até as regiões elevadas, onde se situam as instituições angélicas. Entre eles há espíritos diabólicos que, em magotes ameaçadores, costumam atacar os postos e agrupamentos socorristas existentes nas proximidades das zonas sombrias, mas mal conseguem se aproximar, pois são tolhidos pelos aparelhamentos defensivos à base de emissões eletromagnéticas. Para baixar às regiões inferiores, temos que revestir o nosso perispírito com um verdadeiro escafandro de fluidos densos, que o coloque em sintonia com o meio compacto, ao mesmo tempo que nos esforçamos para esconder a nossa procedência e despojarmo-nos de todas as aparências e credenciais superiores, que possam nos identificar perante as multidões e os administradores das cidades subvertidas.

Na suposição de tais espíritos inferiores poderem subir até a nossa metrópole, o fenômeno se inverteria, pois eles teriam que se desvencilhar completamente do seu manto de trevas para obter a extrema leveza perispiritual à sua ascensão às esferas paradisíacas. Isso só lhes seria possível se substituíssem a crueldade pela ternura, o egoísmo pelo altruísmo, o orgulho pela humildade e a luxúria pela castidade, por ser este o único processo possível para se equilibrar no ambiente sutil e purificado das metrópoles celestiais.

Se eles pudessem fazer isso, há muito já estariam completamente renovados, podendo se elevar por si mesmos, sem necessidade de quaisquer estímulos ou incentivos superiores. Mas a maturidade espiritual não se consegue a toque de magia; é realização paulatina e comumente conseguida sob o aprendizado da dor e do sofrimento, pela costumeira violação à Lei Cármica. No entanto, a nossa descida ao Astral inferior é acontecimento perfeitamente viável e compreensível, porque se verifica de modo diferente, uma vez que a fazemos pelo auto-sacrifício e pela redução de nossa frequência vibratória familiar. Sob o potencial de nossa vontade concentramos as forças internas do espírito, num esforço redutor, para nos tornarmos cada vez mais "pequeninos", e assim podermos ir ao encontro dos nossos irmãos faltosos para com a Lei Divina. E assim mesmo não podemos deixar de reconhecer quão diminutos ainda somos ante a imensidade da Vida Cósmica.

A convicção sincera e humilde da grandeza de Deus e do Infinito, porquanto, realmente, não passamos de inexpressivo grão de areia sideral, muito menos nos ajuda para o êxito dessa aproximação vibratória com os espíritos ainda impermeabilizados contra o influxo da luz eterna, que entretanto lhes emana da própria alma.

PERGUNTA: — Os espíritos superiores que transitam pelo Astral inferior estão a par de todas as surpresas e fenômenos que ocorrem na região?

ATANAGILDO: — Mesmo para os espíritos já bastante treinados nessas excursões sombrias, e que para ali se dirigem com o objetivo de socorro espiritual ou de aprendizado, as surpresas são atemorizantes, pois não são conhecedores absolutos de todas as misérias da vida exótica que existe oculta nas profundezas do Astral inferior da Terra. Todas as sensações de júbilo e de poesia sideral, que são comuns nos agrupamentos superiores e nas cidades elevadas, desaparecem à medida que seus moradores descem para as regiões inferiores, onde o cenário se reveste de um fundo tétrico e de uma vida que apavora e repugna, onde se defrontam com formas vivas as mais inconcebíveis à imaginação humana. São quadros de torturas e excentricidades que ultrapassam a tudo o que se poderia conhecer de mais fecundo na literatura das lendas e das fantasias mórbidas.

PERGUNTA: — Qual a vossa sensação ou estado de espírito, ao penetrardes nessas regiões inferiores?

ATANAGILDO: — Quando penetro em tais regiões, sinto-me num mundo estranho e mórbido, dominado por uma atmosfera silenciosamente anormal, prenunciando algum acontecimento terrível. Esse espantoso e atemorizante silêncio é quebrado, de súbito, por brados, uivos, blasfêmias, gargalhar sinistro e por medonhas agitações e revoltas, que movimentam toda a paisagem sombria e a superexcitam com uma misteriosa sensação de terror.

A sua vegetação é tristonha, imitando perfeitamente o cenário de fundo das velhas histórias de bruxas, duendes e fantasmas horripilantes; alguns arvoredos são cobertos de folhas agitadas que parecem agressivas e revoluteiam em movimentos ferozes; outros se mostram desfolhados e erguem seus braços nus em resignada tortura vegetal, como enfeites fúnebres duma paisagem de fuligem gasosa. Mas, apesar do aspecto repulsivo e amedrontador dessa vegetação, percebe-se-lhe a força de uma vida poderosa e oculta, que parece angustiada e oprimida em sua vigorosa eclosão vegetativa, proveniente do grande potencial que nutre os reinos inferiores da existência planetária.

Desde a mais sutil lâmina de capim, o mais diminuto inseto, até o vegetal mais prodigioso e o animal mais gigantesco, tudo se apresenta ameaçador e sinistro. Certa vez, após algum tempo de cuidadosa observação, surpreendi-me ao comprovar que, por detrás daqueles aspectos agressivos, havia também uma sensação misteriosa de medo, como se tudo auscultasse uma incessante e estranha ameaça na atmosfera triste e lúgubre.

Embora eu não possa comparar fielmente estes acontecimentos do Astral inferior aos fenômenos semelhantes que ocorrem na superfície terrena, devo dizer-vos que, em face do silêncio mórbido e absoluto de certas zonas que visitei, sentia-me tomado por estranha sensação de "perigo à vista", muito embora ignorasse a sua origem e razão.

Algumas vezes comparei-o ao que precede às grandes tempestades quando, depois da quietude e da calmaria, eclode a cólera da natureza, o solo é varrido pela violência do tufão e a paisagem é fustigada pela tormenta impressionante. Apesar da familiaridade com que vou enfrentando todas as surpresas do Mundo Astral, ainda não posso deixar de me impressionar com esse misterioso silêncio que preludia o turbilhão de uma vida avassalante e agressiva no Astral inferior. A vegetação, os animais e as aves que vivem nessa região obscura do Astral, repleta de formas temerosas e instáveis, parecem manter entre si uma atitude estranha, como se protegessem de qualquer coisa que lhes causa muito medo e angústia. Então, procuram vencer o medo produzido pelo ambiente misterioso que os cerca, manifestando um medo mútuo que encobrem, numa atitude defensiva.

PERGUNTA: — A que atribuís essa sensação de angústia e ao mesmo tempo de medo, que notastes no ambiente astral inferior?

ATANAGILDO: — É conveniente não esquecerdes de que vos estou dando as minhas impressões pessoais, sobre a natureza do Mundo Astral inferior, dentro do meu conhecimento e das minhas atuais reações psicológicas. É evidente que outros espíritos que foram submetidos à mesma experimentação poderão vos oferecer considerações e relatos bem mais lógicos, em face de seus conhecimentos avançados e muito além das minhas singelas concepções particulares. Não guardo a presunção de possuir melhores conhecimentos do que os que possuem outras almas da metrópole do Grande Coração, assim como não quero sugerir-vos que sou demasiadamente sensível e impressionado pelos fenômenos relatados. Mas acredito que o pavor, a angústia e, ao mesmo tempo, a misteriosa ameaça que paira em toda a região do Astral sombrio e se estende aparentemente por todos

A Vida Além da Sepultura

265

os seus habitantes excêntricos deve ter sua origem nas emanações mentais inferiores, de perversidade, ciúme, desespero, ódio, inveja e demais paixões aviltantes, que provêm da maior parte da humanidade ali existente.

Enquanto a vegetação, as aves, os animais e as coisas que existem nas colônias e cidades elevadas são prenhes de vida, ternas e comunicativas, a se nutrirem pelos esplendores da luz que as envolve continuamente, no Astral sombrio a falta de luminosidade interior produz o ambiente infecto e oprime o livre fluxo da seiva criadora, do que resulta o aspecto torturado e apavorante, que domina todas as coisas ali existentes.

Desde que a luz, em nossa metrópole, renova e purifica as nossas próprias relações com o meio e os seres vivos, tornando-os num admirável prolongamento comunicativo de nós mesmos, é de imaginar que a falta de luz, nas regiões infelizes, incentiva ao máximo o egoísmo e a impiedade, como que a proteger a própria personalidade inferior, para que possa sobreviver num meio tão hostil à própria vida.

21. Noções sobre as cidades do Astral inferior

PERGUNTA: — *Gostaríamos que nos désseis esclarecimentos, os mais detalhados possíveis, para compreendermos melhor de que modo se localizam ou se estabelecem, no Astral inferior, as levas de espíritos que diariamente são transferidas da Terra para ali. Como sabemos, a Terra agasalha também grande quantidade de espíritos malévolos, mas todos eles estão distribuídos pelas cidades terrenas, vivendo em comum com os espíritos encarnados de certa elevação. Se nas cidades do Astral superior só ingressam espíritos elevados, é de crer que no Astral inferior também existam cidades onde vivem os retardados em sua evolução espiritual; não é assim?*

ATANAGILDO: — Justamente; e a maioria dessas cidades inferiores é relativamente organizada, pois, embora se congreguem ali os piores malfeitores, cruéis verdugos e espíritos que se desbragam em extremo no mundo da carne, muitos deles são representantes das mais destacadas profissões humanas e também egressos de famosas academias terrenas. Há nelas desde o médico que no mundo material fez da dor humana um exclusivo balcão de negócios insensatos, o engenheiro desonesto que se locupletou com as negociatas escusas, o político que ludibriou os seus eleitores, o advogado chicanista, o militar que praticou injustiça à sombra das forças armadas, o administrador que dilapidou os cofres do patrimônio público, até a mulher formosa, que erigiu um trono de jóias e bens sobre o prejuízo alheio.

Ainda se pode encontrar nessa mole dantesca o sacerdote católico, que conspurcou a santidade de sua igreja, o ocultista que abusou dos seus poderes para o seu exclusivo favorecimento, o médium espírita inescrupuloso, que trocou os bens do Alto pelos prazeres perigosos do mundo, o pastor puritano, mas avaro e cruel, e o macumbeiro que, através da amizade do preto velho e do índio ingênuo, montou progressivo negócio com o "despacho" na encruzilhada.

Em virtude da espécie de espíritos de todos os matizes e profissões, que ali se congregam, vítimas dos seus próprios delitos execráveis — muitos de raciocínios geniais, mas endurecidos de coração —, aliam-se então sob recíprocos esforços de interesse em comum, para maior êxito nos seus objetivos diabólicos. O seu extremo egoísmo e cupidez os leva a se organizarem para o cultivo do melhor para si e seus comparsas, usufruindo o máximo requinte de satisfações e domínio na atmosfera deletéria. Quando examinei os setores administrativos de uma dessas cidades, em comunidades do Astral inferior, não pude deixar de reconhecer o toque de competência do engenho na construção de certos palácios e logradouros públicos destinados aos mais felizes, embora traíssem exagerada suntuosidade infantil e o conforto medieval; percebi alguns arremedos de dispensários médicos, que deviam, porém, ser de exclusividade dos fiéis prosélitos e senhores da comunidade inferior.

Identifiquei também, ali, um serviço algo eficiente de iluminação esbraseada, provinda de alguma usina funcionando à base de elemento eletromagnético e muito comum no meio astral. Essa energia tanto a usavam para benefício da coletividade, como para fins do domínio sobre as zonas desamparadas e contra a penetração de massas sofredoras que eram vindas dos extremos dos subúrbios. Embora não me fosse dado penetrar na intimidade daquele povo egocêntrico, após muitas reflexões e observações sobre o que se me apresentava à visão, verifiquei que a cidade se assemelhava a um gigantesco losango, em cujas pontas ficavam sórdidos subúrbios, que se estendiam por muitos quilômetros de vastas zonas abismais, completamente atulhadas de criaturas, num pavoroso caos de dores e sofrimentos, como se fossem magotes de prisioneiros provenientes dos campos de concentração da última guerra terrena.

A nenhum desses infelizes era permitido ingressar no suntuoso perímetro onde se localizavam os edifícios públicos de importância e as vivendas ostensivas dos privilégios da estranha metrópole. Constantemente, a turba de impiedosos policiais arregimentados pela direção da cidade, e sob o mais sádico barbarismo, expulsava a chicotadas magotes de infelizes que, desesperadamente, tentavam penetrar pelas vielas a dentro, para atingir o perímetro aristocrático. Era um espetáculo de terrível crueldade; azorragavam-se mulheres e homens que, embora já se encontrassem na mais negra fase de miséria e descalabro psíquico, ainda recebiam atordoante chuva de impropérios e vergastadas cruciantes.

PERGUNTA: — Donde provém essa multidão de criaturas miseravelmente amontoadas nos subúrbios da cidade?

ATANAGILDO: — Certa parte foi para ali enxotada, depois de ter servido como repasto deletério em processos infames, que ainda é prematuro revelar; outra parte significa a reserva mórbida, recém-chegada, em fase de aproveitamento, e que os "fiéis" não tardarão em auscultar para endereçá-la ao serviço diabólico da obsessão metodizada. Aqueles que já foram esgotados sob nefandos propósitos, eles abandonam e enxotam para as furnas tenebrosas de répteis e vermes das matas circunvizinhas do Astral inóspito, enquanto novas levas, que compensam a carga exaurida, destinam-se aos abomináveis processos de vampirização e nutrição vital nos labores de ataques aos encarnados.

Depois de avançados trabalhos de magia, os técnicos das sombras colam os espíritos doentes e recém-chegados ao perispírito daqueles que foram visados para a obsessão na Terra, quer a pedido de magos negros ou feiticeiros da Terra, quer por interesse da comunidade astral. Então esses infelizes desencarnados ficam jungidos à organização perispiritual dos terrenos, desempenhando a tenebrosa tarefa de transmitir ou filtrar para o corpo da vítima encarnada os miasmas da própria moléstia que os vitimara na carne. É por isso que a medicina terrena se vê impotente ante estranhas enfermidades incuráveis e quadros patológicos desanimadores, pois a causa principal quase sempre reside nessa "colagem perispiritual" entre um desencarnado enfermo e um encarnado sadio, em face da invigilância moral

A Vida Além da Sepultura

269

e evangélica deste último. Quando os malfeitores das sombras envolvem a criatura, pela sua negligência espiritual e escravidão às paixões aniquilantes, só as forças íntimas da oração e a renovação espiritual imediata é que realmente poderão efetuar a libertação da obsessão ou do vampirismo, que não será conseguida de modo algum com injeções, drágeas ou cirurgia intempestiva.

PERGUNTA: — Qual a melhor ideia que poderíamos fazer desse perímetro, onde se situam os conjuntos de edificações mais aristocráticas da cidade?

ATANAGILDO: — Podeis imaginá-lo como sendo uma quadra urbana de uma metrópole terrena, em cuja área, bem grande, habitam os administradores, juízes, artistas, cientistas, cortesãos e executores judiciais, que imitam bastante o fausto desregrado das cortes sensualistas orientais. O aspecto geral e impiedoso das energias das criaturas escravas deve servir às satisfações mórbidas e ser comumente utilizado como instrumento vivo para todas as espécies de obsessões e vinganças contra os encarnados. Po meio de informações de entidades benfeitoras, ali disfarçadas, soube da existência de organizado serviço de natureza obsessiva contra os terrenos, com o domínio execrável e completo sobre muitos grupos de encarnados, que se transformam para eles em objetos vivos, ao corresponderem às abomináveis sensações dos malfeitores desencarnados.

PERGUNTA: — Quais as formas ou tipos desses palácios ou edifícios públicos?

ATANAGILDO: — Estou descrevendo a natureza da cidade do Astral inferior que mais tenho visitado em minhas excursões socorristas. Quando, pela primeira vez, obtive permissão para penetrar em seu interior, com o auxílio de um espírito benfeitor ali disfarçado como habitante cooperador do serviço público, deparei com encorpados palácios e edificações exóticas, separados por grandes blocos de residências aristocráticas, que se estendiam marginando ruas largas e praças decoradas às vezes com certo gosto, mas com espessa vegetação verde escura, rija e parecida às fibras da piaçava brasileira.

Os canteiros estavam bem cuidados pelo braço escravo, e repletos de flores estranhas, fazendo-me recordar certos espécimes florais do Brasil, que atraem os insetos, pelo seu perfume

270   Ramatís / Atanagildo / Hercílio Maes

selvático, e depois os devoram aprisionados nas suas corolas.

Surpreendeu-me, também, a grande quantidade de cáctus, formando rigorosos círculos protetores em torno dos canteiros ajardinados, e que se apresentavam pródigos de flores, umas de vermelho vivo e outras amarelas como gema-de-ovo; do arvoredo baixo, que parecia comprimir a atmosfera contra o solo duro granulado, pendiam numerosas espécies parasitárias, exsudando um perfume atraente, mas perturbador.

Mais tarde, em novas excursões, observei melhor os locais onde se achava aquela prodigalidade de flores mergulhadas na atmosfera silenciosa do arvoredo baixo e grosso, que mais se pareciam a pequenos bosques do que jardins floridos. Ali tudo traía o vigor e a ostensividade de uma natureza selvagem, cuja vida em alto potencial parecia explodir a todo momento; o tipo grosseiro das flores parasitárias, a rudeza de aspecto do cáctus, que decoravam o cenário de um verde-escuro com pinceladas vivas do vermelho flamejante emoldurado pelo amarelo exótico, eram bem a prova da força vigorosa do Astral inferior, que fluía pelas formas decorativas, criando uma beleza brutal e fugitivamente ameaçadora.

PERGUNTA: — E sobre a higiene dessa cidade que visitastes, que poderíeis nos dizer?

ATANAGILDO: — Ali existe certo trato e cuidados higiênicos; o que impressiona mal é o gosto pelas cores berrantes e principalmente a acentuada predileção pelo vermelho que, mesmo na Terra, é símbolo da força instintiva inferior e a cor do sangue, que lembra tragédias sanguinárias. Mas, em torno das criações ali existentes, sempre transparecia certa austeridade muito própria dos povos conservadores, orgulhosos e tradicionalistas.

Observei que os moradores não sentiam a opressão e a angústia que me tomavam o perispírito e que provinha da atmosfera ambiente, muito densa. No Brasil, costuma-se denominar de "mormaço" essa atmosfera opressiva e fatigante, que muitas vezes se registra antes da tempestade próxima. O ar denso, em demasia, nessa cidade, dificulta a própria filtração da luz solar, pois o astro rei se me afigurava um disco sanguíneo e oprimido a pairar num céu tórrido. À noite, por causa da luz débil do aparelhamento da usina eletromagnética e insuficiente para toda a cidade, esta se socorre de outra luz artificial, conseguida pelo

A Vida Além da Sepultura

processo primitivo da queima de energias astralinas, aprisionadas em tubos de vidro parecidos aos lampiões de querosene das cidades coloniais do Brasil.

Em alguns pontos mais obscuros, e nos desvãos sombrios dos logradouros, vi archotes grandes, que distribuíam uma luminosidade afogueada, mas sem resina ou fumaça.

Ao afastar-me do centro principal, onde se acomodavam o casario aristocrático e as instituições administrativas, a iluminação da cidade me parecia igual a um grande incêndio visto à distância e retratado na tela densa da noite enevoada.

PERGUNTA: — Quais os tipos característicos dos transeuntes nessa zona aristocrática?

ATANAGILDO: — Quando ali estive, notei os mais exóticos e discrepantes aspectos de trajes; alguns vestiam casacos azuis ou de um vermelho chamejante, em excêntrica combinação com calções amarelos, azul índigo e roxos, e essa indumentária extravagante se completava com sapatos de um tecido muito parecido à pelica branca, encimados por grandes borlas de uma espécie de seda escarlate.

Vislumbrei outros que vestiam trajes dos mais variados tipos de nacionalidades terrenas, pois havia desde o eslavo do século XVIII ao francês monárquico e até o peplo dos gregos de antes de Cristo.

No meio exótico daquelas criaturas de trajes coloridos, que bem revelavam a atração infantil dos moradores da cidade pelas vestes berrantes e romanescas, destacavam-se certos grupos de homens de capas negras, luzidias e escarlates por dentro, ostentando chapéus largos e de uma espécie de camurça amarelo vivo, dobrados sobre os olhos e com vastas plumas dum vermelho gritante. De olhos sinistros, passos largos e um balouço de corpo que lembrava o andar do velho lobo do mar, eles caminhavam apoiando as mãos enluvadas sobre compridas espadas presas a cintos cravejados de pedras preciosas. O seu aspecto era ameaçador; mesmo os transeuntes mais ousados não disfarçavam o seu mal-estar quando se defrontavam com esses homens que, em grupos de seis a doze, percorriam as ruas ostentando prazenteiramente ares de maligna provocação.

Os escravos, empregados em tarefas degradantes, ou puxando veículos pesados, que me faziam lembrar os suarentos "colies" da China, tremiam como varas verdes e fugiam apressados da trajetória desse tipo humano de ar tenebroso. Num rápido olhar que lhes lancei, não pude fugir a uma instintiva impressão de temor: eram os olhos sinistros, com fulgor de aço, e afundados num rosto aguçado como o do lobo; tinham nas faces a palidez terrosa, os narizes aduncos e uma cabeleira, dum castanho sujo, a sair por debaixo do chapéu e cair formando franjas, como velhas cortinas desbotadas, sobre os ombros agudos.

Mais tarde, vim a saber que tais criaturas eram sequazes avançados do "poder executivo" da cidade, e bastante conhecidos como os "fiéis", porque, além de serem dotados da mais impiedosa crueldade e cupidez, há muitos séculos vêm fazendo cumprir fielmente a vontade do governo oculto da comunidade. Embora, à primeira vista, mais me parecessem cópias caricatas dos mosqueteiros de Dumas, viviam sempre à cata de almas infelizes, arrebanhando-as, como os demônios da lenda, para depois jungi-las à roda infamante da escravidão astral, além de já terem sido autores das mais diabólicas empresas obsessivas e do domínio cruel no mundo inferior. Procurei sondar-lhes as almas e comprovei que se tratava de entidades excessivamente perversas, em cujas faces de hienas se estereotipava a síntese de toda a maldade, vilania, torpeza e deboche multiplicados ao máximo possível.

PERGUNTA: — Que ideia poderemos fazer desse "governo oculto" ou da organização do "poder executivo", nessa cidade do Astral inferior?

ATANAGILDO: — Não posso me alongar em detalhes, neste assunto, porque não recebi autorização superior para efetuar revelações que ainda se consideram prematuras e que tornariam o médium demasiadamente visado por aqueles que, do lado de cá, desejam manter os encarnados na mais crassa ignorância de suas tramas maquiavélicas.

Mas posso vos informar que, além desse poder executivo ou poder "visível", da cidade, há outro mais forte e satânico, que atua mesmo sobre os seres mais poderosos. É um comando maligno e milenário, que controla e administra todas as coletividades diabólicas das sombras e que sempre sonhou se tornar o governo oculto do psiquismo e da substância material do planeta Terra. Nos planos dos desencarnados, tenho ouvido os espíritos superiores aludirem de leve a uma consciência diabólica pensante, que trama os planos subversivos do planeta e que denominam de o

A Vida Além da Sepultura

"maioral" num sentido algo pejorativo.

A sua influência — dizem os entendidos — se exerce desde antes da submersão da Atlântida. Quando defrontei com aqueles espíritos diabólicos, arremedos exóticos de personagens dos romances de capa e espada, constatei que as suas linhas fisionômicas não se ajustavam logicamente às fisionomias comuns dos terrenos, pois havia um "quê" deslocando-as da moldura terráquea. Talvez por isso, eles usufruam do sádico prazer de ser as garras avançadas desse governo oculto e diabólico, que ainda tenta a hipnose sorrateira do orbe, e que age pelo seu interior, a fim de bestializar a sua humanidade e torná-la dócil ao seu definitivo jugo satânico.

Pressenti em todas essas comunidades inferiores uma disciplinada organização do mal, em elevado potencial, agindo ocultamente para subtrair o orbe terráqueo da influência de Jesus, o seu verdadeiro e magnânimo Governador Espiritual.

PERGUNTA: — Se, de acordo com as vossas descrições, essa comunidade inferior possui ruas, edifícios, jardins e serviço público, deve também possuir veículos adequados às suas necessidades; não é assim?

ATANAGILDO: — Quando ali estive, defrontei com muitos veículos puxados por muares, outros por infelizes escravos açoitados com finíssimas pontas de chicotes manejados por figuras patibulares; notei também a existência de algumas espécies de cadeiras circulares, sobre o dorso de animais, outras com roldanas enfeitadas de borlas sempre dominadas pelos tons amarelo e vermelho, assim como também notei outros tipos semelhantes às liteiras coloniais, cujos varais compridos, em vez de serem puxados por cavalos, apoiavam-se nos ombros de escravos ofegantes. Isso fazia lembrar o antigo Brasil colonial, mas o luxo daquelas criaturas era extremo, exagerado e profundamente tolo, ante a prodigalidade de uso de galões, debruns e adornos, onde se percebia o fanatismo infantil das competições de superioridade hierárquica entre os seus senhores.

Pelas vastas avenidas do perímetro central, sempre desimpedidas dos infelizes chagados — algumas das quais verifiquei atingirem até uns cinco quilômetros de comprimento — transitavam multidões de seres. Os seus afazeres e intenções eram perfeitamente controlados por grupos de policiais sinistros, que obedeciam respeitosamente aos "fiéis" travestidos de mosqueteiros.

Esses policiais, brutalizados e secos no seu tratar, eram fortes, mas curvados para a frente, de fisionomia rude e simiesca, sem a agudeza do olhar dos "fiéis"; sobre a cabeça usavam bonés vermelhos, de pala quadrada em cor amarelo vivo; o cabelo estava cortado à moda dos silvícolas brasileiros; vestiam blusões soltos, dum vermelho irritante, com bainhas roxas, e no peito se lhes via um losango amarelo, com o emblema de um dragão ou lagartixa negra vomitando fogo. O traje se completava por calção curto, azul-escuro, e estavam descalços, mostrando as pernas tortas e peludas. Seguros pelas mãos compridas, quais ganchos vivos, levavam um bastão curto, negro, que talvez houvesse sido submetido a algum processo eletromagnético, pois, quando batiam nos transeuntes que os desobedeciam, estes entonteciam e buscavam um lugar protegido para se apoiarem ofegantes, dando mostras de fraqueza e desvitalização. Moviam-se em grupos de três a seis indivíduos, e lia-se-lhes nas fisionomias a completa falta de escrúpulos e piedade, aliada a uma fidelidade canina aos seus superiores.

Quanto à população em geral, percebia-se que dois terços estavam algo escravizados a alguém; a liberdade estava tolhida por um poder oculto, infernal, exceto quanto a um terço de privilegiados que exerciam terrível tutela sobre os demais.

PERGUNTA: — Quais as analogias que tendes notado entre as cidades do Astral inferior e os núcleos civilizados da superfície do nosso globo?

ATANAGILDO: — Desconheço outros tipos de comunidades, no gênero, que existam noutras regiões astralinas; as impressões que estou dando são apenas sobre comunidades do Astral das quais a metrópole do Grande Coração tem especial interesse em resgatar espíritos sofredores sob sua jurisdição espiritual. Como essas comunidades funcionam há muito tempo no Astral inferior e evoluíram de simples agrupamentos rústicos de espíritos dos homens primitivos, elas não apresentam possibilidade de grandes realizações em matéria de modernismo, pois muitos dos seus administradores ainda não se familiarizaram completamente com as últimas realizações científicas e artísticas do vosso orbe.

Alguns dos seus dirigentes são almas rebeldes e egressas de civilizações letárgicas e atrasadas, do Oriente; outros deles,

A Vida Além da Sepultura   275

quando encarnados, atravessaram o oceano Atlântico com as primeiras expedições de navegadores após Colombo, remetidos para o Brasil como a pior escória da Europa; muitos desencarnaram nas costas brasileiras, em sangrentos combates de pirataria, aderindo ao Astral também brasileiro.

Não faltam ali inteligências aguçadas e criaturas de cultura requintada, mas trata-se de almas ainda retardadas em seu progresso espiritual, à semelhança de certas tribos da Ásia, que percorrem a cavalo, ou em ajaezados camelos, as mesmas trilhas já sulcadas pelos velozes automóveis modernos.

E, por isso, essas cidades apresentam aspectos mais familiares com a arquitetura colonial de Portugal e com a do Brasil dos primeiros séculos de sua descoberta. Muitos de seus chefes, que lavram seus decretos eivados de torpezas e vinganças indescritíveis, não são vistos nem conhecidos na cidade, pois vivem em tenebrosas fortalezas de ares medievais, fazendo estremecer, com seus nomes já conhecidos da Terra, todos os seus infelizes subalternos. Quando a Lei resolve encaminhá-los para encarnação na Crosta, quase sempre semeiam incontáveis desgraças, em vosso mundo, pois enodoam de sangue as cidades e saqueiam povos ou torturam multidões, deixando atrás de si estigmas cruéis e gritos de desespero. Os seus nomes tenebrosos a velha história depois os guarda como sendo Gengis Khan, Átila, Tamerlão, Bórgia, Nero, Calígula, Torquemada ou Rasputin enquanto a imprensa moderna os assinala como Hitler, Himmler, Eichmann. Entre eles mesmos, quando encarnados, não cessa a competição feroz consequente de excesso de ambição em todas as suas atividades diabólicas, e por esse motivo permanecem sob o jugo constante do ciúme, da inveja, do ódio e da traição. Quando se assenhoreiam dos poderes, não só dilapidam a renda pública em negociatas desonestas, como praticam cruéis expurgos entre si mesmos, dominados por esses estigmas de inveja, desconfiança e delação recíprocas, que por vezes atingem as raias da impiedade.

Vivem em alta tensão nervosa e, mesmo quando poderosos, não gozam da paz tão desejada, pois que sem dúvida ela não poderá ser conseguida pelo domínio e pela violência. Então, espreitam-se como cães ferozes e vigiam-se mutuamente, buscando abocanhar novos proventos e poderes mais amplos, a fim de se colocarem a salvo das ambições dos seus próprios amigos.

PERGUNTA: — Qual a forma de governo nas comunidades do Astral inferior?

ATANAGILDO: — É uma verdadeira oligarquia aliada às tradições de orgulho, vaidade e prepotência, e que se estende por séculos afora, ciosamente defendida e conservada pela mesma grei de almas de "sangue negro", como é mais conhecida pelos mentores siderais. A sua legenda é contundente e hostil, pois dizem que é muito mais glorioso ser rei de uma bando de demônios do que escravo de uma corte de anjos. Eles se sentem humilhados ante a sugestão dos poderes do Bem, que acham aniquilantes e piegas, e que detestam incondicionalmente. Exercem domínio sobre milhares de escravos provindos de todas as esferas da vida carnal e que se desviaram do caminho sensato da vida cristã; exercem influência sobre grande quantidade de encarnados imprudentes, que vivem presos aos vícios e às paixões animais, a fim de extrair-lhes o máximo de "húmus vital", de que tanto precisam para aumentar suas sensações pervertidas.

Suas idéias são eivadas de sofisma e dissimulação, simbolizando o Diabo travestido de anjo e, quando os mais hábeis e cultos se encarnam na matéria, tornam-se filósofos que glorificam a falta de pudor, lançando ao mundo doutrinas que valorizam as paixões da carne e criticam a candidez da alma. Lutam desesperadamente para confundir a pureza e a santidade do Evangelho de Jesus, infiltrando-se em todas as instituições onde possam contradizer suas divinas máximas, assim como favorecem, imediatamente, o credo, a seita ou a instituição que pregar o amor do Cristo com o interesse de César. O Espiritismo, como um dos movimentos de maior popularidade para breves dias, está sendo uma das doutrinas mais alvejadas por esses comandos das sombras, que a todo custo tramam entregá-lo ao ridículo, à contradição, a criar o desamor entre os seus adeptos, para subverter as bases santificadas da codificação.

PERGUNTA: — Essas cidades ou comunidades foram fundadas e organizadas pelos mesmos espíritos que as administram atualmente? Elas poderiam desaparecer ou se desorganizar, supondo-se que tais almas se renovassem e abandonassem a sua direção governamental?

ATANAGILDO: — Elas não desapareceriam porque, atrás de toda essa megalomania e administração infernal, existem outros poderes que não estou autorizado a revelar. Os mais impiedosos espíritos do Astral inferior, que administram tais coletividades sombrias, não passam de "pontes vivas" ou "pontas de lanças" de outros seres, em projetos diabólicos, que vêm sendo tentados há mais de 60.000 anos para o completo domínio do vosso orbe. Mais tarde, os mentores siderais vos farão revelações gradativamente mais avançadas, para que então possais avaliar melhor a profundidade do assunto, que não ouso esclarecer no momento. Então podereis compreender a dramaticidade compensadora, ou seja o verdadeira metabolismo que elabora a consciência espiritual e a conduz ao seu feliz desenvolvimento angélico.

PERGUNTA: — Que espécie de gozo sentem esses espíritos trevosos, que os leva a governarem e conviverem tiranicamente nessas cidades opressivas do Astral inferior?

ATANAGILDO: — Indago-vos: Por que certos governadores e administradores públicos terráqueos também querem se eternizar no poder, embora já lhes tenha chegado o momento de abdicarem dos cargos que lhes confiou o povo? Sem dúvida, quando isso não está ligado ao interesse pessoal ou à necessidade de atender à cupidez famélica da parentela carnal, está ligado à volúpia do poder, à vaidade do comando ou mesmo ao desejo de desforra política.

Muitos desses homens preferem ser louvados pela hipocrisia daqueles que só visam ao seu próprio bem, a gozarem os benefícios da afeição pura ou receberem a reverência respeitosa dos que lhes são sinceros mas não os incensam. É evidente, pois, que os espíritos trevosos, que permanecem agarrados ao comando do Astral inferior, são os mesmos homens que prevaricavam no mundo carnal e ainda adoram a lisonja e o poder político. E como não lhes resta outro império, senão o que lhes confere o manto de sombras e a coroa do orgulho, é muito lógico que se arregimentem e também se digladiem para assumir o comando das Trevas e continuar a governar.

E, como os prazeres e os desejos da alma se tornam ainda mais grosseiros e insaciáveis, quando o espírito se põe em contato com o campo vibratório da vida inferior, podeis imaginar a que requintes diabólicos chegam as almas pervertidas e cruéis quando se desesperam para satisfazer os prazeres mais abjetos e alçarem-se aos poderes mais infernais.

Daí a criação da lenda do Satanás, com a cupidez e a crueldade a fluírem-lhe pelos olhos felinos. E como também somos egressos do mesmo estado satânico e já amargamos ainda mais o fel da crueldade e da torpeza espiritual, cumpre-nos cooperar, sem desânimo e sem descanso, para convertermos irmãos satânicos e avivar-lhes a chama angélica na concha dos seus corações cobertos de trevas.

PERGUNTA: — Quais as vossas impressões ao penetrardes pela primeira vez em uma das cidades do Astral inferior, onde vivem criaturas escravizadas pelas organizações do mal?

ATANAGILDO: — Embora não me considere um espírito de elevado grau, sufocou-me de tal modo o ambiente da cidade, que cheguei ao ponto de quase bradar pelo socorro espiritual de falanges amigas. A respiração tornou-se-me ofegante e pelos meus pulmões adentro penetravam fluidos pegajosos, que pesavam em minha indumentária perispiritual, fazendo-a tão opressiva como se eu tivesse vestido de um traje de aço. Senti-me quase que completamente exaurido das forças magnéticas costumeiras, como se invisível vampiro houvesse sugado toda a vitalidade do meu perispírito. Fazendo menção de caminhar, tive a sensação de me mover no meio de lama viscosa. Só mais tarde pude avaliar o poder absorvente do perispírito nessas regiões, onde precisamos estar alertas e ter imperiosa vontade não só para regular-lhe o metabolismo em relação ao magnetismo energético do meio, como também adaptá-lo inteligentemente à defesa do plano asfixiante.

PERGUNTA: — E por que não pudestes reagir, concentrando energias mais vigorosas ou dissolvendo o magnetismo exterior tão opressivo?

ATANAGILDO: — Se assim o fizesse, não poderia me tornar visível na cidade e terminaria perdendo o aprendizado socorrista, que atualmente tanto me beneficia o espírito, pois, se estivesse submetido à minha frequência vibratória comum, não poderia atuar praticamente em ambiente tão denso ou mesmo me relacionar com ele.

Os sentidos psíquicos daqueles tipos de almas subvertidas ainda estão muito circunscritos a uma faixa vibratória bastante reduzida e, por esse motivo, escapa-lhes qualquer contato posi-

A Vida Além da Sepultura

279

tivo e direto com os espíritos que se afinam aos padrões astrais acima das fronteiras das sombras. Notei que, após a absorção de energias opressivas e a inalação do fluido denso do meio inferior, tornei-me visível a certo grupo de indivíduos que transitavam pelo subúrbio, sob cujo intenso nevoeiro plúmbeo eu pudera efetuar a minha súbita materialização, sem provocar desconfianças ou curiosidade.

PERGUNTA: — Qual a sensação que sentistes nesse meio opressivo e com o perispírito assim tão denso?

ATANAGILDO: — Em comparação com a minha liberdade no ambiente da metrópole do Grande Coração, senti-me quase tolhido em todos os meus movimentos, como se estivesse operando num organismo de carne terrena, perturbado por uma paralisia. Algo parecido à fuligem úmida se colava ao meu corpo etéreo e me oprimia os movimentos. Sob inauditos esforços para me submeter a esse heróico curso de socorrista das zonas sombrias, dinamizei a minha vontade quase exangue, a fim de impulsionar com êxito o meu veículo perispiritual através daquelas ruas suburbanas, coalhadas de detritos e de criaturas nas mais penosas situações, misturando-se os tipos de criaturas de aspectos bovinos e repelentes com outros tipos de fisionomias de hienas e abutres cruéis.

PERGUNTA: — E qual a sensação que nós teríamos, como terrenos, se fôssemos submetidos a essa condição tão opressiva, como sucedeu convosco?

ATANAGILDO: — Seria o mesmo que cairdes num pântano nauseante e depois serdes obrigados a suportar por algum tempo um escafandro de lodo repugnante em torno do vosso corpo, sujando-vos continuamente as narinas, os lábios e oprimindo os vossos movimentos.

PERGUNTA: — Qual a ideia mais clara, que poderíamos ter, da vida em comum, nas cidades inferiores?

ATANAGILDO: — Em geral, embora se note nelas certa ordem administrativa na zona central, não passam de comunidades desleixadas, com meios de vida extravagantes, porque os seus administradores vivem devotados ao prazer e à ociosidade.

Entretanto, pude identificar, em uma das que visitei, alguns componentes da nossa metrópole, em tarefas sacrificiais, os quais, depois de se darem a conhecer à nossa equipe por sinais particulares, prosseguiram caminho simulando a figura de habitantes comuns à cidade, que estivessem no desempenho de tarefas particulares. Mais tarde, vim a saber que essas comunidades ociosas e rebeldes, onde se situam infelizes padecentes dos maiores horrores jamais imaginados pelo cérebro humano, também são alvo de atenção e do socorro das metrópoles superiores, que sempre procuram recuperar os espíritos menos culpados e emigrá-los para as zonas de assistência espiritual junto à Crosta.

Mal havia eu atingido o limite suburbano da cidade, quando se me apresentou estarrecedor espetáculo, fazendo-me crer que essa tenebrosa metrópole fora esquecida por Dante Alighieri ao descrever a sua visão do Inferno. Caminhava rente ao casario sujo e malcheiroso, quando resolvi subir a uma regular elevação do solo, para melhor me orientar entre os becos escuros e inundados de detritos asquerosos.

Então a cena que descortinei foi horrorosa, pois em torno do subúrbio espalhava-se vasta multidão de criaturas estropiadas e coladas ao solo pegajoso, como se fossem répteis e vermes asquerosos. De longe sentia-se o mau cheiro que exalava a pútrida matéria daqueles indivíduos chagados. Embora profundamente enojado, resolvi descer, penetrar viela adentro, e assistir de perto o espetáculo confrangedor, que me pareceu o mais degradante e horripilante que já vira. Eram seres mutilados, que pareciam verdadeiras chagas vivas sob cruciantes movimentos; outros, alienados, de faces tenebrosas, gargalhavam sinistramente, misturando-se a homens de cataduras ferozes, perversos, sarcásticos e insolentes, que não podiam esconder os estranhos estigmas que lhes marcavam os atos brutais e os identificavam perfeitamente com a natureza de suas paixões animais ainda predominantes. Confrangido, reconheci-me num vasto celeiro de almas carcomidas e retardadas no caminho evolutivo da espiritualidade, que se amontoavam sem respeito e entregues a toda a sorte de vilanias e sofrimentos. Ali não havia ordem, nem lei; não se ouvia o cântico jubiloso da mulher moça ou o riso farto e cristalino da criança inquieta; nem mesmo as vozes alegres dos homens revivendo suas existências aventureiras do passado. Nenhum sinal de labor benéfico ou empreendimento higiênico se verificava na imundície dos subúrbios. No ar pairavam as irradiações identificadoras da mais crassa brutalidade, avareza, cupidez, libidinosidade e a ter-

A Vida Além da Sepultura

rível sensação de inveja misturada ao mais feroz egoísmo, como prova evidente da luta e da competição subversiva muito comum entre os malfeitores.

À medida que avançava por entre as ruas tortuosas e escuras, que faziam retornar o meu pensamento às vielas da Idade Média, escasseava então o pesado nevoeiro que me envolvera na chegada, enquanto eu percebia à longínqua distância um clarão ainda fraco e afogueado, que despontava no horizonte fumarento. Mas o horrendo espetáculo dos rebotalhos vivos ainda não terminara, pois continuavam a surgir outros infelizes, apresentando repulsivas deformações nos seus perispíritos; muitos seres estavam como que dobrados sobre si mesmos, mostrando úlceras estranhas, atrofias extravagantes e padecimentos que não poderiam ser descritos pela pena do mais trágico e mórbido poeta tocado de piedade humana.

PERGUNTA: — Essa cidade é produto exclusivo de um atravancamento humano incontrolável, ou possui ruas traçadas convenientemente, com algumas instalações indispensáveis para uma vida em comum?

ATANAGILDO: — Mais tarde, vim a conhecer toda a topografia da cidade e comprovar certo senso diretivo da coletividade ali amarfanhada; mas também verifiquei que aquela comunidade havia parado no tempo, pois a sua metrópole é copia exata dos hábitos e sistemas urbanos completamente em desuso nas cidades modernas da Terra. A sua arquitetura e costumes de natureza conservadora e acanhada lembram as realizações de alguns povos asiáticos dos séculos XVI e XVII, dos quais ainda restam vestígios em certas regiões da Ásia. O atraso me pareceu tão contraditório com a evolução atual, assim como se um povo terreno ainda teimasse em lidar com pesados instrumentos agrícolas, primitivos e próprios das épocas tribais, embora a poucos passos adiante outras criaturas progressistas manuseassem moderna instrumentação agrária mecanizada.

Nessas cidades anacrônicas e subvertidas do Astral inferior existem certos planos e projetos severos em desenvolvimento, mas organizados por força das circunstâncias e do aumento macabro das turbas de sofredores, que para ali convergem pela qualidade magnética dos seus perispíritos envenenados. Mas o impiedoso egoísmo dos seus dirigentes embrutecidos pela excessiva animalidade, apenas protege e desenvolve o núcleo central da cidade onde eles vivem, enquanto que os subúrbios se transformam em dantescos depósitos vivos da mais indescritível escória e miserabilidade que se poderia imaginar no mundo terreno.

Encontrei alguns becos tão atulhados de infelizes devorados pelas chagas e presos às mais atrozes paralisias perispirituais, que me fizeram lembrar os quadros pavorosos dos campos de concentração construídos pelos nazistas na última hecatombe guerreira, onde milhares de corpos esqueléticos, ainda com sinais de vida, eram atacados pelos ratos, em meio das pilhas de ossos e carnes putrefatas. Certa feita, eu desisti de prosseguir por certo caminho, pois, em lugar de achar o término da viela em que trafegava, notei que me encontrava dentro de um túnel imundo, onde impiedoso e sarcástico gênio do mal divertia-se em revestir as paredes com os corpos astrais de criaturas fugitivas de hospitais de cancerosos e leprosários terrenos, reproduzindo aspectos os mais asquerosos e gemidos os mais cruciantes.

Os venenos do psiquismo enfermo vertiam pelas suas chagas repulsivas, enquanto os seus clamores lancinantes me feriam os ouvidos angustiados. Entretanto, compreendi que só aquele processo hediondo e bárbaro seria capaz de expurgar-lhes os tóxicos que se haviam acumulado pelo desenfreamento dos seus espíritos no culto excessivo da vaidade, do orgulho, da prepotência ou da crueldade.

PERGUNTA: — Mas essas criaturas permanecerão definitivamente desamparadas nessa cidade tenebrosa, ou serão mais tarde recolhidas a algum estabelecimento hospitalar? Embora se trate de uma comunidade de natureza inferior, não se faz ali, pelo menos, esforço no sentido de profilaxia ou assistência saneadora, para efeito da sobrevivência dos demais moradores?

ATANAGILDO: — De princípio, não percebi nenhum serviço organizado para se chegar a tal solução; aliás, convenci-me de que não havia qualquer possibilidade de êxito nesse sentido, em face da vultuosidade das tarefas de assistência a serem criadas. Acresce que os seus administradores só cuidam dos seus próprios interesses e de seu "clã" familiar, assim como o fazem muitos políticos na Terra. A solução acertada ainda será, por muito tempo, a drenagem natural e espontânea das toxinas contidas nos perispíritos dos infelizes estropiados, até que os mais merecedores possam se movimentar para zonas onde existem postos de socorro espirituais, ou então sejam recolhidos pelos enfermeiros benfeitores, que operam nas adjacências das sombras à cata de almas sofredoras.

Quando mais tarde penetrei no interior da cidade, vi que centenas de farrapos de figuras humanas, exaustas da caminhada à procura de sedativo e de esperanças, penetravam em arremedos de edifícios rasteiros, repulsivos e de cores escuras, terrosas, que mais se pareciam a certas habitações árabes, servidas por uma só porta baixa e retangular.

Outros seres gemiam e choravam, tentando se arrastar para dentro dessas tocas de piso sujo, pantanoso e esverdeado, mas eram expulsos a gritos e pancadas, do seu interior, onde já se aninhavam homens e mulheres aos magotes na mais execrável promiscuidade e completo desrespeito pelo pudor humano.

Havia seres de borco, nas ruas, com os lábios na lama nojenta, à semelhança dos bêbedos atirados nas sarjetas do mundo terreno; outros não passavam de sórdidos trapos vivos, completamente esgotados até a última gota de vitalidade, vítimas de execrável vampirismo, que considero prematuro e horripilante vos relatar.

O caminho que me propusera seguir, para alcançar o perímetro central, obrigava-me a cuidadosa atenção, pois sentia-me tão apiedado daqueles seres infelizes, que não desejava pisar-lhes os corpos chagados, que vertiam um líquido negro e pegajoso.

Compreendi que, naquele ambiente pestilento e inundado de sufocantes emanações gasosas, nem a minha vontade ou a força mental mais vigorosa conseguiria me auxiliar a volitar, como o fazia tão naturalmente nas regiões desimpedidas de fluidos densos e naturais dos planos elevados. Naquele caos de impurezas causticantes, não seria possível elevar o meu perispírito e dirigi-lo seguramente sobre a cidade impregnada de cinza nociva e de magnetismo tão opressivo.

E se eu desmaterializasse o traje de fluidos densos, que inalara e absorvera para tornar compacto o meu perispírito, terminaria perdendo o contato com o meio-ambiente, sendo atraído naturalmente para o meu plano vibratório, mais sutil, da metrópole do Grande Coração. Então envidei todos os esforços disponíveis, de boa vontade e energia mental, avançando

284   Ramatís / Atanagildo / Hercílio Maes

cuidadosamente por entre aquela mole humana, que calculei muito além de milhares de seres abatidos ao solo como o gado no matadouro.

PERGUNTA: — Encontrastes aves ou animais nessa cidade de espíritos rebeldes?

ATANAGILDO: — Defrontei com enorme quantidade de animais de porte reduzido, de formas excêntricas, alguns parecidos às ratazanas, de cor indefinível e cauda de escorpião, além de dezenas de outros tipos que se assemelhavam mais a répteis, alguns de barbatanas móveis e outros de pequenas trombas coleantes, com que vampirizavam os infelizes ali caídos. Enxameavam as mais absurdas espécies aladas, extremamente repelentes em suas configurações, cores e movimentos, ante as quais o feio morcego terrestre se torna um pássaro cativante.

Tanto os animais de formas mirradas, como as aves e os insetos aracnídeos, moviam-se celeremente por entre os desgraçados amontoados ao solo, no afã macabro de deglutirem os rebotalhos e larvas mentais, que ainda pululavam em torno da região cerebral daqueles destroços humanos.

Havia um tipo de corvo bravo, saltitante e ousado, muitíssimo esfaimado e impiedoso, que causava torturas aos infelizes, porque, na sua voracidade em devorar as emanações deletérias, espécie de "carniça mental", atirava-se famélico sobre os seres mais esfrangalhados e os feria a fundo, e os mesmos só se limitavam a reagir com alguns uivos lastimosos. Espraiei a vista em torno e reconheci a impossibilidade de resolver tão dantesco problema, pois me defrontava com o mais pavoroso e indescritível quadro de sofrimento, porém absolutamente necessário para as almas se despojarem de suas torpezas e degradações, em conformidade com as leis da química transcendental.

Os venenos gerados pelos aviltamentos mentais iam-se materializando na forma de líquidos viscosos, nauseantes e cáusticos, que atrofiavam órgãos e produziam chagas, enquanto a providência do Criador socorria aquelas criaturas com a terapia voraz dos insetos, aves e animais de uma fauna demoníaca. Eram horrendos, ávidos e destruidores, porém instrumentos benéficos que, na forma de macabros transformadores vivos, consumiam as larvas e todas as demais criações deletérias produzidas pelo mau uso dos bens santificados da vida humana.

A Vida Além da Sepultura

PERGUNTA: — Em face do acontecimento tenebroso que descreveis, não existirá, porventura, uma certa crueza da Lei Divina, que só pode curar os espíritos delinquentes desse modo tão atroz? Deus, em sua Infinita Sabedoria, não poderia dispor, em tais casos, de recursos menos drásticos?

ATANAGILDO: — Não se trata de punições deliberadas por Deus, aplicadas aos seus filhos pervertidos ou doentes de espírito, mas, apenas, de um efeito decorrente das leis transcendentais de natureza "químico-astro-mental", que agem sem propósitos punitivos, servindo-se de formas vivas asquerosas para consumir venenos perigosos àqueles que os geraram em si mesmos.

Assim como criou o urubu terrestre, que ainda goza a fama de ser o maior sanitarista do mundo, a Providência Divina faz criar essas espécies repugnantes nas regiões astralinas empestadas pela mente humana, as quais depois se tornam benfeitoras, porque limpam o ambiente sórdido desses subúrbios completamente cheios da mais extrema miséria do psiquismo humano envenenado. Se assim não fora, até os abnegados benfeitores não poderiam permanecer ali pelo tempo suficiente para socorrer as almas que já houvessem purgado suas mazelas, lavando-se no tanque das lágrimas do sofrimento purificador.

Assim como as coletividades microbianas destroem os tecidos putrefatos no seio da terra amiga dos cemitérios do orbe, essas espécies astralinas, deformadas e vorazes, que se alimentam das emanações do psiquismo enfermo, impedem que se petrifique indefinidamente um mundo pavoroso, no Além.

O incessante aumento de matéria mental denegrida ocasiona no Mundo Astral as mesmas consequências produzidas pelas lavas vulcânicas, que depois formam no vosso mundo uma crosta resistente às mais aguçadas ferramentas.

Depois que retornei de minha primeira visita à região do Astral inferior e, quando ainda revia mentalmente os subúrbios habitados pelos espíritos impuros, não pude deixar de louvar aquelas pequeninas feras aladas e répteis famintos, que se saciavam sobre os "mortos-vivos" a tresandarem venenos e substâncias repugnantes. Atendendo a providencial serviço em favor da alma humana, tais aves e animais ingeriam as larvas, miasmas e rebotalhos mentais denegridos para, depois de transformados, os devolver à circulação como energias que, tendo sido mal aproveitadas, tornavam a se libertar para o consumo comum. Enquanto se submetiam à terapêutica daquela vertência tóxica benfeitora, muitos daqueles infelizes aviltados já estariam se acusando intimamente e, talvez, recebendo as bênçãos do remorso e do arrependimento.

PERGUNTA: — Não há nessa mórbida cidade alguns transeuntes suficientemente piedosos, que socorram de vez em quando alguns desses infelizes torturados pelos animais, corvos e aves astrais?

ATANAGILDO: — Já avaliastes, porventura, o grau de nobreza, de piedade e de renúncia dos presidiários afinados pela ferocidade das mesmas paixões aviltantes e ainda algemados entre si por crimes semelhantes quando se digladiam pelos mesmos interesses egocêntricos?

Os que trafegam pelas ruas imundas, entre os farrapos humanos, também são moradores da mesma cidade dantesca e que, depois de haverem decantado os venenos do seu psiquismo subvertido, preferiram filiar-se às hostes malignas e obsessoras de encarnados, ao invés de encetar a marcha redentora para o Bem.

Muitos são rebeldes, que vagam sem rumo, e ainda se divertem ao ver nos outros o que lhes sucedeu anteriormente. Então, em lugar de se arrependerem, juntam-se a grupos de sarcásticos, malfeitores e perversos, que comumente se entretêm em aumentar o sofrimento dos infelizes combalidos, no jogo macabro de descobrir, detrás daquelas máscaras humanas e torturadas, as mesmas criaturas que brilharam nos salões festivos, as mulheres famosas, as cortesãs perigosas, os políticos venais, os ricos avarentos e as autoridades que abusaram do poder depois de haverem reinado num mundo de vaidades e cobiças.

Deparando com cenas abomináveis, em que criaturas subvertidas, mas filhas do mesmo pai, se entretinham em dilatar os padecimentos e as humilhações de seus próprios irmãos em espírito, não pude deixar de me lembrar das velhas oleogravuras da Igreja Romana, quando retratam as figuras das almas pecadoras, freneticamente torturadas por bandos de demônios com os olhos incendiados pela volúpia e pelo mais brutal sadismo. Efetivamente, diante de mim se prostituíam as mais nobres qualidades do ser humano ao verificar que os outros miseráveis, egressos do mesmo lamaçal de vícios e aviltamentos, ainda usu-

A Vida Além da Sepultura

fruíam do abominável prazer de esvurmar as chagas das vítimas caídas a seus pés e que inutilmente lhes bradavam por piedade. Depois de saciados os seus impulsos homicidas e cessadas as suas explosões de ódio gratuito, aqueles seres cruéis sumiam-se pelo nevoeiro, em bandos satânicos e gargalhadas sinistras. Embora alguns espíritos socorristas, descidos do Alto, trafeguem pelas ruas contaminadas, com a intenção de acudir a esses infelizes rebotalhos vivos, não o podem fazer de modo a despertar suspeitas e, por isso, fingem muitas vezes ignorar o que lhes acontece em torno, até surgir uma oportunidade de serem úteis. O principal papel que lhes cabe não é o de impedir o processo natural da purgação psíquica inadiável e tão necessária aos infelizes, mas sim o de examinar aqueles que já se apresentam em condições de ser internados nos estabelecimentos de socorro das comunidades astrais benfeitoras.

PERGUNTA: — Diante das reflexões que nos ocorrem neste momento, desejaríamos saber se estes relatos mediúnicos, quando publicados para a leitura comum, não poderão causar perturbações e temores, torturando a imaginação de muitos seres?

ATANAGILDO: Conseguireis, porventura, resolver essa angustiosa situação de Além Túmulo, tentando apenas ignorá-la? O avestruz pensa que se livra do perigo, só porque, ao ser ameaçado, se socorre do recurso tolo de enterrar a cabeça na areia. Ao invés de alimentar essa improfícua e deliberada ignorância de um assunto tão grave, é muitíssimo melhor que se diga toda a verdade, mesmo em sua crueza e repugnância, para que mais tarde, aqui deste lado, os desencarnados não se justifiquem queixando-se do seu profundo desconhecimento das consequências pavorosas do desprezo das virtudes da alma. Lamento que a pobreza da linguagem humana e a insuficiência do médium que me serve, me impeçam de vos descrever a exata realidade, com todos os seus pormenores de barbarismo, degradação e satanismo, que são muitíssimo comuns às almas desviadas da rota benfeitora e da vida educativa espiritual.

Nem por ocasião das invasões bárbaras, ou da pirataria dos mares do século XVII, quando à vida humana se dava menos valor do que o da mais ínfima moeda, se apresentaram quadros tão angustiosos e dores tão vivas como as que tenho notado no mundo doentio e subterreno do Astral inferior, onde almas desesperadas e criminosas se digladiam nas mais indescritíveis orgias de padecimentos e torpezas morais.

Atendendo às solicitações mais altas, tentei descrever-vos algo do cenário torturado e pavoroso das regiões inferiores, onde as almas delinquentes são apanhadas na rede dos valores execráveis e abomináveis que, pela sua invigilância, rebeldia e desrespeito, põem em circulação contra o sentido criador e benéfico da vida humana.

Oxalá estas despretensiosas descrições possam realmente causar temores sinceros e apavorar os espíritos imprudentes, fazendo-os se renovarem em tempo, pelo abandono dos despojos provisórios que furtam à miséria humana, assim como abrandar-lhes o coração endurecido e afastá-los da cupidez, da avareza, do egoísmo e demais paixões devoradoras.

No entanto, como conheço bastante a alma humana, sei que esse temor será apenas provisório e sem a força suficiente para produzir as modificações espirituais tão desejadas, coisa em que mesmo a voz sublime do Cristo, infelizmente, ainda não logrou o êxito completo.

A Vida Além da Sepultura

22. Organizações do mal

PERGUNTA: — Os espíritos malfeitores que habitam as zonas trevosas, do Astral, vivem em comunidades organizadas e operam disciplinadamente?

ATANAGILDO: — Nas regiões trevosas existem vários agrupamentos diabólicos, disciplinados, que se devotam a sombrias tarefas e buscam se assenhorear de todas as almas que estão desamparadas na travessia do túmulo; agem impiedosamente e são exímios no emprego da hipnose malévola contra os encarnados incautos.

Eles se situam nas zonas de substância astral que melhor lhes favoreça a prática de torturas e de punições indescritíveis para com as almas desamparadas e perturbadas pelas suas mazelas trazidas da vida humana. No comando dessas organizações sombrias permanecem os cérebros mais experimentados nas maiores torpezas e crueldades, pois tramam toda sorte de empreitadas com o fim de conseguir o domínio completo do Astral das regiões inferiores do mundo terráqueo. Dizem os nossos maiorais que, desde os pródromos da Atlântida, muitas dessas coletividades negras tentam assumir o comando psíquico da Terra e expulsar definitivamente as hostes do Cordeiro Jesus do seu campo de ação benfeitora.

Proclamam que o "reino dos céus" deve pertencer aos anjos,

mas que o "reino da Terra" é o império dos homens. Consideram as entidades angélicas como intrusas que intervêm em suas vidas sombrias; então hostilizam-nas, por considerarem-nas almas privilegiadas e eleitas de um Deus que deserdou outros filhos dos bens espirituais.

A fim de conseguirem realizar o seu programa de completa ação contra as influências do Alto, esses maiorais das trevas não mantêm respeito algum, nem admitem qualquer contemporização para com os espíritos orientados pelo Cordeiro Jesus. Lançam mão de todos os subterfúgios, crueldades, ou hipocrisias para o êxito de suas idéias maquiavélicas que, apesar de todos os fracassos, sempre lhes renascem mais fortes e com maior esperança futura. Incalculáveis multidões de rebeldes, desesperados, movem-se ativamente nas regiões sombrias do Astral, onde já constituíram inúmeros agrupamentos, que se opõem decididamente às comunidades dos espíritos superiores e tentam impedir-lhes as doutrinações e o socorro às suas vítimas.

Mas, embora se trate de organizações disciplinadas, não passam de ninhos de malfeitores dominados por ferozes ambições, desejos de desforras e inveja recíproca, alimentando incessantes conflitos, entre si, pela própria cupidez que reina entre eles. Daí o motivo razoável por que o Mal, mesmo quando devidamente organizado, não consegue êxito em suas intenções subversivas. A Paz e o Bem só podem existir entre aqueles que já renunciaram às paixões e aos tesouros tolos da vaidade e do orgulho humano.

PERGUNTA: — Como poderíamos compreender melhor essa empreitada organizada do Mal?

ATANAGILDO: — São poderosas organizações malignas, mas que terão existência temporária, embora algumas delas estejam em atividades desde os pródromos da vossa atual civilização. As grandes e trágicas modificações de "fim de tempos", que se aproximam celeremente, modificarão a Terra em sua vida comum, higienizando-lhe também a aura "etéreo-astral", pela seleção espiritual à "direita" do Cristo, o que representará um dos mais profundos golpes do Alto nas organizações diabólicas do Astral inferior, pois elas serão desalojadas de suas fortalezas e do seu clima favorável no Astral da Terra, terminando entontecidas e desamparadas nas ruínas dos seus planos inexequíveis contra a Lei Superior.

A Vida Além da Sepultura

Por enquanto, essa empreitada rebelde obedece a um extenso e metódico programa elaborado há muitos séculos pelos mais poderosos gênios galvanizados no Mal.

Esses espíritos vos espreitam continuamente, no mundo físico, tentando embargar todos os esforços dos espíritos benfeitores na defesa e na inspiração superior aos encarnados. Por isso, mesmo no momento em que vos dito estas palavras, há um círculo de proteção em torno de mim e do médium, a fim de que eu vos possa contar, sem perigo, certas coisas que de modo algum lhes conviria que a Terra soubesse...

Enquanto as pontas dos seus fios magnéticos vos rodeiam, quais tentáculos, aguardando o menor descuido evangélico para vos enlaçar na hipótese da sugestão maléfica, os magos negros se movimentam no reino das sombras, assim como certos peixes na sua moradia de água lodosa.

PERGUNTA: — Quando falais em "organização" entre esses espíritos trevosos, quereis dizer que existe, realmente, um plano eficiente e disciplinado nas suas atividades malignas?

ATANAGILDO: — Além de um inteligente programa previamente estabelecido, eles mantêm certa disciplina, que às vezes se torna bastante férrea entre os seus próprios sequazes. Nas regiões inferiores há escolas que estudam e esclarecem o mecanismo psicológico da alma encarnada, com muito mais largueza de conceitos e conhecimentos psíquicos do que a conseguida pelo mais abalizado psicólogo terreno. Exímios cientistas subvertidos ao mal empreendem longa ausculteção psíquica sobre as criaturas encarnadas, a fim de catalogar as suas vulnerabilidades e mais facilmente se assenhorearem dos seus corpos astrais, assim que elas abandonem a sepultura terrena. Entregues à cobiça pelos tesouros do mundo terreno, muitos encarnados, inconscientes de seu mau proceder, mal sabem que, por meio de seus desejos desregrados, terminam negociando suas almas com os professores das trevas que, em troca, lhes ministram lições de domínio, de prepotência, luxúria ou crueldade.

Eles se interessam muito pelas pessoas escravizadas aos vícios mundanos, assim como aliciam os verdugos da Terra para aumentar a mole de almas que, no Astral inferior, são utilizadas nos serviços mais repulsivos e nas tarefas mais atrozes, fortificando a sistemática rebeldia contra a Administração Sideral do Cristo sobre o vosso mundo.

A velha lenda do homem que vendeu a alma ao Diabo expressa bem o que se passa em vosso mundo, pois não é pequeno o número de desencarnados que já saem dos túmulos como "propriedade" de algum senhor das trevas ou então são reclamados imediatamente por falanges negras, que alegam tê-los ajudado na Terra. Se o Mal não estivesse tão bem organizado nas regiões do Astral inferior, há muito tempo já teriam sido dispensadas as empreitadas sacrificiais dos espíritos benfeitores, que permanecem em luta corajosa para manter a segurança e o progresso espiritual no vosso mundo.

PERGUNTA: — Mas, então, existem espíritos malignos, com o privilégio de poderem se vingar e dominar almas incautas e desgraçadas, sem que lhes seja imposta a retificação pela Lei do Carma, para reeducá-los espiritualmente? Isso não poderá justificar a versão do "Diabo" com poderes discricionários?

ATANAGILDO: — Não esqueçais do que vos disse antes: tudo não passa de situações temporárias. Na Terra, o criminoso primário não passa de uma vítima dos seus impulsos incontroláveis e emotivos ou, então, é um instrumento tolo sob a direção de malfeitores mais experimentados, que dele se servem para concretizar suas façanhas e vinganças. Mas, com o decorrer do tempo, esse delinquente primário termina assumindo o comando dos seus próprios atos e transforma a sua delinquência passiva ou acidental num motivo de rebeldia contra a sociedade e as leis organizadas. À medida que a justiça humana o persegue e o apanha, mais ele se torna feroz e se avilta propositadamente no crime, odiando todos aqueles que o fazem cumprir as penalidades determinadas pela Lei. Daí a origem comum do caudilho, do cangaceiro chefe ou do mentor maquiavélico, que pensa, organiza e dirige até o dia em que possam encarcerá-lo de uma vez, ou que seja ele liquidado no entrechoque das mesmas paixões detestáveis que semeou.

Nos planos do Astral inferior há fácil adaptação para os espíritos de corações endurecidos que, por isso, terminam se afeiçoando definitivamente ao meio deletério, para onde primeiramente foram degradados para o sofrimento retificador. Acostumam-se tão facilmente às sombras, quanto os batráquios se afinam ao gás de metano dos pântanos; então, passam a reagir

A Vida Além da Sepultura 293

com violência a qualquer solicitação do Alto que lhes demande esforço e renovação espiritual. Não desejam se ajustar voluntariamente ao mecanismo da reencarnação e, pela sua mente bastante poderosa, conseguem subtrair-se por longo tempo a descida à carne, pois isto lhes traria humilhações e sofrimentos através do necessário reajuste pelas dores humanas. Consideram-se deserdados dos bens divinos e castigados por serem antipáticos à causa divina. Daí a sua deliberada e feroz resistência contra as forças do Bem, pois, por terem purgado nos charcos grande parte de suas torpezas milenárias, sentem-se extremamente feridos no seu orgulho, só porque a Lei os atingiu pelo próprio efeito do seu magnetismo nocivo.

PERGUNTA: — Esses espíritos trevosos escapam, então, à ação do carma — acontecimento que nos parece ilógico revelando haver uma deficiência na retificação espiritual obrigatória?

ATANAGILDO: — Não há tal, visto que são almas endurecidas que, desde tempos imemoriais, pelo seu orgulho e sua rebeldia sistemática contra a Luz, simbolizam a figura de Lúcifer, pois preferem "cair" satanicamente no reino das trevas do Astral inferior, a fazerem qualquer acordo pacífico ou sacrificial com as luzes do Senhor. É o amor-próprio da velha figura humana do "Anjo Decaído" que as lança contra o seu Magnânimo Criador, engrossando fileiras das comunidades onde também se vitimaram e sofreram sob a sanha de outros impiedosos irmãos rebelados.

PERGUNTA: — Mas, desde que concebemos a ideia de que o Diabo e o Inferno são estados de rebeldia espiritual provisória, será chegado o momento de redenção espiritual para essas almas rebeldes; não é assim?

ATANAGILDO: — Sem dúvida, assim é. Todos os esforços das hostes do Bem, em torno da Terra, têm sido sempre no sentido de redimir as almas rebeldes e salvá-las das trevas de suas próprias iniquidades. Mas não é sensato violentar-lhes a natureza agressiva e cruel, do mesmo modo por que não deveis colher o fruto imaturo. Há que se aguardar o momento psicológico, em que os próprios sofrimentos impostos pela Lei do Carma as façam clamar por socorro e se apresentarem em condições favoráveis para serem socorridas.

Pretender arrancar das sombras essas almas, antes de apresentarem as condições espirituais exigidas para habitar os agrupamentos astrais mais elevados, seria o mesmo que tentar fazer subir o balão que ainda não se livrou do lastro que o escraviza ao solo, ou então libertar feras num jardim onde brinquem crianças desprotegidas. Essas almas purgam entre si os seus desatinos passados, vivendo pessoalmente as mesmas experiências cruéis que criaram; só depois que se reduzem os seus impulsos agressivos e o instinto perverso, é que se podem conhecer as suas novas disposições de espírito para com a vida superior. Mesmo aqueles que se desligam dos charcos purificadores, no término de sua drenagem tóxica, se situam no limiar de dois caminhos: a densidade de renovação espiritual no serviço cristão ao próximo ou, então, a deliberação infeliz de ingressarem nas correntes malfeitoras das sombras. Só depois disso é que as comunidades superiores podem socorrer aqueles que se manifestam sinceramente desejosos de operar junto às hostes trabalhadoras do Cristo, pois, respeitando o livre-arbítrio que a Bondade do Pai nos concedeu, nem mesmo para o bem se pode violentar aquele que ainda não o pode cultivar a contento.

PERGUNTA: — Quais os motivos que levam os espíritos trevosos a se organizarem com êxito nas regiões do Astral inferior, a ponto de edificarem cidades e instituições poderosas a serviço do Mal?

ATANAGILDO: — Muitos espíritos que partem do vosso mundo dominados pelos vícios, ou que praticaram crimes os mais aviltantes, tomam por base de vida a sua própria miséria espiritual; não crêem na possibilidade de uma vida diferente e mais feliz, nos planos mais altos, e acham que a única e apreciável ventura reside ainda no prolongamento dos vícios e dos prazeres ao gosto terreno. Acreditam que o tão apregoado "céu", das religiões dogmáticas, não oferece condições atrativas de felicidade humana, não devendo passar de um ambiente de compungimento e orações, sob a férrea proibição do mais diminuto divertimento, que o homem tanto aprecia.

Daí se desinteressarem do paraíso dos "eleitos" e das irritantes "contemplações da face de Deus", pois os santificados significam-lhes ostensiva aristocracia espiritual, bastante distante dos párias humanos, que não podem ultrapassar o limiar do Astral inferior. Então só lhes resta o consolo de uma vida de rebeldia e insânia, para amenizar a saudade do mundo terreno que perderam.

Atendendo ao imperativo muito natural, de sobrevivência e, ao mesmo tempo, da exploração dos mais fracos pelos mais fortes, formam-se então comunidades nas trevas e se organizam agrupamentos de "senhores" e "escravos", onde também sobejam os gênios intelectualizados na Terra, a formar a corte dos rebeldes, subvertidos na esfera do sentimento.

PERGUNTA: — São agrupamentos já estabelecidos em suas bases, ou se modificam incessantemente?

ATANAGILDO: — Essas organizações sombrias, que datam dos princípios da vossa civilização, recebem incessante alimento na forma de novos contingentes de espíritos desencarnados, ainda escravos das paixões avassaladoras da carne ou rebeldes ao Bem. Não tardam a alcançar os foros de cidades astrais, possuindo as suas edificações particulares e públicas, departamentos responsáveis por todos os planos subversivos e associações epicurísticas, que se destinam ao máximo cultivo do prazer e das sensações inferiores, onde os poderosos tripudiam sobre as almas infelizes, caídas indefesas em suas mãos para servir de nutrição viciosa e repasto pervertido.

Embora vos cause espanto a revelação, pude identificar ali algumas espécies de conservatórios, ou arremedos de academias, onde se estuda a música, a pintura e outras artes; mas em suas realizações há um sentido de crueza e sadismo, um disfarçado deboche, que é poderoso estimulante psíquico para avivar os sentidos inferiores dos encarnados e propagar na Crosta a atmosfera perniciosa que subverte as mais lídimas expressões de beleza e moral humana. Essas criaturas vivem no Astral o desregramento dos haréns e as suas vivendas conservam todas os requintes dos sultões pervertidos do Oriente.

Há nelas um luxo desregrado e um culto exageradamente afrontoso às formas da vida humana, enquanto se defende a liberdade absoluta de a alma viver do melhor modo que lhe apetece. Esses espíritos advogam um sistema de liberdade puramente existencialista, sem nenhuma preocupação pelo futuro da alma, e afirmam que o "ser" deve existir liberto de qualquer limitação. Mantêm-se em constante atividade subversiva contra os princípios angélicos do Cristo e se consideram definitivamente integrados no seu sistema de vida, que é a mais espontânea e destituída de qualquer compromisso espiritual.

PERGUNTA: — E qual é o fator que favorece esse ajuste de temperamentos e caracteres tão diabólicos e ferozes, a ponto de se organizarem em comunidades disciplinadas?

ATANAGILDO: — Trata-se de fator que não devia ser estranho ao vosso raciocínio comum, pois nasce de mútua necessidade de proteção e ajuda para que mais facilmente se obtenham os elementos e as condições favoráveis às suas paixões insaciáveis. Muitos espíritos, explorados por longo tempo, sob o poder cruel dos verdugos e chefes impiedosos dessas cidades, se degradam a tal ponto que também passam a reforçar as hordas inimigas da ordem e da renovação espiritual. Permanecem estiolados nas suas regiões sombrias e condicionados a um modo de vida rebelde e degradante, sem poder vencer a hipnose dos sentidos adormecidos pelo vício e pelo crime, impermeabilizando-se contra o próprio socorro das falanges de espíritos benfeitores e odiando a luz salvadora. Os mais débeis de vontade permanecem por longo tempo aviltados no servilismo diabólico, sem coragem para abandonar os próprios verdugos que os torturam, mas os alimentam; outros, mais espertos e falazes, emancipam-se no próprio meio deletério, assumem tarefas infamantes e aceitam a função de "vingadores" profissionais, assim como na Terra existem os sequazes ou capangas para o assassinato contratado. E, copiando o que é muito comum ao vosso mundo, esses párias aviltados e que se emancipam no seio das organizações dos seus senhores cruéis ainda se tornam mais malvados e perversos do que os seus antigos verdugos, quando punem os seus companheiros de infortúnio. A história do vosso mundo vos comprova que os mais cruéis carrascos e julgadores impiedosos, que serviram para fazer cumprir a Lei, saíram do meio dos oprimidos. Não ocorria isso no tempo da chibata nos quartéis, na Marinha e entre os próprios escravos do Brasil colonial? Sem dúvida, o Mundo Astral ainda consagra o velho conceito de que "a pior cunha é aquela que sai da mesma madeira".

Muitas das vítimas que são vilmente exploradas no Astral inferior, quando conseguem guindar-se às posições de mando, nessas organizações tenebrosas, excedem-se em torturas e per-

A Vida Além da Sepultura

seguições odiosas aos próprios companheiros infelizes recém-chegados, que também tombam desamparados nas regiões inferiores. Parodiando um conceito muito conhecido no vosso mundo, posso dizer que no Astral também se comprova que "o homem explora o próprio homem" na ignominiosa escravidão das paixões aviltantes.

PERGUNTA: — Supondo-se que esses espíritos das sombras pudessem conhecer a realidade venturosa dos planos superiores, eles não se decidiriam, porventura, a abandonar essas comunidades diabólicas? Diante do encanto da angelitude e vislumbrando sua futura felicidade, não seriam capazes de se converter ao Bem?

ATANAGILDO: — Se os próprios encarnados que nos intervalos das reencarnações já entreviram as primícias do paraíso e naturalmente reconhecem que o Evangelho do Cristo é a única salvação para o homem ainda persistem nos vícios e nas paixões destruidoras, guerreando-se em combates sangrentos por uma Paz erigida à base de homicídios, não creio que a inesperada revelação do céu possa converter ao Bem as orgulhosas comunidades das trevas. As trevas, na realidade, originam-se principalmente na intimidade do espírito subvertido, e só depois do processo compulsório da dor e do sofrimento purificadores, é que então realmente se rompem os grilhões da animalidade inferior e se favorece a eclosão da luz, como o divino combustível que alimenta a ascensão angélica.

23. Os "charcos" de fluidos nocivos no Astral inferior

PERGUNTA: — Em vossas comunicações, costumais aludir frequentemente ao fato de fluidos perniciosos e emanações mentais da humanidade terrena formarem atmosfera perniciosa no Astral. Como poderemos compreender esse fato, dentro da nossa capacidade humana?

ATANAGILDO: — Embora muitas pessoas possam descrer das revelações que vos faço, resta-me a esperança de que chegará a hora implacável de descerem ao túmulo silencioso do cemitério, quando então verificarão a procedência dessas revelações e a sinceridade com que as faço. É apenas questão de tempo e de paciência, pois os que desencarnarem depois de lerem estas revelações mediúnicas hão de verificar que a coisa, aqui, ainda é muito mais complexa e arripiante do que tudo que me aflijo em descrever pelas mãos do médium desconfiado...

Aqui comprovamos positivamente os variados efeitos decorrentes das condições mentais perniciosas que dominam encarnados ou desencarnados, através do exame das cores que as suas auras apresentam, em halos de luz pálida, quase em torno da região mental ou condensados à altura da zona cordial.

Quando os espíritos vibram em afinidade com certas regiões do Astral inferior, numa frequência profundamente aviltante, mais se assemelham a usinas vivas, produzindo matéria deprimente, que as aves e os animais ali sediados devoram e transformam em seu ventre famélico, libertando novamente as energias de que os humanos se serviram para fins ignóbeis ou violentos.

As emanações mentais, a que vos referistes na vossa pergunta, são constituídas de figuras ou de manchas vivas, de aspecto gelatinoso, às vezes, muito se assemelham a finíssima parafina viscosa, de um colorido escuro e sujo, agitando-se sob o impulso da mente que as criou. Elas são providas de movimentos súbitos, larvais ou ofídicos, como se fossem agitadas por deslocamento do ar; por vezes são de formas grotescas, iguais a minúsculos morcegos ou pequeninos polvos de tentáculos finíssimos e movimentos vermiformes. Depois de criadas pela mente enfermiça, elas procuram pólos simpáticos, onde tentam fixar-se definitivamente, nas condições de vida parasitária. Mas não tardam em ser atraídas por outras criaturas que "pensam" na mesma faixa vibratória desregrada, então se encorpam, criam ânimo novo e se ajustam ao halo mental dos seres imprudentes que as atraem para, em seguida, acicatarem maior produção de substância igual, das quais procuram nutrir-se para a continuidade de uma vida efêmera e execrável.

Algumas vezes em que pude perscrutar o halo mental de certas criaturas desregradas, através do meu poder psíquico visual, tive a mesma impressão que teria um laboratolista que se utilizasse do microscópio e investigasse a gota d'água trazida do pântano. Ali se moviam as mais indescritíveis formas de larvas, lampreias, elementais ou amebas fluídicas, que haviam sido produzidas pelos pensamentos impuros e pelos detestáveis sentimentos das almas delinquentes.

PERGUNTA: — Poderíeis nos esclarecer melhor qual o motivo por que a natureza dos reservatórios de substâncias deletérias mentais servem de atração para aves, animais e répteis do Astral inferior?

ATANAGILDO: — Trata-se de zonas densas para onde se canalizam mais diretamente as energias subversivas, em suas formas elementais, quando ainda possuem grande vitalidade. Sendo de configurações repelentes, chegam a provocar a voracidade das feras e das aves astrais.

Embora a natureza do baixo Astral guarde uma semelhança geral entre si, usamos certa nomenclatura para melhor distingui-las e situar algumas diferenças de importância entre elas para

A Vida Além da Sepultura

nossos estudos, assim como nomeais vales, grotões, encostas, coxilhas, vargens ou desfiladeiros, embora sejam configurações do mesmo solo. Nesses reservatórios se recolhem o lixo e os detritos mentais e emotivos que sobejam na atmosfera terrena, pois, em face da baixa vibração do meio, os produtos do pensamento e das paixões aviltantes dos encarnados precipitam-se nesses vales sombrios e densos.

Em torno das regiões onde se aglomeram os habitantes de um país, ou mesmo de uma cidade ou lugarejo, também se formam "zonas atrativas", do Astral inferior, congregando-se nelas as substâncias consumidas no uso e abuso das paixões e dos pensamentos deploráveis, que se transformam em reservatórios astralinos ou então em charcos pestilenciais. E, conforme a paixão predominante na coletividade, esses reservatórios assemelham-se a águas estagnadas, onde proliferam germes nocivos e se criam formas parasitárias, grotescas e coleantes, que se alimentam das energias pervertidas e ofertadas pela mente encarnada. Daí provocarem a aproximação de tipos especiais de aves, animais, répteis ou outros seres astralinos, que buscam a substância afim ao seu tipo e metabolismo, como acontece no clima mórbido do organismo físico, onde se desenvolvem os bacilos de Koch, de Hansen, ou os espiroquetas de Schaudin, provocando surto de tuberculose, lepra e sífilis. É ainda a lei da atração, funcionando equitativamente no seu ritmo de simpatia. Se a água dos pântanos atrai as bactérias infecciosas é óbvio que o roseiral florido se torna o ninho de borboletas e beija-flores.

PERGUNTA: — Tendes feito referência a "cores" e a "halos" dos espíritos ao tratardes de emanações mentais nocivas. Poderíeis nos explicar melhor o que vem a ser isso?

ATANAGILDO: — Há que se distinguir entre cores luminosas e cores turvas; cores claras e cores escuras. Se vos fosse possível conhecer o halo mental de um espírito do quilate de Francisco de Assis ou de Buda notaríeis que a luz poderosa que deles emanava era capaz de destruir e carbonizar qualquer expressão deletéria ou "pensamento-forma" inferior, que porventura tentasse se infiltrar em suas mentes buscando alimento mórbido ou vida parasitária. É por isso que os espíritos maldosos, sediados no Astral inferior, ficam apavorados diante da luz fulgurante dos espíritos angélicos, pois essa luz põe a descoberto a epiderme dos primeiros, crestada pelas aderências e substâncias nocivas que foram ali petrificadas sob o descontrole mental e a perversão emotiva.

A lenda sempre configura Satanás acovardado diante da luz de Miguel Arcanjo, porque esta é flamejante e descobre todos os pensamentos deletérios do espírito inferior. A própria ideia do Inferno tem o seu fundamento na purificação pela luz, significada na purificação pelo fogo, e deve ter nascido dos sofrimentos periódicos que são provocados pela intervenção dos técnicos siderais, quando lançam chamas etéricas sobre os vales e abismos purgatoriais, a fim de proceder a desintegração profilática das substâncias venenosas que tornam o ambiente demasiadamente pestilento e cerceiam o próprio progresso da vida astral.

Talvez ainda guardeis em vossa retina espiritual o quadro horroroso dessa purgação dolorosa, porém indispensável, a que já vos submetestes alhures, quando também engrossáveis a fileira dos rebeldes contra os princípios do Bem.

Daí, pois, a grande significação do fundo luminoso nos halos mentais e nas auras dos espíritos. Não vos posso descrever a infinidade de matizes coloridos que existem de um extremo a outro na escala cromática sideral, nem tampouco explicar todas as cores que se produzem nas emanações deletérias, oriundas das paixões e dos pensamentos desvirtuados do ser humano, porque não encontro vocábulos para isso no cérebro do médium que me serve.

PERGUNTA: — Mas poderíeis nos descrever, embora de um modo geral, as principais cores produzidas pelas faltas mais comuns da humanidade?

ATANAGILDO: — Já que insistis, tentarei vos dar uma rápida noção sobre o que indagais, descrevendo apenas as tonalidades principais da aura humana, tendo por base as cores que conheceis. A maioria dos prevaricadores religiosos que traem os seus votos ou se desviam de suas responsabilidades espirituais possui na aura um fundo azul-sujo; a malignidade e a crueza, quando chegam às raias da impiedade, costumam se denunciar por vastas nódoas nigérrimas, salpicadas de vermelho-sangue; a licenciosidade, a luxúria ou o desvirtuamento sexual fazem brotar na aura do indivíduo matizes de sangue sujo, por vezes cor de salmão ou rosa-escuro tisnado por uma fuligem arroxeada, que os teosofistas conhecem como sendo a combinação colorida da paixão amorosa degradada. Sempre tenho identificado a avareza por um verde-ardósia e o egoísmo pelos matizes pardos, enquanto a cólera, a raiva, o ódio, se projetam em tom escarlate, como vivíssimo incêndio que, à distância, se emoldura de um negro fumarento.

Os sentimentos pessimistas também se revelam em cores mórbidas, pois, enquanto o medo inunda a aura humana de um amarelo cadavérico, a melancolia e a tristeza produzem manchas violáceas e tons de um roxiscuro.

Ofereço-vos apenas um rápido bosquejo do assunto, visto que a maioria das cores classificadas no Astral não possui matizes equivalentes na ciência e na visão terrenas. Entretanto, recordo-me de haver encontrado na minha última existência terrestre várias obras espíritas, esotéricas, teosofistas e iogas que me auxiliaram bastante para que entendesse a minha situação de agora, como desencarnado liberto no Plano Astral, e pudesse compreender estas e outras coisas. E confesso que muitas obras criteriosas, que havia compulsado na Terra, ajustavam-se satisfatoriamente à realidade da maioria dos acontecimentos com que me defrontei após à morte do corpo físico. Daí, pois, a minha pequena contribuição para vos orientar a respeito de certos assuntos, porquanto estou certo de que, à medida que vos desvencilhardes das estreitezas de seitas e condicionamentos separativistas, haveis de encontrar facilmente toda a messe de ensinamentos e obras que porventura sirvam para ajudar-vos a entender a sabedoria ilimitada do espírito e a técnica da vida cósmica.

Não penseis que o enquistamento doutrinário e o pessimismo contra outros movimentos espiritualistas, fora do vosso ambiente simpático, possam colocar-vos em condições de saber melhor o que seja a alma e suas vidas futuras. Só o cômputo de todos os ensinamentos criteriosos e dos descobrimentos feitos pelas principais correntes reencarnacionistas é que poderá habilitar-vos a conhecer melhor o que seja o espírito e a sua trajetória rumo ao Infinito.

PERGUNTA: — Desejaríamos saber se os charcos de fluidos pesados e agressivos do Astral inferior são lugares adrede preparados para expiações por parte de espíritos rebeldes?

ATANAGILDO: — Até hoje não me consta que os técnicos espirituais hajam criado lugares especiais para mortificação das almas degredadas; o que tenho comprovado é a existência de zonas fluídicas, aproximadas da Terra, que sofrem com mais violência o efeito dos pensamentos desregrados dos encarnados. Nessas zonas acumulam-se energias astrais inferiores e profundamente absorventes e que, à minha visão espiritual, se apresentam na forma de lagos densos, acinzentados, lodosos e móveis, com um aspecto de estranha irascibilidade.

Os infelizes que se situam nessas regiões não foram encaminhados para eles por ordens superiores, mas sim em virtude de uma atração natural, justa e até muitíssimo útil, pois esses vales de lama astral se constituem de substâncias corrosivas e repugnantes, mas se tornam verdadeiras "estações terapêuticas" e de profundo benefício para as almas corrompidas. Vim a saber que o lodo nauseante e insuportável, que provoca pavorosos sofrimentos nos espíritos delinquentes, também possui a louvável propriedade de absorver-lhes os venenos mais compactos, que se lhes incrustam no perispírito e que foram gerados pela invigilância e descaso para com os princípios salutares do Evangelho de Jesus.

PERGUNTA: — Poderíeis recorrer à comparação dessa terapêutica com a usada no nosso mundo, a fim de melhor compreendermos essa expiação que cura?

ATANAGILDO: — Posso comparar a propriedade curativa desses pântanos ou charcos com certos recursos, nem sempre agradáveis, de que lançais mão na Terra, para a cura de enfermidades graves ou socorros de emergência. Quantas vezes não vos sujeitais a incômodos suadores para desintoxicação e equilíbrio térmico do corpo, enquanto doutras vezes tendes de ingerir purgativos desagradáveis ou receber cauterizações e choques elétricos, para o retorno da saúde e o reajustamento do sistema nervoso. No Astral, a morbosidade da alma também exige curativos e intervenções por vezes doloridas e até impiedosas, mas se trata da única maneira prática e científica de se poder remover a causa maligna da enfermidade espiritual, sob o regime da própria lei de correspondência vibratória, em que "os semelhantes atraem os semelhantes".

PERGUNTA: — Supondo-se que essas almas não pudessem ser submetidas à ação desses pântanos, quais seriam para elas as prováveis e resultantes consequências?

ATANAGILDO: — Suceder-lhes-ia o mesmo que deveria

ocorrer convosco no caso de possuirdes dolorosos tumores pelo corpo, cujo alívio dependesse de urgente intervenção cirúrgica para drenar a carga infecciosa, mas que vos fosse negada. Sem dúvida, teríeis que sofrer incessantemente e, mais cedo ou mais tarde, seríeis então obrigados a vos submeter a implacável e mais grave intervenção médica. O mais sensato, portanto, seria opinardes pela intervenção dolorosa e não pelo prolongamento indefinido do sofrimento.

Se os espíritos intoxicados pelos venenos deletérios, produzidos pela mente desgovernada, ficassem dispensados desses pântanos curadores, teriam de vagar enlouquecidos por dezenas ou centenas de anos, sem qualquer alívio ou progresso. As toxinas que se produzem no exercício do psiquismo desregrado circulariam continuamente pela organização do perispírito, lembrando o efeito de um fogo líquido a percorrer as veias humanas.

Os charcos do Astral inferior significam utilíssimas câmaras de esgotamento de substâncias deletérias, pois absorvem do perispírito todo o seu morbo terrível, que é produto do desregramento de espírito no trato com mundos físicos.

PERGUNTA: — Esses espíritos delinquentes são encaminhados diretamente para as zonas dos charcos, à semelhança do que ocorre conosco no mundo físico, quando se providencia a hospitalizarão de enfermos?

ATANAGILDO: — Dá-se o contrário, visto que são atraídos naturalmente e não levados para essas zonas abismais e pantanosas, obedecendo ao princípio muito conhecido no mundo físico como sendo a Lei dos Pesos Específicos... Não há necessidade de um serviço técnico especial para transportar essas almas subvertidas às regiões em que elas se sintonizam por efeito natural da simpatia magnética dos seus perispíritos, assim como se processa a atração da limalha pelo ímã, por causa da existência do elo magnético. Quando os espíritos encarnados preferem se atolar nas paixões e nos vícios degradantes, já são futuros inquilinos dos charcos astrais, pois o corpo físico é apenas a barreira que os protege provisoriamente, mas que não pode neutralizar o elo de simpatia magnética já existente para com a região inferior.

Sob a mesma lei vibratória, aqueles cuja vida na Terra se torna um hino de beleza e ternura já estão intimamente ligados pelo magnetismo elevado e sutil, que os impede de sintonizarem com os charcos nauseantes e ainda os afina às regiões de alta espiritualidade.

PERGUNTA: — Qual a ideia que poderíamos fazer dessas toxinas ou cargas infecciosas que existem no perispírito daqueles que se desregram no mundo físico?

ATANAGILDO: — O homem comum ignora que o seu envoltório de carne é apenas a materialização grosseira do seu próprio molde perispiritual e que preexiste ao nascimento físico. Embora seja de matéria mais sutil e plástica, é o verdadeiro sistema energético que realmente obedece ao comando direto do espírito. Usemos de um exemplo simples, em que a viatura, o cavalo e o condutor simbolizam respectivamente o espírito, a energia e a matéria; em outros termos: o cocheiro representa o espírito, o cavalo a energia ou o perispírito, e a viatura o corpo físico.

Quando o cocheiro pretende movimentar o carro, não é a este que ele chicoteia para fazê-lo mover-se, porém fustiga o cavalo, que é o que realmente move o veículo. Da mesma forma, quando o espírito aciona o seu corpo, não o faz diretamente no seu sistema nervoso cerebral ou muscular, mas atua primeiramente no perispírito, que é o intermediário ou o mediador entre os dois planos, o qual, ao receber o impacto direto do pensamento ou da vontade da alma, reproduz essa ordem movendo o conjunto de carne e nervos.

O espírito projeta a sua ordem mental diretamente sobre o seu veículo mais próximo que, neste caso, é o perispírito interposto entre ele e o corpo físico; o pensamento, como criação dinâmica, encontra no perispírito o seu fiel transmissor para o organismo carnal. Este, por sua vez, é apenas um enorme agregado de entidades microscópicas vivas, que se movem ativamente sob o influxo da mente, que as sustenta coesas. A alma vive saturada de elementos eletromagnéticos, que ela mesma produz, os quais variam tanto em peso como em intensidade, podendo se tornar benéficos ou maléficos, conforme sejam os sentimentos e os pensamentos produzidos pela natureza do espírito diretor. Em consequência, o espírito é sempre um mundo em incessante intercâmbio de forças imponderáveis; ele atrai e repele forças benéficas ou maléficas; alimenta ou aniquila criações mentais de outros seres; acelera o seu campo mental, elevando-o ao nível das inteligências superiores, ou então o abaixa vibratoriamente,

A Vida Além da Sepultura

atingindo os escaninhos escabrosos das almas enfermas e escravizadas ao magnetismo denso dos seus pensamentos daninhos e trevosos.

A harmonia mental e o equilíbrio evangélico nutrem as energias benfeitoras que circulam pelo perispírito, aumentando-lhe a luz e vitalidade, as quais, por força de sua alta vibração, também fluem para o meio exterior depois de utilizadas em nível mental superior. Mas, quando a alma se degrada na prática de atos aviltantes e exaure suas forças para alimentar a violência ou a crueldade, ocorre um abaixamento vibratório tão nefasto, que se poderia descrever como sendo uma "carbonização" das energias astrais em torno do seu corpo fluídico. No caso da harmonia mental, as energias circulantes representam o "maná" que nutre o espírito em sua dinâmica angélica; mas o desequilíbrio perturba as forças operantes e então surgem os resíduos cáusticos, que depois se depositam na delicadeza circulatória do perispírito, formando uma crosta ácida, coleante e viscosa, que corrói, sufoca e alucina. Eis, então, as toxinas que os pântanos depois absorvem no serviço rude da cura espiritual, processo que resulta em atroz sofrimento para a alma, assim como, no benefício das intervenções cirúrgicas do vosso mundo, a dor está presente, mas sem representar a punição do enfermo.

PERGUNTA: — Existem regiões especiais para cada tipo de sofrimento?

ATANAGILDO: — Embora a alma desencarnada possa se servir das energias e dos socorros que lhe vêm do exterior, o seu verdadeiro mundo é o produto exato dos seus pensamentos, sentimentos e desejos. No seio da vida cósmica, tudo se rege pela maravilhosa lei de atração, pois a afinidade ainda é o segredo da mecânica celeste, visto que aquilo que é amor entre os seres torna-se coesão entre os astros. Daí o motivo por que as criaturas se reúnem por simpatia entre si, tanto na ventura como no sofrimento ou na maldade. Os charcos pestilenciais do Astral inferior são zonas de "absorvência" curativa, que limpam o perispírito da sujeira tóxica que se lhe apega pela malignidade psíquica. O espírito vitimado por tais substâncias deletérias, além das dores atrozes e dos espasmos dantescos, que incessantemente o acicatam, ainda pode ficar privado da faculdade de se movimentar. Então se faz necessária a drenagem contínua dessa escória acumulada em demasia, produzida pela combustão das paixões aviltantes, do mesmo modo como se fosse limpar o lodo das asas do pássaro aflito para voar. Depois da desencarnação, verificamos surpresos que a mais sutil impressão mental do espírito, na carne, sempre gasta um "quantum" de energia que se transfere para a consciência em vigília no mundo físico e, por isso, a sutilização ou condensação do perispírito depende do uso superior ou inferior dessa energia.

As almas se agrupam no Astral inferior por afinidade de sentimentos; lembram, por isso, a afinidade existente entre os malfeitores do mesmo tipo, tão comuns no mundo material, que formam grupos especializados para a prática de determinados crimes. Como há um padrão semelhante e uma disposição psicológica igual entre todos esses espíritos delinquentes, o que os obriga a se reunirem por afinidade, podereis considerar as regiões inferiores como divididas em vales, sob cuja jurisdição purgam os suicidas, os invejosos, os avarentos, os caluniadores, os hipócritas, os luxuriosos, os ciumentos e cruéis. Esses espíritos, além de se purgarem de seus males, evoluem nessa operação profilática, porque além da ação do meio absorvente, que os purifica, o carma os obriga a atritos entre si mesmos para resgate dos mesmos delitos e colheita do que semearam.

PERGUNTA: — Como poderíeis nos descrever, por exemplo, o sofrimento dos avarentos, nesses charcos do Astral inferior?

ATANAGILDO: — A massa fluídica muito densa, desses vales, à semelhança de uma tela cinematográfica, materializa com facilidade os quadros mentais projetados por seus infelizes moradores, fenômeno que os torna mais infortunados ainda. Desse modo, os avaros se digladiam em cruéis sortidas, porque revêem na tela do meio em que atuam as imagens alucinadas de sua cupidez e avareza. O ouro, as moedas, as jóias e os valores titulares do mundo transfiguram-se na lama nauseante ou nos detritos repugnantes que os cercam. Então esses espíritos torturados se debatem furiosamente no lodo repulsivo, tomados de alienação, quais aves recém-engaioladas, ante o desespero de terem sido despojados dos seus tesouros, revividos na loucura astral, que os conserva num cruciante pesadelo. Depois que passam as suas crises, muito parecidas às miragens enganadoras do

A Vida Além da Sepultura

deserto calcinante, sobrevêm-lhes, então, atrozes desenganos de natureza impressionante. Depois, desenganados pela miragem das coisas vãs, terminam caindo na realidade e verificam, estarrecidos, que as moedas cintilantes e as jóias cobiçadas transformaram-se no lodo viscoso e nos repugnantes detritos dos vales em que se revolvem nauseados.

PERGUNTA: — Podemos pressupor que, após a desencarnação, a nossa visão poderá distinguir criaturas conhecidas nesses vales, se porventura ali estiverem padecendo?

ATANAGILDO: — Não só podereis identificá-las em sua personalidade humana, como presenciar as suas mais acerbas aflições, mas, com isso, correreis o risco de captar as emanações pestilentas de suas auras profundamente intoxicadas... Sem dúvida, existe profunda diferença entre as emanações perfumadas, provindas da rosa fragrante, e as exsudações repugnantes da carne apodrecida.

Pelo que tenho observado, acredito que nenhum heroísmo ou renúncia, no mundo físico, consegue suplantar a abnegação e o esforço incessante dos espíritos benfeitores, que deste lado baixam periodicamente aos charcos, a fim de libertar algumas almas vítimas de ciladas diabólicas e já merecendo o socorro abençoado ou, então, para aliviar o espantoso sofrimento dos mais aviltados.

PERGUNTA: — Não será indiscrição indagar de vós qual o vale do sofrimento que mais vos impressionou no Mundo Astral, em seguida à vossa última desencarnação?

ATANAGILDO: — Embora a piedade já esteja morando em vossos corações é certo que, no Além, melhor vos ajustareis à compreensão da realidade benfeitora para com a mais dantesca expiação da alma. No mundo físico, a ignorância da vida espiritual nos torna excessivamente sentimentalistas, pois desesperamos diante de certas tragédias, infelicidades e catástrofes que, fundamentalmente, são processos eficientes de cura e aprimoramento do espírito enfermo.

Devo esclarecer que, embora nas regiões pantanosas do Astral inferior variem os aspectos de sofrimentos e a intensidade dramática em cada vale de expiação, na essência desses acontecimentos dolorosos o processo sempre faz convergirem os recursos para a cura psíquica e não corporal. Beneficiam-se, pois, tanto os avarentos, sob o sofrimento e as alucinações à cata dos seus tesouros provisórios, como também os egoístas, isolados no mais indescritível silêncio. No âmago de todas essas almas, a dolorosa retificação obrigatória é acelerado processo que só tende para o objetivo da cura do espírito. Acresce que o serviço de socorro a que nos entregamos espontaneamente, em favor desses irmãos infelizes e vítimas de sua própria ignorância espiritual, nos condiciona psicologicamente à realidade benfeitora, nos acontecimentos dantescos, assim como o cirurgião terreno se acostuma, com o tempo, ao seu trabalho profissional, passando a executá-lo calma e eficientemente, certo de que apesar do sofrimento inevitável, o paciente sempre será beneficiado. Para melhor êxito nos nossos labores, somos obrigados a prestar auxílio a esses infelizes que vagam pelas regiões tormentosas de modo tal a não nos deixarmos dominar pelos compungimentos prejudiciais. Embora possamos nos apiedar ante sofrimentos pavorosos, sabemos que a retificação exige urgência, pois, ao contrário, a índole maldosa desses sofredores lhes tomaria novamente o coração, levando-os a praticar outros desatinos e ainda gerarem piores sofrimentos para o futuro.

PERGUNTA: — Sob a vossa opinião atual, quais os delitos humanos que poderão causar maiores prejuízos ao espírito, quando desencarnar, criando-lhe situações as mais atrozes, para a devida retificação espiritual?

ATANAGILDO: — É provável que a minha experiência pessoal não seja a mais credenciada para aferir valores no Mundo Astral; porém duas situações horrorosas, nos charcos, impressionaram-me vigorosamente, pelos estigmas que se gravam no perispírito do desencarnado: a do suicida e a da nefanda profissão de "fazedor de anjos", ou seja, a dos abortadores profissionais. São crimes que geram as mais pavorosas situações no Mundo Astral inferior, assim como estigmatizam terrivelmente o perispírito para as encarnações seguintes, pois em ambos os casos se trata de crime contra a vida.

O suicida interrompe a sua existência, que devia aproveitar até o último segundo de vitalidade, visto que se valeu de uma oportunidade benfeitora para se encarnar, que poderia ser aproveitada por outro espírito também necessitado de nascer na carne.

A Vida Além da Sepultura

Aquele que se suicida revive no Astral as cenas que desenrolou sobre si mesmo, na hora da tragédia, ao romper os canais de vitalidade astral que o mantinham em ligação com a vida do corpo físico, devendo sofrer de modo bárbaro e, comumente, até o instante exato em que deveria expirar de forma natural, na matéria, de acordo com o prazo previsto pelos ascendentes vitais do seu corpo físico.

Os abortadores profissionais são os maiores inimigos da vida e os piores carrascos das almas que se afligem para reencarnar. É inimaginável a tortura do ser que perde a bênção de um corpo que lhe destinavam para o seu progresso na matéria e esquecimento do remorso de suas culpas anteriores. Os infelizes "especialistas" do aborto mal sabem que estão depositando sobre os seus ombros um fardo dos mais horripilantes padecimentos para sentir seu peso depois que a morte os libertar do corpo físico. Separados do corpo carnal que ainda os protegia contra a investida direta de suas vítimas, depois sofrerão os mais pavorosos sofrimentos pela turba de almas que foi impedida de renascer, pela prática nefanda do aborto profissional.

Não encontro vocábulos para vos descrever o sinistro destino desses desgraçados, no Além, depois da morte do corpo físico. Nenhuma força consegue protegê-los; e os seus algozes, depois de lhes proporcionarem toda sorte de torturas e pavores, os deixam esfrangalhados, como "trapos vivos", na figura dos personagens da mais horripilante novela jamais criada pela imaginação enferma de um Poe ou Hoffman. Não desejo torturar a mente do médium, nem impressionar-vos com outros quadros dantescos que passam a viver no Astral inferior esses trânsfugas da vida espiritual, depois de passarem pela Terra como tenebrosas parcas ignorantes ou diplomadas que, por um mísero punhado de moedas, ceifam a vida na gestação materna.

Os abortadores profissionais exterminam vidas que foram criadas por outros e, por esse motivo, o prazo de sua expiação ninguém pode determinar, pois isso dependerá muitíssimo do tempo que os seus adversários resolvam torturá-los no Além-túmulo, até se darem por bem vingados.

A linguagem humana não conseguiria descrever o que realmente sucede a esses espíritos infelizes que, depois de haverem curtido no charco purgatorial o seu psiquismo envenenado pelos crimes da vida carnal, ainda deparam com as medonhas e ameaçadoras cataduras daqueles que lhes vigiam os mínimos atos e espreitam-lhes os mínimos pensamentos; nenhuma réstia de luz os alcança, porque, pela natureza do lodo que se lhes agrega à delicadeza do perispírito, precipitam-se naturalmente em regiões impregnadas do mesmo magnetismo de que também são portadores. Mesmo a luz que a vontade angélica lhes projetasse das regiões superiores ser-lhes-ia inócua, em face da substância denegrida que lhes fica aderida ao corpo astral.

PERGUNTA: — Esses espíritos sofrem como os outros, nos charcos do Astral inferior ou são apenas torturados pelos seus adversários vingativos?

ATANAGILDO: — Seria preciso tomar demasiadamente o vosso tempo para poder explicar todo o processo das provações e recuperações dos desencarnados, quando estão comprometidos por delitos contra a integridade espiritual, uma vez que varia imensamente a reação de cada um e também o grau de sua sensibilidade durante o sofrimento. Há espíritos, por exemplo, que, embora estejam onerados na Terra por muitos crimes ou delitos, tendo atraído para junto de si muitas almas vingativas, que por isso os esperam à saída do túmulo, podem cair nas mãos dos seus verdugos sob tal inconsciência das torturas que lhes aplicam, que estes os abandonam a si mesmos por não conseguirem usufruir a volúpia da vingança de serem "sentidos" ou "compreendidos" pelas suas vítimas desencarnadas em tal estado. Trata-se de almas que desencarnam tão intoxicadas pelas suas próprias maldades e torpezas, que demoram longo tempo para despertar a consciência de relação com o mundo exterior. Mesmo que sejam torturadas pelos seus algozes, encontram-se petrificadas no seu mundo interior, no qual sofrem padecimentos ainda bem mais atrozes do que aqueles que lhes desejariam impor os seus próprios adversários. Embora ardendo de ódio e cogitando de outros planos mais satânicos, os espíritos vingativos as abandonam nos vales pantanosos, aguardando o momento em que elas se tornem sensíveis ao exterior, para então exercerem a sua vingança.

Para muitos desses verdugos cruéis e completamente galvanizados no mal, uma das mais prazenteiras volúpias é quando notam os movimentos da presa, que desperta pouco a pouco, para então se defrontar com a terrível realidade do meio

A Vida Além da Sepultura

repugnante que habita e sentir-se torturada nas mãos dos seus impiedosos algozes.

PERGUNTA: — Qual a natureza do sofrimento desses espíritos "fazedores de anjos" ou profissionais de aborto, quando se situam nos charcos purgatoriais?

ATANAGILDO: — Eu os tenho visto na mais horripilante situação de miséria e estigma espiritual, a que foram condenados pela sua própria tarefa nefanda de extinguir vidas humanas em sua fase embrionária. São adversários da vida, que passaram pelo mundo físico nas figuras de médicos, enfermeiros, parteiras ou charlatões, a destruir tenros corpos concebidos para a encarnação de almas aflitas, do Espaço. Tais espíritos assumem no Astral aspectos inexpressivos e deformados, espécie de massas gelatinosas e teratológicas que se arrastam por um solo negro e viscoso, deixando sulcos e se movendo dificultosamente na forma de larvas humanas. Apenas se lhes percebe, no olhar apagado e nos esforços espasmódicos para se moverem, uma réstia de chama da mesma vida que tanto subestimaram. Exceto a fisionomia torturada, que lhes dá um aspecto bovino e apalermado, o restante dos seus corpos não apresenta forma humana conhecida; lembram mais um verme gigante que se arrasta no solo entre cruciantes esforços, tentando se desenvolver ou se libertar da viscosa armadura que o prende. O olhar percuciente de um obstetra terreno verificaria, estarrecido, que essas infelizes criaturas estigmatizadas pelo horroroso ofício de destruir a vida em gestação reproduzem, no Astral inferior, a forma viva e ampliada de gigantesco feto, encimada por uma cabeça humana deformada.

PERGUNTA: — E quando esses espíritos se reencarnarem novamente na Terra, apresentarão porventura estigmas deformantes na sua forma física?

ATANAGILDO: — Eles não poderão se furtar à imposição de reproduzir na matéria terrestre algo das deformações neles estereotipadas no Astral pelo poder da mente subvertida e aviltada na prática ignóbil a que se entregaram. Nascerão em corpos constituídos de carnes moles e gelatinosas, como verdadeiros trapos vivos, com um sistema nervoso completamente atrofiado pela força negativa da própria mente que tanto combateu a vida nascente. Passarão a existência atirados em cestos, caixotes, ou mesmo em berços ricos, com as fisionomias marcadas por um ar débil; mais parecerão retratos inacabados, como se lhes houvesse faltado o último impulso da vida no derradeiro momento de tomarem a forma humana. Quantas vezes não os encontrais amontoados, como fardos vivos que tanto despertam em vós sentimentos de piedade como também certa repulsa instintiva, por pressentirdes ali a alma que no passado empregou todos os seus esforços e conhecimentos para desempenhar o trabalho nefando de seccionar o fluxo de vidas humanas.

PERGUNTA: — Por diversas vezes tendes falado de "lodo", de "charcos", ou de "reservatórios deletérios". Poderíeis dizer se tudo isso vem a ser uma mesma coisa?

ATANAGILDO: — A substância Astral inferior tem a propriedade de se depositar na forma de resíduos e, então, compõe extensos vales ou charcos de solo pantanoso e repelente. Quando ocorre acúmulo dos resíduos astrais, criam-se então as zonas estagnadas, pois, em decorrência da excessiva densidade dos seus fluidos, estes não podem ser removidos nem volatilizados, como ocorre com a água, no mundo terráqueo, a qual o próprio Sol vaporiza, enxugando os pântanos.

Esses imensos vales de substância inferior são bastante sólidos para os desencarnados. Aos vossos sentidos físicos, eles pareceriam vultosas massas magnéticas, que também rodeiam e interpenetram a Terra em todos os sentidos, numa frequência vibratória que lhes dá uma vitalidade selvagem e absorvente.

Acresce que os maus pensamentos e a eclosão das paixões da humanidade encarnada também influem poderosamente para ativar ou baixar o teor vibratório dessas massas de magnetismo denso, as quais flutuam sobre a superfície da Crosta e convergem, cada vez mais compactas e virulentas, para o centro do globo terrestre.

PERGUNTA: — Poderíeis nos dar um exemplo para melhor compreendermos o assunto?

ATANAGILDO: — Supondei que, em lugar de massas de magnetismo denso, se trate de nuvens de enxofre gasoso, que se expandam em torno da Terra e ainda penetrem invisivelmente no interior do orbe. Por hipótese, considerai que os pensamentos violentos ou desregrados, das criaturas encarnadas, atraiam essas núvens gasosas, tornando-as cada vez mais baixas e que os pensamentos mais elevados as modifiquem, extinguindo-lhes o vigor sufocante e tóxico. Com este exemplo, ser-vos-á mais fácil compreender que, quanto maior for o vigor dos conflitos da inveja, cupidez, irascibilidade, ódio e o desencadeamento de guerras de encarnados ou desencarnados, tanto mais intenso e tóxico será o conteúdo das massas magnéticas que constituem o Mundo Astral inferior e interpenetram o globo terráqueo. Elas se condensam pela força mental venenosa e agressiva da mente humana ou então se afinam sob os pensamentos sublimes tanto de encarnados como de desencarnados.

Quando os espíritos desencarnam e, por causa de suas mazelas e aviltamentos, já possuem em si mesmos os resíduos do magnetismo inferior, que cultivavam diariamente — por cujo motivo vibram na frequência dessas massas astrais condensadas e virulentas. Então, assim que se libertam do corpo carnal, elas os atraem tão naturalmente como o ímã atrai as limalhas de ferro. Em virtude do próprio peso magnético específico, esses espíritos "caem" automaticamente nas regiões inferiores, às quais se afinam naturalmente e das quais são amostras vivas, embora ainda encarnados, pois cultivam no mundo paixões e desregramentos que consomem as energias da frequência vibratória inferior dos charcos do Astral. Nesses vales abismais purificadores, que deram origem ao nome de "Purgatório", da tradição católico-romana, os desencarnados ingressam vítimas de sua própria afinidade para com esse meio sórdido, mas não em virtude de penalidades aplicadas por qualquer juiz divino. A carga que carregam é que os impede de ascensão natural para as regiões superiores. Faz-se necessário, primeiramente, que a alma abandone o lastro pernicioso, em zonas adequadas, para depois se elevar para esferas de magnetismo sublimado.

PERGUNTA: — Qual a diferença entre o "lodo" e os "detritos", que mencionastes várias vezes? Não é tudo a mesma coisa?

ATANAGILDO: — O lodo dos charcos é formado pelos resíduos astrais inferiores e comuns a cada vale ou zona abismal denegrida e densa; é substância natural do próprio meio. Os detritos, no entanto, são produtos da expurgação perispiritual das criaturas, que os lançam para fora de sua organização,

Sendo o perispírito o mais importante veículo, que se situa entre o espírito e o corpo carnal, deveis compreender que ele é o verdadeiro sistema operante e receptivo das energias do ambiente astral e físico, cabendo-lhe a grave responsabilidade de absorver, reter e drenar os tóxicos, miasmas, gases, resíduos ou qualquer resto de combustível que seja consumido para sua vivência no meio.

Enquanto nas esferas angélicas o perispírito pulsa suavemente, acionado pela energia extraída da própria luz sideral, nos planos do Astral inferior ele precisa centuplicar o seu metabolismo e despender valiosas energias, a fim de sobreviver nos ambientes perniciosos em que o lançou a alma invigilante. Muito antes de poder ele efetuar a sua nutrição energética, para sua sustentação no meio, vê-se obrigado a exaustivas operações de química transcendental para transformar e purificar as substâncias perigosas, que aderem constantemente à sua organização delicadíssima. Só depois que se efetua o processo profilático e o selecionamento de energias magnéticas adequadas ao seu metabolismo orgânico, é que ele consegue se manter em equilíbrio e proteger-se contra as combustões químicas deletérias. É bastante refletirdes nos esforços heróicos que o corpo carnal empreende, quando luta para sobreviver entre os gases violentos ou emanações mefíticas dos pântanos, para avaliardes o metabolismo defensivo e a dinâmica operosa e delicada de perispírito quando mergulhado nos charcos infectos, obrigado a se proteger contra os venenos emitidos pela mente desgovernada, tendo ainda de lutar, depois, contra as atrações do meio deletério. Tentando superar a dupla agressão, ou seja, o veneno projetado pela mente do espírito desregrado e os tóxicos dos pântanos, o perispírito acelera o seu dinamismo e a sua ação fisiológica, promovendo ativa limpeza interna, do que resulta excessiva expulsão de detritos de substâncias carbonizadas, que sobejam por causa do ao quimismo acentuado, e que devem ser desviados da circulação perispiritual para a devida sobrevivência na região inferior.

Esses detritos, elaborados nos níveis inferiores da vida astral, só podem ser expelidos pelo perispírito através do processo de alta combustão, da química transcendental. Então se transformam em resíduos insuportáveis e repulsivos que, ao serem drenados, enojam o temperamento mais resistente e sufocam o esforço mais heróico. Embora pareça para muitos um acontecimento cruel e punitivo, é efeito da técnica abençoada do

Criador, que determina a operação curativa no próprio ambiente de descarga inferior, no reservatório astral das impurezas da alma humana. As fortes emanações repulsivas do meio e as exalações dos detritos expurgados pelo perispírito obrigam os próprios espíritos sofredores, ali situados, a expulsarem a sua carga nociva para o meio exterior.

Em suma: os espíritos enfermos purgam-se porque ficam enauseados com as suas próprias exalações, sentindo-se atacados por incessantes e violentos vômitos que, embora os façam sofrer barbaramente, servem como processo terapêutico e aceleram a expurgação perispiritual de todas as matérias e aderências venenosas neles incrustadas pelo aviltamento das energias mentais que empregaram indignamente.

Se eu — suponhamos — estivesse ditando agora alguma obra de natureza repugnante, perversa ou indecorosa, necessitaria usar essas forças tão brutas e animalizadas; mas então seriam queimadas em torno de mim e consumidas pela minha mente numa frequência magnética muito inferior, porque o meu espírito teria de se graduar na tonalidade mais "baixa" possivel, para sintonizar-me com eficiência ao plano grosseiro em que me demorasse com o pensamento desregrado. Ainda neste caso, mais uma vez podeis comprovar a presteza da lei de correspondência vibratória e o fato de que "os semelhantes atraem os semelhantes". Essa substância residual, usada, permaneceria flutuando na aura de todos nós durante o tempo do maior ou menor interesse pelo assunto torpe, até que pudéssemos absorvê-la em nosso metabolismo psíquico, pois, graças à sua forte densidade magnética, ela não poderia mais ser volatilizada no meio astral, mas instintivamente incorporada pelo perispírito, na lei de atração comum.

O vapor d'água pode ser instantaneamente dissolvido na atmosfera reinante, porque a sua vibração sutil, muito intensa, permite que tal suceda. No entanto, já na forma de líquido, o fenômeno não seria possível e haveria apenas precipitação para o solo e absorvência neste. De conformidade com as leis do Mundo Astral, esses resíduos que se incrustam no perispírito é que também lhe causam as enfermidades, exigindo-se a sua expulsão para o meio-ambiente, em perfeita afinidade com o tipo enfermiço da energia degradada.

As almas vítimas dos seus desejos impuros, pensamentos

torpes e paixões aviltantes, permanecerão num sofrimento tão longo e acerbo, quanto sejam o tempo e o vigor necessários para se drenar a energia repugnante que lhes aderiu ao perispírito. Uma certa parte poderá ser escoada nos charcos e nas regiões abismais inferiores, como vos expliquei, enquanto a outra parte poderá ser aliviada pelos técnicos benfeitores, assim que a alma fizer jus à assistência espiritual.

Inúmeros estabelecimentos hospitalares e núcleos de socorro, existentes nas adjacências das regiões astralinas inferiores, servem devotadamente a todo espírito que deseje se renovar e ingressar nas hostes dos servidores do Bem. Algumas almas, embora ainda não se encontrem libertas de suas terríveis aderências perispirituais, aceitam tarefas sacrificiais de socorro a companheiros em piores situações, de cujo esforço e abnegação cria-se-lhes o merecimento de alívio e de assistência do plano mais alto.

PERGUNTA: — E qual o tempo de permanência dessas almas delinquentes nos charcos depuradores?

ATANAGILDO: — As almas vítimas dos seus desejos impuros, pensamentos torpes e paixões aviltantes, permanecerão num sofrimento tão longo e acerbo, quanto sejam o tempo e o vigor necessários para se drenar a energia repugnante que lhes aderiu ao perispírito. Uma certa parte poderá ser escoada nos charcos e nas regiões abismais inferiores, como vos expliquei, enquanto a outra parte poderá ser aliviada pelos técnicos benfeitores, assim que a alma fizer jus à assistência espiritual.

Inúmeros estabelecimentos hospitalares e núcleos de socorro, existentes nas adjacências das regiões astralinas inferiores, servem devotadamente a todo espírito que deseje se renovar e ingressar nas hostes dos servidores do Bem. Algumas almas, embora ainda não se encontrem libertas de suas terríveis aderências perispirituais, aceitam tarefas sacrificiais de socorro a companheiros em piores situações, e de tal esforço e abnegação cria-se-lhes o merecimento de alívio e de assistência do plano mais alto.

A Vida Além da Sepultura

24. Aves e animais do Astral inferior

PERGUNTA: — Quando nos descrevestes o panorama do Astral inferior, fizestes ligeira referência à existência, ali, de aves e animais. Tratando-se de assunto que nos parece interessante, gostaríamos que nos explicásseis o tipo de aparência dessas aves ou animais. Poderíeis fazê-lo?

ATANAGILDO: — Conforme vos disse, talvez pela própria necessidade de sobrevivência e defesa nessas regiões tão apavorantes, predominam ali tipos de aves e animais de grande porte, muitos dos quais nos associam a ideia das formas grotescas e brutais dos animais pré-históricos apresentados nas estampas que conheceis.

Um dos tipos de aves que muito me impressionou no Astral inóspito é bem semelhante ao corvo europeu, com a plumagem nigérrima e de uma tonalidade parecida à terra preta umedecida; difere da espécie dos urubus que conheci no Brasil, porque é um tipo de ave que emite gritos de tal estridência, que nos fazem pensar que um vigoroso gigante vive erguendo enorme malho de ferro e a bater brutalmente em trilhos de aço suspensos sobre a região sombria. São gritos selvagens e penetrantes, como se alguém pudesse centuplicar o grito da araponga, muito conhecida nas florestas brasileiras e apelidada de "ave ferreiro" por possuir um canto bastante metálico. Certas vezes o monstruoso grito lembra também a estridência do pio da gralha elevado a altíssimo potencial e com chocante dissonância aguda, capaz de ferir os ouvidos das criaturas mais insensíveis. Além dessa ave de aspecto tenebroso, que lobriguei em grandes bandos na região Astral inferior, adjacente ao Brasil, também tenho observado, embora raramente, um outro tipo de ave milenária, que muito conheci em outras vidas pregressas vividas em Alexandria e Mênfis. Trata-se de uma espécie alada, que era muito reverenciada como ave sagrada, comumente mumificada e resguardada em vasos riquíssimos sobre os túmulos dos sacerdotes e faraós egípcios. É uma ave de pernas longas, tipo de cegonha, de longo bico recurvado e classificada nos compêndios terrestres com a denominação de "ibis aethiopica".

A diferença principal entre a "íbis" sagrada dos egípcios e o tipo que geralmente encontro nas regiões sombrias do Astral brasileiro está em que a ave habitante das margens do Nilo, ao tempo em que a conheci, era branquíssima em sua plumagem e somente eram negros os seus pés e as pontas das asas, enquanto que a espécie astralina é de configuração gigantesca, brutal e completamente negra, com o bico de um pardo brilhante, despertando temerosa impressão pelo seu vôo, cujo planar lembra claramente o vampiro sanguissedento das lendas infernais. Quando essa ave fende o ar, há um murmúrio agudo e tétrico nos galhos das árvores e nas folhagens mirradas, enquanto os insetos e animais pequeninos se movem apressadamente para se ocultarem nas furnas e grotões.

PERGUNTA: — Existem outras espécies de aves além desses dois tipos que mencionastes?

ATANAGILDO: — Segundo tenho verificado nas instituições astrográficas de nossa metrópole, onde se estudam a fauna e a flora do Astral inferior, existem ainda outros inumeráveis tipos de aves que estão sendo classificados pelos estudiosos e que melhor são apreciados por meio de um televisor de panoramas remotos, isto é, um aparelho eletromagnético dotado de esferas de duas a três polegadas de diâmetro, controladas à distância, e que se movem pelos reinos inferiores, transmitindo os mais íntimos detalhes da paisagem entrevista sobre "écrans" esféricos e de substância leitosa, existentes em nossa metrópole.

Os mentores de nossa metrópole pretendem transmitir futuramente para a Terra algo dos estudos astrográficos que estão sendo empreendidos por diversos técnicos, a fim de melhor prepararem os encarnados para o conhecimento das formas exatas do Mundo Astral, mesmo quando ainda se encontrem no mundo material. Embora se trate de paisagem inóspita e que infunde temor, torna-se preciso que o homem encarnado conheça esse Mundo Astral, em lugar de se cingir exclusivamente à leitura de fantasias dos escritores ficcionistas que, embora se aproximem da realidade impressionante, não sabem traçar roteiros benéficos nem semeiam esperanças para as almas apavoradas.

PERGUNTA: — Qual o tipo de animal que mais comumente tendes encontrado nessas regiões inferiores?

ATANAGILDO: — Nas muitas excursões que tenho feito às regiões subcrostais, não só do Brasil como também da Ásia e parte da África, o tipo de animal que mais me chamou a atenção foi uma espécie de caprino gigantesco — tipo de cabra montesa, muito comum nos Alpes suíços e também conhecidíssimo nas montanhas asiáticas e africanas —, cujas pernas dianteiras são mais curtas do que as traseiras, enquanto possui cornos longos, muito fortes e curvados acentuadamente para trás.

Vi esses animais em pequenos grupos, com um aspecto terrivelmente ameaçador, e havia até fulgores diabólicos e sinistros nos seus olhos escuríssimos. Eram monstruosos, peludos, de cor sépia, e possuíam compridas barbas que lhes caíam queixo abaixo, como um grande maço de estopa desfiada e cor de lama. Deslocam o ar, em torno, quando se movem aos saltos bruscos, e deixam a mesma sensação de temor às demais espécies da redondeza. Exalam um odor sufocante, que repugna e enjoa, exigindo hercúleos esforços para qualquer criatura poder se manter por algum tempo na proximidade de tais animais de aura tão repulsiva. Não pude compreender o motivo por que, diante desses caprinos horríveis, senti no meu organismo a impressão de brutal cinismo e deboche.

Para os desencarnados que ainda desconhecem as tramas e a elasticidade da substância astral inferior, é muito fácil confundirem esses caprinos com certa falange de espíritos malfeitores e desregrados, das sombras, que se aproveitam da fraqueza ideoplástica dos religiosos "falecidos", que temem o Inferno e Satanás, para compor cenas de tal monta fescenina, que não me é permitido sequer descrevê-las por alto, nestas comunicações.

Aliás — no-lo informaram os mentores da nossa metrópole

—, a degradação máxima do sexo sempre favorece a estereotipação, nas criaturas, de estigmas muito semelhantes aos daqueles caprinos, cujos movimentos sempre traem mórbidas e detestáveis expressões obscenas.

Finalmente, pude comprovar que as lendas ou as fantasias mais absurdas, criadas no mundo físico, se fundamentam nessas figuras horrendas que, depois de desencarnados, encontramos palpitantes de vida nas regiões do Astral inferior. Talvez dominado por tais impressões dantescas é que o homem terreno costuma pintar o Diabo com pés de cabra e chifres de bode.

PERGUNTA: — Justifica-se a existência de aves sinistras no Astral inferior?

ATANAGILDO: — Seria o caso de indagardes, também, por que motivo existiram as espécies antediluvianas e os monstruosos dragões, dos quais o crocodilo é apagada reminiscência; ou, então, por que existem as moscas, os pernilongos ou os micróbios. Para mim, que não tenho a preocupação de solver problemas criados por Deus e que escapam à minha visão comum, as formas exteriores são de pouca importância, pois o que nos deve interessar bastante são os objetivos a que nos conduz a inteligência espiritual que nos impulsiona do interior.

Só no mundo espiritual é que logramos entender o esforço técnico da espiritualidade, quando efetua incessantes ensaios, alguns até assustadores, como no caso dos animais pré-históricos, a fim de se originarem as espécies menores e cada vez mais progressistas. No Além existem formas excêntricas que ainda aguardam época apropriada para se materializarem na crosta terráquea ou noutros orbes mais primitivos, assim como os outros tipos exóticos que, no entanto, os compêndios humanos consideram extintos na Terra.

Se tentardes examinar todas as espécies animais da Terra e quiserdes justificar a sua existência, também haveis de perguntar porque existem o jacaré, o rinoceronte, o hipopótamo ou a sucuri. Aparentemente, não se justifica a existência desses animais, porque o homem só considera útil aquele que lhe fornece um bom bife, um churrasco no espeto ou o couro para as bolsas, sapatos e outras coisas do seu uso pessoal.

A tartaruga não parecia ser útil à humanidade terrena, mas o homem descobriu nela ótimas qualidades que, depois, terminaram elevando-a à categoria de coisa excelente criada por

Deus, pois ela lhe fornece ovos e também uma apreciável sopa requintada, nos restaurantes mais elegantes da cidade. O crocodilo que, até ao século findo, não passava de feroz sáurio inútil, reabilitou-se ultimamente, quando se pôde verificar a importância do seu couro para a feliz combinação da bolsa com o sapato e outras exigências do epicurístico capricho feminino.

Ainda existem muitos outros animais tidos por inúteis e ferozes, tais como o tigre, o leão ou o lobo, que o homem destrói a ferro e fogo, porque não possuem carne apropriada à delicadeza do paladar humano. As aves do Mundo Astral, que também parecem inúteis e ignóbeis à vossa compreensão humana, obviamente atendem a salutares objetivos ditados por Deus e que nós ignoramos.

PERGUNTA: — Então se poderá atribuir alguma função ou predicados úteis a essas aves monstruosas do Astral inferior?

ATANAGILDO: — Aqui, a Lei ainda é a mesma que rege os fenômenos da "descida" da energia e a sua consequente materialização aí no mundo físico. Embora variem os planos vibratórios, a Lei permanece imutável e original no seu determinismo criador. As coisas se transformam, aperfeiçoam e evoluem ou, então, se petrificam e estacionam no tempo. O Astral inferior é imensurável cadinho de forças agressivas e de formas em contínua ebulição renovadora, mais se assemelhando a um rústico e vigoroso laboratório situado exatamente no limiar da vida física e da existência angélica.

Esse mundo selvático e prenhe de forças prepara os elementos e as formas originais para descer ao berço primário da vida terrena, assim como, depois, drena e purifica os tóxicos mentais e psíquicos dos desencarnados enfermos, ajudando-os a se elevarem para as esferas mais formosas. É também a alfaiataria que costura as formas carnais para os espíritos que descem à matéria, assim como, no seu retorno desencarnatório, funciona como um tanque que lava e passa os seus trajes sujos. Algumas situações demasiadamente pavorosas, de retificações espirituais, lembram o efeito do nitrato de prata quando usado para cauterizações das chagas físicas.

Essas espécies gigantescas, que voejam sinistramente entre a vegetação apavorante das regiões do Astral inferior, cumprem a tétrica tarefa de "transformadores vivos" de energias deletérias do meio tão nocivo.

Aquilo que os espíritos do Senhor teriam que executar sob o mais lúgubre e heróico sacrifício, essas monstruosas aves e outros tipos de animais extravagantes executam a contento, deglutindo todas as formas de elementos perigosos e daninhos, que se produzem nas mentes enfermas e diabólicas.

No mundo físico, a minhoca, o sapo, a lagarta, e principalmente o urubu, são valiosos cooperadores da lavoura; propagam as sementeiras e destroem as substâncias corrompidas, saneando o ambiente da vida humana.

O Astral inferior que rodeia a atmosfera terráquea, como já vos lembrei, é um vasto reservatório de detritos mentais criados pela invigilância da humanidade encarnada, em perigosa simbiose com os gênios das trevas. Graças às aves e aos monstros que também vivem nessa tormentosa moradia, essas criações mentais nocivas são incessantemente devoradas, tornando-se possível, então, manter o equilíbrio necessário para o prosseguimento da vida astralina e a manutenção vital e instintiva da vida física.

PERGUNTA: — Quando penetrastes no Astral inferior, já sabíeis quais eram as funções dessas aves tenebrosas? Poderíamos conhecer quais as vossas primeiras impressões diante desse acontecimento?

ATANAGILDO: — De princípio, estremeci, surpreso, diante desses monstros, cujo vôo vampiresco aterraria o homem mais corajoso e desafiaria a mais experimentada e fleugmática visão humana. Indaguei de mim mesmo o motivo da existência dessas aves e a razão de suas horríveis formas, que bem podiam imitar as figuras de todas as estampas tenebrosas da Terra. Eu não tinha dúvida de que se tratavam de aves destinadas a um cenário infernal, cuja espantosa voracidade fazia desaparecer instantaneamente tudo que lhe caía à frente. Mas ainda ignorava sua benéfica função de gigantescos transformadores da vida nociva inferior quando dão sumiço ao lixo e às criações delituosas que provêm do caos das paixões desenfreadas da maior parte da humanidade terrena.

Essas aves devoram e transformam, nos fornos crematórios de seus avultados estômagos, as larvas, os elementais, os duendes perigosos, rebotalhos e os combustíveis repelentes que se produzem, se agregam e encorpam por efeito da projeção desregrada da mente humana na substância astral.

A Vida Além da Sepultura

324

PERGUNTA: — Existe alguma função especializada para cada tipo ou variedade dessas aves ou animais do Astral inferior na desintegração das forças e substâncias perigosas produzidas pela mente dos homens?

ATANAGILDO: — O espírito observador não tarda em identificar a sabedoria e harmonia do Criador, que mantém o equilíbrio da vida por meio das próprias formas e energias opostas.

A poesia e a utilidade caminham juntas no serviço benfeitor da criação; enquanto o beija-flor suga o néctar das flores, que é a sua iguaria predileta, o urubu faminto se serve da carniça e se torna o sanitarista do ambiente empestado. É por isso que os seres dantescos do mundo mórbido, do Astral, também variam em sua preferência nutritiva pelas formas deletérias que se produzem pelo pensamento e pelas paixões desregradas do homem. Enquanto o apetite de certas aves do Astral se satisfaz com substâncias de um tom pardo, terroso e com viscos arroxeados, produzidas pela cobiça, ciúme ou cupidez, outras preferem alimentar-se com rebotalhos repugnantes de formas negras e interceptadas de fulgores chispantes, que se criam pelas expressões violentas do ódio, da cólera e da irascibilidade dos encarnados.

Mais tarde também notei um tipo alado, muito parecido ao urubu-rei terrestre, de cabeça calva e de aspecto chocante à primeira vista, e que, depois de sua mórbida refeição, se entregava a um mover febril das asas, quedando-se depois na atitude de ave enferma. Quando posteriormente estudava as aves do Astral inferior, os preceptores me informaram que aquele tipo de ave lerda, de olhar fixo e enfermo, só devora as configurações mentais produzidas pelas almas encarnadas ou desencarnadas que também são enfermas, melancólicas e desesperançadas, principalmente as que nutrem idéias de suicídio.

Naquelas furnas e grotões aterradores, do Astral inferior, diante das expressões mais horripilantes que a imaginação humana possa criar, a mãe Terra age em favor da mais breve angelitude de seus próprios filhos. Servindo-se daqueles repulsivos "transformadores vivos", os faz operarem sob o controle da lei benfeitora para higienizar o meio e impedir o desenvolvimento das formas perniciosas e ofensivas aos seus próprios criadores humanos.

PERGUNTA: — Há zonas preferidas pelos animais ou aves do Astral inferior, assim como acontece com as espécies da Terra como, por exemplo, o urso branco prefere o pólo, o leão ama a floresta ou o tigre vive nas matas?

ATANAGILDO: — As espécies da fauna do Astral inferior, em obediência à lei específica do magnetismo mais afim aos seus tipos, sempre se conservam nas regiões ou zonas em que se depositam as substâncias mentais perniciosas de sua preferência nutritiva. Assim, há tantas variedades de animais, répteis e aves astralinas quanto seja a produção dos vários tipos de substâncias denegridas das mentes humanas. De acordo com a psicologia dos povos terrenos, cada raça representa em particular uma tendência coletiva mais elevada ou mais nociva, tudo dependendo da virtude ou da paixão predominante em seu seio. Há povos cuja índole fundamental é a ociosidade; num é a fúria belicosa; noutro é a sensualidade, a hipocrisia, a inescrupulosidade, a cupidez ou a vingança, como se fossem criaturas dominadas por uma só paixão.

PERGUNTA: — Quais são as formas elementais repulsivas, preferidas por aqueles caprinos de que falastes há pouco?

ATANAGILDO: — Certa vez foi-me dado encontrar esses repelentes caprinos aglomerados exatamente nos lugares e zonas astrais do vosso país onde mais praticam as orgias lúbricas, as festividades licenciosas e se alimentam os vícios que mais deprimem a conduta sexual humana. Eles devoravam dantescamente certas emanações larvais de uma forte cor rosa escuro e sujas, bastante salpicadas de tons vermelhos, que formavam nódoas violáceas sobre um fundo de sangue pisado. Eram formas exóticas que fluíam incessantemente, parecidas a baforadas lerdas de fumo, assumindo configurações aracnídeas, que se moviam de modo grotesco e se fragmentavam novamente, curvando-se nas pontas como ganchos ameaçadores e retorcidos. Algumas vezes mais se pareciam a gigantescas amebas munidas de pés que se torciam em movimentos espasmódicos, enroscando-se sobre si mesmas, para depois se adelgaçarem sob um invisível comando de pervertida sensualidade, que fluía das mentes humanas para a intimidade do Mundo Astral. Sob o dinamismo ativado pelas ondas de pensamentos e desejos torpes dos desencarnados, ainda surgiam outras formas gelatinosas, que se tornavam repasto predileto para os caprinos astrais, pois sua alimentação preferida é baseada nas emanações psíquicas mentais da luxúria e da perversão das funções criadoras da humanidade.

A Vida Além da Sepultura

Esclarecimentos de Ramatís

25. A obsessão. Suas causas e efeitos

PERGUNTA: — Não há exagero na afirmativa de que as criaturas vítimas de alienação mental não passam, em sua maioria, de obsidiadas por espíritos maus?

RAMATÍS: — Uma das questões mais dolorosas e de difícil solução para os espíritos benfeitores é justamente a referente à obsessão, pois não há número suficiente de espíritos adestrados para solucionar completamente esse problema tão complexo. A humanidade terrícola, por vez, aumenta assustadoramente as oportunidades delituosas, o que ainda auxilia a execranda atividade obsessora das entidades trevosas, sobre a Crosta.

Não há exagero em se afirmar que a maior porcentagem de alienações, no mundo terreno, ainda é fruto das forças destrutivas e obsessoras, muitíssimo favorecidas pelo descaso evangélico do próprio homem. Afora os casos naturais, de lesões cerebrais, todas as alienações de ordem mental se originam diretamente do desequilíbrio da própria alma. Toda alma desequilibrada se torna um repasto fácil para os desencarnados viciosos e vingativos, que agem ardilosamente do Astral inferior.

Os obsessores tanto agem por sua conta própria, exercendo suas vinganças e explorando os incautos terrenos, como também desempenham encargos e "missões" vingativas, em serviço alheio, aceitando a função execrável de instrumentos de desforras de outros. Esses espíritos malfeitores revezam-se em suas próprias crueldades e vinganças, num trabalho recíproco, organizado e incessante, que exercem do Além sobre os encarnados, contra os quais tramam as mais hábeis artimanhas diabólicas, através da orientação técnica e experimentação dos veteranos.

PERGUNTA: — Por que há falta de espíritos capacitados para atender aos casos de obsessões? Porventura, seria preciso no Astral algum curso especializado ou de preparo técnico para o êxito desse mister?

RAMATÍS: — Se as próprias organizações diabólicas, do Astral inferior, disciplinam a sua ação nefasta e possuem cursos que ministram ensinamentos astuciosos, preparando espíritos sagazes para o domínio e a exploração das criaturas débeis de vontade e escravas das paixões animais, por que o serviço do bem, que ainda é mais complexo e delicado, também não deveria possuir as suas instituições adequadas, para melhor êxito de sua ação?

PERGUNTA: — Esses cursos supervisionados pelos espíritos benfeitores são algo parecidos com os sistemas ou métodos usados nas escolas terrenas? Poderíeis nos dar algum esclarecimento a respeito?

RAMATÍS: — São cursos de estudos inteligentíssimos e incessantemente progressivos, baseados no conhecimento avançado da anatomia e fisiologia do corpo humano e sobre as mais sutis manifestações do sistema nervoso e endócrino, a fim de se conhecerem todas as vulnerabilidades e os efeitos orgânicos que resultam nas vítimas das obsessões. Os espíritos que se devotam à cura de obsidiados tanto precisam conhecer a natureza das emissões magnéticas que podem beneficiar as vítimas das obsessões, como também as energias venenosas produzidas por esse processo vil durante o mórbido entrelaçamento entre o cérebro perispiritual e o cérebro físico.

Esses cursos, esquematizados por geniais cientistas siderais, requerem almas corajosas e de vontade bastante desenvolvida, que aliem ainda a estas qualidades excepcionais os mais elevados sentimentos de bondade, tolerância, e pureza de intenções. Em face dessas exigências fundamentais, torna-se dificílimo conseguir-se o número suficiente de equipes especializadas para neutralizar definitivamente a nefasta ação dos espíritos vingativos sobre os encarnados. É serviço de vulto, que já teria desanimado completamente outras criaturas que não possuíssem o heroísmo e a perseverança das almas benfeitoras das comunidades superiores. Quase nada se pode fazer quando tanto os desencarnados como os próprios encarnados se enleiam perigosamente nas malhas de suas paixões denegridas, permanecendo durante séculos a se vingarem reciprocamente, manietados à mútua expiação obsessiva e atravessando existência por existência nessa dolorosa e execrável flagelação. E assim o detestável círculo vicioso prossegue; ora, os que assumem a figura de algozes e vingadores exploram suas vítimas, certos de sua desforra, ora, estas se compensam sugando até a última gota as forças vitais e psíquicas dos desafetos do passado.

PERGUNTA: — Mas se houvesse número suficiente de técnicos ou de servidores para atender aos casos de obsessões, solucionar-se-ia imediatamente esse problema tão doloroso, no Além?

RAMATÍS: — Ele não seria solucionado de modo tão rápido, porque muitas das vítimas e dos algozes, que se acham mútua e obsessivamente enredados pelos laços do ódio e da vingança, ainda requerem alguns lustros para que então se efetue a sua libertação espiritual. Embora a Lei Cármica — que disciplina todas as ações de causa e efeito para a Ventura Espiritual — tenha uma técnica e seja um processo inflexível na sua execução, são as próprias almas culposas que marcam realmente o seu tempo de funcionamento para a devida retificação psíquica. É de lei sideral que, aquilo que for atado na Terra, também nesta deverá ser desatado.

Os mentores e os técnicos espirituais não podem intervir e violentar drasticamente esse círculo vicioso de mútua obsessão entre os terrícolas, ainda incapazes da humildade e do perdão e que o reforçam com a vaidade, o orgulho, o ódio, a crueldade e a vingança, distanciados, como estão, da terapêutica evangélica criada por Jesus. Considerando-se que o obsessor e o obsidiado são dois enfermos que se digladiam mutuamente em terrível crise de amargura gerada pelo ódio ou pela vingança, é óbvio que o tratamento mais eficaz exige que sejam drenados os tóxi-

A Vida Além da Sepultura

329

cos que lhes corroem a intimidade psíquica, para que depois se possa substituí-los pelo bálsamo abençoado que provém do amor e do perdão.

PERGUNTA: — Mas já temos comprovado algumas curas de obsessões, graças a trabalhos realizados por falanges de silvícolas e africanos, que empregam para esse fim um sistema vigoroso e decididamente corretivo. Em alguns casos, apenas pela realização de dois ou três desses trabalhos, foram afastados obsessores renitentes que, havia alguns anos, desafiavam os recursos comuns das doutrinações. O aproveitamento dessas "tropas de choque", no Além, não poderia resolver a maior parte dos casos de obsessões, reduzindo a vultosidade de tão angustioso e complexo problema?

RAMATÍS: — É prematura qualquer intervenção compulsória no mecanismo da obsessão, sem que haja sido iniciada a reforma íntima e espiritual, ou do obsessor ou do obsidiado, pois isso seria o mesmo que tentar afastar as moscas de um prato com mel que está ao seu alcance. A retirada obrigatória do espírito obsessor, de junto de sua vítima, não resolve problemas obscuros, cujas raízes podem estar fixadas há muitos séculos, num passado repleto de tropelias e crueldades recíprocas. Esse processo mais se assemelha ao efeito da injeção calmante no corpo físico, que pode contemporizar o efeito doloroso, mas não soluciona a causa oculta da enfermidade. Em todas as comunidades do Além, que se dedicam às tarefas benfeitoras de cura e tratamento desobsessivo, só se emprega uma "técnica espiritual": o despertamento incondicional do Amor.

Seguindo os passos e o exemplo de Jesus, que se entregou até em holocausto na cruz torturante, também cuidamos de curar todos os sofrimentos cruciantes das almas embrutecidas aplicando-lhes a mesma terapêutica do amor incondicional, que é capaz de conquistar os corações mais empedernidos. O amor não se impõe pelo palavreado rebuscado nem pelo gesto compungido; para ser profundo, há de ser sentido e ofertado vivamente pela angústia de servir, pois não sendo assim desintegra-se na crosta dos corações duros.

PERGUNTA: — Sob a vossa opinião pessoal, qual seria o processo mais eficiente para o tratamento da obsessão?

RAMATÍS: — Os mentores espirituais de alta experimentação sideral acham que só existe uma solução lógica e sensata para esse acontecimento confrangedor: converter simultaneamente o obsessor e o obsidiado aos postulados amorosos do Cristo. Como já disse, pouco adianta afastar espíritos perseguidores e impedi-los de se aproximarem de suas vítimas, pois esse processo violenta, mas não soluciona a execução da lei de "causa e efeito"; a solução do problema fica em suspenso e, sem ela, a "enfermidade" espiritual voltará da mesma forma como voltam as moscas às feridas logo depois de enxotadas. Em breve, obsidiado e obsessor envolver-se-ão novamente, através dos velhos laços do ódio insatisfeito e ainda superexcitados pelo desencarnado, enquanto o perseguido também vibra contra o seu algoz das sombras. A cura requer o desatamento espontâneo das algemas que os prendem há longo tempo, e isso só será possível pela força do perdão e da humildade.

PERGUNTA: — Quais são os tipos de instituições que conheceis no Espaço como responsáveis pelo aprendizado e preparo de espíritos destinados a atender os casos de obsessões?

RAMATÍS: — Os cursos especializados para se atenderem aos casos graves de obsessões e fascinação do encarnado funcionam quase sempre nos departamentos de auxílio espiritual, localizados no seio das instituições reencarnatórias. Futuramente, os psiquiatras da Terra poderão também aplicar grande parte dos tratamentos espirituais ministrados no Espaço, quando se convencerem de que os principais fundamentos da cura psíquica são os ensinamentos evangélicos de Jesus — na realidade, o verdadeiro Médico da Alma.

Os estabelecimentos de tratamento de psicopatias, situados na Terra, falham consideravelmente nos seus tratamentos clássicos, porque pretendem solucionar problemas emotivos — que se enraízam na concha do coração e algemam as forças do espírito —, usando dos recursos draconianos da terapêutica indistinta à base de eletricidade ou de hormônios. É certo que os choques elétricos ou as intervenções medicamentosas violentas conseguem, às vezes, sustar a marcha da loucura ou manter algo desperto o enfermo, pois o processo superativa temporariamente as células cansadas. Mas o problema secular ou milenário da enfermidade espiritual há de continuar a desafiar esses recursos, uma vez que, apenas contemporiza, mas não se soluciona a

A Vida Além da Sepultura

situação. A aplicação de choques consegue proporcionar alguns momentos de razão ao obsidiado ou protelar a crise fatal, pelo despertamento súbito das células cerebrais e pela trepidação do sistema nervoso, que então se desoprime da ação obsessiva do perseguidor oculto nas sombras do Além. Mas isso não conseguirá impedir que, logo depois, ou ainda mesmo em futura encarnação, o espírito enfermo passe a reproduzir novamente os mesmos sintomas ou efeitos mórbidos. O asilo de doidos, na Terra, ainda desconhece que, acima da terapêutica química ou técnica do mundo material, há um tratamento mais eficiente e miraculoso, que é a transfusão do amor.

Por isso, nos cursos de cura de obsessões, que funcionam nas comunidades astrais, embora os alunos se devotem a avançado conhecimento psicológico espiritual e cientificamente transcendental, primeiramente cuidam de todos os anelos superiores do sentimento do espírito imortal, para que o êxito da cura das enfermidades psíquicas seja melhor conseguida pela terapia elevada do Amor.

PERGUNTA: — É evidente que o mais obstinado em manter esse círculo vicioso é sempre o obsessor livre no Astral; não é assim? Não lhe cumpria ceder em primeiro lugar, uma vez que está ciente da imortalidade e das futuras consequências de seus atos?

RAMATÍS: — Nem todos os obsessores têm consciência de suas tarefas nefandas ou vinganças impiedosas; muitos deles não passam, também, de loucos ou desesperados, que se agarram vigorosamente à vítima indefesa, como o parasita adere ao caule da árvore em crescimento, atendendo ao sagrado direito de tentar a sua sobrevivência. A esses espíritos é melhor que seja dado o tratamento do amor e da ternura espiritual, aliviando as suas dores acerbas e as torturas psíquicas, muito antes de se pretender enxotá-los de junto dos invigilantes encarnados que os atraem continuamente pelos seus próprios vícios e ociosidade espiritual. Algoz e vítima, ambos doentes, pedem a mesma medicação que o Sublime Jesus receitou sem rebuços: "Faze aos outros o que queres que te façam!"

PERGUNTA: — Como poderíamos compreender mais claramente esse roteiro de estudos, estabelecidos pelos cientistas siderais no Além, para o serviço de cura de obsessões?

RAMATÍS: — Os seus quadros didáticos, com as suas complexas experimentações, escapam ainda à leitura comum e exigiriam exaustivo compêndio para o vosso conhecimento, e com isso ultrapassaríamos o tempo e os objetivos destas singelas comunicações. Já há na Terra uma literatura mediúnica que fornece elucidações a respeito e indica as preliminares mais eficientes para a solução desses problemas, habilitando-vos incessante e progressivamente a conhecer como devem ser encarados. Por isso, não desejamos parafrasear ou repetir aquilo que já vos foi dito mediunicamente, com mais eficiência e clareza de exposição.

Os espiritualistas encarnados que pretenderem lograr êxito na solução dos casos de obsessão precisam conhecer melhor os principais sistemas orgânicos que constituem o corpo físico, bem assim se especializar no conhecimento da complexa fisiologia do perispírito. É necessário que se investiguem atenciosamente todos os fenômenos que, durante as obsessões, provocam a desarmonia entre o veículo físico e o perispírito. Na possessão completa, em que o algoz e a vítima se entrelaçam por meio de inextricável rede fluídica, construindo a ponte ou elo responsável pela troca recíproca de sentimentos, emoções, pensamentos e impulsos psicológicos, não basta localizar o acontecimento apenas no quadro patológico da obsessão já conhecida, mas é preciso que sejam identificadas perfeitamente as inúmeras sutilidades e diferenças psíquicas pessoais, que variam sempre de caso para caso, embora aparentemente semelhantes entre si.

Cada processo de obsessão apresenta um conjunto de manifestações individuais distintas, porquanto cada alma é um mundo à parte, oferecendo reações diferentes entre todos os espíritos. Daí, pois, a necessidade de se aliar ao sentimento amoroso, fundamental, o conhecimento científico, embora na cura espiritual o "saber" ou a "técnica no agir" sejam fatores secundários ao "sentir", que encerra a técnica de amar e servir.

PERGUNTA: — A fim de que pudéssemos comprovar o que afirmam algumas leituras mediúnicas, valendo-nos das indagações que temos feito sobre o assunto, gostaríamos de saber se o estudo científico da obsessão no Mundo Astral apresenta melhor resultado quando feito por espíritos que foram médicos na Terra. Poderíeis atender-nos?

A Vida Além da Sepultura

RAMATÍS: — Evidentemente, os melhores trabalhadores que no Mundo Astral se dedicam ao tratamento da obsessão são justamente aqueles que ainda conseguem unir os seus elevados sentimentos ao tirocínio médico sensato, que cultivaram com devotamento na Terra. Em virtude dos seus conhecimentos avançados de anatomia e fisiologia carnal, eles encontram maiores facilidades para estudar as "contrapartes" etéricas do perispírito e das matrizes astrais do corpo humano. O cérebro de carne, que comanda as funções do organismo físico, não passa de uma cópia bem acanhada do cérebro do perispírito, que é o verdadeiro responsável pelo admirável mecanismo das operações mentais.

Embora o "duplo", ou seja, a cópia ou a duplicata perispiritual do cérebro físico funcione em outro campo vibratório sutilíssimo, como o é o Mundo Astral dos desencarnados, ele possui contornos e detalhes ainda mais perfeitos e preciosos que os do cérebro do homem encarnado. Por isso, o médico ou o homem que conhece satisfatoriamente a anatomia e fisiologia do corpo humano se integra com mais facilidade nos cursos de anatomia perispiritual, tornando-se mais competente para operar e servir no campo das obsessões.

O cérebro do perispírito, embora estruturado com substância sutil, também se apresenta com os dois hemisférios característicos e sulcados pelas circunvoluções tradicionais configuradas pelos lobos, convenientemente separados entre as fissuras da massa encefálica. Mesmo o seu mecanismo orgânico, no plano "etéreo-astral", guarda grande identidade com a própria função dos centros motores, descrita nos compêndios humanos, no tocante ao cérebro físico. Mas a supremacia excepcional do cérebro do perispírito consiste em que, à semelhança de complexo aparelhamento elétrico, jamais conhecido pelos olhos humanos, ele se transforma em verdadeira usina de força radiante, controlando as mais complexas operações exercidas pelo espírito e emitindo sinais luminosos, que variam tanto de zona para zona, como de lobo para lobo.

São bem grandes as diferenças do potencial radiante das criaturas humanas: enquanto as almas mentalmente evoluídas emitem fulgurações luminosas nos lobos frontais, as desprovidas do conhecimento espiritual se tingem de sombras em torno da importante região frontal. Por meio de seu cérebro maravilhoso, talhado na substância astral e muito mais complexo e eficiente do que a sua cópia física, o espírito dirige e controla o seu perispírito, harmonizando o seu funcionamento de acordo com a qualidade dos seus pensamentos. Quando estes são elevados, realçam a luminosidade dos centros criadores mentais, mas, quando de desregramento ou irritação, submergem a fronte diáfana na fuligem sombria das energias animalizadas. O cérebro do perispírito lembra, também, o automatismo do cérebro físico no seu comando de todas as operações instintivas, que se subordinam às atividades do subconsciente e são produtos de esforço milenário da evolução do homem.

Em face de sua complexidade e pelo fato de sobreviver à dissolução do cérebro de carne, é sempre o instrumento mais lesado em qualquer acontecimento psíquico daninho, e por esse motivo exige que o estudem em cursos disciplinados no Mundo Astral, a fim de que se possa dar solução inteligente e definitiva aos processos obsessivos de que é vítima. Esses cursos assemelham-se um tanto aos que são exigidos para os especialistas, nas instituições médicas da Terra, que só aceitam membros credenciados em cursos especiais, variando apenas quanto à exigência dos mais elevados sentimentos evangélicos, como base terapêutica principal para cura de obsidiados e conversão de obsessores.

PERGUNTA: — Gostaríamos de receber mais algumas explicações sobre a verdadeira natureza do cérebro perispiritual, pois estamos acostumados com a ideia de que é bastante possuir-se um cérebro sadio para também se gozar de faculdades mentais perfeitas. Estamos equivocados?

RAMATÍS: — É evidente que já haveis compreendido, através dos estudos espirituais, que o corpo físico é o "efeito" e não a "causa" da vida psíquica; em rude exemplo, podeis compará-lo a um encorpado "mata-borrão", capaz de absorver todas as substâncias exaladas pelo psiquismo do espírito encarnado. Do mesmo modo, a natureza das manifestações do corpo carnal depende fundamentalmente das funções do perispírito, pois este é realmente o verdadeiro molde ou o plasmador da configuração do organismo físico.

Em verdade, o perispírito suporta simultaneamente a carga da vida humana em dois planos diferentes: o físico e o Astral, embora ambos estejam profundamente interpenetrados, tanto

A Vida Além da Sepultura

335

em sua origem como na produção de seus fenômenos. É veículo preexistente ao nascimento e que pelo fato de sobreviver à morte do corpo físico, é dotado de um energismo e produção vital muito intensos, que se disciplinam sob o seu inteligente automatismo milenário. É o equipo mais completo e valioso do ser humano, significando a sua veste indestrutível e o seu arquivo inalterável, onde se conserva toda a memória da alma, acumulada no pretérito.

As células nervosas do corpo físico, além de suas propriedades e manifestações objetivas, são núcleos sobrecarregados de eletricidade inteligentemente armazenada pelo perispírito. Os neurônios não servem unicamente para atender o curso das sensações exteriores, mas são também responsáveis pelas mensagens que os neurônios perispirituais lhes transmitem, como fruto das impressões internas enviadas pela consciência do espírito. Se são complexos os elementos físicos classificados pela ciência e que no cérebro carnal funcionam à semelhança de interruptores, fusíveis, condutores, condensadores e osciladores constituídos pelos "plexos", agrupamentos de gânglios nervosos e filamentos neurocerebrais na área do sistema nervoso, muito mais importantes e complexos são eles quando se referem ao cérebro do perispírito. Este significa admirável estação radiofônica, submissa ao serviço da mente, e ativada por indestrutível potencial de energias, ondas e emissões da mais alta frequência vibratória, o que presentemente ainda é inacessível mesmo à mais avançada instrumentação científica.

É central elétrica, funcionando entre o plano invisível e o material, atendendo às mensagens que são captadas no campo da vida física e expedindo as sugestões provindas do mundo interior do espírito. Daí os múltiplos problemas complexos e dolorosos que oferecem os infindáveis casos de obsessões e fascinações, pois, durante a execrável função obsessiva e a troca de poderosas energias magnéticas subvertidas, fica lesado o maravilhoso patrimônio do cérebro perispiritual, tornando-se infeliz depósito de venenos produzidos pela mente satanizada e o odioso desejo de vingança.

É por isso que nas instituições astrais, devotadas ao serviço de desobsessão, estuda-se o assunto desde a mais diminuta interferência mental, que varia potencialmente em cada obsessor quando atua sobre a região cérebro-nervosa de suas vítimas.

Na realidade, o cérebro do obsessor casa-se ao cérebro da vítima, sob o efeito da mais degradante simbiose, e, por isso, o tempo de cura varia para cada caso, tanto quanto tenha sido a intensidade vibratória da influência maligna produzida pelo entrelaçamento dos perispíritos do algoz e do obsidiado.

PERGUNTA: — Como nos informastes que os espíritos devotados às tarefas de desobsessão devem conhecer satisfatoriamente os segredos da psicologia humana, perguntamos: não basta o conhecimento técnico do perispírito para se dispensar a necessidade de pesquisa do fator psicológico?

RAMATÍS: — Se até os próprios espíritos malfeitores, do Astral inferior, criam cursos de psicologia humana para se tornarem exímios identificadores das vulnerabilidades dos encarnados, seria bastante incoerente que os benfeitores espirituais desprezassem tal recurso, optando só pela técnica e pelo cientificismo das relações do perispírito com o corpo físico. Trata-se de valioso e apurado estudo, imprescindível ao trabalho desobsessivo, para melhor se apurarem os sintomas psicológicos negativos, afins às manifestações da preguiça, cupidez, vaidade, orgulho, avareza, luxúria, ciúme, crueldade ou hipocrisia, que ainda se conjugam perigosamente ao cabedal de vícios, que completa a escravidão do ser humano ao pelourinho de sua própria desgraça.

Servindo-se desse potencial de forças negativas do homem encarnado, os perseguidores das sombras operam com êxito e formam elos favoráveis para servir de algemas lançadas do mundo invisível sobre o mundo carnal. Normalmente, o homem obsidiado é a criatura que amplia os seus defeitos ou um vício de origem que já dormitava potencialmente na sua intimidade psíquica e que eclode voluptuosamente sob o convite e desejos subvertidos do comando mefistofélico dos espíritos obsessores.

O vocábulo "obsidiado" encerra uma definição de sentido mais amplo, pois também define que já se encontra dominado por um desejo veemente, uma ideia fixa, ou é vítima de impulsos violentos e incontroláveis. O estado obsessivo pode ser proveniente da angústia implacável do homem para obter a todo custo um cargo público, um posto de destaque nas esferas sociais ou artísticas, da cupidez insofreável pelo prestígio político, a cegueira pela fortuna fácil ou a escravidão a uma paixão indomável. O desgoverno psíquico, a teimosia incessante para se

A Vida Além da Sepultura

possuir algo a qualquer preço, também cria o estado obsessivo, diferindo apenas da obsessão espiritual pelo fato de que são os objetos, as ambições ou as sensações mundanas ou desagradáveis que então são tomadas como entidades obsessoras, até que, por fim, se forma o alicerce tão desejado para a eficiente e solerte investida dos perseguidores e gozadores das sombras.

PERGUNTA: — Poderíeis nos dar algum esclarecimento mais objetivo do assunto?

RAMATÍS: — Que é o fumante inveterado senão o obsidiado pelo fumo, o alcoólatra pelo álcool e o transviado pelos entorpecentes? Há mulheres que exaurem as rendas copiosas dos seus esposos para o culto exagerado e obsidiante do luxo e da vaidade pessoal; certos homens extinguem a própria fortuna obsidiados pelo amor-próprio ou pelo desejo de ganhar alguma ação judicial impetrada por qualquer banalidade ofensiva às suas convicções de honra e tradição de família. Criaturas fortes, sadias e libertas de preocupações aceitam o jugo obsessivo da preguiça, esquecidas de empreender movimentos que dinamizem a alma no socorro à infelicidade alheia; homens sensuais cercam-se de bens, mas colocam a fortuna à disposição do prazer genésico, esquecidos de que, se só atendem às exigências do corpo, atrofiam a vitalidade psíquica.

Que é tudo isso, senão várias formas de auto-obsessão, que oferecem ótimos ensejos para que os malfeitores das trevas operem com êxito sobre infelizes que já perderam a sua liberdade e passam a viver algemados às suas próprias criações mentais fascinantes.

PERGUNTA: — Não poderia ser dispensado, nos cursos de desobsessão mantidos no Espaço, aquele estudo psicológico que dizeis ser tão necessário aos espíritos que os frequentam, considerando-se que todos eles devem ser capazes de ler os pensamentos dos obsidiados e obsessores, conforme no-lo informam certas obras de excelente origem mediúnica?

RAMATÍS: — Se assim fosse, também não haveria necessidade de que os espíritos diabólicos, das sombras, frequentassem cursos de psicologia humana para rebuscar as válvulas das debilidades espirituais das futuras vítimas de suas torpezas e vampirismos. Inúmeras contradições e sutilidades psíquicas, que escapam à percepção do espírito encarnado, os astutos das trevas conseguem explorar tão sorrateiramente, que só depois da sua desencarnação é que se consegue avaliar com indizível espanto o seu trabalho. Trata-se de estados íntimos tão dissimulados no recesso do psiquismo humano, que somente não os ignora o homem dotado de profundo senso de autocrítica espiritual muito aguçada.

O homem terreno, pela sua grande ignorância espiritual, ainda é muito influenciado pelo meio em que habita e ao qual se apega com excessivo prejuízo para sua futura libertação. Ele vive no cenário da Terra algo hipnotizado pelos seus interesses egocêntricos e paixões violentas; encarcera-se nas grades das prisões econômicas para cercar-se de bens que terá de abandonar à beira do túmulo, ao mesmo tempo que fica algemado ao sentimentalismo que o liga egoisticamente à parentela consanguínea. Raras criaturas se decidem pelo reino do Cristo, tentando se libertar das formas do mundo material e reconhecer que a verdadeira família é constituída por toda a humanidade.

E, como o homem terreno ainda possui em sua estrutura psíquica fragmentos de todos os vícios e vulnerabilidades perigosas provindas da sua herança animal, fragilmente reprimidas pelas leis sociais, torna-se um débil instrumento que, habilmente explorado, pode materializar na Crosta a vontade pervertida dos espíritos inferiores.

PERGUNTA: — Que ideia poderíamos fazer desses "cursos" de psicologia humana frequentados pelos espíritos das sombras?

RAMATÍS: — Os comandos das trevas realizam estudos minuciosos sobre as tendências prejudiciais humanas, pesquisando as vontades fracas e procurando os escravos dos preconceitos e convenções mundanas, para depois vampirizá-los em sua vitalidade psíquica. Muitas vezes eles organizam cuidadosos relatórios das prováveis vítimas a serem obsidiadas, examinando todas as suas reações nos campos de sua manifestação física e natureza moral de suas reflexões inferiores. Assim não lhes custa muito descobrir um desejo mais vigoroso ou imprudente, que possa servir como um "detonador psíquico" procurado para a concretização dos seus objetivos sombrios. Esse desejo muitas vezes palpita como um ideal oculto no âmago da futura vítima, podendo ser uma ansiedade permanente por algum objetivo de auto-exaltação perigosa na esfera social, política ou no coman-

A Vida Além da Sepultura

do na vida, disfarçando talvez uma vaidade exuberante ou um orgulho implacável.

É algo persistente que domina pouco a pouco a criatura e supera todos os demais desejos e objetivos acidentais; desenvolve-se sub-repticiamente, à revelia do seu próprio portador. Quantos tiranos, caudilhos, magnatas desonestos e vultos atrabiliários da história viram-se alçados rapidamente às posições mais perigosas ou prestigiosas do mundo, apenas porque descobriram a sua força e o seu desejo vigoroso oculto no subjetivismo da alma e os atiçaram à medida que se formava o clima eletivo para a sua eclosão definitiva.

PERGUNTA: — De que modo atuam os obsessores à procura desse desejo fundamental em cada criatura vítima de sua atenção malévola?

RAMATÍS: — Os magos das sombras procuram conhecer o tipo do predominante desejo de cada criatura e a probabilidade de lhes servir como ponto de apoio para suas maquinações diabólicas ou desforras cruéis; examinam e distinguem, pouco a pouco, todos os pensamentos que inconscientemente podem ser produzidos por esse desejo oculto e ainda ignorado da própria vítima. Auscultam-na por meio de todos os seus empreendimentos e relações, assim como lhe proporcionam toda sorte de oportunidades e contatos com outras criaturas que possam atuar na mesma faixa vibratória e superexcitar aquele desejo oculto, até conseguirem a sua eclosão no mundo exterior.

A vítima vai despertando lentamente ao tomar conhecimento objetivo de sua excitação íntima que, embora vaga, é uma força condutora tentando orientar-lhe os passos para algum ideal, realização ou programa absolutamente afim à sua índole. Muitas vezes o passado influi vigorosamente na fixação do "desejo central", pois ainda vive na intimidade do indivíduo o eco das glórias faustosas, a força ardente das paixões calorosas ou então um certo gozo, que é um prolongamento da prepotência e do comando tirânico de outrora sobre os homens. Quando o espírito já alimenta propósitos melhores na atual existência, mas ainda é alvo do interesse das sombras — para que não repila com veemência o seu "desejo central", que pode se chocar com a moral já condicionada aos seus projetos — os obsessores buscam enfraquecer-lhe as defesas, criando ensejos de gozos e facilidades, que de início não passam de atrações algo inofensivas e, quando muito, leves pecadinhos comuns a toda a humanidade.

E assim armam perigosa equação do seu senso psicológico comum, abrindo-lhe brechas cada vez maiores e que a criatura subestima porque a sutileza e capacidade do invisível não a deixam aquilatar a proporção de prejuízo ético e o aviltamento moral que pesa sobre os seus hipnotizados. É o caso de certas criaturas que iniciam inocente jogatina no lar, sem interesse utilitarista ou intenção subversiva, mas gradativamente se condicionam ao vício, sem se aperceber disso. De um simples "passatempo" inofensivo e enquadrado na moral das criaturas, nasce a paixão viciosa pela ilusão das cartas, que pouco a pouco lhes rouba o senso do comando consciente e produz a superexcitação da febre do jogo, capaz de levá-las aos piores desatinos. Mas a queda pode ser de modo tão milimétrico e despercebido, que as vítimas da paixão do jogo não avaliam a metragem que já percorreram na descida de um abismo que já as separou da ética moral que lhes servia de garantia espiritual e sensata no mundo. Muitas ainda se zangam se alguém as adverte do extremismo perigoso em que já podem se encontrar, corroborando o velho ditado de que "o pior cego é o que não quer ver".

Igual processo se efetua, sob a direção dos espíritos malfeitores, sobre aquele que eles pretendem fascinar para conseguir as suas realizações diabólicas; ativam-lhe o "desejo central" inferior, que identificam no âmago do encarnado, dando-lhe força e excitando-lhe a imaginação, num processo gradativo e incessante, que muito lembra a marcha progressiva da hipnose. Então esse "desejo central" vai aflorando à consciência desperta da vítima, pintando-lhe quadros de realizações agradáveis e possibilidades grandiosas e avivando-lhe o campo emotivo sob perigoso narcisismo, até que o trabalho das trevas consiga alimentar no terreno da alma a grande paixão oculta, que será doravante o motivo da fanática sedução. Essa paixão será então o "centro hipnótico" ou o "ponto hipnótico" maligno, que absorverá toda a atenção do obsidiado e, enquanto isso, os obsessores se apossam do seu sistema nervoso e coordenam o seu campo intuitivo, para então levá-lo a servir-lhes de instrumento vivo de suas maquinações perigosas. Em verdade, os trevosos nada mais fazem do que explorar qualquer paixão, vício ou capciosidade oculta da criatura, que na forma de "desejo central" predominante seja o mais indicado para o cultivo na forma de paixão incontrolável.

A Vida Além da Sepultura

PERGUNTA: — Em face da complexidade do assunto, rogamos-vos mais alguns esclarecimentos sobre a natureza desse "desejo central", que serve de base tão sólida para o êxito das obsessões. Poderíeis atender-nos?

RAMATÍS: — Esse desejo corresponde a uma força passional oculta, de forte exaltação psíquica, resultante de todas as energias consequentes da experimentação milenária da consciência. É conquista que funde num só campo de forças tudo o que a alma experimentou e absorveu no trato energético com o mundo exterior. Figura no âmago da consciência como sua finalidade mais importante, que supera todos os demais desejos e ações que não vibram com esse "desejo central". Mas ele tanto pode ser o fruto de más raízes, que a consciência espiritual lançou para o fundo do seu psiquismo, como pode ser também um oceano de energias represadas que, ao romperem as suas comportas, podem acender as mais sublimes luzes messiânicas a favor da humanidade.

No subjetivismo do ser, esse desejo vai fazendo a sua investida lenta, mas tenaz, porque não é força estável, mas sim energia inquieta à procura de expansão e domínio. Em alguns seres, a sua eclosão pode cessar quando atingidas as bordas da vaidade pessoal em consequência de posses econômicas ou posições sociais comuns à vida epicurística, quiçá no orgulho pessoal dos cargos e gloríolas políticas, embora sem grandes expansões notórias. Em outros, porém, é força perigosa que, ao eclodir, transforma as instituições clássicas do mundo e subverte as leis tradicionais, impondo programas tirânicos, o fausto, ou a rapinagem que sacrificam o gênero humano.

Mas na alma superior, o "desejo central", embora ainda indefinido, expande-se como um potencial de reservas abençoadas e produz as grandes renúncias e os iluminados guias da humanidade. Francisco de Assis, quando sentiu aflorar a força íntima do seu "desejo central", consumiu-se no desempenho do serviço amoroso aos infelizes; Jesus, dominado pelo mesmo impulso oculto, transformou-se num vibrante instrumento vivo de heroísmo e amor, cujo potencial energético exsudou-se em torno da cruz do martírio, a favor da felicidade do homem. O "desejo central" desses sublimes seres recebeu o alento das hierarquias angélicas, enquanto que, nos grandes tiranos ou flagelos da humanidade, o alento partiu do poder das trevas.

PERGUNTA: — Ser-vos-ia possível dar-nos alguns exemplos objetivos do que dizeis?

RAMATÍS: — Quais seriam os "desejos centrais", que palpitavam no âmago do modesto jornalista chamado Benito Mussolini e do apagado ajudante de cozinha denominado Adolf Hitler, quando ainda não passavam de criaturas desconhecidas do mundo. Embora ainda ignorassem, no seu subjetivismo, a existência de um "desejo central" predominante sobre os demais desejos e manifestações menores da alma, indiscutivelmente esse desejo era o de conquistar o mundo! E isso se comprova facilmente, pois, assim que se formou neles o clima psicológico favorável à sua eclosão, foi justamente o "desejo central" de conquista e domínio do mundo que os obsidiou definitivamente. Os espíritos diabólicos que procuravam almas simpáticas, a fim de levar à guerra o mundo terreno e mantê-lo submisso às suas influências, fazendo dele um campo subversivo para a sua nutrição desregrada, anotaram, protegeram e estimularam o perigoso "desejo central" de Hitler, Mussolini e outros, conseguindo transformar essas criaturas em turbulentos instrumentos da última hecatombe mundial.

É provável que, durante a sua mocidade, os planos de prepotência desses homens não fossem além da invasão da propriedade do vizinho, coisa já identificável no seu "desejo central", mas os gênios das sombras puderam ampliar a área de ação desses súditos simpáticos, conseguindo lançá-los à estratégia e à rapinagem sobre as terras dos países vizinhos. À medida que os espíritos malfeitores iam criando neles o clima favorável para a preponderância do seu "desejo central", também solapavam a sua resistência moral condicionada no mundo, até poderem cegá-los pela sua paixão de conquista, tornando-se êmulos dos grandes assaltantes da História. Feito isso, foi-lhes fácil extinguir todos os seus últimos escrúpulos, pois em breve invertiam os conceitos do Direito humano e das leis pacíficas, substituindo-os por uma legislação à base de canhões e bombas homicidas.

E quando a força oculta, que lhes modelava todos os gestos e planos, veio completamente à tona, rompendo todas as barreiras de ética e bondade, o modesto cabo do exército alemão se transformou em "Fuhrer" e o inquieto jornalista se travestiu de "Duce". Na realidade, era o próprio "desejo central" que adquiria personalidade e viera se manifestar à luz do ambiente material. Os comandos das sombras puderam exultar pela

A Vida Além da Sepultura

sua astuciosa realização e pelo êxito infernal, pois, exumado o "desejo central" subversivo daqueles marionetes vivos, puderam produzir a brecha inicial e dar vazão à enxurrada sangrenta, que também passou a ser alimentada por outras almas vibrando em simpatia com as Trevas. Alcançados os fins de morte, desespero, miséria e luto, os "chefes negros" do Além abandonaram os seus tolos "médiuns" belicosos à mercê da justiça da Lei do Carma, tirando-lhes todo o apoio e deixando-os morrer estúpida e ingloriamente, na colheita dos resultados do seu próprio "desejo central" pervertido.

Há muito tempo, o "desejo central", despertado violentamente num jovem militar da Macedônia, transformou-o em Alexandre Magno; posteriormente, retornando o mesmo espírito à matéria o "desejo central" ainda o conduziu à figura de Cesar, outro grande general; enfim, pela última vez, reeditou-o como Napoleão Bonaparte, para que se pudesse erigir na Terra um império de vaidade humana. No entanto, esse mesmo "desejo central", operando de maneira inversa, primeiramente edificou Samuel, o profeta puro; retornando, também, o mesmo espírito à Terra, plasmou-se na figura suave de João Evangelista, que mais uma vez voltou a iluminar a superfície do orbe como Francisco de Assis que, invadindo os corações humanos, também erigiu um império, porém de amor e de glórias espirituais.

PERGUNTA: — Poderíeis nos explicar, mais objetivamente, o que se compreende por um "centro hipnótico" ou "ponto hipnótico", ao qual tendes aludido, alhures, como sendo a base principal do êxito para o mais fácil comando dos obsessores sobre os obsidiados?

RAMATÍS: — Verificamos que vos equivocais na pergunta, pois não é o "centro hipnótico" que serve fundamentalmente ao obsessor para comandar as suas vítimas. O obsessor aproveita a ocasião em que sua vítima cria um "centro hipnótico", ficando, por isso, hipnotizada pela vaidade, por um perigoso vício, uma tentação ou pecado, deixando campo aberto para ser obsidiada facilmente e, então, trata o obsessor de agir, não no "centro hipnótico" que ela criar, mas sim no espírito da vítima escolhida.

É como se uma mulher se postasse por longo tempo à janela de sua casa, entretida em palestra com alguém ou com as futilidades da rua, e os gatos, penetrando na cozinha, roubassem os peixinhos que ela ia preparar para o jantar...

Na hipnose comum, o hipnotizador procura conduzir o "sujet" a fixar toda a sua atenção num objeto, num ponto, num acontecimento ou mesmo numa evocação subjetiva, procurando distraí-lo ao máximo, a fim de poder criar o "ponto hipnótico" ou mesmo o "centro hipnótico" que deve se tornar o tema convergente da mente do hipnotizado. Pouco a pouco, o paciente se entrega ao sono hipnótico, influenciado pela incessante sugestão do seu hipnotizador ou por qualquer odor característico, ruído monótono ou música sonolenta, ou mesmo por se submeter voluntariamente à sua ação e vontade.

O hipnotizador algema-lhe a consciência objetiva e a segrega no cárcere construído pela incisiva sugestão mental, mas deixa em liberdade o comando motor e psíquico das atividades subconscientes do corpo, que reside na zona instintiva sediada na região cerebral. Então se apossa da região provisoriamente desabitada, do seu "sujet", a qual Freud classificou habilmente como sendo o "porão da individualidade". Por meio dessa região submissa, atua a vontade do hipnotizador que, então, desata o seu mecanismo "psicofísico", produzindo-se os fenômenos térmicos, as reações instintivas, os choros e risos, à simples mudança de novas sugestões mentais, cenas estas muito comuns nos teatros terrenos e que servem para estupefação do público ainda ignorante da realidade espiritual. Como todos os acontecimentos ocorridos com a criatura, no pretérito, encontram-se normalmente registrados em sua "memória etérica", constituindo a bagagem do passado, os hipnotizadores conseguem que se reproduzam as rixas, os prazeres e as atitudes e reações emotivas que seus pacientes tiveram na infância longínqua e que, reproduzidos em um corpo adulto, tornam-se caricaturas ridículas que divertem o público festivo.

No entanto, assim que o paciente desperta o seu espírito retoma a posse da região do "córtex cerebral" motor, na zona intermediária do cérebro, ajusta-se ao comando dos seus centros sensoriais e se focaliza outra vez na habitual figura comum ao meio presente. Na verdade, o seu espírito não se afastou do comando cerebral; apenas "distraiu-se", atraído pelo seu "centro hipnótico", tal qual a mulher do nosso exemplo que, por se distrair demais à janela, não notou o roubo na cozinha... Eis a função importante do "centro hipnótico" ou "ponto hipnótico", que serve para distrair e desviar a atenção do dono do corpo físico, enquanto

A Vida Além da Sepultura

o hipnotizador serve-se, à vontade, do equipo neurocerebral com o seu cortejo passado e os automatismos instintivos.

PERGUNTA: — Poderíeis, agora, nos explicar de que modo é criado esse "centro hipnótico" pelos hipnotizadores da Terra, dominando completamente o "sujet" nas experiências de hipnotismo?

RAMATÍS: — Não vos esqueçais de que, à maneira de um médico especialista, estamos apenas dando exemplos de como os espíritos obsessores, além de comandar a operação obsessora, exploram os pacientes por meio de seus conhecimentos psicológicos.

Entretanto, para satisfazer ao vosso desejo, lembramo-vos de que alguns hipnotizadores, promovendo certa intimidade com os seus pacientes, procuram criar neles o "ponto hipnótico" para em seguida fazê-los dormir, incentivando-os a isso por meio de qualquer ponto vulnerável do gosto ou preferência dos mesmos. Enquanto alguns pacientes adormecem facilmente sob a execução de sua melodia predileta, outros entontecem pela descrição viva de cenas agradáveis, pela fixarão mental de uma estrela, de uma rosa ou de um ponto, brilhante no recinto. Durante o sono hipnótico, alguns pacientes são convencidos pelos seus hipnotizadores, por exemplo, de que, sempre que em estado de vigília ouvirem a voz que os comanda, devem cair imediatamente em transe ou adormecer. Entre os hipnólogos essa técnica é conhecida como a "chave hipnótica" ou a criação de um clichê mental que fecha as portas do consciente do paciente, que assim cai em hipnose em qualquer local e a qualquer momento, logo em seguida ao ser pronunciada a palavra combinada e dentro de um prazo determinado.

Os odontólogos que se dedicam à hipnodontologia costumam combinar essas chaves com seus pacientes mais sensíveis e as renovam intermitentemente, a fim de se evitarem gastos de tempo e de energia psíquica, que seriam precisos para recomeçar, cada vez, a hipnose destinada ao tratamento dentário. Basta isso para que, depois, eles adormeçam instantaneamente, quando se encontram sob o tratamento combinado.

Isto exposto, não vos será difícil perceber qual o processo de obsessão empregado pelos espíritos maquiavélicos do Além, pois é bastante para isso que crieis a hipótese de que um hipnotizador terreno fosse um obsessor interessado em fascinar um cliente por meio de um "ponto hipnótico" previamente explorado.

PERGUNTA: — E quais os fatores mais comuns que os obsessores descobrem para produzir esse "ponto hipnótico", que então lhes assegura o êxito nas obsessões?

RAMATÍS: — Pelo seu profundo conhecimento das mazelas humanas, os espíritos obsessores, quando conscientes, logram focalizar o "desejo central" oculto na alma da vítima e que já expusemos com certos detalhes. Certas vezes, esse "desejo central" pode se originar de um "reflexo-suicida" de vida passada, com uma base emotiva de desespero, quase sempre não trazendo à tona nem o fato nem o motivo do gesto tresloucado do passado, que podia ter sido orgulho recalcado, o amor-próprio, a excessiva avareza, a luxúria, a cobiça ou o remorso. Mesmo uma forte disposição para o vício, ou um estímulo psíquico desregrado, que se mantenha, a custo, soterrado sob a censura da consciência, serve de pretexto fundamental para os obsessores criarem a oportunidade favorável para a constituição de um "ponto hipnótico" no indivíduo.

No psiquismo do ser humano, há quase sempre um "tema fundamental" predominante e que, sendo vulnerável às sugestões mefistofélicas do Além, pode servir de motivo básico para se formar esse "centro" ou "ponto hipnótico" necessário ao êxito da obsessão. É por isso que comumente se diz que os nossos maiores adversários estão no seio de nossa alma e devem ser combatidos em nossa própria intimidade, pois, na verdade, as nossas mazelas e vícios são os alicerces perigosos em que os malfeitores desencarnados se firmam para impor-nos o comando obsessivo. Desde muitíssimos anos, a voz amiga do Além adverte o homem de que o segredo de sua segurança espiritual ainda provém do "conhece-te a ti mesmo".

Os obsessores se dedicam maquiavelicamente a explorar esse "desejo central" predominante, quase sempre ignorado do seu portador e, se a vítima não tiver consciência exata de sua situação, ou desprezar a fiel observância do Evangelho de Cristo, é certo que não tardará a se submeter ao comando e aos desejos torpes do Astral inferior. Assim como o hipnotizador encarnado consegue criar o desejado "ponto hipnótico" no seu paciente, o obsessor procura transportar para a consciência em vigília, do encarnado, o seu "desejo fundamental", que tanto pode ser uma incontida vaidade, um grande orgulho ou desejo de comando despótico como também uma represada luxúria, sensualismo ou mesmo a propensão para os entorpecentes ou o alcoolismo.

O obsidiado, ignorante dos verdadeiros objetivos do obsessor, mas responsável pelo descontrole de suas emoções e pensamentos, é conduzido docilmente à criação de um "centro hipnótico" ou de fascinação, que pouco a pouco constitui sua atração psíquica, tornando-se um "clichê mental" ou a "ideia fixa". Logo isso se transforma em vigorosa força comandando-lhe a zona cerebral, onde se localiza a sua bagagem subconsciente e o controle dos instintos animais do pretérito; sorrateiramente os gênios das trevas impõem-se através daquela "distração" fixa, passando a comandar o sistema nervoso e a excitar cada vez mais as emoções e os desejos de sua vítima.

A criatura é obsidiada porque se distraiu com a sedução que constitui o seu "ponto hipnótico"; afrouxa então a vigilância em torno de sua habitação carnal, porque está voltada exclusivamente para um objeto que a domina emotivamente. Isto sucedido, os espíritos daninhos procuram favorecer os desejos da criatura e as suas realizações perigosas, prolongando o transe sedutor, com o que se firma cada vez mais o "ponto hipnótico", que lhes permitirá maior acesso ao equipo físico da vítima.

PERGUNTA: — Poderíeis nos dar alguns exemplos concretos de outras hipnoses das quais se aproveitam os obsessores?

RAMATÍS: — Muitos artistas, escritores, líderes, desportistas, taumaturgos ou crianças prodígios, que já conseguiram visível destaque no mundo material, se deixam às vezes fascinar tão perigosamente pelo seu sucesso ou pelas suas glórias súbitas, que tombam de seus pedestais de barro, vítimas de sua própria vaidade, que é habilmente explorada pelos espíritos do Astral inferior.

Alguns pregadores religiosos arvorados em missionários ou salvadores da humanidade, doutrinadores entusiastas, críticos sisudos do labor do próximo e médiuns de brilhante fenomenologia por vezes se perdem, dominados pela vaidade ou orgulho, porque lhes falta o abençoado senso crítico do "conhece-te a ti mesmo". Fecham os ouvidos às mais sensatas advertências que recebem e passam a cometer as maiores estultices, como se fossem manifestações de genialidade espiritual. Então enclausuram-se na sua vaidade e autofascinam-se convictos de sua paradoxal modéstia, mas ignorando que o velho "desejo central" delituoso, do passado, pode estar eclodindo lentamente, explorado pela astúcia e capacidade das trevas. Chega o momento em que não tardam em se abater, desmoronados pelas próprias forças destruidoras que aliciaram em si mesmos, ficando então relegados à obscuridade e ao anonimato inglório, quando pior sorte não os lança no desvario ou na alienação mental.

Em verdade, essas criaturas deixam-se iludir pela presunção de serem almas de alta estirpe espiritual, incapazes de se equivocarem e permanentemente atuadas pelas hierarquias superiores; isso, em breve, torna-se excelente fator para aflorar a sua vaidade e o potencial de orgulho adormecido no recôndito do ser, com a inevitável convergência para um "centro de fascinação", ideal para a operação das sombras. Muitas vezes a vaidade grita tão alto a essas criaturas, que elas tomam o maquiavelismo dos obsessores como sendo grandes surtos de revelação espiritual. Então, não tardam em pregar o ridículo à conta de sabedoria, os lugares comuns como preceitos doutrinários, e transformam a irascibilidade ou os envaidecimentos íntimos em posturas messiânicas; "distraem-se" com suas próprias fascinações, enquanto do invisível lhes guiam os pensamentos e as emoções. Enquanto cultivam fanaticamente o seu "desejo central" e se desorientam refesteladas no trono de sua vaidade presunçosa, são como fortalezas inexpugnáveis e hostis a qualquer advertência benfeitora; a cegueira hipnótica leva-as gradativamente ao ridículo, à decepção e ao equívoco, maquiavelicamente planejados pelas trevas.

PERGUNTA: — Guardamos a crença de que não deve ser tão fácil a intervenção dos obsessores sobre os encarnados, em face das grandes diferenças vibratórias que existem entre o plano material e o Astral; não é assim?

RAMATIS: — Evidentemente, há grande dificuldade para os desencarnados exercerem o seu comando sobre os encarnados, mas não quando são estes que dão lugar a isso e ainda auxiliam muitíssimo o trabalho dos obsessores e, paradoxalmente, desfavorecem a proteção e a assistência dos espíritos benfeitores, porque se cercam de fluidos perniciosos, que atraem pela sua proverbial indiferença para com os ensinamentos evangélicos. Em consequência, dificultam grandemente o serviço de socorro e a orientação superior que ainda se faça possível graças ao heroísmo e sacrifício dos abnegados "guias" e tradicionais "anjos de guarda".

A Vida Além da Sepultura

E à medida que os encarnados mais se rebaixam pelos seus desatinos emotivos e desregramentos mentais, pondo-se em contato mais íntimo e perigoso com as faixas vibratórias do Astral inferior, é óbvio que também aumenta o império das sombras sobre a Terra. Impedindo a sanidade psíquica, que limpa a aura humana e capta as vibrações das frequências e inspirações mais altas, a degradação humana transforma-se justamente em alimento que consolida a "ponte vital" repugnante e permite aos malfeitores desencarnados atuarem na margem da vida física e estimularem toda sorte de vilezas e preliminares para o trabalho obsessivo.

PERGUNTA: — Essa hipnose e perseguição sistemática, que os espíritos malfeitores exercem sobre os encarnados, circunscreve-se unicamente a desforras ou vinganças contra adversários do passado, ou inclui outros objetivos subversivos?

RAMATÍS: — As almas trevosas, além de cruéis e vingativas, vivem cheias de desejos inferiores carnais que ficaram impedidas de satisfazer pela morte corporal. Acresce que as condições vibratórias sutilíssimas, do Mundo Astral, acentuam as sensações do perispírito, que é a sede dos desejos da alma; então esses desejos ainda recrudescem e se tornam mais violentos, sem poder se saciar por intermédio do corpo físico destruído, ao qual estavam condicionados. O alcoólatra, por exemplo, tem a mente conturbada pelo desejo insofreável que vibra no seu perispírito, mas, quando na posse do corpo carnal, sacia-se em parte, pelas reações físicas produzidas pelo corrosivo e que depois repercutem no Mundo Astral dos desejos. No entanto, quando perde o corpo de carne, em verdade desmantela o seu alambique vivo, pois que, desencarnado, se vê obrigado a servir-se do corpo de um vivo na matéria para que este absorva a maior quantidade possível de álcool e lhe garanta a satisfação mórbida de poder aspirar a substância astral volatizada pelo corrosivo e exsudada pela aura.

Este é um dos motivos pelos quais os espíritos desregrados despendem tenazes esforços para conseguir os necessários "canecos vivos", que na Terra lhes possam transferir e volatizar a maior quantidade possível de bebidas alcoólicas, destinadas a acalmar-lhes a insaciabilidade viciosa superexcitada no Mundo Astral. E eis por que os desencarnados do Astral inferior não se cingem exclusivamente a desforras contra os seus desafetos encarnados, mas, depois de vingados, ainda envidam todos os esforços para conduzir as suas próprias vítimas a se tornarem intermediárias dos seus nefandos vícios e desejos torpes que trazem da matéria. Esses infelizes espíritos, constituindo-se na forma de verdadeiras agremiações delituosas, auxiliam-se mutuamente nas suas empreitadas vingativas, trabalhando em equipes que atuam ardilosamente sobre os encarnados, a fim de transformá-los em "repastos vivos" de suas insaciabilidades viciosas.

Ficam profundamente furiosos e aumentam o seu ódio contra as estirpes angélicas quando percebem que, pela liquidação cármica ou proteção superior, as suas vítimas estão sendo amparadas no campo vibratório do seu perispírito e imunizadas contra a ação deletéria do Mundo Astral inferior. Irrita-os a ideia de que mais um "prato vivo" lhes fuja vibratoriamente da ação indigna, muitas vezes depois de ter-lhes custado imenso trabalho para confeccioná-lo a contento de sua voracidade satânica. Daí o fato de preferirem desenvolver, em suas operações obsessivas sobre os encarnados, os desejos e vícios latentes do passado, que mais facilmente os fascinem. A vingança, quase sempre, é o pretexto com que mais tentam justificar suas ações sombrias do mundo trevoso, mas, em verdade, o que mais lhes interessa é o culto dos objetivos torpes e a busca das satisfações viciosas, que ainda os acicatam como fogo ardente e inconsumível.

PERGUNTA: — Sempre nos pareceu que o corpo físico deveria ser uma espécie de anteparo ou escafandro protetor contra as investidas das trevas. Reconhecemos que os obsessores operam pela via interna do nosso espírito, mas é claro que nós poderíamos dominar com facilidade o nosso corpo físico, em lugar de atender às solertes infiltrações que podem nos conduzir à obsessão. Qual o motivo dessa grande facilidade com que os malfeitores desencarnados dominam grande parte dos encarnados?

RAMATÍS: — É preciso não esquecerdes que, entre o vosso espírito e o corpo físico, interpõe-se o perispírito, que é o verdadeiro veículo ou elo das relações boas ou más a que vos entregais com o mundo invisível. O domínio do corpo físico não se exerce por uma ação energética produto exclusivo da matéria, nem ele é uma entidade estranha, controlada por processo especial e isolado do vosso pensamento; a carne materializa em

A Vida Além da Sepultura

sua configuração todos os atributos e conquistas milenárias não dela, mas do perispírito, que é o sobrevivente absoluto de todas as transformações físicas.

O perispírito é um conjunto de natureza vital poderosíssima e de intensa atividade no seu plano eletivo do Mundo Astral, sendo organização levíssima e de tão assombrosa elasticidade, que reage imediatamente à mais sutil cogitação mental do espírito, motivo por que é extraordinariamente influenciável pela natureza dos pensamentos bons ou maus das entidades desencarnadas. Durante a encarnação, o perispírito "desce" vibratoriamente, a fim de aglutinar a matéria carnal do mundo físico, mas sempre o faz com sua poderosa influência magnética e com o seu psiquismo elaborado nos milênios findos; a seguir, então, submete-se às leis da vida física e sofre a ação das tendências hereditárias do corpo de carne, malgrado os seus princípios milenários. O organismo físico, apesar dos seus ascendentes biológicos, que parecem dar-lhe uma autonomia toda especial e um valor exclusivo em sua linhagem hereditária carnal, é apenas o revelador objetivo da alma à luz do ambiente do mundo material.

No período de gestação do corpo carnal, o perispírito recapitula rapidamente todas as lições já vividas na escalonada animal, e que lhe foram proporcionados nos vários contatos anteriores com o mundo material para, em seguida, servindo-se da nova oportunidade da vida física, poder ampliar e consolidar as suas próprias realizações anteriores.

Embora creais que o "biombo de carne" deva se tornar um protetor poderoso contra as tentativas obsessivas dos malfeitores desencarnados, convém refletirdes que o comando do vosso espírito sobre a carne também não se faz diretamente pelo cérebro físico, mas sim através do cérebro do perispírito, que é a sua matriz etéreo-astral, o maravilhoso aparelhamento que se assemelha a poderosa e divina usina a serviço da vida superior.

O cérebro perispiritual é o valioso órgão responsável pelo pensamento humano, desempenhando as admiráveis funções de transmissor da vontade e da inteligência da alma, como um produtor de ondas, luzes e energias de todos os matizes, fazendo cintilar as suas altíssimas emissões desde o encéfalo até as forças e os elementos que se agrupam na região dos lobos frontais, que será o campo avançado das atividades do homem do futuro. O corpo físico, embora servindo, como dizeis, de escafandro ou de muralha de carne protetora do espírito, é no mundo exterior o agente e o reagente dos fenômenos provindos das relações do espírito com o meio-ambiente. E o seu verdadeiro domínio, obviamente, se processa no seu mundo interno e através do controle delicadíssimo do perispírito.

O verdadeiro controle do organismo de carne, portanto, é processado por via interna, através do perispírito, isto é, exatamente onde tanto podem atuar os espíritos benfeitores como os malfeitores, isso dependendo, sem dúvida, da natureza elevada ou inferior de vossas simpatias psíquicas.

PERGUNTA: — Embora já nos tenhais atendido, dando-nos algumas noções sobre o perispírito e sua estrutura, poderíeis nos dar alguns outros esclarecimentos sobre o mesmo assunto?

RAMATIS: — A semelhança do que se dá com os transmissores e receptores de ondas do vosso mundo, só é possível a sintonia superior entre o cérebro material e o perispiritual quando ambos funcionam sob a mesma frequência de ondas e se enquadram fielmente na mesma faixa de alta vibração espiritual. Quando as correntes espirituais fluem livremente pela recíproca realização do serviço do bem entre encarnados e desencarnados, sois imensamente favorecidos, pois, graças à esse benéfico intercâmbio espiritual, tanto se eleva o vosso potencial criador, sob a direção das hierarquias angélicas, como estas não deixam que fique lesado o admirável patrimônio do perispírito.

No entanto, desde que vos entregueis às funções desregradas da vida animal inferior, o vosso cérebro perispiritual melhor se parecerá a uma ponte a ligar as duas margens lodosas, a da vida física e a do Astral inferior. Então se dá a troca de energias deletérias e lesivas a ambos os patrimônios, o psíquico e o físico.

O corpo físico que, na matéria, significa o prolongamento vivo do perispírito, é acionado através da sensibilidade do seu sistema nervoso, reagindo imediatamente sob qualquer ação emotiva violenta ou produção de substâncias mentais benéficas ou nocivas, por cujo motivo o mau uso que a alma fizer do cérebro perispiritual também o amoldará às energias opressivas do Astral inferior. Deste modo, os obsessores encontram o seu campo eletivo e favorável para intervir no delicado equipo perispiritual humano, avivando as paixões e os desregramentos mentais, que assim produzem as sombras favoráveis às ope-

A Vida Além da Sepultura

rações obsessivas. No entanto, eles se vêem tolhidos em seus propósitos diabólicos quando se defrontam com um perispírito alimentado pelas energias de alto potencial angélico, pois estas, na forma de luzes brilhantes, dissolvem todas as sombras e produtos repulsivos aderidos ao seu delicado tecido imortal.

O perispírito é patrimônio admirável e produto de indescritíveis labores e adaptações efetuadas na esteira do tempo, que o ritmo divino e criador desenvolveu desde o reino mineral até à forma ereta do homem, por cujo motivo guarda em sua intimidade gloriosa a síntese de todos os eventos da própria evolução da natureza. Servindo-se da substância energética e vital do magnetismo da Terra, pouco a pouco a Sabedoria Divina orientou-o sob inteligente automatismo para que pudesse organizar-se desde as escalas mais primitivas e transitórias, consolidando-se desde o impulso e irritabilidade, sensação e instinto, até à conquista da razão humana, a caminho da consciência angélica. Em consequência, é o mais valioso veículo que o homem tanto pode usar para o bem como para o mal, enquanto o corpo físico significa apenas o agente e o reagente, que o represa na carga e ação no ambiente físico, como um reflexo carnal provisório e não um anteparo absoluto.

25. A limitação de filhos e suas consequências cármicas

PERGUNTA: — A limitação do número de filhos ou a recusa em recebê-los no seio materno é uma falta grave perante a Divindade?

RAMATÍS: — Ela não deve ser encarada como uma ação culposa que fira as regras da moral divina, estabelecidas por um Deus parecido a um pastor ou um sacerdote excessivamente puritano. O Cosmo não é produto de preceitos éticos firmados no tempo e no espaço, como decorrência da evolução dos costumes humanos ou angélicos. Eterno, Perfeito e Infinito, a sua garantia basilar é a Lei única de coesão espiritual sob indescritível cientificismo cósmico incompreensível à mente humana, que participa do Universo, mas não é o próprio Universo. Por isso, a procriação de filhos, com ou sem controle, é assunto para ser examinado mais propriamente em relação aos efeitos favoráveis ou desfavoráveis que possam provocar em razão da Lei e da Técnica de reencarnação dos espíritos na Terra. Visto que o renascimento na matéria é de vital importância para a mais breve ascensão do espírito às esferas paradisíacas, convém encarar o assunto sob um aspecto mais científico, em lugar de o situarmos exclusivamente sob o conceito moral do mundo ou da Divindade.

Há que se reconhecer, primeiramente, que um corpo de

carne é um dos mais valiosos auxílios no caminho longo da evolução sideral, servindo comumente para que a alma penada e infeliz possa dar largas ao seu remorso causticante e reajustar-se das imprudências cometidas nas vidas pregressas. No serviço reencarnatório do Espaço, a oportunidade do organismo físico é valiosa dádiva proporcionada pelos Mentores Siderais aos espíritos aflitos e desesperados para renascer na matéria. Em consequência, analisando-se a questão da limitação de filhos a distância de qualquer sentimentalismo humano ou de razões morais angélicas, estabeleçamos esta importante premissa: o aumento do número de corpos físicos, na Terra, aumenta as probabilidades de ventura espiritual. É fator de socorro e favorecimento para a mais breve alforria de espíritos desencarnados que imploram novos instrumentos de carne para resgatar suas faltas pregressas e obrigações para com a Lei Cármica.

Sob qualquer aspecto que considerardes o problema da limitação de filhos, quer situando-o sob razões econômicas, deficiências educativas ou exaustão feminina, ele só se ajusta, fundamentalmente, a estas razões: maior soma de corpos carnais, maior soma de benefícios espirituais; menor número de corpos carnais, menor probabilidade de ventura e progresso das almas desesperadas. Considerando-se, então, que, com a limitação de filhos, a precariedade de organismos físicos tende a aumentar nas reencarnações futuras, aqueles que limitam propositadamente a sua prole também reduzem as suas próprias oportunidades de futuros renascimentos, dentro do preceito evangélico: "cada um colherá conforme tiver sido a semeadura".

PERGUNTA: — Poderíamos saber se existe maior quantidade de espíritos necessitados de reencarnar do que as probabilidades de encontro de corpos físicos na Terra?

RAMATÍS: — No espaço que circunscreve o globo terráqueo em todo o seu sentido esférico, entre os vinte bilhões de espíritos que o povoam há mais ou menos dez bilhões que ainda necessitam de reencarnação com certa urgência. Se fosse possível atendê-los com a concessão de corpos físicos adequados a cada caso cármico, eles renasceriam imediatamente, a fim de despejar na matéria terrestre os venenos que ainda lhes corroem as almas torturadas por toda sorte de sofrimentos. Na imensa fila de candidatos à reencarnação existem seres tão desesperados, que não recuariam diante da existência física mais atroz, da vida mais deserdada da sorte, desde que pudessem descer para a carne, esgotando nesta o conteúdo tóxico e torturante, que ainda percorre a delicada fisiologia dos seus perispíritos. Para casos perturbados do Além, não há recurso mais eficiente do que a reencarnação, pois constituem imensa legião de desatinados e devedores, cujo credor principal ainda é a Terra.

Sob esse aspecto é que podeis então avaliar quão selvagem, brutal e indigno é aquele que destrói o seu corpo na alucinação do suicídio, porquanto o fato de haver renascido implicou na severa responsabilidade de haver suplantado no Espaço outro candidato à vida carnal. Então o seu crime é vultoso perante a Lei do Renascimento, pois, além de malbaratar valiosa oportunidade para sua própria redenção espiritual, ainda ludibriou a confiança angélica e traiu outra alma necessitada de reencarnação.

PERGUNTA: — Se desejássemos um esclarecimento sobre qual deve ser o mais certo procedimento na questão de limitação de filhos, que nos aconselharíeis como medida mais sensata?

RAMATÍS: — Já vos mostramos que a redução da prole no mundo físico consequentemente reduz as possibilidades da mais breve redenção e ventura espiritual de vossos irmãos em espírito. O conselho mais lógico e sensato que poderíamos vos dar para solução desse problema, cremos que ainda é aquele deixado por Jesus e constituído em lei definitiva, que suprime todas as dúvidas em qualquer julgamento de nossos atos: "Faze aos outros o que queres que te façam".

Inspirados nesse divino conceito, colocai-vos, então, no lugar das almas torturadas e cheias de desespero, que ainda se encontram no Espaço, vitimadas pelas suas próprias torpezas; refleti que também poderíeis vos encontrar nessa mesma situação de indescritível infelicidade espiritual. Indagai de vós mesmos: que desejaria eu de imediato, se estivesse realmente sob o guante da dor infernal e do sofrimento dantesco, no Espaço? Desprezaríeis, porventura, o renascimento físico com o sedativo esquecimento provisório e o ensejo reeducativo do mundo carnal?

Conforme forem os vossos atos no mundo, quer limitando quer favorecendo o número de filhos, é certo que estareis respondendo à Divindade, em sã consciência, como desejaríeis ser tratados em situações idênticas e oportunidades de futuras reencarnações.

Sob a orientação desse preceito (faze aos outros o que queres que te façam) não restam dúvidas quanto à mais sensata resolução com que podeis solucionar o problema da procriação de filhos.

PERGUNTA: — Temos notado que nas cidades populosas acentua-se a tendência para a limitação de filhos. Que dizeis sobre isso?

RAMATÍS: — Não deveis esquecer de que a vossa permanência no mundo físico, compondo um lar sob as oportunidades educativas e de reajustamento espiritual, é devida aos que foram vossos progenitores, que significavam o prolongamento de outra série de espíritos atuando na mesma linhagem biológica. A reencarnação na Terra exige múltiplas tarefas dispendiosas a que se devotam afanosamente os planejadores, técnicos, orientadores, guias e almas. A fuga deliberada da procriação de filhos implica em menosprezar muitos trabalhos já realizados por eles para que outras almas possam renascer no mundo físico e que, na condição de filhos, são o cumprimento de promessas feitas, antes das reencarnações, por aqueles que devem ser pais. E os que faltam a esse compromisso, assumido antes de descerem à matéria, ver-se-ão agravados em suas reencarnações futuras, quando então a Lei os julgará sob a mesma medida que houver sido usada para com outros espíritos sacrificados pela limitação procriativa. Salvo condições excepcionais, de enfermidades ou de risco de dano à vida materna, há que se pensar muitíssimo antes de qualquer fuga aos deveres procriativos. Se não existirem motivos graves e razões espirituais superiores para a limitação de filhos, esta pode representar grandes prejuízos às tarefas e planos dos benfeitores da humanidade encarnada, que assim se vêem a braços com problemas inesperados e truncamentos de promessas pré-reencarnatórias por parte daqueles que descem à matéria e se negam ao cumprimento de suas obrigações.

PERGUNTA: — Não achais que é contraproducente — embora por convicção espiritual — a procriação sem controle, em face dos aflitivos problemas que já nos oneram no mundo em que vivemos, onde mal conseguimos atender à criação e educação da descendência mesmo reduzida?

RAMATÍS: — Desde que considereis que as Escrituras Sagradas têm autoridade e sabedoria espiritual suficiente para dar-vos orientações definitivas, também tereis que aceitá-las na sua máxima decisiva: "Crescei e multiplicai-vos".[5] Este conceito é peremptório e não nos consta que posteriormente o Mestre tenha acrescentado a ele quaisquer ressalvas, reduzindo o sentido de sua aplicação na vida humana. Nele não se percebe a mais sutil recomendação que possa endossar a necessidade de redução da prole sob qualquer motivo especial. Não se trata de nenhuma premissa sibilina da qual se possam extrair futuras ilações filosóficas ou morais. O conceito bíblico é imperioso e taxativo: "Crescei e multiplicai-vos"! É bem uma ordem do Alto, com explicação técnica da tarefa irrecusável, evidenciando um plano positivo e de interesse comum a todos os seres. Quanto às dificuldades do vosso mundo para que possam ser criados os filhos, acreditais que, reduzindo a procriação, serão solucionados os problemas que vos afligem no campo moral, econômico ou social? Cremos que não chegareis a essa solução reduzindo a quantidade de filhos, mas sim cristianizando-vos de tal modo que o problema do próximo seja tão importante quanto o vosso. A infelicidade humana não é produto de maior ou menor quantidade de criaturas, porém exclusivamente decorrente da falta de amor.

Se ainda não sabeis amar a criança infeliz que delinque em tenra idade, pois a sujeitais a humilhações no mundo e a empurrais para diante com a sua revolta infantil, em lugar de lhe tributardes o amor, o teto ou a ajuda que comove o coração e enternece a alma, é óbvio que o aumento de criaturas também há de vos trazer acréscimo de problemas morais, econômicos e sociais. A menor quantidade de habitantes no vosso orbe não prova a vigência de melhores soluções para os problemas que torturam incessantemente a humanidade. Tomando por base os três bilhões[6] de criaturas humanas que estão a formar a atual humanidade terrena, temeis a procriação mais ampla, porque a quantidade crescente de seres poderá trazer-vos maior acréscimo de dificuldades e provável saturação demográfica. Mas nós vos perguntamos: porventura conseguireis solucionar os problemas econômicos, sociais e morais, da crosta terráquea, apenas reduzindo os três bilhões de habitantes a um bilhão?

Dizei por que motivo o mundo terreno já apresentava uma história tão sangrenta e nefasta, repleta de misérias e ignomínias, quando apenas possuía só um terço ou um quarto da humanidade atual. Se a redução da população resolvesse o pro-

[5] Gênesis, 1:28
[6] Dados demográficos da época em que esta obra foi psicografada.

A Vida Além da Sepultura

359

blema, há três mil anos ele teria sido um dos mundos mais felizes e livre de qualquer problema aflitivo, só porque possuía menor número de criaturas. A verdade é que os principais problemas da humanidade começam exatamente no lar, no conflito entre esposos, filhos e progenitores; estendem-se aos vizinhos do mesmo arrabalde, entre os cidadãos do mesmo Estado, entre os Estados do mesmo país e, depois, entre os povos, nações e raças, para culminar nos choques intercontinentais, em que os seres mais se parecem a feras que se entredevoram, açoitados pelo orgulho, a vaidade, a prepotência, a cupidez e a crueldade.

Os homens se separam pelas religiões, partidos políticos, nacionalismos tolos e diferenças de cor e de sistemas doutrinários; afundam-se em toda sorte de vícios, paixões e caprichos perigosos, mesmo que aumente ou se reduza a parentela e a humanidade terrena. A felicidade humana, portanto, não está na dependência da carga de criaturas no orbe; ela seria conseguida com muitíssimo êxito se fossem adotados incondicionalmente os ensinamentos de Jesus, Buda, Hermes, Pitágoras, Krishna e outros sublimes pedagogos e instrutores, cujas vidas foram consumidas no ritmo de um amor que é capaz de gerar a fidelidade, a ternura, a honestidade, a caridade, a paciência, a humildade e, principalmente, a fé no próximo e nos propósitos espirituais da vida benfeitora.

PERGUNTA: — Mas não devemos olvidar que muitos países, por se encontrarem com superpopulação, estão enfrentando os mais terríveis problemas resultantes de crise econômica, educativa e de sobrevivência dos seus súditos mais pobres; não é verdade?

RAMATÍS: — Não opomos dúvida ao que alegais; mas esses mesmos países a que vos referis devem trazer à vossa reflexão as grandes disparidades demográficas do globo terráqueo, em que determinados países estão super-habitados e outros lutam desesperadamente para resguardar seus direitos sobre gigantescas áreas de terras selváticas, que reservam avaramente para o futuro dos seus próprios conterrâneos. Reconhecemos que, num país como o vosso, onde ainda não se resolveram com êxito os mais simples problemas, como os da fome, da veste, do lar, da saúde e da educação dos seus compatriotas, seria quase um disparate abrir fronteiras para se cuidar de problemas estranhos, de outros povos, embora o Brasil possa conter um bilhão de seres com relativa comodidade em seu território. Mas isso é problema de foro íntimo daqueles que vêm administrando o país, muitos dos quais têm se desviado de suas responsabilidades para com o povo, dando lugar a essa situação; mas a Lei Divina tem se encarregado de julgá-los, pois muitos desses brasileiros inescrupulosos e indiferentes à sorte alheia já estão retornando à antiga pátria e se arrastam pelas ruas das suas cidades, por eles exploradas, quais molambos vivos, que rogam a esmola do pão àqueles que subestimaram.

E, para a nossa visão espiritual, esses que já renasceram no Brasil, embora sujeitos a novas reencarnações que os aguardam para a retificação futura, ainda se encontram em melhores condições do que outros mais culpados, que ainda se debatem nas profundezas dos charcos pestilentos do Astral inferior, açoitados barbaramente pela matilha de verdugos, que não lhes perdoa sequer a impossibilidade de não haverem podido educar um filho, ante seus descalabros e desmandos administrativos.

Se os vossos políticos e administradores pudessem apreciar os quadros pavorosos que presenciamos no Além-túmulo, quando se trata de governantes que não cumprem fielmente os mandatos que lhes são outorgados e se esquecem da grave responsabilidade pública que assumem, cremos que desapareceriam todos os candidatos às câmaras legislativas e cargos administrativos do vosso país. Faltar-lhes-ia coragem para se arriscarem a tão dantescos padecimentos, consequentes de seus equívocos imperdoáveis.

Em geral, o homem terrícola ainda teima em querer ignorar que toda a humanidade é sua irmã, submetida às mesmas condições físicas, e que o problema de todos os homens, esposas, mães e filhos ou irmãos é um só. Trata-se de uma só coletividade formada de seres iguais, mas entre a qual muitos gemem angustiados pelo frio, a fome, a falta de veste ou do lar, com um meio de vida doloroso, enquanto outros se fartam à vontade e vivem de coração endurecido e revoltado.

Não seria horripilante que navegásseis em vasta embarcação, sobre um mar encapelado, enquanto em torno do barco centenas de criaturas devessem se afogar, apenas porque alguém não lhes quisesse dar lugar a bordo?

Deveis vos capacitar de que a solução do problema da desgraça humana não reside na limitação de filhos, mas na cris-

A Vida Além da Sepultura 361

tianização consciente do homem. Quando a população da Terra atingir a dez bilhões de seres, o remédio a ser descoberto para se conjurar a situação ainda poderá ser o mesmo de hoje, ou seja, a ideia de se reduzir a procriação de filhos. E há de ser assim, por muito tempo, até que os terrícolas compreendam que o seu problema espiritual, em qualquer latitude ou longitude geográfica do planeta, seja na Europa, nas Américas, na África ou na Ásia, há de ser sempre o mesmo, porque não é problema de nações ou de raças, mas de toda a humanidade.

Mas resta uma esperança! Depois dos acontecimentos dolorosos que se aproximam do vosso mundo, na sequência profética do "juízo final" e do "fim dos tempos", haverá melhor distribuição etnográfica na face da Terra e melhor compreensão dos problemas aflitivos de todos os seres.

PERGUNTA: — Achamos dificuldades em conciliar a nossa vida moderna com a velha tradição camponesa de se procriarem verdadeiros rosários de filhos, pois nas cidades populosas e oprimidas até o próprio espaço é deficiente para se atender a uma descendência numerosa; não é verdade?

RAMATÍS: — Não temais qualquer insuficiência administrativa por parte do Criador, pois se ele conseguiu realizar o mais difícil, que foi organizar o Cosmo, também poderá solucionar o mais fácil, como seja o administrá-lo em ordem. Há um sentido regulador em todos os atos da vida humana, que disciplina inteligentemente as necessidades procriativas de conformidade com os recursos do meio. É a mesma Lei que determina que o vigoroso e voraz condor dos Andes só consiga um espécime em cada cento de ovos, evitando que a sua excessiva fertilidade impeça a vida no solo; no entanto, o coelho, que é débil e inofensivo à coletividade animal, assim como morre aos punhados também nasce aos milhares. Os dinossauros e outros animais pré-históricos, que procriavam indefinidamente e poderiam ter infestado completamente a superfície do globo e destruído outras formas de vida, não tiveram a sua procriação limitada pelo homem, pois a natureza encarregou-se disso, assim que o senso diretor da espécie considerou finda essa experiência de gigantismo animal.

Mesmo entre espiritualistas de certo conhecimento das leis superiores ainda parece predominar a ideia de que o cidadão encarnado deve intervir periodicamente e restringir a espontaneidade da vida elaborada por Deus, a fim de se corrigirem equívocos provenientes da distração do Criador.

PERGUNTA: — Como poderíamos avaliar o trabalho inteligente e restritivo da Natureza, na procriação humana, de modo a evitar a saturação demográfica do orbe e consequente impossibilidade de se atender ao excesso de população?

RAMATÍS: — Há pouco dissestes que os campônios ou as famílias situadas no interior dos Estados são mais prolíficos, porque possuem meios de atender à prole numerosa que, pelas dificuldades oferecidas pelas cidades populosas, é aconselhável a restrição do número de filhos... Naturalmente, já tereis percebido que, enquanto a procriação de filhos nos centros civilizados se torna cada vez mais dificultosa, o próprio meio se encarrega de reduzir o número de nascimentos e mesmo a sobrevivência. Enquanto a criança nascida no meio campônio sadio resiste vigorosamente às enfermidades comuns, crescendo com o viço natural do camponês forte, e até sem os requintes da higiene e dos cuidados médicos das cidades, os filhos dos metropolitanos já nascem perfurados pelas seringas hipodérmicas. Assimilam, assim, antibióticos ministrados ante a mais singela dor de ouvido promovida, então, a otite grave, ou com defluxo levado à conta de "princípio" de broncopneumonia, que as vovozinhas de antanho curavam com algumas gotas de azeite quente ou cataplasmas de óleo de linhaça.

As enfermidades constitucionais da infância que, nos desvãos do divino laboratório do corpo, produzem os vírus e antitoxinas defensivas do futuro, sofrem tão bárbaro assédio da medicina moderna que, atualmente, é dificílimo encontrar um cidadão tomado da mais inofensiva infecção, que possa sobreviver sem despejar na goela ou injetar nas veias um cortejo de drogas e substâncias minerais que invadem a sua circulação viciada na borracheira medicamentosa. A ciência terrícola, cada vez mais atordoada, em lugar de auxiliar a natureza a debelar as enfermidades comuns do meio terreno, prefere violentá-la e desorganizá-la na sua tradicional sabedoria instintiva. A alimentação fabricada sem escrúpulos e a preocupação fanática da assepsia exagerada minam as defesas do organismo por falta de salutar treinamento gradativo contra as investidas exteriores. Deste modo, os centros

A Vida Além da Sepultura

363

procriativos, que são nutridos pelas mais importantes coletividades microbianas, vão sendo continuamente bombardeados, no homem, pela excessiva quantidade de antibióticos que lesam a harmonia microgênica, ministrados como o são sob experimentação tateada através dos sintomas, que indicam doenças, mas não o doente. Pouco a pouco, nos aglomerados excessivos das metrópoles barulhentas, atrofiam-se os elementos responsáveis pela natalidade, como já tendes exemplo em alguns países europeus, onde a vida se artificializou de tal modo, que já se acentua o profundo desequilíbrio entre o nascer e o morrer.

Isto explicado, podeis notar que as próprias circunstâncias gravosas da vida asfixiante das cidades se encarrega de reduzir o êxito da procriação, sem que seja preciso limitar a cota de filhos. No entanto, onde a vida se faz espontânea, onde há espaço e oxigênio, e onde a Natureza ainda não foi violentada em suas diretrizes sábias, os filhos nascem prodigamente, graças ao sentido diretivo da Lei, indiscutivelmente manejada com excelente sabedoria pelos prepostos de Deus.

PERGUNTA: — Como poderemos adotar um método de vida que se ajuste perfeitamente à responsabilidade da procriação?

RAMATÍS: — É bastante que olheis as espécies inferiores para notardes que elas procriam de maneira a mais sensata e sadia. Não precisam limitar a sua progênie, porque obedecem disciplinadamente à lei do "multiplicai-vos" de modo o mais regrado; cuidam da procriação apenas nas fases determinadas pelos múltiplos fatores de ordem vital e astral, que lhes dita o instinto animal. Que diferença profunda entre elas e os homens. Enquanto os animais e as aves se relacionam exclusivamente quando é preciso atender aos imperativos da procriação, que é realmente o momento de maior importância na vida humana, os terrícolas transformam o fenômeno num motivo de prazer requintado, alterando tanto os velhos hábitos trazidos de sua formação animal, como perturbando os genes formativos de sua própria espécie superior.

Se o animal demonstra um senso de moral "instintiva" muito superior à que cultuais na imprudência dos requintes sensuais, é fora de dúvida que muito grande é ainda a responsabilidade do homem em procriar.

PERGUNTA: — Porventura não deveria existir um sentido instintivo nas criaturas humanas, que também lhes regulasse o senso da natalidade conforme as suas posses físicas, programas espirituais e necessidades de proteção à mulher?

RAMATÍS: — Desconheceis, porventura, o programa de gestação que a Natureza situou entre a puberdade e a menopausa, como que a vos indicar o programa da procriação? Quantas vezes a chamada idade crítica da mulher chega com demasiada antecipação, sem que ela espere por isso. Não é a sabedoria da Natureza a regular o tempo de trabalho e a capacidade exata de produção de cada matriz feminina? E assim a própria incapacidade congênita para procriar, quer por parte do homem, quer por parte da mulher, também pode estar sob a vigilância dessa mesma lei ou dispositivo que reclamais, ao regular com sabedoria a responsabilidade do ciclo procriativo de cada criatura, quer quanto à sua capacidade física, quer quanto à sua responsabilidade cármica.

É sabido que muitas criaturas se vêem impedidas de gozar a ternura dos bebês festivos, nos seus lares vazios, mas é porque também os repudiaram no passado; outras choram a desdita de serem lesadas em suas funções procriativas, em virtude de razões poderosas do passado, que só a Lei do Carma saberia explicar satisfatoriamente. Mas o complexo mecanismo que regula a procriação, que é o mais importante fenômeno da vida física, do qual o homem usa e abusa, foi estabelecido pela técnica sideral de modo a não deixar dúvidas quanto à sua utilização correta.

PERGUNTA: — Uma vez que a responsabilidade de procriar cabe mais dolorosa e particularmente à mulher, porquanto esta é que realmente suporta o fardo oneroso da gestação e criação dos filhos, não é injusto que, para cumprir a espontaneidade da procriação, o esposo deva sobrecarregar a sua companheira com excessiva descendência, capaz de exaurir-lhe todas as energias pelos contínuos ciclos procriativos? E será justo lançá-la por longos anos numa vida de exclusiva apreensão mental, entregue apenas à responsabilidade procriativa? Cremos que, nesse caso, a Lei não age com muita equanimidade, de vez que a mulher é a mais sacrificada em tudo isso; não é verdade?

A Vida Além da Sepultura

RAMATÍS: — Somos obrigados a vos recordar que, dentro da sabedoria da Lei Cármica, não há injustiça nos destinos humanos, pois a cada um ela dá conforme a sua obra e o seu merecimento; a semeadura é livre, mas a colheita é obrigatória.

As almas que se reúnem para compor um lar terrestre o fazem disciplinadas pelas causas que geraram no passado, devendo sofrer exatamente as suas consequências. A Lei é de absoluta equanimidade em qualquer situação de vossas existências e, se desconfiais de sua justiça, é apenas porque desconheceis as causas justas que geram efeitos também justos.

Os espíritos que devem reencarnar são sempre convocados com bastante antecedência pelos mentores siderais do Além, que lhes expõem os planos de reajustamento e reeducação em futuro contato com o mundo material. Assim, os lares terrenos são frutos de cuidadosos planos elaborados com bastante antecedência e, por esse motivo, se for de Lei Cármica que, para o devido resgate, a esposa deva procriar numerosa prole para se livrar do remorso de quando no pretérito negou-se a cumprir os seus deveres maternais, ela há de se unir a um esposo completamente devotado à procriação em toda a sua integridade. É fora de dúvida que a mulher, nesse caso, será a mais onerada, mas, quanto a ser injustiçada, podeis crer que não há tal probabilidade na justiça da Lei do Carma.

Da mesma forma, outras mulheres podem ficar impedidas de procriar por haverem subestimado demais, no pretérito, a responsabilidade de gerarem novos corpos para as almas necessitadas, do Além, ou então terem abandonado os seus filhos às ingratidões do mundo.

PERGUNTA: — Supondo-se que houvesse na Terra falta de corpos para encarnações, a Lei da procriação não deveria fazer todo o possível para que se criasse o maior número de filhos, inspirando aos esposos sinceras intenções e desejos de criá-los? Por que, então, são criados esses impedimentos de filhos?

RAMATÍS: — É mister não considerardes a Lei do Carma como uma organização miraculosa que deva intervir, de súbito, para modificar extemporaneamente certos quadros comuns da vida. Em verdade, ela significa um processo de cientificismo sideral, sujeito a variações conforme as ações benéficas ou maléficas dos próprios espíritos em evolução, mas não age no sentido de modificar a sua estrutura fundamental.

Como exemplo mais significativo do motivo da falta de filhos, lembramos-vos os casos de completa aberração e desvirtuamento sexuais, os quais atuam tão fortemente no psiquismo diretor da alma, que as reencarnações futuras se realizam em absoluta esterilidade. A ausência de estímulos psíquicos criadores, provocada pela direção lasciva dada à energia sexual, desfavorece a natalidade, malgrado o desejo ardente dos futuros pais de procriarem. Em tal caso a Lei, embora tenda para a prodigalidade de filhos, não pune intencionalmente os faltosos, mas estes é que se sujeitam a uma impossibilidade que a sua própria perversão lhes criou. Aqueles que no passado se negaram a ter filhos ou, então, que por falta de amor os abandonaram no mundo, produziram em si mesmos as causas transcendentais negativas que devem gerar efeitos também negativos, no futuro, compondo assim seus destinos infelizes. Se a própria mente cria causas perturbadoras e consequentes efeitos negativos, é óbvio que ela mesma está estabelecendo as reações futuras.

Certos espíritos se encarnam seriamente comprometidos com outras almas amigas, que ficam no Espaço aguardando ansiosamente a gestação de corpos físicos para a benfeitora oportunidade de sua reencarnação; no entanto, submersos na carne e desvirtuando as funções genésicas, olvidam as promessas feitas e aumentam as aflições e o desespero daquelas que confiavam ingenuamente na sua sinceridade. E esse olvido gera efeitos correspondentes, fazendo com que tais espíritos, no futuro, se vejam nas mesmas condições daqueles aos quais traíram ou, então, impedidos de ter filhos, pela irresponsabilidade de seus atos anteriores, até demonstrarem sensatez em tão importante fenômeno da vida humana.

Como vedes, a Lei da procriação, embora tenha a finalidade precípua de facilitar o nascimento do maior número de corpos, não pode violentar a disciplina cármica da semeadura e da colheita. E não seria sensato que, para aumentar a prole do mundo, ela implantasse a desordem e a injustiça.

PERGUNTA: — Supondo-se que a limitação de filhos represente em certos casos uma necessidade imperiosa, em consequência de exigências da vida, como poderíamos levar a cabo essa limitação, sem nos agravarmos com a Lei da procriação?

A Vida Além da Sepultura

RAMATÍS: — Só há um único e justificável meio para conseguirdes a limitação de filhos: é a continência! E dessa prática os próprios animais vos dão exemplo em suas relações dentro de épocas exclusivamente destinadas à procriação. Embora ainda contrarieis em parte o "multiplicai-vos", não será tão grave o delito de evitardes a procriação, se o fizerdes por meio de sensata continência. Fora da continência, não há outra justificação para a limitação de filhos, pois é ilícito que pratiqueis uma ação e depois queirais fugir à vossa responsabilidade.

PERGUNTA: — E que devemos pensar daqueles que se negam a procriar para cultivar a castidade?

RAMATÍS: — A castidade pura é uma qualidade comum às almas nascidas no mundo material em cumprimento de qualquer missão elevada, como no caso de Jesus, que era uma entidade já liberta dos desejos carnais. Buda, depois de casado, recolheu-se à solidão e isolou-se dos desejos da carne para poder desenvolver suas energias de alta estirpe espiritual, enquanto que Jesus, por ser missionário eleito para a salvação do homem, poupou inteiramente suas forças criadoras, desde o berço até a morte na cruz.

É tão evidente que a sexualidade não representa o conjunto das disposições orgânicas das criaturas, que os sábios mais devotados à humanidade sublimam de tal modo suas forças criadoras e as aplicam nos seus objetivos superiores, tornando-se depois indiferentes aos prazeres carnais. Ao contrário: os seres mais fisicamente fortes e avessos ao exercício mental e à indagação filosófica do espírito, amigos do bom repasto e exsudando saúde à flor da pele, quase sempre são mais afeiçoados ao sensualismo.

PERGUNTA: — Mas não é uma injustiça que famílias pobres, que mal conseguem obter o alimento estritamente necessário para sobreviver na Terra, ainda devam procriar à vontade? Essa obrigação não deveria caber às famílias ricas, que possuem meios e ensejos para manter satisfatoriamente uma prole numerosa?

RAMATÍS: — Não tendes notado que, em geral, as famílias mais pródigas em filhos são quase sempre aquelas que apresentam menor índice de cultura e são intelectualmente pobres?

As criaturas presas à instintividade animal são as que cumprem mais fielmente as leis da procriação; entretanto, à medida que se requintam no luxo, prestigiam-se pela cultura ou brilham sob o envernizamento social, também procuram extrair maior prazer das funções procriativas da vida humana do que mesmo gerar novos descendentes. Os mais ricos e que apresentam melhores possibilidades de procriar, proteger e educar uma prole numerosa, limitam deliberadamente o número de filhos e muitos até os evitam por meios draconianos, destruindo egoisticamente sagradas oportunidades para numerosas almas desencarnadas poderem renascer e progredir no cenário do mundo físico.

Faltando ao pobre um entendimento mais amplo para contornar o delicado problema da natalidade, como o faz o rico, o cientista ou o intelectual, ele abandona-se displicentemente à diretriz bíblica do "crescei e multiplicai-vos", sem qualquer repressão técnica ou intervenção ardilosa. É justamente por isso que nascem mais deserdados do que protegidos pelas grandes fortunas. O vosso mundo, então, vai se povoando de criaturas pálidas, desnutridas, sem lar e sem afetos, que bem cedo prevaricam e oneram a sociedade com novos problemas angustiosos, como os da juventude delinquente e do menor abandonado, criando situações perigosas à segurança pública e de graves consequências futuras.

A Lei da procriação ajusta-se atualmente pela tangente pobre, embora se agrave a situação do mundo e o desespero já esteja eclodindo. As classes abastadas, que no futuro serão em menor número, poderão cair de suas posições privilegiadas e ser arrastadas à lama pelos mesmos espíritos aos quais negaram guarida em seus lares e fizeram nascer em outros lares, deserdados e na pobreza dolorosa. É ainda a Lei do Carma intervindo no devido tempo e repartindo as consequências da impiedade, da indiferença e do tremendo egoísmo dos mais felizes, que só protegem os seus interesses.

Bem sabemos que, de acordo com a Lei de Causa e Efeito, os deserdados da sorte também estão resgatando suas culpas do pretérito, mas os seus movimentos de revolta e desespero aumentam cada vez mais, em detrimento dos próprios felizardos do mundo que teimam em ignorar problemas de profundidade humana e não de classes ou de raças.

Nenhum golpe de magia conseguirá retirar da engrenagem

A Vida Além da Sepultura

cármica aqueles que, beneficiados pela fortuna, repugnam procriar os seus próprios filhos e ainda se recusam a adotar filhos alheios, retirando-os da miséria e passando-os da posição de adversários para o de amigos, o que ainda poderia amenizar-lhes as culpas de limitarem a prole. Que alegações poderão apresentar no Além-túmulo aqueles que, tendo sido agraciados com os bens materiais, não só evitaram procriar novos corpos para as almas aflitas do Mundo Astral, como ainda se negaram a socorrer os lares deserdados onde, no entanto, era cumprida fielmente a lei do "crescei e multiplicai-vos".

PERGUNTA: — Embora respeitando as vossas razões, achamos contraproducente a procriação descontrolada de filhos. Basta que observemos o que se passa na Ásia, por exemplo, que pelo excesso de sua população, está cada vez mais onerada com o tremendo problema da fome e da habitação, enquanto os seus habitantes angustiados já não vivem, mas apenas vegetam como animais vestidos à maneira de civilizados.

RAMATÍS: — Ainda há pouco vos fizemos ver o grande e doloroso resgate cármico que espera os homens e os países que não socorrem outras raças empobrecidas. Pelo seu egocentrismo nacionalista, olvidam deliberadamente que o problema da fome hindu, chinesa, árabe ou eslava não é problema de raças, mas indiscutivelmente humano e que se estende a todas as partes do globo. Há uma só raça, e um só nacionalismo, quer queiram ou não os magnatas e os gozadores do mundo; uma só raça de espíritos provinda de um só Deus e um só nacionalismo herdado de uma só pátria cósmica. Não desconhecemos esse problema da fome, da veste e do lar, que assedia infelizes criaturas terrenas, que mais se assemelham a duendes desesperados. No entanto, sob o mecanismo justo e retificador do carma, só passam fome, sofrem frio e perdem os seus lares ou as suas terras justamente aqueles que, no pretérito, também abusaram dos seus poderes e dos bens do mundo, criando, portanto, as condições a que depois se sujeitam quando a Lei os junge na engrenagem cármica da "causa e efeito".

Mesmo nos quadros mais pungentes da vossa civilização, que possam confranger atrozmente os vossos corações e fazer-vos duvidar da Bondade e Sabedoria Divina, ainda não existe injustiça, pois cada alma colhe de acordo com o que semeou no passado. A lei sideral de que "quem com ferro fere com ferro será ferido" é aplicada pelos próprios culpados de ontem, que assim se recuperam espiritualmente das burlas e das crueldades de outrora.

Quando ainda vivíamos na Indochina, em uma de nossas últimas encarnações, muitas vezes encontramos apodrecendo à beira das estradas famílias completas de infelizes, como se tivessem sido apunhaladas por um destino cruel e maldoso. No entanto, examinando os seus registros etéricos, projetados em suas auras, reconhecíamos, surpreendidos, que ali apenas se encontravam os mesmos componentes das cortes faustosas, que haviam se servido do seu poder e da sua fortuna para semear a fome, a desdita e a morte, e atender aos mais absurdos caprichos e paixões. Quantas vezes os rajás faustosos, da velha Índia, os mandarins cruéis da China, os imperadores maldosos de Roma ou os faraós prepotentes do Egito compõem o cortejo dos infelizes que se afundam nas grandes inundações, consomem-se nas cinzas ardentes dos vulcões, ou então vagueiam, sedentos e esfomeados, pelas margens do Ganges, Iang-Tzé ou do Nilo, reajustando-se nas cruciantes situações que lhes apuram a tessitura perispiritual e lhes despertam os sentimentos angélicos da alma.

Ante a carência de corpos físicos para servir satisfatoriamente às necessidades cármicas dos espíritos desencarnados, é importantíssima a prodigalidade de filhos, embora se alegue a falta de alimentos, de veste e do lar, próprios das populações angustiadas.

A Técnica Sideral não dispõe de outro processo de reajustamento dos endividados para consigo mesmos, pelo qual motivo eles terão que implacavelmente regressar ao mesmo ambiente detestável que criaram pelo seu despotismo passado, envergando as vestes esfarrapadas de suas vítimas. E a terapia mais lógica indica que o medicamento mais eficiente, e de urgência, deve ser o renascimento na carne, que os fará recapitular as lições perdidas. As suas provas dolorosas, da fome, da miséria e do desabrigo requerem ambiente adequado e esse ambiente é o das regiões deserdadas.

Quando os potentados do mundo resolverem aplicar-se à liquidação dos flagelos da fome e da nudez humana e a construir abrigos para todos os miseráveis, também estarão aliviando suas

A Vida Além da Sepultura

371

próprias situações futuras, pois terminarão melhorando o próprio ambiente em que também terão de viver mais tarde.

PERGUNTA: — Mas é possível que essas situações de miséria, tão angustiosas, que ocorrem principalmente no continente asiático ou no africano, sejam decorrência natural do clima e da indiferença dos seus administradores, em lugar de se tratar de deliberada prova cármica, não é assim?

RAMATÍS: — Não opomos contestação alguma ao que dizeis, mas lembramos-vos de que os culpados de hoje deverão vestir, no futuro, os mesmos trajes de suas vítimas, para sofrer em si próprios as consequências nefastas daquilo que criaram com a sua cruel indiferença, capricho ou cupidez.

Nenhum pária do mundo sofre as dores de outrem. Vós mesmos, se tivésseis necessidade de semelhante purgação — não tenhais dúvida! — a Lei do Carma também vos teria feito reencarnar na Índia, na China, no Japão ou na Arábia, justamente nessas regiões miseráveis, que se apresentam nas condições exigidas pela experimentação cármica dolorosa.

Eis por que a limitação de filhos não solucionaria de modo algum o problema angustioso dos párias e esfomeados da Ásia ou de qualquer outra região do vosso orbe. Entretanto, a prodigalidade de organismos físicos bem mais cedo poderia auxiliar a solução do problema dos espíritos enfermos, que vagam no Além por falta de oportunidades redentoras na matéria. Se eles pudessem se ajustar novamente à vida física e cumprir as condições cármicas requeridas para a sua cura espiritual, mais rapidamente poderiam saldar seus débitos e, então, a própria direção espiritual do orbe providenciaria em seguida a melhoria das regiões deserdadas, que no momento ainda significam o "caldo de cultura" da retiticação espiritual dos delitos dos seus próprios responsáveis.

E como ainda predominam entre os homens o egoísmo, o orgulho, a maldade, a desonestidade, o amor-próprio, a avareza ou a cupidez feroz, e toda essa gente terá de passar para cá, juntando-se a hordas como as de Átila, Gengis Khan, Tamerlão, Alexandre, Aníbal, César e outros, podereis avaliar quão grande é a quantidade de espíritos que precisarão voltar à Terra ou a qualquer outro globo inferior, a fim de resgatar os seus delitos sangrentos, curtir a fome e a miséria que alhures também semearam, quer como chefes bárbaros, soldados inescrupulosos, negociantes, mercadores ou asseclas, prontos para praticar as maiores vilezas e monstruosidades.

PERGUNTA: — E como é que a Técnica Sideral conseguirá solucionar esse grande problema de falta de corpos, quando na Terra a tendência dos agrupamentos civilizados é a de reduzir a cota de filhos?

RAMATÍS: — Já temos demonstrado que, embora isso vos pareça insensatez, é justamente entre as famílias mais incultas e nas regiões onde mais predominam a fome, a miséria e a injustiça, que paradoxalmente se verifica a maior prodigalidade de filhos. Não é a Ásia, e principalmente a China, que mais se vêem às voltas com os seus cruciantes problemas de miséria, fome e desnutrição dantescas e ao mesmo tempo com a saturação demográfica, pelo crescimento avultado de suas populações? Qual o motivo, aparentemente absurdo, por que a procriação é mais intensa justamente nas regiões onde a miséria grassa mais assustadoramente? Para a visão dos encarnados, tudo isso parece insensatez; no entanto, tais acontecimentos são perfeitamente controlados pelo Além, pois, enquanto existirem países em condições angustiosas e de miséria, provocadas pelo próprio homem, também serão aproveitadas todas as oportunidades para aí se reencarnar o maior número possível de carrascos, malfeitores, avarentos, potentados orgulhosos, mandatários cruéis, administradores corruptos, exploradores da miséria humana e arruinadores de lares, todos necessitados urgentemente de corpos físicos para a mais breve renovação do espírito.

Essas regiões que o vosso sentimentalismo condena são verdadeiros laboratórios de ensaios de química espiritual, onde os Técnicos do Senhor apuram as credenciais angélicas ainda adormecidas nas almas atrabiliárias. São um purgatório onde se purificam os seres, se ajustam as coletividades e se desinfeccionam famílias inteiras que, após a vida faustosa no luxo do mundo, à custa da miséria do próximo, retornam para substituir o veludo pelo estame, a carruagem pelo bordão, as pedras preciosas pelos remendos e as insígnias douradas pelas chagas do corpo. Aqui, a caravana principesca do passado retorna esfomeada ao meio miserável e arma a sua barraca de trapos sujos; ali, bandos de crianças famintas são apanhadas pelas inundações tumultuosas, enquanto nas vascas da agonia ainda se revêem no pretérito, como gloriosos descendentes dos mandarins ou dos

A Vida Além da Sepultura

rajás, no mórbido divertimento de afogar os filhos dos párias; acolá, princesas e beldades, que formavam os quadros régios das cortes nababescas, que alimentavam cães com iguarias requintadas à vista da turba faminta, também se desesperam, esfaimadas, em novas configurações humanas, assistindo a tragédia irremediável dos seus novos entes queridos, que são velhos comparsas pregressos, reencarnados.

Eis por que nessas regiões flageladas ainda persiste a superpopulação e a criticável prodigalidade de filhos, pois a Lei do Alto não abolirá esse campo de provas enquanto ainda existirem candidatos aguardando a sua oportunidade de purificação e de ajuste cármico pelo sofrimento acerbo, preparando-se para vestir a túnica nupcial do futuro banquete do Senhor.

PERGUNTA: — Qual a prova mais positiva de que nessas regiões flageladas a prodigalidade de filhos é encarada espiritualmente como auxílio para a recuperação de espíritos endividados?

RAMATÍS: — Através dos seus costumes tradicionais, há muito tempo o Oriente coopera para o aumento de corpos exigível para as reencarnações, pois as suas leis estimulam e auxiliam a fertilidade através dos casamentos prematuros, como também permitem a existência de haréns, onde se valoriza a prodigalidade de descendentes. Os velhos sultões, rajás, mandarins e privilegiados, cujo politeísmo tem sido tolerado e mesmo resguardado sob a severidade de suas leis, tornam-se pródigos em atender à Lei quanto ao fornecimento de organismos físicos que, então, se tornam valiosas oportunidades para as almas sofredoras e desesperadas ingressarem na vida do mundo físico.

Os mentores espirituais aproveitam-se dessa prodigalidade de fertilidade humana, estranhável no Ocidente, mas tradicional no Oriente, para promover a recuperação do maior número possível de almas delinquentes, na tentativa de ainda prepará-las em tempo para que possam tentar a experimentação seletiva do "juízo final", que se aproxima rapidamente. No entanto, sendo os países das Américas regiões ainda novas, onde o desregramento do passado é mais recente e por isso menos intensivo, mantém-se em equilíbrio, ali, a cota de sexos masculino e feminino, enquanto no Oriente se vê a braços com um número tal de mulheres que incentiva a poligamia e a excessiva procriação. Isso sucede porque também é mais reduzido, nas Américas, o número de espíritos necessitados de provas tão acerbas como as da Ásia, embora algumas vezes — sem a extensão do que sucede por lá — ocorram nas Américas provas parecidas às que ocorrem comumente na China, no Japão, na Índia e noutras regiões situadas na orla dos grandes furacões, flagelos e vulcões. Enquanto na América do Norte — para resgatar suas dívidas cármicas consequentes da violência com que os seus pioneiros desalojaram impiedosamente os peles-vermelhas de suas terras — os seus habitantes têm que aceitar as encarnações de espíritos muito instintivos, sofrendo-lhes a rebeldia e a desforra na figura dos "gangsters" brutais; no vosso país a velha dívida para com os negros escravizados sem qualquer respeito pelas suas necessidades também está sendo paga na carga de ociosos, malandros e transviados que vos exploram e assaltam cotidianamente.

PERGUNTA: — Que poderíeis nos dizer sobre o fato de algumas mulheres serem sujeitas ao sacrifício de terem filhos gêmeos, trigêmeos e até em número maior?

RAMATÍS: — Os geneticistas modernos têm se surpreendido ultimamente pela facilidade com que nascem gêmeos e até quíntuplos no vosso orbe. No entanto, pelo seu desconhecimento em matéria de espiritualidade, não sabem que a Natureza ensaia um novo programa procriativo futuro, em virtude do qual certo número de almas abnegadas deverão compensar com maior cota de filhos, em cada gestação, a deficiência daquelas que são estéreis ou os evitam deliberadamente. Mas não creais em sacrifícios injustos; as mulheres às quais a Lei da procriação determinar maior quota de filhos serão as que aceitarem essa condição como um meio de acelerar o seu progresso espiritual, ou então o fizeram para recuperação das sagradas funções procriadoras desprezadas no passado.

É inútil que a criatura humana estabeleça planos à parte e sem conexão com as diretrizes superiores; a Lei, em sua vigência implacável, mas benfeitora, sempre encontrará meios de manter o equilíbrio e a harmonia tão necessários à vida do espírito, no seu contato educativo com o mundo físico.

27. As relações cármicas entre pais e filhos

PERGUNTA: — Quando um espírito reencarna com uma provação dolorosa desde o berço, seus pais também sofrem indiretamente. Que é que justifica esse sofrimento dos pais?

RAMATÍS: — Não há nisso injustiça nem punição imerecida, pois, quando tal se dá, tanto os pais como o reencarnado estão ligados pelas mesmas culpas e débitos assumidos no passado. A Lei Cármica é justíssima, e na sua equanimidade só reúne em provas retificadoras semelhantes, aqueles que também são culpados de alguma insânia espiritual. Quantas vezes os pais de hoje são os próprios responsáveis por crimes cometidos no pretérito por aqueles que depois reencarnam como seus filhos. Então, cumpre-lhes a severa obrigação de reerguê-los moral e espiritualmente, amparando-os para alcançar condições superiores. Da mesma forma, inúmeros filhos que participam das provas dolorosas dos seus pais também estão vinculados a eles por débitos semelhantes. Nos lares terrenos é muito comum que os algozes e as vítimas se ajustem espiritualmente, presos aos mesmos interesses e necessidades. As velhas algemas de ódio atadas no passado principiam então a se desatar sob a união consanguínea da família terrena.

PERGUNTA: — E nos casos em que os filhos desencarnam prematuramente? Isso não poderá acarretar dores injustas aos seus pais?

RAMATÍS: — Quando o espírito se despede em tenra idade não é para que os pais venham a sofrer dores avaramente calculadas pela Lei do Carma; isso é proveniente de acordo espiritual em que a alma deverá desencarnar cedo na Terra; por isso já nasce no lar daqueles que, por dívidas pretéritas, deverão perder o filho em tenra idade, quer porque motivaram desencarnações prematuras ou porque foram responsáveis por situações semelhantes.

PERGUNTA: — Mas, sob essa maneira de agir, a Lei do Carma representa uma punição perfeitamente enquadrada no conceito do "olho por olho e dente por dente"; não é assim?

RAMATÍS: — Há equívoco nessa vossa interpretação, porque o principal motivo do sofrimento ou resgate cármico das criaturas terrenas é sempre a falta de Amor, que ainda predomina nos seus corações. E o papel da Lei Cármica, em seu principal fundamento, não é o de punir os delitos de espíritos, mas, acima de tudo, desenvolver o sentimento de amor, que ainda se encontra de forma embrionária na maioria dos homens. O sentido retificador da Lei do Carma é a sua natureza moral e não penal.

Os pais que sofrem a dor atroz de perder seus filhos em idade infantil não são castigados pela culpa direta de terem sido negligentes para com os outros descendentes, no passado; na verdade, embora obrigados a isso, eles se submetem a um processo de técnica sideral que tanto lhes retifica os impulsos psíquicos destrutivos, como ainda lhes aviva o sentimento amoroso adormecido no seio da alma. Nesse caso, a implacabilidade da Lei age mais sob o conceito de que "cada um há de colher conforme o que semear", em lugar do conceito draconiano de "olho por olho e dente por dente". Retifica-se o "motivo" que gerou o pecado na existência pretérita, ou seja, a falta de amor. Graças a essa terapêutica dolorosa, em que desencarnam prematuramente os filhos de pais culpados, do passado, ativa-se nestes, espontaneamente, a razão de um novo amor que, embora principiando por um afeto ainda egoísta, há de se enternecer sob as dores pungentes da saudade dos entes queridos que partem mais cedo.

PERGUNTA: — As criaturas que sofrem a dor inconsolável de perder os filhos em tenra idade são então aquelas que deliberadamente os destruíram em outra vida, devendo suportar agora essas provas atrozes. É isso mesmo?

A Vida Além da Sepultura

RAMATÍS: — Nem todos os que perdem seus filhos em tenra idade destruíram outros descendentes no passado. Essas provas dolorosas e retificadoras do espírito, como já vos dissemos, subordinam-se ao grau de sentimento amoroso que precise ser desenvolvido nos pais, em confronto com o maior ou menor sentimento egocêntrico neles existente. É um processo que ativa e apura, no recesso da alma, o amor aos filhos, e que no pretérito foi muito negligenciado. Variam as formas de delitos e, consequentemente, também variam as provas futuras no tocante à perda prematura dos filhos.

PERGUNTA: — Poderíeis nos explicar algumas dessas formas de delitos, a que vos referis?

RAMATÍS: — Explicaremos; mas insistimos em vos dizer, novamente, que, se tais delitos sentenciam carmicamente os seus culpados a futuras perdas de filhos, isso não sucede por determinação punitiva da Lei do Carma, pois apenas se trata de um processo técnico espiritual e rapidamente eficiente, que faz eclodir no espírito indiferente o sentimento de amor que ainda lhe falta.

Esses delitos podem ser consumados por diversas causas, entre elas, o aborto voluntário, as operações propositais para se fugir à responsabilidade de procriar, o descaso odioso na enfermidade dos filhos detestados, o sadismo no castigo excessivo, a doação desnecessária dos filhos, por indiferença, comodismo ou preconceitos sociais, ou mesmo a negligência de deixá-los sucumbir por falta de assistência ou amparo. Sem dúvida, o maior delito ainda é o de matar o filho propositadamente, como sucede entre muitas mulheres infelizes, algumas das quais o fazem por medo de enfrentar a maledicência do mundo e outras por invencível aversão cármica ao espírito adversário do passado, que se abrigou em suas entranhas.

Indiscutivelmente, todos os delitos que vos enunciamos sempre identificam e comprovam que só se sucedem pela visível falta de amor nos seus autores, pois se já tivessem desperto esse sentimento sublime, nenhum desses delitos seria consumado, mesmo que exigisse a vida de quem os podia praticar.

É suficiente um rápido exame para verificardes que, se houvesse a compreensão amorosa do sentido real da vida reencarnatória do espírito, os progenitores nunca olvidariam que a sua própria vida na carne a devem também a outros seres que os haviam precedido na jornada, mas que foram dominados pela terna disposição de criar. Se assim pensassem não só seriam induzidos a evitar as terríveis expiações do Além-túmulo, como ainda se livrariam das terríveis amarguras de, em vidas futuras, se debruçarem sobre o caixão mortuário do filho amado que parte prematuramente.

PERGUNTA: — Ocorre-nos à reflexão que esses delitos que enunciais parecem se referir exclusivamente à responsabilidade materna. Então, qual a culpa do pai, quando se encontra obrigado a provas tão dolorosas com a perda prematura dos seus filhos?

RAMATÍS: — Dentro do mecanismo perfeito da Lei do Carma, o esposo que é submetido à prova angustiante da perda prematura dos filhos obviamente responde por motivos que podem se enquadrar nos seguintes delitos do passado: induziu a companheira ao aborto, ao infanticídio ou à operação "anticonceptiva"; abandonou a família e os filhos, livrando-se da responsabilidade paterna, ou torturou-os cruelmente, por haver pressentido neles alguns adversários espirituais encarnados em seu lar. É justo, pois, que um pai nessas condições deva ser submetido no futuro à prova dolorosa de ser privado dos seus descendentes, que então bem desejaria criar, despertando o sentimento do amor pela sensibilização dolorosa do coração.

PERGUNTA: — O sofrimento dos pais pecaminosos, nas existências futuras, sempre se iguala à natureza dos seus delitos praticados nas vidas anteriores?

RAMATÍS: — Não podemos esmiuçar todos os recursos de que se socorre a Lei do Carma na sua aplicação metódica para elevar o padrão espiritual dos seres; mas podemos afirmar que a "semeadura é livre, porém a colheita é obrigatória". O processo cármico, vigoroso e severo, de retificação espiritual, sempre se desenrola atendendo à restrita necessidade de renovação espiritual e não como vingança ou cólera de Deus a se abater sobre o culpado.

Vós sabeis perfeitamente que, quando um homem bom, num momento de cólera intempestiva, pratica um homicídio, a Lei sempre o trata com mais indulgência do que se ele fosse um

A Vida Além da Sepultura

homem mau ou um assassino profissional. O primeiro dispensa um processo compulsório mais doloroso, porque a sensibilidade de sua consciência já lhe permite meditar sobre o crime e purgar-se com o ferrete do remorso. No entanto, o segundo, curtido pelos crimes e incapaz da "autocrítica" acusadora, ou do remorso purificador, há de exigir um plano de dores mais atrozes para se despertarem as fibras do seu coração endurecido.

Da mesma forma, os delitos cometidos no passado pelos pais culposos, embora às vezes sejam iguais em sua origem e ação, podem variar quanto às condições do seu resgate futuro. A mãe que trucida o filho num momento de loucura por não poder se livrar da miséria insidiosa, de modo algum será tratada pela Lei Cármica, que é justa e sábia, nas mesmas condições daquela que mata o fruto de sua carne porque teme a maledicência, o sacrifício social do nome, ou não deseja abdicar dos prazeres do mundo.

PERGUNTA: — Quando os progenitores culpados são submetidos à prova dolorosa de perderem os seus queridos filhos, de que modo se lhes desenvolve o amor, que era inexistente no passado?

RAMATÍS: — O despertar do potencial de amor nos pais delinquentes de outrora, obviamente se processa na esfera cordial do psiquismo, pois a dor que é produzida pela perda do filho querido transforma-se em divina força centrípeta, que concentra e apura todas as vibrações dolorosas no cadinho depurador do espírito. Sob o invólucro dos corpos físicos permanece sempre a alma imortal, cuja memória etérica se engrandece e se sublima pelos feitos do amor e do heroísmo nas vidas humanas. Enquanto isso os seus equívocos se retificam sob o estilete do sofrimento dirigido pela pedagogia sideral.

Em cada existência, o espírito é batido pelos vagalhões das vicissitudes morais e dos sofrimentos físicos; mas a renovação sidérea interior nem sempre resulta de conformidade com os acontecimentos trágicos ocorridos no cenário físico. Enquanto o castigo corporal, a segregação no cárcere e o comentário aviltante da imprensa diária não conseguem abater o cinismo e despertar o sofrimento moral no delinquente costumaz, a mais singela dúvida de honradez sobre um homem justo fá-lo sofrer desesperadamente. O mesmo se dá com o efeito das provas cármicas dos pais culpados do pretérito: para alguns, a simples impossibilidade de nascer um filho tão esperado já significa profunda tortura; para outros, mesmo a tragédia dantesca que se abate no lar e destrói até a família, de modo algum lhes comove a rudeza do coração, nem ativa o amor que ainda está petrificado pelo passado de ignomínia.

Eis por que a Técnica Sideral costuma empregar métodos da mais alta eficiência corretiva e, precisamente, de conformidade com a psicologia e o grau de sensibilidade psíquica dos espíritos culpados, visando exclusivamente à eclosão do sentimento amoroso faltante, e não de acordo com o vulto de delito passado. Se assim não fora, poderíeis acusar a Divindade de cruel sadismo para com os seus filhos, pois então estaria agindo sob o guante da Lei do "olho por olho e dente por dente". Nesse caso, seria punida a **quantidade** do crime e sacrificada a **qualidade** do sentimento de amor que porventura já devesse existir na alma delinquente.

Daí o fato de um mesmo tipo de crime poder revelar psicologias criminosas diferentes e até opostas, pois, embora dois crimes se assemelhem na prática, podem variar quanto à necessidade de aplicação do processo de retificação espiritual. Enquanto a montanha de pedra requer poderosa carga de dinamite para ser rompida, durante a confecção da estátua é suficiente o trabalho lento e incisivo do cinzel. Sob a mesma disposição de relatividade, a Lei do Carma também atua sobre as almas culpadas de delitos semelhantes, encaminhando para sofrimentos mais vultosos aquelas que ainda se encontram petrificadas pela impiedade, requerendo uma terapêutica retificadora mais acerba. Mas também impõe um programa doloroso mais suave aos corações melhores e que foram mais vítimas de sua emotividade invigilante do que mesmo da crueldade deliberada.

E assim, a mãe criminosa, que matou por piedade, desespero ou miserabilidade, embora possa futuramente sofrer a prova dos filhos doentes, vê-los-á sobreviverem, sem a dor de perdê-los prematuramente. No entanto, a que os trucidou por ódio, ou pela fuga da responsabilidade materna, embora haja semelhança no delito, praticou uma falta que requer futuramente a dor da separação do filho querido.

PERGUNTA: — Apreciaríamos que nos désseis um exemplo mais concreto, através do qual pudéssemos avaliar melhor o modo como se desenvolve esse amor nos pais que são provados por terem matado ou abandonado seus filhos em vidas passadas.

A Vida Além da Sepultura

RAMATÍS: — Para maior clareza do assunto, reduzamos os delitos a uma só forma e vejamos quais as suas prováveis consequências cármicas futuras. Suponhamos então o caso de um pai que, em vidas pregressas, repudiasse um seu filho, porque era feíssimo, deformado, enfermiço ou de raciocínio perturbado. Perante a Lei Cármica, esse pai comprovou que ainda estava incapacitado para amar os seus próprios filhos, a ponto de desprezar a alma atribulada que veio suplicar guarida e amparo no seu lar terrestre, para suportar as suas terríveis provas de humilhação física. Se em seu coração já existisse a mais diminuta forma de afeto ou piedade, é evidente que ele teria se apiedado do infeliz descendente, prodigalizando-lhe o carinho e as atenções mais exigíveis por ser vitimado pela lesão corporal.

Sob as diretrizes da Lei Cármica, de retificação espiritual, esse pai delinquente é um necessitado de reparos espirituais; não, porém, pelo fato de repudiar o filho infeliz, mas porque ainda não sabe amar. E se o principal objetivo de sua vida espiritual é o desenvolvimento do amor adormecido no recesso de sua alma, a Lei então estabelece o plano do falecimento prematuro do futuro filho sadio ou formoso e que, por isso mesmo, há de ser egoisticamente amado na próxima existência.

PERGUNTA: — E como será induzido esse pai a amar o filho futuro, se em sua alma persiste a mesma falta de amor do passado?

RAMATÍS: — A Técnica Espiritual sabe agir com extrema sabedoria e aproveitamento do próprio potencial adormecido nas almas faltosas; serve-se de recursos eficientíssimos que, embora dolorosos, atuam como verdadeiros "excitadores" ou "multiplicadores" de frequência amorosa ainda deficitária. Em face de haver pecado pelo desprezo e repúdio ao filho indesejável, por ter sido feio, disforme, doente ou débil mental, a Lei então ajusta-lhe um outro filho sadio, belo ou sumamente inteligente — para breve desencarnação — que se torna o seu incessante motivo de paixão e gozo egoísta. Feliz e envaidecido por se ver alvo da admiração alheia, que lhe carreia a figura do rebento querido, mas desavisado das futuras provas dolorosas que o espreitam, deixa-se fanatizar pela adoração descontrolada.

Alguns pais vivem quase que exclusivamente circunscritos em torno do seu deusinho belo ou sábio, felicíssimos por atenderem-lhe aos menores caprichos e desejos, ou valorizar-lhe a graça juvenil.

É o tesouro festivo do lar abençoado por Deus; é o melhor ser do mundo. Mas isso tudo ainda é paixão egocêntrica e vaidosa, gerada pela imagem agradável da própria carne que teve forma feliz; mas pouco a pouco vão se mudando as emoções nos corações dos pais faltosos; a Lei submete-os aos climas emotivos mais contraditórios, intercalando-lhes fases de alegria e angústia, ventura e medo. A simples premonição de qualquer enfermidade em seu querido descendente é bastante para anuviar-lhe a alma aflita; as enfermidades constitucionais da infância acumulam dores e preocupações. Então o filho adorado daquele homem do nosso exemplo de há pouco, nascido belo, sadio ou inteligente, torna-se o motivo de incessante intranquilidade e serve de apuro à sensibilidade amorosa que desperta no pai, que passa a viver cenas exatamente opostas às do passado. Ele alegrava-se ante a simples ideia de que um acidente trágico ou uma enfermidade irreparável pudesse aniquilar o filho repudiado por ter nascido feio, doente, débil ou aleijado. A esperança pregressa de ver o filho perturbado morrer logo, porque significa profunda humilhação aos esposos perante os progenitores felizes, transforma-se, noutra existência, num ardente desejo de que sobreviva de qualquer jeito o descendente perfeito e glória da família.

Submetendo as almas delinquentes do passado a processos de profundeza espiritual, a Lei Cármica, de causa e efeito, consegue extrair do veio do coração o precioso minério que é o amor. Embora, de princípio, o filão do amor só possa ser explorado pela vaidade, interesse e egoísmo, para depois se sublimar na ternura, no sacrifício e na renúncia, a Divindade possui recursos para lograr o êxito objetivado. Os pais culpados, invertendo a direção de suas paixões represadas pelo despeito da deformidade dos filhos, no pretérito, terminam inteiramente fascinados pelos seus descendentes, que depois lhes exaltam as tradições de família ou provocam a admiração alheia entusiasta. Abandonam-se efusivamente a um amor fremente, mas onde ainda se mesclam a vaidade com extremos de ternura e o orgulho com a adoração. Ocorre justamente o reverso do que lhes acontecia no passado, quando, diante do filho lesado pelo destino, tudo faziam para molestá-lo e expulsá-lo de sua presença, terminando por afastá-lo para a frieza dos orfanatos, a impiedade dos tutores sádicos ou das madrinhas histéricas.

A Vida Além da Sepultura

PERGUNTA: — Podemos supor que, após esse experimento retificador, proporcionado pela Lei, os corações desses progenitores se encontrem suficientemente desenvolvidos para mais tarde amarem outros filhos menos agraciados pela natureza?

RAMATÍS: — Apesar de tanto júbilo e emotividade à flor da pele, para com filhos, ainda não é possível dizer que já conseguiram a devida compensação à falta de amor que os fez delinquir no passado.

É certo que, embora se trate ainda de paixão ativada pela configuração carnal e pelos dotes excepcionais do feliz rebento, isso já comprova que germina o sentimento que futuramente fará eclodir o amor nos seus corações recalcitrantes. No entanto, como eles não têm direito ao gozo completo na existência retificadora — porque isso seria flagrante descaso para com a Lei, como se ela premiasse os pais culposos — a morte estende as asas lúgubres e ceifa a vida do filho adorado, quase sempre quando é mais intenso o júbilo da família. Inútil descrever-vos então a dor intensa e o sofrimento atroz a fazerem morada nesses corações feridos pela suposta impiedade de um Deus que lhes rouba o filho querido.

A sua morte pode provocar acerbas blasfêmias contra o Criador; talvez emudeça por longo tempo a alegria da mãe ferida no âmago do coração, enquanto o pai se deixa dominar pela revolta sistemática contra todos os ditames da vida religiosa ou da revelação espiritual. Mas a Lei do Carma, em sua infinita sabedoria, sempre logra o êxito de sensibilizar os corações indiferentes do passado, preparando-os com rigor, mas tornando-os ternos e amorosos para outros afetos futuros. A saudade que ainda os envolve, causada pela partida do ente querido, continuará a manter-lhes viva a imagem do filho que contribuiu como um verdadeiro "despertador" do amor que existia adormecido na frieza das almas que o adoravam.

PERGUNTA: — Esse amor só pode ser despertado por meio de filhos belos, sadios ou inteligentes, que mais tarde desencarnem para avivar os sentimentos paternais adormecidos?

RAMATÍS: — Não vos esqueçais de que estamos nos cingindo apenas ao exemplo de um pai que, pelo abandono de um filho deformado, débil mental ou adversário espiritual, requeria a terapêutica retificadora de perder prematuramente outro filho, belo, sadio ou inteligente. A Lei dispõe de diversos recursos para incentivar os pais delituosos a despertarem o amor latente em suas almas, sem precisar submetê-los exclusivamente à prova de perderem os filhos belos ou sábios. O espaço exíguo desta obra não nos permite analisar a multiplicidade de ações e reações de "causa e efeito", que se processam sob a visão sábia dos Mentores Siderais, quando precisam promover a retificação espiritual dos diversos delitos de pais comprometidos com os filhos em encarnação anterior.

PERGUNTA: — Inspirando-nos no próprio processo da Lei Cármica , que regula a "causa" e o "efeito", na retificação dos equívocos das criaturas, achamos que os filhos deformados, maus, débeis ou repulsivos, que são repudiados pelos pais impiedosos, devem merecer tal hostilidade. Supondo que, no passado, eles também houvessem repudiado afetos paternos e desprezado seus progenitores, a Lei não os deveria colocar também sob a tutela de pais adversos?

RAMATÍS: — Evidentemente, muitas vezes assim sucede, na lógica justíssima do processo cármico.

Geralmente, os espíritos que subestimaram seus progenitores em uma encarnação, não merecendo em futuros renascimentos o teto afetuoso a que não fizeram jus, renascem de pais indiferentes, impiedosos e destituídos de qualquer ternura.

E quando, além de sua frieza amorosa, eles ainda pressentem no filho antipático a presença do adversário detestado, do passado, então deixam-se tomar por invencível repulsa, chegando até a expulsar o infeliz descendente, quando o despeito, o ódio ou a crueldade não os leva a aniquilá-lo impiedosamente, conforme a imprensa terrena é pródiga em noticiar.

Os espíritos bastante agravados pelos delitos do passado e que tentam o renascimento para a devida reconciliação com os adversários de outrora, necessitando nascer disformes ou retardados mentais, vêem-se muito reduzidos nas suas possibilidades de êxito e de acolhida favorável na família terrena. Aqueles que já se beneficiam com a presença do remorso na consciência aviltada, submetem-se, amargurados, à tentativa — de pouco êxito — de sobreviverem no lar dos seus inimigos pregressos aos quais se ligam pelos laços do ódio inconformável. Dominados por

A Vida Além da Sepultura

385

indescritível angústia, importa-lhes unicamente ajustarem-se a um corpo de carne, no qual possam olvidar a incessante recordação cruciante dos seus crimes, pois que, na memória etérica liberta no Mundo Astral, os segundos já vividos mais lhes parecem séculos de horror e desespero.

Então, aceitam qualquer encarnação disforme, da carne, para renascer na matéria, ou os pais mais odiosos da Terra para criá-los; basta-lhes o bálsamo do esquecimento das vilezas pretéritas, concedido na forma de corpo físico. Quando pela impiedade ou hostilidade criminosa, os progenitores adversos os devolvem novamente para as misérias do Mundo Astral inferior, expulsando-os do corpo de carne tão implorado para a redenção espiritual, são bem raros os espíritos que se conformam com esse acontecimento odioso. Sentindo recrudescer o ódio mal dissimulado sob as cinzas do próprio interesse, tornam-se almas desatinadas e lançam-se raivosamente sobre os seus ex-progenitores, perseguindo-os implacavelmente até à hora da sua desencarnação, quando então os esperam, à beira do túmulo, como enfurecidos demônios sem a menor parcela de piedade.

PERGUNTA: — Estamos certos de que uma grande parte dos pais terrenos não leva muito a sério essa possibilidade, pois, se a levassem, as creches e os orfanatos estariam vazios.

RAMATÍS: — Esses pais precisam saber que nenhum dos mais trágicos escritores do vosso mundo poderia descrever o pavor e a alucinação que se apoderam dos pais infelizes que, dominados pelo ódio, repudiam ou matam os seus filhos na Terra. Quando retornam ao Além, transformam-se em verdadeiros "trapos vivos" nas mãos dos exacerbados verdugos e adversários que imprudentemente eliminaram dos seus lares terrenos. As mulheres que às vezes se deixam dominar por sentimentos súbitos de repulsa e revolta para com os filhos nascituros, e que se socorrem dos tradicionais inimigos da vida, ou "fazedores de anjos", para expulsá-los através do aborto premeditado, ignoram que um pavoroso inferno de sofrimento as espera quando, após a desencarnação, caírem desamparadas sob o guante dos espíritos tenebrosos aos quais negaram um corpo já em gestação.

Não vos é possível imaginar a cólera, o ressentimento, a revolta e o ódio que se apoderam desses espíritos, quando reagem contra as criaturas que lhes impediram a gestação do corpo amigo e tão precisado para olvidar o passado acusador, que ferreteia incessantemente as suas memórias subvertidas. Depois dessa desilusão, só lhes move um desejo feroz: cercar de todas as humilhações possíveis e enfermidades cruciantes aqueles que lhes negaram o benefício de um corpo físico, apressando-lhes também a desencarnação, a fim de mais breve torná-los vítimas das mais cruéis vinganças.

Por isso, se muitos filhos deformados, cruéis ou retardados mentais merecerem a prova cármica de nascer em lares de pais adversos, os progenitores precisam se conformar com o acontecimento desfavorável, pois estão colhendo na prole antipática o fruto das sementes hostis e maldosas que semearam em encarnações passadas.

PERGUNTA: — Desde que, por Lei do Carma, os espíritos que repudiaram ou menosprezaram seus pais devem renascer no seio de famílias adversas, com probabilidade de serem repudiados e até mortos prematuramente, os pais que os rejeitam ou maltratam não estarão contribuindo para a concretização dos próprios objetivos retificadores da Lei contra os faltosos? E isso não deverá amenizar as suas provas futuras, uma vez que apenas deram cumprimento àquilo que já estava obviamente determinado?

RAMATÍS: — A Lei do Carma, apesar de ser justa e implacável, não cria a predestinação para o crime, nem permite a desforra por parte de ninguém. Ela é apenas o efeito de uma situação criada pelo próprio homem, no passado.

Quanto ao modo mais certo de agir neste caso, é Jesus quem o indica, nas seguintes recomendações:: "Ama ao próximo como a ti mesmo" e "Faze aos outros o que queres que te façam" ou ainda: "Quando te tirarem o manto dá-lhes também a túnica"; "Se o teu adversário obrigar-te a andar uma milha, vai com ele mais uma". Não importa cogitar se as culpas requerem punições ou se os delitos exigem reparações ao pé da letra, pois o objetivo mais importante a ser alcançado para a felicidade da vida espiritual ainda deve ser a libertação das algemas do ódio, do crime e da crueldade, que ligam as almas adversárias e endividadas ao mundo material. O círculo vicioso das desforras e tormentos recíprocos indica situação de profunda ignorância do espírito, pois o prende ainda mais nas rodas das reencarnações.

A reparação recíproca, imposta pelos preceitos cármicos, e

A Vida Além da Sepultura

387

obrigatória ao espírito, tem por fim evitar que se perturbem a ordem e a harmonia do mecanismo da evolução, e ocorra o desleixo na linha moral do aperfeiçoamento da alma. Desde que os próprios adversários resolvam desatar os grilhões que os escravizam mutuamente às vinganças, eles mesmos terão conseguido os efeitos benfeitores para as suas futuras reencarnações, cada vez mais reduzidas como situações de amarguras e mais amplas quanto ao sentido de oportunidade educativa.

Os pais que se antipatizam com os filhos e os detestam porque nasceram deformados, ou são inimigos pregressos, mesmo que pudessem comprovar que tais espíritos não têm direito a um lar amigo, nem por isso teriam o direito de eliminá-los, pois uma ação criminosa cria um "efeito" sob igual culpa. Em consequência, esses pais se candidatam às dores atrozes das perdas dos filhos no futuro, assim como terão de renascer no seio de família antipática, contando com maiores probabilidades de serem enxotados e bem menores ensejos de permanência no lar. A criatura humana, em lugar de discutir a procedência dos atos resultantes da ação implacável da Lei do Carma — que é processo educativo obrigatório para a disciplina no mundo físico — deve aceitar incondicionalmente as disposições da Lei do Evangelho, que são libertadoras e conduzem à vida nos céus.

PERGUNTA: — Mas no caso dos pais que repudiam o filho detestado, não é a própria Lei que os leva inconscientemente a praticarem esse ato para se cumprir um processo cármico disciplinador?

RAMATÍS: — Embora, nesse caso, os pais estejam dando, sem o saber, cumprimento à Lei do Carma, eles o fazem sob a influência da crueldade, num teor de ação má proposital, que os põe perante a infração da lei de "quem com ferro fere, com ferro será ferido" ou da de que "a colheita há de ser conforme a semeadura", como premissas fundamentais a exigirem futuras retificações. No entanto, se esses pais preferissem seguir o roteiro indicado pela Lei do Evangelho, tratariam seus filhos sob a inspiração do Amor e, então, entre os adversários do pretérito e os encarnados no mesmo lar seriam desatadas as algemas que obrigam às correções cármicas, pois é de lei que "há de ser desatado na Terra o que na Terra for atado".

Enquanto o carma — embora justo em sua ação disciplinadora — reajusta o efeito à sua causa para atender às necessidades educativas do mundo material, o Evangelho se torna o sublime recurso que liberta o espírito, porque não o algema a obrigações reparadoras dos equívocos da alma, porém inspira e orienta a ascensão espiritual. Os pais desnaturados podem destruir os herdeiros de si mesmos por não querer aceitá-los na forma depreciativa com que a Lei os envia. No entanto, no futuro, a mesma Lei tornará a enviar-lhes filhos de conformidade como os desejam, mas já não lhes permitirá criá-los, uma vez que esse desejo foi apenas quanto ao seu tipo físico e não quanto à deliberação de ampará-los até o fim da jornada.

Servindo-nos de uma expressão familiar entre vós, diríamos que esses pais não fazem jus à obtenção de filhos exclusivamente atraentes, porque ainda não merecem a "união do útil ao agradável". No entanto, se desejarem um tratamento amoroso e a proteção de outros pais, em encarnações futuras, só lhes resta uma atitude, desde já, para com os seus inimigos renascidos no seu lar, que é a fórmula preceituada por Jesus. "Ama ao próximo como a ti mesmo" e "Faze aos outros o que queres que te façam".

PERGUNTA: — Do que nos tendes exposto, estamos inclinados a crer que todos os filhos que nascem deformados, débeis, enfermiços, feios ou tolos, são sempre almas delinquentes, ao passo que todos os belos, sadios e sábios são espíritos superiores; não é assim?

RAMATÍS: — Mesmo no Além não há regra sem exceção, pois muitas criaturas formosíssimas e fascinantes têm sido, em encarnações passadas, terríveis criminosos, perdulários, prostitutas, facínoras, envenenadores cruéis, parricidas e matricidas. A beleza física exclusiva não é regra absoluta para se comprovar a presença de um espírito superior no mundo, pois Lucrécia Bórgia e a imperatriz Teodora eram de beleza estonteante; no entanto, a primeira foi impiedosa envenenadora e a segunda cruel rainha. Muitas vezes o adiantamento e a sabedoria espiritual podem se esconder na criatura feia, humilhada e de aparência insignificante. A carne é o instrumento de que o espírito se serve para experimentar o seu poder e a sua vontade, compondo a sua consciência sob a lei do livre-arbítrio e a vigilância para com a Lei do Carma, que lhe ajusta os desvios perigosos e providencia-lhe as oportunidades de reerguimento moral.

A beleza ou a feiúra, a riqueza ou a pobreza, a glória ou a humilhação, no mundo físico, fazem parte dos apetrechos provi-

A Vida Além da Sepultura

389

sórios de que o espírito se serve para tentar o seu progresso e ampliar a sua consciência sideral. Mas não representam a sua identidade espiritual específica, nem também são conquistas de ordem definitiva. Daí o fato de se poder encontrar entre os mais afortunados e de configuração belíssima tanto os gênios e os tolos, como os bons e os maus, sendo que os mais imprudentes e entontecidos pelas ilusões de alguns instantes de gozo imitam as mariposas, que se deixam cegar pelo excesso de luz.

Embora a criatura angélica do futuro deva realmente ser formosa, boníssima e sábia, da qual Jesus é um dos tipos ideais, muitos filósofos que consumiram suas existências em favor de um roteiro moral superior, na Terra, nasceram sem credenciais físicas agradáveis, como Sócrates, por exemplo. No entanto, a história terrena sempre assinala belos espécimes humanos, cujos corpos apolíneos, que escondiam almas diabólicas, semearam a dor, a desilusão e o aviltamento moral.

Há que considerar que a forma humana é provisória e a caminho de expressões ainda desconhecidas na Terra, sendo o espírito o fato mais importante e que, embora invisível aos olhos carnais, é realmente a expressão definitiva e sobrevivente ao organismo físico de experimentação humana. A vestimenta de carne e o ambiente privilegiado não importam quando o espírito é sábio e bom. Quase sempre as almas que no passado pecaram por excesso de beleza, abuso das posições sedutoras ou facilidade de fortuna preferem renascer feiíssimas e pobres, a fim de, vivendo situação humilde, melhor apurarem a bondade e se livrarem das tentações perigosas, que mais facilmente são provocados pela beleza, a fortuna e o prestígio.

PERGUNTA: — Mesmo no Mundo Astral, a beleza da forma humana nem sempre identifica a superioridade da alma?

RAMATÍS: — Enquanto, na Terra, o corpo físico se constitui de conformidade com as experimentações a serem tentadas pelo espírito encarnado, no Mundo Astral o perispírito revela na sua substância quintessenciada exatamente aquilo que é no seu psiquismo. São muito comuns as terríveis decepções quando, após a morte do corpo físico, muitas criaturas vêem aflorar à superfície de si mesmas as expressões e os contornos mais aviltantes e monstruosos, depois de desligadas de corpos belos e atraentes. As falsas virtudes, o verniz da ética social ou as hipocrisias religiosas pulverizam-se sob miraculoso passe de magia quando o espírito desregrado se revela no cenário do Além, expondo a nudez de sua consciência e sofrendo a tremenda decepção de haver iludido a si mesmo. Enquanto o corpo físico pode ser agradável, apenas pela sua linhagem ancestral biológica, no Além o belo é realmente o cunho da alma bondosa e sábia, porque é a forma real e projetada de sua intimidade espiritual. Da mesma forma, as figuras teratológicas, que povoam o Astral inferior e desafiam o mais ousado Dante para descrevê-las, são produtos exatos da subversão espiritual e que muitas vezes se mascaravam na Terra sob o disfarce de um corpo formoso e tentador. Muitos homens afidalgados e mulheres sedutoras lançam-se ao Além-túmulo na figura de horrendos bruxos, que apavoram a si mesmos.

PERGUNTA: — E qual é o aspecto comum dos filhos terrenos, quando identificam sempre a presença de um espírito superior? São sempre belos ou também feios?

RAMATÍS: — Nos lares terrenos tanto podem nascer filhos belos e portadores de almas diabólicas, como filhos feios, mas de almas angélicas. Do mesmo modo, nem toda precocidade infantil comprova sabedoria espiritual, porquanto a vivacidade e a agudeza de observações, que podem exaltar a criança terrena, sublimam algumas vezes a astúcia e o sofisma, que são próprios do Astral inferior. Mas não há dúvida quanto ao seguinte: o filho boníssimo é sempre de qualidade espiritual superior, enquanto o filho malvado é imagem de sua alma detestável, tanto no mundo físico como no Espaço. Neste assunto, não precisais ter dúvida, porque o selo que principalmente identifica o grau de elevação espiritual é sempre a virtude que se deriva do Amor. E a bondade, como um dos mais simpáticos aspectos desse Amor, é o distintivo indiscutível da alma superior.

A bondade é um prolongamento terno do Amor e este, por sua vez, é a marca divina com que Deus assinalou a essência de sua obra. O espírito bondoso, rico ou pobre, ignorante ou sábio, é como uma flor amorosa no jardim da vida humana: ele sempre santifica o ambiente em que vive e, mesmo aqueles que o hostilizam, sempre levam um pouco de sua ternura e um pouco do seu generoso perfume espiritual. Quando nada mais salvar o homem, salvá-lo-á a bondade, a benevolência ou o Amor.

Como a sabedoria espiritual representa a razão divina, e o amor incondicional é o sentimento dos céus, aquele que já possui tais qualidades é realmente o anjo vencedor de todas as batalhas

A Vida Além da Sepultura

391

e o sobrevivente em todas as metamorfoses da vida humana.

PERGUNTA: — Quando os pais culpados sofrem a perda prematura dos seus filhos belos e sábios, sendo violentamente feridos em seu amor egocêntrico, essa violenta transição da extrema alegria para a dor atroz não contribui para ainda mais agravar-lhes a proverbial falta de amor, resultando disso maior rebeldia e aversão à finalidade de procriar?

RAMATÍS: — Só a dor, em sua intensa manifestação, consegue influência nos corações indiferentes ou nas almas atrofiadas pelo excesso de gozo e bem-estar. A paixão egocêntrica que se interrompe pela perda do filho querido, no seu mais extremo potencial, não se extingue nos pais, porque a própria lei da vida impõe incessante superação a todos os fracassos, sofrimentos e vicissitudes humanas. Mesmo quando as almas se entregam ao desregramento completo, ainda vivem à procura de compensações venturosas; acontece, no entanto, que ainda lhes falta capacidade para adquirir a posição perdida, o que as leva a cometerem desatinos contra si mesmas, enquanto alimentam a enferma ilusão de que assim se desagravam em público... Mas no âmago de todo espírito ativa-se o desejo ardente de poder recuperar os seus prejuízos e renovar as suas esperanças frustradas.

É por isso que os pais endividados para com a Lei, que perdem o filho adorado — como não podem extinguir em si a paixão ou o sentimento novo que lhes gerou — vêem nascer-lhes a esperança de que a única terapêutica capaz de minorar-lhes a dor atroz será o advento de um outro filho. Suas aspirações então convergem para a imagem de outro ser que possa tanto substituir o ente desaparecido como carrear-lhes as mesmas alegrias e admirações usufruídas anteriormente. Enfraquecidas as lembranças dramáticas da desencarnação prematura do primeiro filho, a própria sugestão superior encarrega-se de despertar nos pais desolados o desejo de um novo descendente.

Isso contribui para que o segundo descendente já encontre ambiente mais afetivo para sua manifestação, mesmo que não revele as credenciais do primeiro filho. Embora não possua a beleza, a bondade ou a inteligência do outro, sempre há de ser o hóspede bem-vindo, porque na intimidade dos corações ulcerados dos pais permanece a ansiedade de qualquer compensação que lhes possa abrandar a dor inconsolável.

Alguns que não logram a graça de outro filho, para minorar-lhes a saudade, se conformam então em estender o seu afeto a outros filhos alheios e os buscam nos orfanatos para a amorosa compensação.

PERGUNTA: — E esse filho belo e inteligente, que desencarna cedo, não poderá ser o mesmo filho feio, deformado ou tolo, já repudiado uma vez?

RAMATÍS: — Nem sempre os pais que sofrem a prova cármica de perder de modo prematuro os filhos queridos foram esposos no passado. A Lei pode tê-los reunido apenas pela semelhança de delitos e de provas cármicas. O pai que repudiou o filho que, por sua culpa se extinguiu prematuramente na miséria do mundo, pode ser escolhido para esposo de outra mulher que, no passado, houvesse praticado o infanticídio e deva sofrer a prova cármica de perder um ou mais filhos. Mas aqueles que no passado foram esposos ou amantes, responsáveis pela morte do filho deformado, enfermiço ou retardo-mental, não precisam ser provados por meio do mesmo espírito que expulsaram anteriormente.

Conforme já dissemos, pode nascer desses mesmos pais outra entidade sábia, bela ou sadia que, desencarnando em tenra idade, acicata-lhes ainda mais o amor e a saudade, pela sua vestidura mais atraente; o que importa à Lei do Carma é fundamentalmente a ação e o seu resultado retificador, mas não a natureza dos agentes que devam provocar o despertamento amoroso.

PERGUNTA: — Que obstáculo poderá haver para que o próprio espírito antes repudiado retorne ao mundo em outra existência para poder, como filho, se tornar o próprio instrumento de ajuste cármico dos pais culpados?

RAMATÍS: — O mesmo aforismo de que a "natureza não dá saltos" poder-se-ia aplicar no caso do processo de ascensão espiritual, pois que esta também não se efetua a saltos improvisados. Embora tenhamos dito que nem sempre a criatura pobre, simples e humilde é alma inferior, convém saber que aquele que nasce deformado e débil está suportando a prova de severa retificação espiritual, manietado pela própria Lei que subverteu no passado. Quase sempre, é ele o adversário mais feroz dos próprios pais, que vem rogar-lhes hospedagem carnal; no seu íntimo, as paixões e as agressividades podem se encontrar amor-

A Vida Além da Sepultura

393

daçadas no molambo de carnes doentias, ou então represadas ou descontroladas pela alienação mental. Em geral, se fosse concedida completa liberdade a tal espírito, com o comando incondicional de um organismo atraente ou sadio, pela sua imaturidade psíquica não tardariam a eclodir nele os mesmos desatinos, crueldade e torpezas pregressas.

Sob tais condições, ser-lhe-ia demasiadamente imatura a reencarnação em situação de beleza, sabedoria ou liberdade de ação contra o que requereria a Lei para o êxito da provação espiritual posterior dos pais culpados. Também não seria possível à alma delinquente efetuar em curto prazo de tempo uma renovação espiritual tão miraculosa, para uma segunda prova cármica em aspecto angélico, pois a ascensão sideral é feita por etapas distintas e lentas modificações, que não violentam o padrão psíquico. Comumente, a alma gasta mais de um milênio para só apurar uma virtude louvável, como a resignação, a honestidade ou a simplicidade. Dentro do próprio conceito popular de que "vaso ruim não se quebra", o espírito que desencarna prematuramente, salvo acidentes técnicos do Astral e da Terra, é entidade elevada e de curto pouso na carne, enquanto o que enfrenta longa existência, em geral, é portador de defeitos comuns da humanidade.

PERGUNTA: — Visto que certos pais culpados são provados com a perda de filhos, deve ser provável que alguns espíritos aceitem o sacrifício de morrer na infância para se tornarem os instrumentos dessa provação. Estamos certos?

RAMATÍS: — Retornamos à advertência já feita de que a Lei Cármica ajusta, mas não castiga. Também não cria fatos delituosos ou acontecimentos deliberadamente odiosos para que por meio deles se retifiquem as almas delinquentes. Seria profundo desmentido à Sabedoria e Justiça de Deus o fato de, para se realizar a prova do sofrimento cármico, haver necessidade de se aliciarem instrumentos de provação, assim como no vosso mundo se nomeiam criaturas para exumarem escândalos públicos. Não justificaria o fato de no mundo espiritual, da mais alta sabedoria de vida, se decidir que a responsabilidade exclusiva das almas culpadas dependesse de sacrifícios alheios para a sua efetivação. A Lei Cármica atua dentro do ritmo irredutível de que uma "ação" produz igual reação, ou seja: de determinada causa resulta idêntico efeito. O espírito que deve desencarnar prematuramente como

394   Ramatís / Atanagildo / Hercílio Maes

filho de pais culpados, a fim de despertar-lhes com mais veemência o amor ainda acrisolado na concha endurecida do coração, quase sempre é entidade de inteligência precoce, bondosa e de sabedoria inata, ou capaz de desenvolver os genes dos ascendentes hereditários para um físico belo e atraente.

Quantas vezes a sabedoria popular identifica o ser angélico sob o mau agouro de que é "criança que não se cria, porque não é deste mundo". Nem sempre a profecia é verídica, mas algumas criaturas pressentem em alguns desses entes formosos, ternos e sábios, os espíritos já evoluídos, cuja reencarnação é mais um recurso de técnica astral, pois que necessitam de curto prazo de vida humana para descarregar na carne instintiva os últimos resquícios do magnetismo inferior, que ainda lhes pesa nas fímbrias de sua túnica resplandecente. São espíritos que descem à matéria para um pouso rápido, como aeronautas siderais que completam o número de horas no corpo físico, a fim de promoverem-se ao comando superior nos páramos de luz e felicidade eterna.

A Lei do Carma, em seu inteligente mecanismo de benfeitoria espiritual, os aproveita então e serve-se de sua beleza angélica, sabedoria e bondade como recursos para despertarem a ternura ou mesmo uma paixão preliminar que possa sensibilizar o coração dos pais que pecaram por falta de amor. Quando, mais tarde, os pais faltosos e sensibilizados no fundo da alma, pela partida prematura do filho querido, procriam um novo corpo e tomam-se de novas esperanças amorosas, a Lei se encarrega de repor, nesse clima bem mais favorecido do lar, o velho adversário que foi repudiado no passado. Mesmo que ele retorne com a mente retardada e a configuração menos bela — fazendo seus progenitores sentirem a dolorosa diferença para com o filho excepcional, que partiu antes — encontrará guarida definitiva, porque existe um claro profundo nos corações dos pais, que clama por qualquer preenchimento cordial.

PERGUNTA: — Quer nos parecer, diante de vossas considerações, que todos os filhos belos, sadios, bons e sábios deveriam desencarnar prematuramente, pois se eles vêm a este mundo é para o sofrimento de pais culposos do passado, e por se tratar de espíritos na sua derradeira encarnação. É isso mesmo?

RAMATÍS: — As nossas considerações nada têm de abso-

A Vida Além da Sepultura

395

lutas, assim como não constituem regras sem exceção. Nem todas as crianças belas, boas e sábias são espíritos que descem à matéria para a derradeira encarnação, assim como nem todos os pais de crianças formosas e inteligentes são criaturas submetidas à prova de sofrerem a perda prematura dos filhos queridos. Jesus foi belo, sábio e bom, mas sobreviveu até aos trinta e três anos, assim como também não se encarnou no mundo físico para proceder à descarga de qualquer saldo de magnetismo inferior. Maria de Nazaré e Lucrécia Bórgia deslumbraram o mundo desde a infância pela formosura do seu semblante; no entanto, sem que alguém suspeitasse de destinos tão diversos a primeira foi a mãe do salvador dos homens e a segunda o vaso de paixão que depois semeava o veneno.

Acontece que, em tenra idade, tanto desencarnam as criaturas belas como as feias; as inteligentes ou as retardadas; as amorosas ou as cruéis, pois a morte é como uma espada de Dâmocles suspensa sobre as vossas cabeças e ameaçando-vos desde o primeiro vagido na vida física. Ela é condição permanente do mundo em que viveis, como fato necessário para a transformação do meio material, onde as forças mais brutas ameaçaram continuamente a existência das coisas mais frágeis.

Os seres vivos permanecem em contínua exaustão, quer no auge da saúde quer durante a enfermidade, embora o fenômeno da morte seja apenas "transformação" decorrente das trocas energéticas do mundo físico. A morte, quando analisada na Terra, parece-vos um caso tétrico e desesperador, que interrompe o gozo insosso das coisas materiais e rompe os laços egocêntricos do círculo familiar. Entretanto, esse mesmo acontecimento, quando examinado do lado de cá, modifica completamente a sua feição lúgubre, pois representa a "divina porta", que a bondade do Pai entreabre para a alma regressar à sua paisagem amiga, ao seu verdadeiro lar espiritual, onde realmente se trabalha na ventura definitiva.

Eis por que a desencarnação dos filhos e o sofrimento dos pais não devem ser encarados tão desesperadamente, uma vez que a morte não extingue o espírito, mas o liberta da matéria a que se encontrava incomodamente algemado. O que importa, na realidade, é a modificação que deve se operar no seu conteúdo espiritual, quer os filhos desencarnem prematuramente ou permaneçam encarnados até a velhice. Para a Lei do Carma, a morte não é recurso punitivo, mas apenas processo técnico usado no seu sistema de aperfeiçoamento espiritual. Enquanto alguns pais que melhoram o seu psiquismo por terem desenvolvido o sentimento do amor que faltou-lhes no passado, gozam da sobrevivência dos filhos adversos até a sua maturidade física, outros só conseguem essa melhoria sofrendo a morte prematura dos filhos queridos. Mas é inegável que a desencarnação funciona como simples recurso de controle no tempo e no espaço das existências humanas, bastante longe de qualquer expressão que lhe atribuam definitivamente.

PERGUNTA: — Mesmo diante dos vossos esclarecimentos, não pudemos ainda afastar a ideia de uma ação inexorável e algo punitiva, por parte da Lei do Carma, em relação aos processos redentores dos espíritos de pais faltosos.

RAMATÍS: — É provável que isso aconteça por supordes que a Lei do Carma seja um automatismo inexorável de "culpa" e "resgate". De princípio, é necessário compreenderdes que o mundo terreno é admirável laboratório para os ensaios de química espiritual, onde são respeitados a vontade e o livre-arbítrio das criaturas, malgrado as suas contradições para com a ordem evolutiva da vida espiritual manifesta na matéria. Em seguida, convém não generalizardes o que vos tenho dito, pois existem situações sacrificiais e expiatórias aparentemente idênticas, mas que, no entanto, são de origens completamente opostas.

Há casos em que infelizes esposos se vêm a braços com filhos teratológicos, porque foram responsáveis por suas cruéis desgraças, cumprindo-lhes suportar agora a terrível prova de reparação cármica. No entanto, nessas mesmas condições de infelicidades podem-se encontrar almas boníssimas e abnegadas, sem culpas no pretérito, mas que, em voluntária missão de amor e sacrifício, concordam em se tornar pais de espíritos delinquentes, com o intuito de ampará-los piedosamente em suas provas dolorosas, evitando-lhes o mergulho definitivo nas trevas das abjeções e rebeldias. No primeiro caso, trata-se de retificação espiritual imposta compulsoriamente pela lei da "colheita obrigatória" até o último ceitil; no segundo, é apenas o sacrifício espontâneo aceito por almas de escol, que se deixam inspirar pelo divino conceito do "amai-vos uns aos outros", do sublime Jesus.

Da mesma forma, nem todos os espíritos superiores se

A Vida Além da Sepultura

encarnam para a morte prematura e consequente provação dos pais, assim como nem todos os deserdados da sorte devem sucumbir só depois de adultos. Igualmente, nem todas as desencarnações prematuras são expiações deliberadamente cármicas para os seus progenitores, pois, antes da reencarnação, certas almas aceitam a incumbência dolorosa de gerar um corpo físico destinado a um espírito amigo, que necessita pouco tempo de vida física para completar o término de suas reencarnações. É evidente que esses pais hão de sofrer intensa dor pela ausência do filho querido, morto prematuramente, sem que com isso resgatem culpas pregressas. Se estiverem absolutamente certos do acordo espiritual "pré-reencarnatório", não sofreriam tão acerbamente e aceitariam a morte física apenas como breve ausência do espírito que fora seu filho carnal.

No futuro, quando o terrícola já fizer jus à benevolência e à dádiva sideral, a vida humana será por ele considerada como um estágio tão comum na Terra, quanto o são as vossas bolsas de estudos no estrangeiro. A maioria, então, despedir-se-á da vida física à semelhança de um viajante que pega suas malas e parte contente para tomar o trem.

Eis por que não deveis generalizar o que dizemos, mas compreender que há sempre um motivo justo e lógico que pode explicar todos os acontecimentos exóticos ou dolorosos da vida humana, sem que por isso se desminta a impecável Justiça de Deus.

PERGUNTA: — Cremos que, pelo fato de as religiões dogmáticas sempre nos ensinarem que a dor e o sofrimento são castigos de nossos pecados praticados neste "vale de lágrimas", da Terra, ainda pensamos que as situações incômodas ao espírito encarnado são sempre provas expiatórias e indiscutíveis resgates do passado.

RAMATÍS: — Se assim fosse, a existência humana não passaria de um automatismo incessante. Porventura, Jesus teria crucificado algum adversário, no pretérito, para ser punido com a morte na cruz? Ou então encarcerara inocentes ou traíra discípulos para que se justificasse o fato de haver recebido chicotadas, sido negado por Pedro e traído por Judas? Essa crença insensata só poderá conduzir-vos a profunda confusão quanto ao entendimento das verdadeiras finalidades da vida terráquea. Esta, como temos dito, é laboratório planetário destinado à eclosão das energias do espírito, através do convite instintivo da carne, e não esse compungido "vale de lágrimas", adrede preparado pela fantasia melodramática das seitas religiosas.

Embora considereis como dores e sofrimentos as várias fases ou estágios do processo cármico que transforma animais em anjos, ele não tem o caráter de punição ou de vingança das faltas praticadas pelo homem nesta ou nas encarnações passadas. Essas dores e sofrimentos, como etapas de aperfeiçoamento progressivo, conduzem as formas brutais às mais elevadas expressões de estética espiritual. A caminho de novos aspectos de beleza e aquisição de consciência futura, a pedra desbasta-se na dor mineral, a vegetação desperta na dor vegetal, pela poda ou pela enxertia, o animal progride pela dor carnal, sensibiliza-se sob os impulsos do instinto, e o homem se liberta das paixões aviltantes.

É inegável que sois dono de vossa vontade ou do vosso livre-arbítrio, podendo praticar as vossas ações em benefício ou em prejuízo da coletividade, mas é preciso que vos lembreis de que a Lei do reajustamento e do equilíbrio ascensional do espírito intervém imediatamente, assim que exorbitais em vossas ações e delas resultam consequências prejudiciais ao próximo e desarmonia à ética evolutiva. A sabedoria popular antiga, certa da constante e eficaz presença da Lei Cármica por detrás de qualquer acontecimento inevitável ou trágico, preferia curvar-se humildemente à resignada convicção de que "Deus sempre sabe o que faz". Esta certeza também deveria participar de vossas convicções espirituais, pois é fora de qualquer dúvida que uma coisa ainda impossível no Cosmo é o fato de alguém se tornar eternamente infeliz.

PERGUNTA: — Conhecemos criaturas que, mesmo muitos anos após haverem perdido um filho, ainda se entregam ao desconsolo dos primeiros dias, sem que consigam qualquer solução confortadora. Merece qualquer censura esse afeto inconsolável, que nos parece comprovar justamente a existência de um inesgotável amor nos pais? Se a Lei do Carma é tão severa para com aqueles que negligenciam os seus deveres afetivos com os descendentes, por que os que tanto amam devem ser tão infortunados? Nesse ponto a Lei não é injusta?

RAMATÍS: — Em face de o espírito ser a única realidade

que nas várias jornadas planetárias sobrevive eternamente às inúmeras desintegrações dos corpos físicos que ocupou, só a ignorância dessa realidade é que produz o sofrimento longo, motivado pela separação provisória. Em consequência, a solução do problema afetivo não reside em desmanchar esse "desconsolo" desde já, mas sim no mais breve esclarecimento da criatura, que precisa se libertar de sua ignorância espiritual e conhecer as finalidades da verdadeira vida do espírito.

Não nos cabe censurar os pais que se põem a prantear demoradamente a morte física dos seus queridos descendentes, mas é evidente que, se compreendessem os objetivos superiores da alma, de modo algum prosseguiriam nessa atitude de profundo egoísmo e inconformação para com as diretrizes da Sabedoria Divina. Indubitavelmente, nem sempre podem estar pranteando o espírito do filho amigo, pois, se ainda ignoram a realidade reencarnatória, também desconhecem que, em muitos casos, podem estar pranteando inconsoladamente o terrível algoz do passado, só porque herdou por breve tempo um corpo no seio do seu lar. É provável que, se conhecessem a terrível verdade que os faz chorar inconsoladamente, cessaria imediatamente o sofrimento por uma criatura espiritual que, na realidade, poder-lhes-ia ser até detestável.

PERGUNTA: — Mas como poderemos constatar a existência do egoísmo nesse sofrimento acerbo, quando os pais sofrem a perda do filho?

RAMATÍS: — Há criaturas muitíssimo beneficiadas pela fortuna, que se devotam egoisticamente ao seu único rebento, porque este é carne de sua carne e sangue do seu sangue. No entanto, esse apego doentio pode significar-lhes futura decepção no Além-túmulo, quando verificarem que, justamente no filho de sua humilde cozinheira, ou no menino que detestavam na vizinhança, é que realmente vivia o seu espírito mais querido do passado, ao passo que no filho adorado, que fora cercado dos mais fantasiosos caprichos, habitava a alma adversa, cruel e impiedosa.

Há criaturas que, quando perdem um filho, o mundo se lhes torna completamente sem importância; inconsoláveis, vingam-se do turbilhão da vida humana, recolhendo-se melancolicamente a um estado de inatividade emotiva e inútil, cultivando a sua desdita pessoal, embora continuem cercadas pela coletividade terrena sofredora e necessitada de toda cooperação. Algumas mergulham definitivamente na concha de sua vida egoística, enciumadas da felicidade alheia e considerando o mundo como o responsável cruel pela morte do filho querido.

Os mais egoístas perdem o senso de dever cristão e a sensibilidade espiritual e, esquecidos da pobreza dos filhos alheios ou da aflição de outras mães, preferem erguer faustoso mausoléu na terra fria do cemitério e depois o transformam num templo definitivo, para o culto doentio da morte, detendo-se melancolicamente junto ao cadáver do filho em desintegração. Quantas vezes, junto dessas almas hermeticamente enclausuradas em si mesmas, temos visto o morto a gritar-lhes no auge da angústia: "Basta, meus pais! Não forcem a minha presença espiritual junto ao meu cadáver! Cultuem a minha memória servindo, amando e socorrendo outros filhos de mães desditosas, que possam me substituir nos seus corações!"

E enquanto pranteiam a separação do corpo condenado ao apodrecimento, esses infelizes progenitores olvidam os sofrimentos e as angústias que se registram a poucos metros dos seus palácios enlutados, quando mães desesperadas clamam pela veste e pelo pão, a fim de que a prole possa sobreviver. Enchem-se os orfanatos, as creches e os asilos de crianças abandonadas, enquanto pelos cemitérios anti-higiênicos pais e mães circulam em silenciosa revolta contra o mundo, crentes de que a sua dor pessoal, o seu caso particular, deve ser considerado nas proporções de um drama universal.

Em vez de substituírem o filho que foi mimado com requintes de luxo e atenções descabidas e que desencarnou sob o ritmo justo da lei de recuperação espiritual, e cultuarem a sua memória pela dádiva da veste, do alimento e do socorro ao lar de outros filhos sem mãe e sem pai, que se contentariam apenas com os sobejos das mesas fartas, esses pais preferem estiolar-se no culto doentio de sua dor inconformada e reverenciar a lembrança da carne perecível.

PERGUNTA: — Acreditamos que esse sofrimento prolongado dos pais, consequente ausência do ente querido, não seja fruto exclusivo do egoísmo, mas pela sua sensibilidade afetiva. Demais, como se poderia amar intensamente o filho alheio, quando a vida não permite, por vezes, que se ame sequer o próprio filho?

A Vida Além da Sepultura

RAMATÍS: — O verdadeiro amor é aquele que vos desperta um estado de simpatia espiritual, ou seja, um estado em que sentis em vós mesmos o sofrimento e as necessidades que ocorrem noutros seres infelizes. Eis o segredo dos grandes amorosos para com a humanidade, como Francisco de Assis, Buda, Krishna ou Jesus. Enquanto o amor materno e paterno se devotarem exclusivamente à carne dos filhos que procriam, é fora de dúvida que os pais serão candidatos a sucessivas decepções nos mundos físicos e astrais. Assim vo-lo dizemos, para que no regresso ao mundo espiritual também diminuam as vossas terríveis desilusões, quando então conhecereis o verdadeiro significado de muitas contradições humanas, registradas na Terra em nome do amor, da bondade, da honestidade ou da renúncia.

Não há fundamento sensato em se chorar ininterruptamente os filhos desencarnados, quando eles não passam de imagens de carne em incessante transformação cotidiana. É suficiente o transcurso de alguns anos do calendário terrícola para que os descendentes rechonchudos se tornem diferentes das figuras que são expostas no álbum de fotografias da família. Mirai-vos vós mesmos no espelho doméstico, e que vedes à vossa frente? Porventura, ainda sois aquele rosado bebê de carne viva, que há alguns anos se agitava num berço, festejado ruidosamente pela parentela satisfeita? E sereis capazes de vos reconhecer se um espelho mágico vos mostrar com as faces macilentas do futuro velho, apoiado ao bordão que lhe ampara os passos trôpegos? Quem sois, enfim? "Quem são meus irmãos, meu pai e minha mãe?" indagou Jesus, num instante de grande lucidez espiritual.

Na realidade, as figuras humanas são imagens em contínua metamorfose, envelhecendo e se deformando apressadamente. Surgem em berço de rendas ou em amontoados de trapos; crescem, fatigam-se, tombam, e se extinguem no melancólico silêncio da sepultura terrícola. Quantas ilusões guarda a alma no choro inconsolável e na saudade doentia da imagem provisória daquele que partiu cedo, quando o verdadeiro afeto deve ser endereçado ao espírito, que é imortal, cada vez mais consciente de si mesmo e existente além do espaço e do tempo.

PERGUNTA: — Acontece que nós focalizamos todo o nosso afeto na figura humana e, quando ela desaparece, falta-nos o apoio emotivo em que vazávamos o nosso mais alto sentimento já desperto. Não é esse o processo natural da própria evolução espiritual?

RAMATÍS: — Mas é evidente que, escravizados aos caminhos virtuais de um mundo ilusório, não podeis atingir a realidade definitiva do espírito, que requer decisão e coragem para a almejada libertação da matéria.

O pai ou a mãe que, após dez anos, ainda se desespera com a morte do filho, olvida, em sua cegueira espiritual, que esse filho, se ainda estivesse vivo, não seria exatamente aquela imagem que ainda pranteia, mas haveria de ser outro o seu aspecto, porquanto ocorreria na sua fisionomia a mudança inexorável, produzida pelo passar dos anos. Em verdade o filho, se vivo, estaria dez anos mais velho. E também mais gordo ou enfermiço, dócil ou cruel, regrado ou viciado, solteiro ou casado. Sob qualquer hipótese, esse pai ou essa mãe inconsolável continua a prantear imagem falsa, obsidiado por uma ideia na retina da mente, assim como acontece na projeção cinematográfica, quando pára o projetor e os intérpretes do drama ficam estupidificados e imóveis na tela.

Acontece, também, que, no cumprimento comum da vida humana, é maior a porcentagem de espíritos adversários, algozes e vítimas, que se reencarnaram cotidianamente para constituir as famílias consanguíneas, enquanto que é bem menor o número de almas amigas que renascem ligadas por simpatias do passado. Sob os nossos conhecimentos espirituais, sabemos que muitos filhos ou filhas, cuja morte ainda é pranteada alguns anos depois pelos pais inconsoláveis, se ainda estivessem encarnados teriam sido terríveis verdugos dos seus próprios progenitores, pois se tratava de espíritos impiedosos que, sob a Lei do Carma, haviam empreendido os primeiros ensaios de aproximação espiritual com as suas vítimas.

Desde que, pela ignorância espiritual, as criaturas ainda não podem se convencer de que o seu mais cruel inimigo do pretérito pode habitar o corpo do filhinho sorridente, é natural que atravessem alguns lustros carregando lenços encharcados pelas lágrimas compungidas.

Sob tal confusão espiritual, ainda é muito difícil a um pai amar o filho alheio, pois a sua figura física difere muitíssimo da estética carnal da família egoísta, para a qual os filhos não passam de lindas coleções de corpos bonitos, plasmados sob o mesmo cunho da parentela sanguínea, a que se apegam fanaticamente, no culto perigoso da carne provisória.

Quando o espírito do homem compreender a realidade da vida espiritual, dispondo-se a enxugar as lágrimas alheias, independentemente da forma dos seus corpos ou das ligações consanguíneas, é fora de dúvida que também se envergonhará de suas próprias lágrimas melodramáticas. Comumente, a sensibilidade humana ainda se rege por significativo e contraditório sentimentalismo, pois, enquanto alguns pais consideram a morte de seus filhos como um accntecimento digno de espanto no Cosmo, a comunicação de que milhares de crianças se afogam nas inundações da Índia ou da China não passa para eles de simples notícia de jornal. Sob tal sentimentalismo falso, raros são os que dispõem a amar a carne de outra carne e o sangue de outro sangue.

28. Como servimos de "repastos vivos" aos espíritos das trevas

PERGUNTA: — Poderíeis nos explicar de que modo os espíritos das trevas conseguem satisfazer os seus desejos viciosos ou renovar suas sensações carnais obsidiando os encarnados?

RAMATÍS: — Os espíritos malfeitores, desencarnados, por lhes faltar o corpo físico, vivem sempre acicatados pelos desejos inferiores da matéria, os quais não podem ser saciados no Mundo Astral. Então, procuram saciar-se de seus vícios e desregramentos buscando apoderar-se de criaturas desprotegidas, a fim de transformarem-nas em verdadeiras "pontes vivas" e assim conseguirem o meio de se fartar nos seus desejos mórbidos e desregrados. Utilizando processos e ciladas diabólicas, eles esgotam a vitalidade das infelizes criaturas que imprudentemente lhes caem sob o jugo satânico.

São almas tenazes em seus objetivos torpes, que se debruçam incessantemente sobre o mundo da carne à procura de vítimas passivas e desleixadas, nas quais se apóiam para realizar os seus intentos malfazejos e usufruírem a volúpia das paixões pervertidas. A energia do Mundo Astral é vigoroso multiplicador da frequência vibratória do perispírito liberto da carne. Por isso, enquanto as almas elevadas centuplicam suas emoções dignas e mais se elevam aos planos angélicos, os espíritos inferiores sentem os seus desejos torpes ainda mais superexcitados, pois, pela lei vibratória de que os "semelhantes atraem os semelhantes", suas paixões também recrudescem em contato com as energias sensuais detestáveis.

Sentindo-se exacerbados em suas emoções degradantes e impotentes para usufruírem as sensações que lhes eram os únicos prazeres na carne, os espíritos desregrados vêem-se obrigados a sintonizar o seu perispírito com o perispírito dos encarnados que porventura vibrem docilmente às suas sugestões e desejos viciosos. Por meio dessa simbiose subversiva, conseguem captar as sensações pervertidas dos encarnados e, então, os corpos carnais dos terrícolas se transformam em condensadores vivos, que atendem à consumação dos desejos dos obsessores.

Os pilotos das grandes aeronaves sabem que a harmonia do seu vôo depende fundamentalmente da sincronização de todos os motores num só diapasão de velocidade; sob a mesma lei, duas locomotivas que operem conjugadas, em exaustiva subida, também hão de lograr sucesso tanto quanto seja a perfeição do ajuste sincrônico das forças empregadas por ambas. Essa lei de correspondência vibratória e equilíbrio energético ainda age com mais sutilidade nas relações entre o Mundo Astral e o físico, facilitando que os espíritos viciados se conjuguem sincronicamente aos perispíritos dos encarnados, a fim de praticarem suas torpezas e saciarem seus apetites inferiores.

PERGUNTA: — Qual a significação mais exata dessa denominação de "repastos vivos", que já tendes dado por vezes àqueles que são vítimas dos espíritos maldosos do Astral inferior?

RAMATÍS: — Desde que a ideia de "repasto vivo" lembra refeição, é indubitável que estamos nos referindo às tristes condições de muitos encarnados que imprudentemente se transformam em verdadeiras refeições vivas para os desencarnados insaciáveis de sensações devassas e que, além de lhes exaurirem todas as energias vitais, enfraquecem-lhes a vontade e os tornam cada vez mais viciados aos desejos torpes do Além. Aqueles que não se decidem a modificar sua conduta desregrada na vida humana não tardam em se transformar na abjeta condição de prolongamentos vivos da mórbida vontade dos espíritos pervertidos. Depois de perderem o controle de si mesmos e apresentarem estranhas enfermidades que provocam diagnósticos sentenciosos da medicina terrena, passam a viver excitados e aflitos, incessantemente acionados pelos seus "donos" do Além, que chegam a evitar-lhes qualquer aproximação amiga ou ensejo redentor.

É de regra e técnica muito comum, entre os obsessores sabidos, do Astral, cercarem os seus "repastos vivos" de cuidados especiais a fim de que se afastem de pessoas, ambientes, leituras, doutrinas, palestras ou filmes educativos que possam lhes despertar a consciência adormecida na hipnose maquiavélica e mostrar-lhes a sua escravidão ao vício. O processo sutilíssimo, que os espíritos das sombras desenvolvem felinamente em torno de suas vítimas, é muito difícil de ser percebido por aqueles que lhes caíram nas malhas sedutoras.

PERGUNTA: — Poderíeis nos esclarecer melhor, a esse respeito?

RAMATÍS: — No estado em que se encontra atualmente a civilização terrena, ainda são raras as criaturas que não possuem qualquer válvula capaz de abrir-lhes a intimidade do espírito à infiltração dos malfeitores do Astral inferior. Variam as debilidades humanas de conformidade com as criaturas e suas realizações; os homens íntegros em seus negócios e labores cotidianos podem ser vulneráveis à cólera ou à irritação; aqueles que são pacíficos e acomodados podem se desgastar pelo ciúme, sofrer pelo amor-próprio ferido ou se intoxicar pelas ingratidões; alguns, quando frustrados nos seus ideais ou vítimas das discussões domésticas ou das decepções amorosas, buscam no álcool a sua compensação doentia, enquanto outros, radiantes de júbilo pela vida fácil, vivem corroídos pelo remorso da fortuna desonesta. Mesmo as criaturas mais sensatas e mais justas muitas vezes só podem ajustar as suas idéias e acalmar seus nervos ou impaciência devorando dezenas de cigarros e formulando assim inconsciente convite a algum outro viciado sem corpo, do Além.

Não podemos enumerar toda a série de contradições, vícios, frustrações, defeitos ou emoções descontroladas que podem servir de motivos básicos ou de válvulas emotivas que auxiliam o êxito das operações obsessoras empreendidas pelos espíritos das trevas, graças à invigilância dos encarnados.

Os desencarnados que ardem em desejos pelo álcool não

perdem o seu tempo, operando sobre o encarnado que é abstêmio alcoólico, por saberem que perderão os seus esforços e não conseguirão levá-lo ao alcoolismo. Preferem, pois, encontrar criaturas afeitas ao álcool ou já debilitadas por outras paixões perigosas, a fim de levá-las ao desregramento por caminhos indiretos. Da mesma forma, procedem os espíritos que eram fumantes inveterados e que se alucinam no Espaço pela falta de cigarro.

PERGUNTA: — Temos ouvido dizer que até os viciados no jogo sofrem no Além a saudade desse vício. Há alguma procedência nessa afirmação?

RAMATÍS: — Os espíritos que viveram na Terra completamente subjugados pela paixão obsessiva do jogo ainda conservam a imaginação ardendo pelo angustioso desejo de satisfazerem o seu vício, pois no subjetivismo de suas almas permanecem bem vivas as cenas de jogatina desenfreada. Justamente por se encontrarem impossibilitados de contemporizar o seu mórbido desejo e drenarem as forças viciosas violentamente represadas, sentem-se ainda mais acicatados e tão aflitos, que os mais débeis de caráter preferem degradar-se e vagar pela superfície do orbe material, em vez de lutar contra o vício e repousar no Além. Não tardam em se afeiçoar a outros encarnados viciados, afinando-se à mesma paixão perigosa. Então procuram transformar as suas vítimas em instrumentos submissos à sua sanha desregrada, mantendo-as o maior tempo possível junto às mesas dos cassinos ou ambientes viciados de qualquer espécie de jogatina. No auge dos lances entusiastas, o jogador encarnado e o espírito desencarnado fundem-se numa só entidade, ambos hipnotizados pela paixão do jogo, num verdadeiro fenômeno de incorporação mediúnica. Esses infelizes viciados das cartas, dos dados ou os adoradores da roleta, embora desprovidos do corpo físico, servem-se daqueles que sintonizam consigo nos ambientes nocivos do vício, impondo-lhes sugestões e afligindo-se pelos seus equívocos ou exaltando-se por suas geniais predições. Participam furiosamente do jogo, pois rodeiam os terrícolas e gritam-lhes palpites aos ouvidos, estrugem quando contrariados, desesperam-se e esbravejam quando vêem desperdiçadas muitas de suas sugestões mefistofélicas.

Normalmente, a multidão de frequentadores desencarnados é bem maior que a dos encarnados e também é a extravagante e mórbida contenda de apostas, despeitos, ciúmes e insofreável

A Vida Além da Sepultura

paixão no ambiente da jogatina. E quando, além de viciados, esses espíritos são vingativos e cruéis, não trepidam em introduzir toda a sorte de trapaça no jogo, assim como arrastarem suas vítimas às maiores decepções e desesperos para depois se blasonarem de suas desforras satânicas contra aqueles que não os atendem fielmente na trama viciada.

Há casos em que os mais vingativos perseguem por longo tempo suas vítimas, não lhes perdoando a decepção junto às mesas do jogo aviltante, porquanto afora as cartas, como simples pontos de referência material, a paixão do jogo é tão ardente e implacável nos encarnados como nos desencarnados, uma vez que ela reside na alma e não nos objetos da matéria.

No Mundo Astral, em torno da Terra, existe um copioso material vivo, que serviria para valiosas pesquisas do gênero freudiano, pois a pusilanimidade, a frustração e o cortejo de recalques e complexos, que depois se sublimam em vinganças torpes e perseguições maquiavélicas, requerem, comumente, hábeis psiquiatras do Além para anotar todas as mazelas espirituais.

A fim de que os encarnados, que aceitam a mórbida função de "repastos vivos", se tornem cada vez mais submissos para atender à satisfação completa dos viciados do jogo, já desencarnados, tudo lhes é facilitado na vida, de modo a levá-los ao máximo da degradação possível e à hostilidade no seio da família para que lhes seja extinguido o último reduto de amparo espiritual. Em face de tais medidas subversivas e tenazes do Mundo Astral inferior, é muito comum verificar-se que os viciados de todos os matizes e condições sociais do mundo, principalmente os alcoólicos, quase sempre se queixam de uma "força" terrível que os domina e os faz beber, jogar ou ingerir entorpecentes, bem como praticar toda sorte de ignomínias. A medicina procura explicar esse fato, atribuindo-o à ação do próprio organismo, que clama por aquilo a que já se acostumou, mas mal sabem esses infelizes viciados que, detrás desse diagnóstico, esconde-se a terrível realidade de suas situações nauseantes de "repastos vivos" dos malfeitores das sombras.

PERGUNTA: — Em face do que dizeis, estamos propensos a crer que nos encontramos desamparados e à mercê dos agentes das trevas, só porque ainda não nos libertamos completamente do vício de jogar, de beber ou de fumar; não é mesmo?

RAMATÍS: — Acreditamos que, mesmo que Jesus, Gandhi, Buda ou Francisco de Assis fumassem e bebessem, nenhum obsessor conseguiria comandar os seus corpos físicos ou dominar o seu alto potencial vibratório angélico, capaz de desintegrar as energias mais tenebrosas. O que desejamos patentear à vossa compreensão humana, é que os homens escravos de quaisquer vícios ou paixões perigosas são mais visados pelos espíritos das sombras, que os têm como possíveis candidatos à triste condição de "repasto vivo" para suas satisfações viciosas, ao passo que aqueles que não se enfraquecem pelos vícios se tornam mais refratários aos objetivos das sombras. Para eles é muito mais difícil despertar o vício da embriaguez no homem abstêmio, o vício do fumo no inimigo do cigarro ou o vício do jogo no adversário do cassino e dos ambientes de jogatina.

PERGUNTA: — Poderíeis nos informar se todos os homens viciados, assim que desencarnam, passam a molestar os encarnados, a fim de satisfazerem os seus vícios e desejos interrompidos com a morte do corpo físico?

RAMATÍS: — É conveniente que não generalizeis o que vos digo, pois há tantas condições psicológicas no Além quantas sejam as almas desencarnadas. Nenhum acontecimento bom ou mau, quer se suceda com encarnados ou com desencarnados, deve servir de padrão absoluto para se aferirem outros acontecimentos do mesmo gênero. Nem todos os que fumam, bebem ou jogam são almas daninhas ou desequilibradas. É verdade que, após a perda do corpo físico, o sofrimento é mais ou menos igual em todos os viciados, que sejam bons ou maus, porque o desejo é psíquico e não corporal e, além disso, depende da intensidade viciosa já estigmatizada no perispírito.

Há a considerar, entretanto, que os espíritos negligentes, maus ou vingativos entregam-se à tarefa de obsidiar os encarnados, para fazê-los seus instrumentos vivos de satisfações viciosas, ao passo que os embora viciados, mas possuidores de índole benfeitora, em lugar de se entregarem às práticas obsessivas, preferem lutar heroicamente para dominar o desejo mórbido trazido da Terra. E como no Além existe a cooperação tanto para o mal como para o bem, os espíritos benfeitores auxiliam os seus companheiros bem-intencionados, a fim de se libertarem mais brevemente das perigosas paixões próprias da bagagem terre-

A Vida Além da Sepultura

na, assim como os malfeitores também ofertam todo o seu apoio subversivo aos viciados de má índole.

PERGUNTA: — Certa vez fomos informados de que certos obsessores chegam ao ponto de proteger fanaticamente os desencarnados que lhes servem de prolongamentos vivos na Terra. Será isso verdade?

RAMATÍS: — É através da fraqueza de vontade ou por efeito de hipnose que qualquer vício ou paixão termina subjugando as criaturas débeis de caráter. É assim que os obsessores logram o comando completo do sistema nervoso dos encarnados, porque criaturas assim e com tendências viciosas são as mais dóceis e eficientes para se transformarem em prolongamentos das sensações pervertidas do mundo material e do Astral. Os homens bons, que passam pelo mundo semeando favores e esperanças aos seus irmãos infelizes, mesmo quando portadores de algum pequeno vício, são cercados de extremas atenções e cuidados por parte das almas elevadas, que envidam todos os esforços para não perdê-los como seus dignos agentes no serviço louvável do Bem.

E os espíritos maus também protegem os seus "repastos vivos" sob os mais atenciosos cuidados, ensejando-lhes as melhores oportunidades para a prática dos vícios em que estão interessados. Embora dominem suas vítimas na matéria, também dependem delas para saciarem os seus caprichos mórbidos e desejos pervertidos, que mais se acicatam, porque são conseguidos por meio de corpos alheios, que sempre atenuam a intensidade das sensações encaminhadas para os desencarnados. Mas a proteção dos obsessores às suas vítimas obsidiadas é sempre deletéria e prejudicial, porque acicata-lhes o vício e as induz ao desregramento completo. No entanto, a assistência dos espíritos bons é construtiva e salvadora, porque estimula o crescimento das qualidades angélicas da alma. Quando os homens ultrapassam as fronteiras dos "pecadilhos" comuns, vivendo afastados do caminho do Bem e dos ensinamentos de Jesus, as entidades das trevas mostram-se logo sumamente interessadas em viciá-los e depois protegê-los como valiosos instrumentos de filtração sensual no mundo físico.

PERGUNTA: — Qual o processo que os espíritos trevosos julgam mais eficiente para conduzir os encarnados ao des-

regramento completo na senda dos vícios? Servem-se exclusivamente da intuição malévola ou é bastante sua presença junto das vítimas para estimularem-nas ao desregramento?

RAMATÍS: — Em face da Lei de correspondência vibratória, que rege as afinidades ou a simpatia entre os seres, são os próprios encarnados que criam a receptividade favorável tanto para a presença angélica como para a produção do clima eletivo para a penetração perigosa das forças das sombras. Elevando-vos, criareis o ambiente vibratório receptível às emissões de ondas espirituais das altas hierarquias superiores; rebaixando-vos pela prática das paixões indignas e dos vícios degradantes, sereis então campo aberto às investidas solertes do Astral inferior.

Os malfeitores e os viciados do Além rebuscam todas as zonas morais e mentalmente vulneráveis das criaturas de tendências viciosas. Então, passam a explorá-las e infernar-lhes a existência, acrescendo-a de vicissitudes, desenganos e ingratidões do mundo, ao mesmo tempo que lhes insuflam sugestões malévolas para que busquem compensação no vício ou no desregramento moral. Interessam-se muitíssimo pelas criaturas negligentes, ociosas, levianas e adversas à oração ou à meditação superior; acercam-se perfidamente dos homens obscenos e sarcásticos, especialistas no anedotário que degrada a mulher, pois estes oferecem pouca resistência para sintonizar a sua frequência psíquica com as forças deletérias que, pouco a pouco, os moldam às suas condições inferiores. Avaliam todas as debilidades de caráter e probabilidades de aviltamento sob determinado vício perigoso, enquanto técnicos experimentados nas organizações do Astral degradado efetuam cuidadosa operação de auscultamento em torno dos encarnados invigilantes, baseando-se nas suas irradiações magnéticas ou nas cores variáveis de seus halos mentais em torno do cérebro. Pesquisam todo vício oculto, toda tendência perturbadora ou paixão perigosa, fazendo prognósticos e medindo a reação daqueles que oferecem perspectivas de se tornarem comparsas no repulsivo círculo vicioso, que é o intercâmbio funesto entre vivos e mortos para a mútua satisfação das sensações pervertidas da verdadeira vida espiritual.

O seu profundo conhecimento, treinado há séculos, faz com que esses técnicos malignos explorem psicologicamente todo o campo emotivo e mental da provável vítima, a fim de conseguirem a rigorosa afinidade e sintonia, que é de lei vibratória, entre

A Vida Além da Sepultura

os perispíritos a serem conjugados para o vício. Após focalizarem os seus "médiuns" eletivos para a produção da fenomenologia viciosa e enfermiça do mundo carnal, o processo então se lhes torna cada vez mais fácil, salvo quando, por motivos justos, ocorrem súbitas intervenções de hierarquias superiores, que salvam em tempo o candidato à humilhante função de "repasto vivo" das sombras.

PERGUNTA: — Mas os guias ou protetores, que certamente devem representar a hierarquia espiritual superior, não intervêm assistencialmente em favor dos seus protegidos?

RAMATÍS: — Quanto a essa proteção dos espíritos benfeitores, não tenhais dúvidas; desconheceis as tarefas sacrificiais e o serviço nobilitante que eles desempenham incessantemente em favor dos seus pupilos encarnados. Mas também é evidente que o sucesso dessa missão espiritual depende muitíssimo dos próprios homens. Ainda presentemente, podeis verificar que, à medida que aumentam as possibilidades de socorro, ensinamentos e obras de alta espiritualidade na Terra, paradoxalmente também cresce o desregramento moral da humanidade terrena, pois homens, mulheres, moços e velhos deixam-se escravizar docilmente pelas mais avassaladoras paixões e vícios destrutivos da integridade moral humana.

E os espíritos trevosos não contam com muitas frustrações nas suas realizações nefastas, porque escolhem suas vítimas com extrema habilidade e sintonia aos seus objetivos diabólicos, tratando-as sob processos especiais para cada caso, assim como faz a medicina terrena aos seus pacientes. Eles se desinteressam daqueles que descobrem sob os cuidados e atenções das entidades angélicas, que estão desempenhando funções nobres junto à superfície do orbe. O sucesso desses espíritos é cada vez mais justificável e compreensível, porque a maioria da humanidade sente estranha volúpia e envida hercúleos esforços para se libertar do comando espiritual das entidades benfeitoras; freme no seu psiquismo, à beira das grandes transformações da morada e do seu habitante. Está obsidiada por um grande desejo que lembra a profética "Besta Escarlate", que simboliza o instinto animal; anseia despenhar-se voluptuosamente nos abismos dos vícios insensatos do álcool, do jogo, do fumo, da carne e dos prazeres licenciosos.

413   Ramatís / Atanagildo / Hercílio Maes

Se não fora esse tão evidente amolecimento espiritual e o ostensivo e mútuo consentimento pecaminoso entre os encarnados bastante enfraquecidos de caráter, ainda seria possível aos protetores espirituais reduzirem a crescente e ignominiosa perversão moral. Durante as épocas de paz do mundo, quando os homens procuram desenvolver os princípios superiores da civilização, torna-se mais precário o sucesso trevoso sobre a humanidade, porque o ambiente mental mais sereno, que cerca o orbe terráqueo, proporciona aos mentores espirituais o magnetismo que lhes permite desfazer facilmente as tramas nocivas e ardilosas dos desencarnados pervertidos.

Esse prematuro desejo do moço ou moça moderna, de se emancipar intelectivamente sem alcançar o equilíbrio moral, criando o problema da juventude transviada, do menor delinquente e da jovem masculinizada, adapta-se perfeitamente ao perigoso atomismo do século científico e à sua atmosfera subvertida por inúmeras contradições, exotismos e rebeldia aos princípios pacíficos, ordeiros e regrados expostos por Jesus no seu admirável Evangelho. Os delinquentes das sombras trabalham na esfera mental desses jovens de grilhões rompidos, insinuando-lhes que o trabalho do Cordeiro-Jesus é tão-somente um passadismo piegas, próprio de uma época supersticiosa, repleta de excomungações, de tutelas religiosas e castas privilegiadas... As sombras insinuam aos jovens que o "evangelho" dos moços deve ser a rebeldia completa a toda expressão conservadora e não o dos velhos do tempo antigo, que ainda trazem nos ombros a poeira dos séculos e não se adaptam à velocidade, ao cientificismo e aos engenhos miraculosos, que pouco a pouco matam o tempo e anulam a ideia de espaço. Jesus — segredam as sombras — foi um excelente filósofo que pregou uma doutrina também excelente para a sua época; no entanto, como conciliar os elétrons, que podem modificar a face da Terra, com os grãos de mostarda que removem montanhas? Jesus foi um bom, um puro e um homem sincero; mas está muito deslocado ante a grandeza científica do século XX e muito poético para o mentalismo arrojado do jovem atômico!...

Daí, pois, esse desinteresse profundo dos jovens imprudentes da atualidade, que confundem desgoverno espiritual com emancipação intelectual, escravidão aos gênios das sombras com vida espontânea e existencialista. Mas mal sabem eles que,

A Vida Além da Sepultura

enquanto se reúnem em ruidosa algazarra e festiva demonstração de liberdade para com os cânones da vida de responsabilidade espiritual e enquanto se entregam aos alcoolismos elegantes, os malfeitores os espreitam do mundo invisível e povoam-lhes a mente com sugestões aberrativas, a fim de que afrouxem o comando psíquico, a caminho de se elegerem novos "repastos vivos" para os famélicos do Além.

E o mais triste é que, enquanto alguns homens despertam para a espiritualidade consciente, lutando heroicamente para se livrarem do vício estulto do fumo ou do deprimente vício do álcool, a moça ou a mulher do século XX põe-se invigilantemente a fumar e a beber, em afrontoso libelo contra a sua divina função de mediadora da vida humana.

PERGUNTA: — Tivestes ocasião de dizer que, depois que os espíritos malfeitores conseguem tornar receptivos os candidatos escolhidos como prolongamentos viciosos na carne, tudo se torna bem mais fácil para que esses espíritos atinjam os seus fins. Quereis nos dizer se é bastante serem assinalados os seus instrumentos vivos e simpáticos para que logo, em seguida se tornem escravos cegos dos seus obsessores?

RAMATÍS: — A vontade estranha e subversiva, imposta a outro perispírito encarnado, não obtém tão fácil êxito no processo de intuição, mesmo que pela ação de uma entidade de psiquismo vigoroso. É difícil eliminar de súbito a vontade do encarnado, quando ainda esteja na posse de suas faculdades mentais e no gozo sagrado do seu livre-arbítrio. Se assim não fora, viveríeis exclusivamente obedecendo à vontade pervertida dos malfeitores desencarnados, em lugar de atenderdes à faculdade do vosso próprio comando espiritual. Assim como as intuições dos vossos guias permanecem no campo da imponderabilidade, na forma de sugestões ou convites para o Bem, que podeis aceitar ou rejeitar, também as intuições malignas devem se concretizar sob vossa livre e espontânea vontade. A criatura só fica tolhida no seu livre-arbítrio e perde o domínio completo do seu corpo nos casos de obsessões completamente possessivas, relacionadas com as retificações ou, então, quando já se encontra completamente obsidiada pelo vício degradante.

Daí o motivo de os espíritos obsessores precisarem se servir dos recursos do próprio mundo material, operando sorrateiramente para que, de modo indireto, suas vítimas sejam induzidas a se desbragarem pelos próprios vícios a que se revelam propensas.

PERGUNTA: — Como poderíamos entender de que modo os obsessores induzem indiretamente suas vítimas a se desbragarem através dos próprios vícios para os quais se revelam propensas?

RAMATÍS: — Supondo o caso de um homem que se entregue descontroladamente a libações alcoólicas toda vez que tem desavença doméstica com a esposa ou com os filhos, é óbvio que os viciados do Além, com o vidente intuito de torná-lo um "caneco vivo", hão de procurar recrudescer todas as suas amarguras no lar, certos de que assim também aumentam os motivos mórbidos e de estímulo à sua embriaguez.

E como todos os espíritos interessados pela formação de "repastos vivos", na Terra, ligam-se a outros grupos de malfeitores e se amparam mutuamente no serviço obsessivo, a empreitada malévola não tarda a alcançar o êxito desejado. Eles se revesam incessantemente nas tarefas ignóbeis, procurando manter as vítimas sob o diapasão emotivo da cólera, desânimo e intenção de desforra contra si próprias para mais incentivá-las à degradação pelos vícios torpes. É de senso comum que o homem embriagado permanece sob o jugo das paixões animais que afloram perigosamente à sua consciência juntamente com os recalques e desejos subjetivos de desforra contra as humilhações sofridas anteriormente. Então se torna um elemento inconstante, colérico, insatisfeito ou hostil, facilmente amoldável à condição degradante de "repasto vivo".

Desenvolvendo hábil trama de mútuas compensações, quase sempre os espíritos trevosos preparam antecipadamente o clima doentio no lar de sua vítima para que a discórdia seja mais violenta, principalmente às refeições ou durante as horas destinadas ao repouso. O esposo invigilante, ou mesmo qualquer membro da família que tenta por hábito vingar-se das desditas domésticas desforrando-se na bebida alcoólica, não tarda a perder o seu comando espiritual e passar a reproduzir em si mesmo os próprios desejos e a vontade dos obsessores que os preparam e excitam diabolicamente para o completo desregramento.

PERGUNTA: — No caso que descrevestes, não cumpria ao "guia" do lar intervir, mesmo de modo draconiano, uma

A Vida Além da Sepultura

vez que o obsidiado devia ser coluna vertebral de sustentação do lar?

RAMATÍS: — Muitas vezes a própria família, que ignora a perigosa intervenção das trevas na intimidade do seu lar e ainda se distancia do Evangelho, contribui imprudentemente para afastar o socorro espiritual superior que poderia receber, agravando a situação do chefe já atuado pelos fluidos maus do Além. Os lares terrenos, em sua maioria, não passam de improvisadas arenas onde a família se reúne para o mútuo pugilato em favor da vitória do capricho, do orgulho, do amor-próprio ou do ciúme.

Em geral, quando um dos membros da família começa a se desequilibrar, vencido pouco a pouco pela sistemática e tenaz perseguição do Astral inferior, a parentela, em lugar de ampará-lo com o afeto e compreensão, ainda o intoxica cada vez mais, excedendo-se nas censuras e hostilidades costumeiras, tornando-o mais susceptível à diabólica intervenção das trevas. E algumas vezes, após haver um esposo, filho, pai ou parente íntimo abandonado o lar, completamente dominado pelo álcool, não falta quem afirme terem sido o conflito e a amargura do lar provenientes exclusivamente da presença daquele infeliz parente viciado.

Mas a sua parentela ignora, no entanto, haver sido uma excelente cooperadora dos espíritos diabólicos do Além quando, esquecendo o ensinamento evangélico, negou um clima de amparo pacífico e de ternura ao infeliz familiar terrivelmente conturbado pelos obsessores. Raras criaturas compreendem que a terapêutica mais acertada para todos os transes e conflitos do mundo ainda é aquela ensinada por Jesus, ao afirmar que "só o Amor salva o homem". Quando ele recomendou a prática incondicional do "amai-vos uns aos outros" e "sede mansos de coração", indubitavelmente se referia à ternura e à compreensão tão necessárias para com os próprios espíritos infelizes, que, envolvidos pelas trevas, ainda possam receber a mão amiga e libertarem-se dos vigorosos laços dos vícios escravizantes.

PERGUNTA: — Apreciaríamos conhecer mais alguns detalhes do assunto e ouvir uma descrição análoga com referência a outros vícios. Ser-vos-ia possível nos atender?

RAMATÍS: — No mundo invisível aos vossos olhos de carne, efetua-se um trabalho mefistofélico, perseverante e disciplinado, a fim de que os encarnados enfraqueçam as suas defesas espirituais, abdiquem do seu livre-arbítrio e favoreçam os planos tenebrosos do Astral inferior. Os perseguidores das sombras vivem semeando intrigas e motivos perturbadores para que, ferindo o amor-próprio, a vaidade, o orgulho e instalando o ciúme, a cupidez e a inveja, seja mais viva a eclosão das mazelas que nutrem o clima enfermiço para a cultura dos "repastos vivos", no mundo terráqueo. Eles sabem que o maior êxito nessa empreitada maligna resulta em consequente enfraquecimento ao trabalho das hostes do Cordeiro Jesus e, por isso, sonham em afastar a sua sublime influência de sobre o mundo carnal.

Aqui, perturbam a família, entorpecendo a vontade do chefe da casa para conduzi-lo a procurar o consolo na embriaguez; ali, encaminham para cargos de confiança as almas invigilantes, cujo desejo central é o jogo, induzindo-as a dilapidarem o dinheiro público; acolá, conduzem o esposo leviano e débil de caráter para junto da mulher diabólica e fescenina, que não tarda em lançá-lo no vício da vida noturna desbragada.

Enquanto isso acontece, avulta no vosso mundo, cada vez mais, o problema do malandro viciado pela cocaína, pela morfina ou pela maconha ou então cresce o desregramento dos moços, sob o hipnótico convite das trevas para que misturem alcoólicos perigosos aos inofensivos refrescos, aumentando a fila de candidatos à futura e abominável condição de "repasto vivo" dos desencarnados pervertidos do Além-túmulo. Ainda cooperando para o perigoso estado de espírito da época em que viveis, que lentamente vai se subordinando aos planos diabólicos, os lares terrenos de algum recurso econômico instalam o seu elegante "barzinho", criando oficialmente a infeliz oportunidade e a preliminar tão ansiosamente aguardada pelos desencarnados viciados. Em seguida, sob a "inocência" do refresco da moda misturado ao corrosivo alcoólico de rótulos brilhantes, a família passa noite adentro carteando o baralho sob sufocante nuvem de fumo, compondo os quadros enfermos e viciosos que se transformam em atraentes convites e fagueiras esperanças para os que, do outro lado da vida, vivem à cata de ambientes desregrados para suas satisfações corruptas.

PERGUNTA: — Diante do que nos relatais, cremos que há fundamento na lenda que nos contam que os demônios se apoderam das almas infelizes e pecadoras para levarem-

-nas às profundezas do inferno; não é assim?

RAMATÍS: — Os séculos têm se acumulado sobre si mesmos e, apesar disso, o homem ainda não se resolveu a obedecer à terrível objurgatória: "Conhece-te a ti mesmo!", apesar de já haver se apossado das forças mais perigosas da natureza. A sua preguiça de ascensão espiritual e a descrença quanto aos objetivos nobres da vida ainda o tornam um campo favorável e acessível às sugestões mefistofélicas das trevas, enquanto por outro lado se impermeabiliza cada vez mais ao socorro das intuições salvadoras dos seus protetores.

Daí a noção de "pecado" que conduz ao inferno e a de "virtude" que conduz ao céu. Mas não confundais "pecado" com ofensa ao Criador, que está acima de qualquer ofensa humana; o pecado é a "válvula" perigosa, que pode ser facilmente acionada pelos "demônios" da lenda ou espíritos malfeitores, que buscam escravos para dar vazão às suas sensações inferiores. Então, aqueles que "pecam" servem a eles incondicionalmente na forma de detestáveis prolongamentos que se movem na matéria quais tentáculos vivos do Além à cata de alimentos imundos. Esses "demônios" — que vêm a ser os nossos infelizes irmãos em extrema penúria espiritual — fumam, bebem, jogam e satisfazem-se voluptuosamente convosco, desde que abdiqueis do governo disciplinado do vosso corpo e lhes mostreis as válvulas pecaminosas com que eles possam contar para exercer o comando dos vossos atos e desejos.

Tendes, no entanto, um extraordinário recurso de defesa contra essa corte de indesejáveis companheiros desregrados, que tentam se infiltrar nas vossas atividades materiais; não vos é difícil mantê-los a prudente distância em suas empreitadas diabólicas, desde que recorrais definitivamente ao Evangelho de Jesus. Isso vos livrará completamente da infeliz eventualidade de vos tornardes um "repasto vivo", porque a vida evangélica ergue inexpugáveis fronteiras em torno dos vossos passos e assegura-vos a felicidade em espírito, após à entrega do corpo carnal à sepultura terrena.

O desprezo ou a indiferença para com ensinamemos de Jesus tem constituído os principais motivos que justificam as velhas oleogravuras no simbolismo dos demônios que arrebanham para o inferno as almas pecaminosas, que foram negociadas através das paixões, vícios e aviltamentos no mundo terreno.

É evidente que as criaturas que se entregam desbragadamente aos desmandos nefandos das corrupções humanas se entregam espontaneamente aos seus donos diabólicos, que as ajudam a viver o cortejo de prazeres fáceis e de vícios deprimentes. Após à morte corporal, então, só lhes restará aceitarem o jugo dos seus perversos senhores, enquanto as almas virtuosas são arrebanhadas pelos magníficos seres habitantes das esferas luminosas.

PERGUNTA: — Como sabeis, o vício do fumo é muito arraigado entre nós, sendo preferido por quase todos os seres, sejam moços, velhos ou mulheres. Mas acontece que há muitos fumantes bastante superiores moral e espiritualmente a outros homens que não fumam. Porventura, o uso do fumo poderá ser levado à conta de outro tipo de "repasto vivo"?

RAMATÍS: — Convém refletirdes com bastante atenção sobre o espírito daquilo que vos enunciamos, porquanto a nossa tarefa nesta obra é apenas a de lançar um brado de alerta reforçando as advertências que outros espíritos superiores já vos têm feito por meio de alguns médiuns de reconhecida capacidade moral.

Queremos tão-somente prevenir-vos quanto aos atrozes padecimentos e aos prejuízos a que podeis vos submeter no Além, após a desencarnação, se persistirdes na ingestão da carne dos vossos irmãos inferiores, no desbragamento do álcool, que conturba e degrada, na paixão insofreável do jogo, que fanatiza e arruína, na sensualidade embriagante, que subverte o sentido criador do espírito, assim como no uso do fumo que, depois da morte do corpo, tira o sossego do espírito por produzir a angústia insaciável da falta do cigarro. Não pretendemos imitar o sacerdote exigente nem o pastor ou o missionário excessivamente puritano, que excomunga por qualquer falta os pecadores do vosso mundo. Pensai bem no que vos explicamos e verificareis que só expomos uma tese fundamental, qual seja a de ajudar-vos na libertação espiritual do ciclo doloroso das reencarnações físicas, a que ainda vos encontrais demasiadamente escravizados pelos prazeres viciosos e gozos tolos.

Seria perigosa e censurável imprudência de nossa parte classificarmos todos os fumantes terrícolas, como outros tantos "repastos vivos", a servirem aos viciados tabagistas do Além. Sob qualquer ponto de vista, o homem bom, embora fume, é sempre superior ao homem cruel, avarento, hipócrita ou desonesto, mas inimigo do cigarro. As nossas considerações se entendem particularmente com os casos de enfraquecimento da vontade e do comando diretor do espírito sobre a carne, pois, enquanto fordes apegados ao uso do fumo, podereis ser bons, mas ainda não sereis senhores absolutos dos vossos corpos carnais, nem tampouco da vossa vontade. O cachimbo, o cigarro ou o charuto se transformam comumente em terríveis cérebros exigentes, que vos vigiam os passos e os movimentos, não vos permitindo sossego no lar, nos veículos, nas casas de diversões e até o instante final do vosso dia, à hora de dormir, pois ainda exigem a homenagem da última fumada da noite.

Embora nem todos os fumantes inveterados sejam submissos "repastos vivos" dos viciados do Além, é inegável que não podem se furtar completamente ao uso do fumo, que já os dominou a ponto de transformá-los em "piteiras vivas" sem vontade própria. Sob a nossa modesta opinião de espírito desencarnado e sem grandes credenciais messiânicas, achamos que em lugar de se fumar, sob a possibilidade de atrair algum indesejável e perigoso fumante do Astral inferior, é sempre melhor não fumar. Assim se eliminará definitivamente mais uma oportunidade enfermiça de o indivíduo se tornar exótica "piteira" dos fumantes desencarnados, assim como outros se tornam "canecos vivos" para as inveteradas borracheiras do mundo invisível. Não podemos alimentar a ilusão de que Jesus, Buda ou Francisco de Assis, que são almas libertas dos vícios da carne e das mazelas do mundo, venham um dia fumar conosco, numa demonstração de grande satisfação por isso...

Muitos espíritos desencarnados que aqui aportaram certos de terem sido eficientes "donos de si mesmos" durante a existência física, têm tido a grande decepção de comprovar que, muitas vezes, quando estavam em condições vibratórias negativas, devoravam dezenas de cigarros atendendo à exótica "fila" de fumantes aflitos, do lado de cá, que se lhes infiltravam pelas brechas e rasgões da aura, rompida pelos golpes da cólera, do ciúme, da violência, do orgulho ou da maledicência.

PERGUNTA: — Ainda existem outras atitudes ou descuidos, que favoreçam o domínio completo dos obsessores sobre os encarnados?

RAMATIS: — Sim; e por isso deveis manter em nível superior as vossas ações e pensamentos, valendo-vos da faixa protetora do Evangelho, que é muitíssimo extensa e abrange todas as atitudes e modos de ação do espírito ligado à matéria. As comunicações mais recentes, de espíritos missionários, por meio de médiuns de confiança, ensinam-vos que os estados de confiança e de otimismo espantam as trevas em torno da aura humana, enquanto que as atitudes de compungimento, melancolia, pessimismo e saudosismo amargurado hostilizam o sentido benfeitor da vida doada por Deus e estabelecem nuvens sombrias que aumentam o desespero e a descrença nos bens espirituais.

Assim sendo, compreendereis que não basta evitar o vício em sua expressão unicamente material, quer seja o do fumo, o da bebida, o jogo ou a perversão, mas é preciso que vos liberteis do vício do culto aos pensamentos negativos e dos rosários de lamúrias quando tudo não vos sucede a contento dos vossos caprichos e desejos. O "sede pacíficos", do Mestre Jesus, adverte contra as rebeldias mentais, quando a alma, teimosamente, considera as vicissitudes humanas como infelicidades propositais, ao passo que são apenas produtos do burilamento angélico. Esse ensinamento de Jesus implica na ideia de resignação para com as diretrizes do Criador e em se admitir que Ele está certo, porque é o mais Justo e o mais Sábio. E que, apesar dos males mais intensos da vida humana, ninguém conseguirá roubar do espírito do homem a sua felicidade eterna.

A mente, sob o impulso dinâmico criador e positivo, é potencial que remove o manto de sombras que os perversos do invisível estendem sobre as criaturas; mas aqueles que se amoldam à natureza enfermiça dos pensamentos negativos, na verdade, são produtores de fluidos que constituem as energias usadas pelos operadores das trevas.

PERGUNTA: — Qual a atitude mais positiva para afastarmos cada vez mais a possibilidade de nos tornarmos algum "repasto vivo", do Além-túmulo?

RAMATÍS: — Evidentemente é a sanidade espiritual, com a qual atingiremos aquele estado que Jesus alude quando recomenda: "Sede, pois, vós outros perfeitos, como perfeito é o vosso Pai Celestial" (Mateus, 5:48).

MARTE: O FUTURO DA TERRA
Ramatís / Hercílio Maes
176 páginas – ISBN 978-65-5727-015-8

O planeta Marte não é apenas nosso vizinho próximo do Sistema: na escala sideral dos mundos é, no dizer de Ramatís, "o degrau superior ao da Terra, ao qual, por lei ascensional, tereis que chegar; é conveniente que vos prepareis, desde já, para esse desiderato infalível".

Se esse é nosso modelo futuro de civilização, urge conhecê-lo e nos direcionar para ele. Não por acaso foi *A Vida no Planeta Marte e os Discos Voadores* a primeira obra ditada por Ramatís, em 1949, ao sensitivo Hercílio Maes. Ali estão, com profusão de detalhes, todas as facetas da civilização marciana, nos sinalizando um roteiro.

Neste volume, o objetivo é oferecer um perfil focalizado do modelo marciano, com a constituição da sociedade, o governo, a estrutura social e econômica, que são o eixo basilar desse mundo feliz, a par de aspectos como a família, a educação, a religião e outros que nos permitam antever como poderemos construir e desfrutar de um mundo mais justo, harmonioso e apto a ingressar na comunidade dos planetas regenerados do Universo. Um pequeno manual da sociedade futura que nos cabe preparar-nos para construir, na sequência desta, que está vivendo suas últimas etapas. É urgente contarmos com um projeto, um ideal possível.

É a proposta deste pequeno manual.

DO ÁTOMO AO ARCANJO
Ramatís / Hercílio Maes
132 páginas – ISBN 978-65-5727-014-1

A mecânica evolutiva da Criação foi desvendada a Kardec – dois anos antes de Darwin! – pelos espíritos, com a genial declaração: "do átomo ao arcanjo, que começou sendo átomo". Mas... e entre o átomo e o arcanjo? Onde se encontram os degraus intermediários dessa escalada do zero ao infinito?

Com Ramatís, os degraus dessa simbólica "escada de Jacó" da imagem bíblica se povoaram, nos textos recebidos por vários médiuns e em diversas obras. Dos arcanjos (ou logos galácticos, solares e planetários) aos anjos e devas, dos espíritos da natureza aos animais – sem deixar de definir a posição de Jesus de Nazaré, anjo planetário da Terra, devidamente distinguida daquela do Cristo, nosso Logos.

Para que a humanidade possa ingressar de fato no patamar de consciência da Nova Era, esse conhecimento mais amplo da hierarquia e funcionamento do Cosmo se faz imprescindível, a fim de nos situar com maior amplitude no panorama do Universo e para o contato com nossos irmãos siderais, que se aproxima.

Este volume representa a condensação de conhecimentos iniciáticos milenares com que Ramatís abriu, para a mente ocidental, uma janela panorâmica sobre a estrutura e funcionamento do Cosmo, complementando a imorredoura revelação da Espiritualidade datada de um século e meio atrás.

A VIDA ALÉM DA SEPULTURA
foi confeccionado em impressão digital, em novembro de 2024
Conhecimento Editorial Ltda
(19) 3451-5440 — *conhecimento@edconhecimento.com.br*
Impresso em Luxcream 70g - StoraEnso